현대
한국인과
일본인의
사생관

종교인과 비종교인의
죽음에 대한 인식의
차이를 중심으로

임순록

제이앤씨
Publishing Company

머리말

    본서에서는 역사적 고찰과 현상적 고찰을 통하여 한일 양국의 종교문화 속의 사생관의 의미를 분석함으로써 그에 따른 한국인과 일본인의 죽음에 대한 태도 및 개념을 비교 고찰하였다.

    조상에 대한 제사권과 공동체의식을 강화시켜 상장의례, 한국의 철학, 문학, 역사학 분야에 영향을 끼친 유교의 사생관으로서는 죽음은 삶의 연장이고, 삶은 죽음의 연장으로 죽음을 긍정적으로 생각하며, 삶과 죽음이 하나의 이치로 별개가 아니라고 생각하여 사후세계에 대하여 구체적인 언급은 하지 않고 있다. 장례 습속이나 그 방식 및 분묘의 조성, 한국인의 내세관에 많은 영향을 끼친 한국 불교의 사생관으로서는 이승과 저승에 대한 불교적인 관념이 보편화되면서 불교적인 저승관이 한국인의 심성에 깊이 새겨지게 되었다. 사람은 귀천(貴賤)을 불문하고 죽으면 모두 신(神)이 된다고 믿으며, 2천 년이 넘는 현재까지 일본의 전통과 일본인의 의식을 지배하고 있는 신도(神道)의 사생관으로서는 죽음은 신의 소행이며 재앙으로서 궁극적으로 아주 슬픈 일이라고 생각하며, 사후세계인 요미노쿠니(黃泉)를 더럽고 악한 곳이라고 생각하지만, 구체적인 이미지나 묘사는 하지 않고 있다. 장례의식이 불교화되면서 일반 서민에게 불교가 퍼져나갔으며, 현재 장례의례로서의 위상을 성립한 일본 불교의 사생관으로서는 극락, 서방정토, 지옥 등의 사후세계를 인정하고 있음을 알 수 있다.

이러한 역사적 영향 하에 형성된 한국인과 일본인의 사생관이 실제로 현대에 와서는 어떠한 변화 양상을 보이는지를 고찰하기 위하여 설문조사를 실시한 다음, 그 자료를 분석하였다.

한국의 종교인들은 일본의 종교인들보다 죽음을 '두렵지 않다'고 생각하는 사람들이 더 많았으며, 일본의 종교인들은 종교를 믿고 있음에도 불구하고, 한국의 종교인들보다 죽음을 '두렵다'고 생각하는 사람들이 훨씬 더 많았다. 일본의 비종교인들도 한국의 비종교인들에 비해서 '두렵다'고 생각하는 사람이 더 많음을 알 수 있다.

죽음에 대한 개념을 묻는 질문의 결과로서 특징적인 것은, 일본인은 종교인이거나 비종교인이거나 죽음은 '모든 것이 끝나는 것'이라고 생각하는 응답자의 비율이 높게 나타난 반면, 한국의 응답자들은 죽음에 대한 개념을 '또 다른 삶의 연장선', '편안하고 깊은 잠을 영원히 자는 것'으로 응답한 비율이 높아 일본과는 달리 생각하고 있는 것으로 나타났다.

또, 한 가지 특징은, 죽음이라는 것이 과학적으로 심장이 정지된다는 것임을 모든 응답자들이 알고 있으면서도 죽음이라는 것을 과학적으로 생각하지 않고 있다는 사실이다. (21)의 설문조사 결과에서 나타나 있듯이 알지는 못하지만, 사후세계가 '있다'고 생각하는 관념이 지배적이며, 한국인과 일본인의 기본 의식 속에 이 관념이 자리 잡고 있음을 알 수 있다.

사후세계에 관한 특징적인 현상은, 한국인이든 일본인이든, 종교인이든 비종교인이든, 이성적으로 명료하게 저승의 유무를 따지기 전에 우리의 전통적이고 기본적인 의식 속에 저승(사후세계)이라는 관념이 이미 자리 잡고 있음을 알 수 있다. 따라서 저승이라는 죽음 이후의 세계에서 죽은 이가 편히 쉬기를 기원하고 있다는 것이다.

사후세계의 유무를 묻는 질문에 있어서 응답자의 특징은, 일본인은 종교인이나 비종교인을 막론하고 사후세계가 '있다'고 생각하는 응답자들이 많다는 것이며, 한국의 응답자들 중, 비종교인보다 종교인이 사후세계가 '있다'고 한 응답자들이 33.5%(n=146)나 더 많았다.

또, 사후세계의 개념을 묻는 질문의 결과에서 특징적인 것은, 일본인은 종교인이거나 비종교인이거나 사후세계를 '편안하고 좋은 세상이다'라고 생각하는 응답자들이 많은 반면, 한국의 종교인들은 사후세계를 '편안하고 좋은 세상'으로 인식하고 있다는 것이다.

영혼의 유무에 관한 질문의 결과에서의 특징은, 한국에서는 종교인들이 영혼은 '있다'고 생각하는 응답자들이 많은 반면, 일본에서는 비종교인들도 영혼이 '있다'고 생각하는 응답자들의 비율이 높다는 것을 들 수 있다. 이것은 한국에서는 영혼 존재 유무와 종교와 관련성이 깊으나 일본에서는 영혼의 존재 유무와 종교와의 관련성이 그리 높지 않은 듯하다. 현재 종교를 가지며 종교 활동을 하는 것보다도 일본인의 기본 의식 속에 영혼에 대한 인식은 보편적인 것임을 엿보게 한다.

결론적으로, 한국인과 일본인에게 있어서 사생관의 관계를 요약하여 그림1)과 같이 나타내볼 수 있다. 한국의 종교인들은 종교성이 강하고, 비종교인과 죽음에 대한 인식에 있어서 그 차이가 크다. 반면, 일본인들은 종교인과 비종교인의 죽음에 대한 인식의 차가 그다지 크지 않으며, 종교성도 강하지 않아, 일본인들은 종교에 대하여 유연성이 있다고 말할 수 있다.

3월 어느 새벽, 동이 트기 전의 하늘에 빛바랜 반달이 남아있었습니다. 머얼리 해오름과 함께 어느 샌가 그 반달은 서서히 하늘 속으로 자취를 감추며 사라지는 것이었습니다. 그 새벽의 반달은 그렇게 죽음을 맞이하여 하늘 속으로 흡수되어 흔적을 찾을 수 없었습니다. 인간의 죽음도 그렇게 자취를 감추며 자연 속으로 조용히 사라져가야 하는 것이겠지요…

그 동안의 연구를 모았습니다.

설익은 열매지만, 커다란 쟁반 위에 놓을 수 있도록 흔쾌히 출판을 허락해주신 제이앤씨 윤석현 사장님께 깊이 감사드립니다. 또한, 설문조사를 도와주신 한국과 일본의 여러 선생님들께도 감사드리며, 유난히 많은 비와 더운 날씨에 교정과 편집에 애써주신 박채린 계장님과 정지혜 대리님께도 감사드립니다.

2011년 8월

임 순 록

제2부

역사적 고찰로 살펴본
한국인과 일본인의 사생관 ———— 097

제1부

서론

역사는 시간을 따라 진행되는 것이고, 한 시대의 문화는 그 시대에 현실적 근거를 갖는 것이다. 또, 인간은 주체성을 가진 존재로서 능동적인 사유(思惟)를 하게 된다. 인간의 능동적인 사유 중, 다른 동물과 특히 다른 점은 자신이 죽는다는 것을 알고 있다는 사실일 것이다. 비록 이성적으로는 사망의 불가지성(不可知性)을 받아들이지만, 감정적으로는 죽음의 두려움을 배제하기가 곤란하다.

또한, 죽음에 대한 의식은 시·공적(時·空的)으로 일시적이고, 특정적인 공간 내에서 형성되는 것이 아니라 시·공(時·空)의 결합체(結合體)로서 역사와 문화라는 맥락 내에서 형성된다. 이러한 사실은 죽음의식에 대한 비교문화권적 연구의 필요성을 제고(提高)시킨다.

Ⅰ
서론

1. 연구 목적과 배경

1) 연구 목적

본고는 유교·신도·불교의 영향 하에 형성된 한국과 일본의 사생관(死生観)에 대한 역사적 고찰을 통하여, ① 종교문화에서 나타나는 사생관의 형성과정과 사유구조(思惟構造)를 역사적으로 추적, 확인하고자 한다. 또, 사생관의 현상적 고찰을 위하여 ② 설문조사에 의한 데이터의 분석을 통하여, 현대 한국인과 일본인의 삶과 죽음에 대한 의식이 어떠한 특징과 변용을 보이는지, 그리고 그러한 특징과 변화 양상들이 어떻게 형성되었는지를 밝힌 다음, ③ 이러한 개인의 종교적 환경과 사생관 형성에 주목하여 한국과 일본의 종교인과 비종교인에게 있어서 그들의 사생관에 어떠한 문화적 인식의 차이를 보이고 있는지를 고찰하려는 것이다.

즉, 본고는 "사생관 형성과정과 그 구조에 대한 역사적 고찰", "한일 양국의 사생관 연구에 대한 수량적 분석", 그리고 "개인의 종교적 환경과 사생관과의 인과관계에 대한 연구"를 통해서, 한국과 일본에 있어서의 사생관 형성에 대한 양상이 어떠한지를 살펴보고, 아울러 삶과 죽음에 대한 의미부여 및 해석을 새로이 하려는 것이다.

따라서 본고를 통해서 첫째, 한국인과 일본인들의 현세와 내세에 대한 의식구조에 있어서 공통점과 차이점을 확인하고, 둘째, 그러한 사생관의 공통점과 차이점이 현실세계에서 어떻게 반영되어 있는지를 규명하고, 셋째, 이러한 한일 양국의 사생관에 대한 비교분석을 통해서 양국의 종교문화의 사회적 존재방식을 도출하려는 것이다.

역사는 시간을 따라 진행되는 것이고, 한 시대의 문화는 그 시대에 현실적 근거를 갖는 것이다. 또, 인간은 주체성을 가진 존재로서 능동적인 사유(思惟)를 하게 된다. 인간의 능동적인 사유 중, 다른 동물과 특히 다른 점은 자신이 죽는다는 것을 알고 있다는 사실일 것이다. 비록 이성적으로는 사망의 불가지성(不可知性)을 받아들이지만, 감정적으로는 죽음의 두려움을 배제하기가 곤란하다.[1]

또한, 죽음에 대한 의식은 시・공적(時・空的)으로 일시적이고, 특정적인 공간 내에서 형성되는 것이 아니라 시・공(時・空)의 결합체(結合体)로서 역사와 문화라는 맥락 내에서 형성된다.[2] 이러한 사실은 죽음의식에 대한 비교문화권적 연구의 필요성을 제고(提高)시킨다.

우리들의 누구라도 죽음 그 자체를 피하여, 죽음을 극복할 수는 없다. 죽음이란 원래 아주 다차원적인 개념이며, 또 사회적 개념이다. 사

---

1) 朴文鉉, 「중국인의 죽음에 대한 사유 ―先秦 儒・道・墨을 중심으로―」, 『인문연구논집』 7권, 동의대학교 인문과학연구소, p.75, 2002년.
2) 金仁子, 「죽음 意識에 關한 比較文化圈的 調査研究」, 『人間理解』 Vol.2, 西江大学校 生活相談室, p.3, 1980년.

람이 죽는다는 것은 그 인간이 이루어온「사회적 기능이나 권리・의무 등의 종식」을 의미한다. 죽어야하는 개적인 존재로서 스스로의 生을 자각할 때, 중요한 포인트는 우리들이 유한(有限)한 생명에 대하여 어떠한 의미를 부여할 것인가 라는 것이다.[3]

따라서 본고의 이러한 과제 설정은 한국과 역사적・문화적으로 밀접한 관계를 가지고 있는 일본과의 사생관을 비교하여봄으로써, 한편으로는 일본의 문화적 특성의 중요한 부분을 이해할 수 있는 근거가 될 수 있고, 궁극적으로는 오늘날의 우리의 사생관을 정립하는 데에도 도움이 될 것이라는 문제의식에서 출발한 것이다.

게다가 서로 다른 나라의 사생관을 비교하는 일은 용이한 일은 아니다. 여기에는 그 나라의 사고(思考)나 행동양식의 비교와 관련된 분야에 한정하여, 그 기본적인 사고방식에 대하여 비교하는 것이다.[4]

이에 한국과 일본의 사생관에 주목하게 된 구체적 이유를 몇 가지 열거하면 다음과 같다.

첫째, 과연 종교는 인간에게 죽음에 대한 두려움을 없애주는가? 라는 종교의 기능에 관한 문제로서 종교를 가진 사람에게는 죽음에 대한 두려움이 과연 없는가 하는 문제가 발생한다. 대부분의 죽음에 대한 연구에서 이야기하고 있듯이 보통 죽음에 대한 정서적 반응 중, 가장 많은 부분을 차지하는 것은 두려움과 불안이라고 한다. 두려움에는 미지(未知), 외로움, 자기 조절능력, 가족과 친구의 상실에 대한 두려움, 육체의 상실과 무력감, 고통과 괴로움, 정체성 상실, 슬픔에 대한 두려움, 퇴행,

---

3) 사와이 요시츠쿠(沢井義次),「新たな生命倫理への宗教学的視座」,『宗教研究』 80(2), p.264, 2006年 9月.

4) 시미즈 토쿠조(清水徳蔵),「日中の死生観比較考 —異文化への日中の対応比較 (3)—」,『アジア研究所紀要』 17, p.3, 1990年.

절단과 부패, 매장(埋葬)에 대한 두려움 등이 있다.(Pattison, 1997) 또한, 죽음을 긍정적으로 수용하느냐, 부정적으로 수용하느냐 하는 문제는 현재의 삶의 태도와 적응에 큰 영향을 미칠 것으로 사료된다. 죽음을 긍정적으로 수용하는 사람일수록 종교를 가지고 있고, 현재 생활에 만족감을 가지며, 자신의 과거의 삶이 의미 있었다고 평가하고, 현재 생활에 대하여서도 불안이 적으며, 앞으로 올 미래의 생활에 대해서도 밝게 전망하고, 자신의 건강상태를 좋다고 평가하며, 내세는 있다고 믿는 경향을 가지고 있다는 연구결과가 있다.[5] 이러한 삶과 죽음에 대한 인식과 태도가 정신적인 생활의 질을 결정짓는 중요한 요소라고 생각할 때, 삶과 죽음의 의의를 정확히 파악하지 않을 수 없는 것이다.[6]

일본은 종교의 천국이라고 말할 수 있을 것이다. 일본인에게 무슨 종교를 가지고 있느냐고 물어보면 종교가 없다는 사람이 대부분이지만, 신년(新年)이 되어 신사(神社)에서 하츠모데(初詣で)를 행하고, 신도 신자가 아니라도 여러 가지 인생의 통과의례를 신사에 가서 모두 행한다. 또, 일반적으로 결혼식은 신도식(神道式)으로 신사에서, 장례식은 불교식으로 절에서 행하는 습관을 가지고 있다.[7] 종교가 없다고 하면서도 종교적인 행사에 참여하는 사람의 숫자는 일본의 종교인구수를 훨씬 넘는다.[8] 한 개인이 절에도 가고, 신사에도 간다는 말일 것이다.

반면, 한국은 1년 중, 석가탄생일인 사월초파일에 한 번 절에 가면서

---

5) 김인숙・유애광・최영아, 「노인의 죽음에 대한 인식과 태도」, 『김천과학대학 논문집』 Vol.29, 김천과학대학, p.7, 2003년.
6) 朴文鉉, 앞의 논문, pp.75~76.
7) 마루야마 쿠미코(丸山久美子), 「死生観の心理学的考察」, 『聖学院大学論叢』 16(2), p.201, 2004年 3月.
8) 정형, 『일본, 일본인, 일본문화』, 다락원, pp.47~48, 2004년 8월.

도 불교신자라고 말한다. 또한 종교인구 조사를 하면, 일본은 기독교 신자가 전 인구의 1%가 되지 못하는데, 한국은 기독교신자수가 20%가 넘는다.[9)]

한일 학생들의 종교의식 조사보고[10)]에 의하면, 각 종교에 따른 신자 수의 비율을 예로 들어 볼 때, 한국 학생의 경우, 전체 응답자(n=1,422명, 무회답 2) 중, 종교를 가지고 있는 학생(n=508)은 전체의 36.7%였으며, 종교를 가지고 있지 않은 학생(n=912)은 63.3%였다. 전체 응답자 (n=1,420) 중, 불교신자는 6.1%(n=86)이고, 개신교 신자는 17.2%(n=244) 였으며, 카톨릭 신자는 11.2%(n=159)였다. 개신교와 카톨릭을 합하여 기독교라고 본다면, 전체 28.4%가 기독교도인 셈이다.

일본 학생의 경우, 전체 응답자(n=4,401, 무회답 8) 중, 종교를 가지고 있는 학생(n=474)은 전체의 10.8%였으며, 종교를 가지고 있지 않은 학 생(n=3919)은 89%였다. 전체 응답자(n=4,393) 중, 불교 신자는 3.1% (n=137)였으며, 기독교 신자는 1.5%(n=64)였고, 신도 신자가 1.7%(n=74), 신종교 신자가 3.9%(n=171)였다.

또한, 죽음에 대한 두려움과 느낌에 관한 설문조사의 결과를 예로 든다면, 한국인의 경우, 전체 응답자(n=1,013) 중, 죽음이 ①'많이 두렵

---

9) 2010년 3월 현재, 필자의 설문조사에 의하면 한국인 442명 중, 종교를 믿지 않는 사람이 35.3%(n=156)로 제일 많았고, 불교가 25.8%(n=114), 프로테스탄 트교가 24.9%(n=110), 카톨릭은 7.2%(n=32), 기타(주로 일본계 불교 종교인 SGI신자)가 5.2%(n=23)로 나타났다. 일본인은 전체 293명 중, 한국과 마찬가지 로 종교를 가지지 않은 사람이 제일 많아 46.1%(n=135)였고, 불교가 37.5% (n=110)였으며, 천리교가 5.1%(n=15)로 나타났다.
10) 이 조사는 일본 코쿠가쿠인대학(国学院大学)의 이노우에 노부타카(井上順孝) 선생이 연구대표자로 2007년도 일본 문부과학성 과학연구보조금으로 이루어 진 한일 간의 조사로서 그 결과보고서에서 참조(2008년 2월)함.

다'고 답한 사람은 8.6%, ②'두렵다'는 응답자는 36.2%, ③'별로 두렵지 않다'고 한 응답자가 45.3%, ④'전혀 두렵지 않다'고 한 응답자가 9.8% 의 비율을 보였다.[11] 일본의 경우, 죽음은 '쓸쓸한 것'이라고 답한 학생 은 30.97%(n=48), '고통스러운 것'이라고 답한 학생은 10.97%(n=17)이며, '편안한 것'이라고 답한 학생이 8.39%(n=13), '아름다운 것'이라고 답한 학생이 4.0%(n=6)로 나타났다.[12]

그렇다면, 종교를 가지고 그 종교를 믿고 있는 사람과 죽음에 대한 두려움은 어떤 관계가 있는 것일까? 라는 문제가 제기된다. 1999년의 이재운의 조사에서는 한국의 경우, '죽음이 두렵다'고 생각하는 사람이 44.8%(n=454), '죽음이 두렵지 않다'고 생각하는 사람이 55.1%(n=558)로 나타나 한국인은 죽음에 대하여 '두렵지 않다'고 생각하는 경향이 더 높다는 결과가 나왔다.[13] 또한, 필자의 조사에서도 종교를 가지고 있는 비율이 더 높은 한국인은 죽음에 대하여 '두렵지 않다'는 비율이 일본보 다 더 높게 나타났다.[14] 따라서 본고에서는 한국과 일본에 있어서 종교 인과 비종교인을 구별하여 분석하였는데, 한국과 일본에서의 결과가

---

11) 이재운, 「한국인의 죽음관에 대한 설문조사 보고」, 『전주사학』, 전주대학교 역사문화연구소, p.4, 1999년 1월.
12) 사이토 에이코(斉藤英子)・하야시 카오리(林かおり)・후지노 후미요(藤野文 代), 「大学生の死のイメージに関する研究 ―身近な人の死の経験による分析―」, 『群馬保健学紀要』23, p.50, 2003年 3月. - 이 설문조사는 일본의 일반인을 대상 으로 한 조사가 아니라 대학생을 대상으로 한 죽음의 이미지에 관한 설문조사 이다.
13) 이재운, 앞의 논문, pp.4~6.
14) 필자의 설문조사에서도 한국인의 경우, 죽음이 두렵다고 생각하는 사람(n=184) 이 41.6%였고, 두렵지 않다고 생각하는 사람(n=254)이 57.5%였다. 일본인의 경우는 두렵다고 생각하는 사람(n=191)이 65.1%였고, 두렵지 않다고 생각하는 사람(n=96)이 32.8%로 나타났다.

상반되어 나타났음을 알 수 있다.[15]

　죽음은 인간의 두려움 중 가장 큰 것으로 여겨진다. 生의 단절이라는 두려움과 알지 못하는 죽음의 실상에 대하여 느끼는 경외(敬畏)는 인간으로 하여금 다분히 종교적 심성을 불러일으킬 만하다. 종교를 가진 사람 중 몇 퍼센트 정도가, 종교를 가지지 않은 사람 중 몇 퍼센트 정도가 죽음은 두려운 것이라고 응답을 하였는지를 알 수 있다면, 죽음에 대한 두려움과 종교의 기능적인 측면에 관한 관계를 이해할 수 있을 것이다. 따라서 본고에서는 사생관 연구에 있어서 사생관과 종교와의 관계에 대한 연구를 해야 할 필요가 있으며, 죽음과 관련된 인간의 개념과 그에 따른 사회적·문화적 현상들은 종교와 얼마나 깊은 관계에 있는지를 이해할 수 있다면, 그 사회의 여러 측면에 있어서의 공통점과 차이점을 이해하는 데에도 도움이 될 것이라고 여겨진다.

　둘째, 서로 이웃하고 있는 한국과 일본은 세계에서 자살률이 높은 나라로 앞서거니 뒤서거니 하고 있다. 그 이유는 무엇일까? 자살률이 높은 이유는 한국인과 일본인의 사생관과 어떠한 관련이 있는 것일까? 이렇게 사생관과 관련된 한 가지 사회적인 문제로서 한국은 10년째 자살률 1위라는 딜레마에 빠져 있다. 한국인은 세계의 수많은 나라 중에서 어떠한 사생관을 가지고 있기에 자신의 목숨을 그렇게 쉽게 버릴 수 있는 것일까? 남을 위해서 죽는 정의로운 희생정신도 아니고, 자기의 의지를 관철시키기 위하여 목숨을 버리는 의로운 죽음도 아닌데, 한국인은 쉽게 자기의 목숨을 버리는 사람이 많다. 2010년 현재, OECD 국가 중 한국이 자살률 1위[16]라고 한다.[17] 10여 년 전에는 일본이 자살

---

15) 본고의 4장 2절에서 그 결과를 보고함.
16) 한국의 자살 사망자는 1만 4천 579명(2009년), 1만 2천 270명(2008년), 1만

대국으로서 왜 일본인은 자살을 많이 하는지에 대한 연구들이 많이 있었다. 일본의 중세, 사무라이 시대에는 전체의 이익을 위해서는 기꺼이 한 개인의 죽음은 가볍게 받아들일 수도 있다는 일본인의 죽음에 대한 집단주의적 사고방식이 존재하고 있었다.[18] 물론, 한국과 일본의 자살에는 공통점과 차이점이 있었다. 공통점에 있어서, 충성심과 사회적 배경으로 인하여 자살을 한다는 공통점을 들 수 있는데, 같은 충성심 때문에 자살을 하더라도 한국은 충성심을 지켜내지 못하였을 때 선택하는 방법이 죽음이고, 일본은 수치에 대한 책임을 지는 행위로서 죽음을 감행하였기 때문에 자신의 신념에 따른 자살이라고 할 수 있었다.

이러한 공통점이 있지만 내면적으로도 차이점이 있어서, 죽음에 대한 인식의 차이와 자살 이유 등에 차이가 있었다. 한국인은 자살을 죄

3천 407명(2007년), 1만 2천 968명(2006년), 1만 4천 11명(2005년)으로서 해가 갈수록 늘어나고 있는 실정이다. 2009년의 자살 사망자를 보면, 연령별로는 61세 이상이 4천 614명(31.6%)으로 가장 많았고, 40대가 2천 770명(18.9%), 30대(17.2%), 50대(16.6%), 20대(12.2%) 순이었고, 20세 이하도 3%(452명)에 달했다. 원인별로는 정신적·정신과적 문제로 말미암은 자살이 4천 123명(28.2%)으로 가장 많았고 다음은 3천 190명(21.8%)을 기록한 육체적인 질병 문제였다. 이어 경제문제(16.1%), 가정문제(12.5%), 남녀문제(7%), 직장 또는 업무상 문제(6%) 순이었다. - 2010년 6월 2일 경찰청(서울=연합뉴스) http:// media.daum.net/society/view.html?cateid=1010&newsid=201006020에서 참고.
17) 『新東亞』 통권 605호, pp.167~177, 2010년 2월 1일. - 한국은 1위 국가다. 자살률과 보행자 교통사고율은 경제협력개발기구(OECD) 국가 중에서 1위를 차지하고 주당 노동시간, 국민 1인당 술 소비량, 간암 사망률, 청소년 유해사이트 접속률과 흡연율, 이혼율과 저출산율, 1인당 화장품 소비량, 인구대비 성형수술 등도 전세계 1위다. 그 외에도 한국은 낙태율 1위, 해외입양율 1위, 사교육비 1위라고 한다.
http://shindonga.donga.com/docs/magazine/shin/2010/02/01/에서 재참고함.
18) 金粉淑, 「일본인의 죽음에 대한 의식구조」, 『人文科學研究』 Vol.-, 동아대학교 인문과학대학 인문과학연구소, pp.180~181, 1996년.

를 갖기 위한 굴욕적인 죽음으로 인식하고 있는 반면, 일본인들은 죽음을 하나의 삶의 미학으로 생각하고 있어 일본인들의 죽음에 대한 이중적인 태도를 확인할 수 있었다.[19]

그러나 최근의 자살 이유의 사회적 배경으로는 경제사정이 좋지 않을 때, 한국[20]과 일본[21]에서의 자살률이 높아지는 것을 확인할 수 있었다.

어찌되었든 한국과 일본[22]이 자살률에 있어서 1, 2위를 다투는 이유

---

19) 金粉淑, 위의 논문 p.181.
20) 자살 이유에 있어서, 한국은 '경제적 어려움'이 36.2%로 가장 많았다. 그 다음이 '가정불화'(15.6%)와 '외로움·고독'(14.4%), '질환·장애'(12.8%), '직장문제'(7.1%), '성적·진학문제'(6.8%) 등이 그 뒤를 이었다. -「통계로 읽는 '한국인 우리는' 통계청 사회조사 … 자살충동 이유 1위는 '경제난'」, 머니투데이 여한구 기자, 2008년 11월 26일, http://mtn.mt.co.kr/view/mtnview.php?no=20081126 163319921892008에서 참고.
21) 경찰청 조사에 따르면, 일본에서는 2009년, 자살자 3만 2천 845명 중, 실업을 원인으로 목숨을 끊은 이가 2008년보다 65.3% 늘어난 1천 71명에 이르는 것으로 나타났다. 후생노동성은 28일 이같은 내용으로 노동안전위생법을 개정해 내년부터 시행한다는 내용의 '자살·우울증 등 대책'을 발표하면서 자살·우울증 대책 법제화를 추진하고 있다. http://www.yonhapnews.co.kr/bulletin 2010년 5월 29일 - 에서 참고
22) 일본 경시청 자료에 따르면, 2009년, 일본에서 자살한 자살자의 수는 전년대비 596명 증가한 3만 2845명으로 지난 1998년 이후, 12년 연속 3만 명 이상을 기록하였다. 자살자의 연령별 수치에서는 50대가 6,491명으로 가장 많았으며 그 뒤를 60대(5,958명), 40대(5,261명), 30대(4,794명), 70대(3,671명), 20대 (3,470명)가 이었다. 40대와 60대의 자살자가 각각 전년대비 291명(6%), 223명 (4%) 증가했으나 10만 명당 자살자 수를 말하는 자살률에서는 20대와 30대가 1978년 통계 집계 이래 역대 최악의 수치를 보이며 최근 일본 젊은 층에 일고 있는 자살 분위기를 전하였다. 자살의 원인으로는 우울증 등의 건강문제가 15,867명으로 가장 높게 조사되었으나, 사상 최악의 고용정세가 반영된 실업과 생활고의 이유도 적지 않은 수치를 기록하였다. 생활고와 실업 등의 경제문제가 8,377명, 부부 불화 등 가정문제가 4,117명, 과로와 인간관계 등 직장 내 문제가 2,528명, 특히 실업에 따른 자살자가 전년대비 65% 증가한 1,071명, 생활고는 전년대비 34퍼센트 증가한 1,731명을 기록하였다.

가 무엇일까? 일본의 '죽음의 미학' 정신은 18세기 무사들의 할복자살에서 그 기원을 찾아볼 수 있다. 이 세상에 태어난 이상, 생명은 어떤 목적이 있는 것이고, 그 목적에 따라 살아야하고, 그 목적이 달성되지 않을 때에는 스스로 죽는다는 무사도에 의한 죽음의 방식이 밑바탕이 되고 있다. 따라서 일본인에게 있어서 자살은 비교적 긍정적인 태도를 취한다.[23)

반면, 한국인은 자살을 아주 불행한 죽음이라고 생각한다. 자살은 큰 원한을 품고서 행해지는 것으로 관념화되어 있는데, 죽어서 원혼(冤魂)이 되어 원수를 갚고 살아있는 사람에게 다가가 해를 주는 존재가 된다는 관념은 자살에 대한 한국인의 부정적인 시각을 잘 반영하고 있는 것이라고 할 수 있다.[24) 죽음이 어려움을 극복하는 최선의 수단이라고 생각하는 일본인의 의식구조와는 다르다고 할 수 있다. 그런데 한국인은 최근 들어 자살률이 세계 1위가 될 정도로 자살률이 높아지고 있는데, 이것은 정신적 · 육체적으로 문제가 있기 때문으로 그 이유는 한마디로 말할 수는 없을 것이다.

셋째, 그렇다면 한국과 일본의 죽음에 대한 인식의 차이는 어디에서 비롯된 것일까? 가깝고도 먼 나라 일본과는 공통점도 많고 차이점도 많다. 문화적인 이해에서 오는 인식 차이의 문제로서 한국과 중국 등지에서는 일본 총리의 야스쿠니신사(靖国神社) 참배를 반대하고 있다. 그

---

http://www.newsjapan.co.kr/html/view.php?idx=4040&category=3&pagenum=1 2010년 6월 2일 - 에서 참고.
23) 한국외국어대학교 일본연구소 편, 『일본사회와 문화』, 제이앤씨, pp.87~91, 2006년 2월.
24) 김열규 · 김석수 · 박선경 · 허용호 공저, 『한국인의 죽음과 삶』, 철학과현실사, pp.131~152, 2001년.

런데도 왜 일본은 그것을 고집하고 있는 것일까? 이 문제는 일본의 민속종교인 신도와 깊은 관련이 있다. 일본의 신도에서는 죽음은 신의 소행이며 재앙이므로 죽으면 요미노쿠니(黄泉の国)로 가고, 사후의 영혼은 언제까지나 이 세상에 머물러서, 이 세상 사람들과 계속 교류를 한다. 즉, 사후의 영혼은 묘에 영원히 머물러 있다고 일본인들은 생각하는 것이다. 죽으면 누구라도 더럽고 악한 곳인 요미노쿠니로 가지 않으면 안 되는 것이기 때문에, 죽는 일은 정말로 슬픈 일이라고 생각하며, 장례식인 신소사이(神葬祭)[25] 후에는 서로 즐겁게 이야기하고, 죽은 자를 밝게 보내는 것이 좋다고 생각하고 있다. 또한, 자살을 큰 죄로 여기는 종교도 많지만, 신도에서는 자살하는 사람의 영혼도 불의의 사고나 범죄의 희생이 되어 죽어간 사람의 영혼도 죽은 다음, 일정 기간이 지난 뒤엔 모두 신이 된다고 믿고 있다. 또, 일본의 민속학자 야나기타 쿠니오(柳田国男)[26]는 사후의 세계를 신변 가까이에 있는 것으로 파악하여 죽어서도 영혼은 그 나라 안에 머물며, 죽은 자와 산 자가 서로 교통하여 마츠리(祭り) 등에 초대하고 초대받으며, 살아있는 사람의 염원이 사후에는 반드시 달성되는 것으로 자손을 위해서 여러 가지 계획을 수립한다고 일본인은 생각하고 있다는 것이다.[27]

---

25) 신도(神道)의식에 의한 장례식을 말함.
26) (1875~1962) 일본의 민속학자·사상가. 토쿄제국대학 정치과를 졸업한 후 농상무성(農商務省)에 들어가 지방시찰을 하면서 각 지방마다 생활의 모습이 다른 것에 관심을 갖고 서민의 역사를 연구하였다. 1909년에 쓴 큐슈(九洲)지방 보고서인 《노치노카리코토바노키(後狩詞記)》는 일본 민속학의 시초이다. 35년 결성한 '민간전승회(民間伝承会)'는 일본민속학의 확립을 알리는 것으로 평가된다.
27) 야나기타 쿠니오(柳田国男)의 『선조 이야기(祖先の話)』의 「죽음의 친숙함(死の親しさ)」이라고 하는 부분을 토호쿠대학(東北大学) 교수 사토 히로오(佐藤弘夫)의 『죽은 자의 행방(死者のゆくえ) ―일본 열도의 사생관의 역사―』, 岩

한편, 한국에서의 죽음은 삶의 연장이고, 삶은 죽음의 연장이라고 보아 죽음을 긍정적으로 생각하는 면이 강하다. 이러한 생각은 유교의 영향을 받은 것으로, 죽음을 자연적인 사건으로 수용하며, 그것의 극복도 자연적 질서 안에서 추구한다. 그러므로 죽은 사람과 산 사람이 제사(祭祀)를 통하여 서로 내통(內通)하고 있다고 생각하였다. 이와 같은 태도는 내세관(來世觀)보다는 현세관(現世觀)에 더 치중하게 되어 한국인의 죽음관에는 현실에 대한 철저한 긍정적 사고를 동반한다. 또, 제사를 드린다는 것은 귀신 자체를 위한 종교적인 태도에서 나온 것이 아니라 그러한 의례를 통해서 현세의 인간들로 하여금 도덕성을 확립하게 하려는 의도였으며, 조상을 제사지냄으로써 효(孝)를 마음에 심어 주려 하였던 것이다.

넷째, 첨단과학의 발전은 사생관 형성에 어떠한 영향을 주었는가? 첨단 생명공학이나 유전공학과 같은 21세기 과학의 발전은, 지금까지 신의 영역으로 간주되어 왔던 인간 생명의 탄생문제 및 죽음의 문제까지도 변화를 초래하고 있다. 이러한 첨단 과학의 발전은 사생관 형성에 어떠한 영향을 주고 있을까? 동물의 복제에 이어서 인간 복제의 가능성과 줄기세포 배양의 성공으로 인간의 생명도 인간이 원하는 만큼 연장할 수 있게 되었다는 사실이 가시화(可視化)되었다.

불로장생(不老長生)이라는 인간의 기본적 욕구가 첨단의 생명공학이나 유전공학을 발전시켰지만, 과학의 발전은 인간의 연명(延命)이라는 단순한 문제에 그치지 않고, 안락사, 낙태, 생명 복제, 장기이식, 뇌사 등으로 인하여 여러 가지 사회적·도덕적·윤리적 문제 등을 야기시키고 있다. 따라서 이러한 문제로 인하여 자신의 죽음뿐만 아니라, 타

田書院, pp.9~15, 2008年 3月 - 에서 재인용함.

인의 죽음에 대한 의미부여 및 언제 어떠한 모습으로 닥쳐올지 모르는 죽음에 대하여 죽음 준비교육조차 하지 않으면 안 되게 되었다.

이러한 문제에 대한 해결의 실마리로서 삶과 죽음의 문제인 사생관(死生觀)에 대하여 짚어볼 필요가 있다.[28] 사생관이란 인간을 어떻게 생각하느냐에 관한 인간관의 핵심문제이다. 따라서 여타의 사물이나 존재와는 근본적으로 다른 인간의 본질을 어떻게 규정하느냐의 문제이기도 하다.[29] 그리고 인간이 '죽은 자를 매장하는 유일한 동물'임을 감안할 때, 그 내면에 있을 것으로 가정되는 사생관을 연구하는 것은 동물과 대비되는 인간의 보편적 특성을 해명하는 데에도 기여할 것이므로 사회적 의의 또한 클 것이라 생각된다.

또한, 본 논제가 종교의 궁극적인 목적인 사생관을 비교한다는 점에서 의의가 있을 것이며, 종교인과 비종교인이 가지고 있는 사생관의 한일 비교연구로서는 시발점이 될 것이다.[30] 이것을 계기로 한일 간의

---

28) 1980년대 이후, 생명복제 논쟁과 관련하여 세계적으로 생명윤리논쟁 및 사생관에 대한 여러 가지 논의들이 이루어지고 있는데, 일본에서는 「사생학」이 대두되면서 「사생관」에 대한 정립의 필요성을 인정하여, 동경대학교의 시마조노 스스무(島薗進) 교수팀이 주축이 되어 사생관 및 사생학에 대한 연구를 하고 있다. 이미 「사생학연구」라는 심포지엄을 통하여 여러 논의들이 제기되고 죽음에 대한 교육의 필요성도 제기되고 있다. 일본에서 「사생관」이라는 말은 에도시대부터 있어왔으나 카토 테츠도(加藤 咄堂)가 『死生観』(1904년)이라는 저서에서 정의하고 있는데, 에도시대까지 생사관(生死観)이라는 단어가 사용되었으나, 그것은 불교적인 의미로 사용되었다. 한국에서도 1980년대 이후, 사생관이나 죽음에 대한 연구가 더욱 활발히 계속되고 있다.
29) 김용운, 「儒家의 生死観 一瞥」, 『石堂論叢』34輯, 東亜大学校 石堂伝統文化研究院, p.35, 2004년.
30) 죽음 관련 연구로서 한일 비교를 한 것으로는 세키네 히데유키(関根英行)의 「고대 종교적 공간관의 한일 비교 ―타계관을 중심으로― 」(1999년)와 이연숙

사생관을 이해할 수 있는 틀을 제공할 것이며, 한국인과 일본인의 사생관을 들여다볼 수 있는 기회를 제공하여 학문적으로 연구하는 이들에게 하나의 자료가 될 것이라고 생각한다. 아울러 여타의 종교를 막론하고 실제적으로 현세의 삶을 보다 진지하게 성찰하게 하고, 책임 있는 삶의 자세를 갖도록 하는 데 긍정적인 역할을 하였으면 한다.

이러한 맥락에서 본고에서는 개인의 종교적 환경과 사회적으로 가지고 있는 통념 속에서 죽음에 대한 태도에 주목하여 살펴보고자 하는 것이다. 개인의 죽음과 상실에 대한 것을 다룰 때에는 그 개인의 사회, 문화, 종교, 인종 등의 배경을 참작해야 할 것이다.

사생관은 연령, 발달단계나 환경에 의하여 영향을 받으면서 확립되는 것이며, 거기에는 그 사람의 인생경험이나 사회 환경이 관련되어 있다. 그로 인해, 똑같이 인생경험이나 사회 환경이 영향을 미치는 자아 상태나 행동특성도 또 죽음의 이미지에 관련된다고 예측할 수 있다.[31]

다시 말해, 사생관에는 자라온 가정환경, 경험, 종교적 배경, 신앙의 유무 등을 총합적으로 보아갈 필요가 있음을 쉽게 상상할 수 있다. 사생관에 대하여서는 꽤나 많은 개인차가 있음을 예상할 수 있는 것이다.[32]

의 「한일의 죽음관과 상례의 비교 연구」(2004년)가 있으며, 타시로 타카요시(田代隆良) 外 5人의 「日韓看護学生の死生観の比較」(2006년) 등이 있으나 종교인과 비종교인을 구별하여 비교를 한 것은 아니므로 필자의 그것과는 다른 범주에 속해 있다.

31) 사이토 에이코(斉藤英子)・하야시 카오리(林かおり)・후지노 후미요(藤野文代), 앞의 논문, p.49.

32) 스기모토 레이코(杉本玲子), 「子どもの死生観と宗教心」, 『青山学院女子短期大学 総合文化研究所 年報』4, p.24, 1996年 12月.

또, 죽음의 보편성[33]을 다룰 때에도 개인의 믿음이나 관습, 규범, 표준, 사회 문화적인 문제, 인종, 종교적 배경 등의 영향을 받는다는 것을 염두에 두어야 할 것이다. 그러나 목숨이나 사생관은 개인에게만 소속하는 것이 아니라, 사회나 문화, 전통이나 역사 속에서 공동적으로 형성되어 나타나는 것이므로 개인의 사생관을 알면 그 개인이 속한 공동체나 사회마저 알 수 있을 것이다.[34]

2) 「사생관」의 개념

일본의 종교학자인 키시모토 히데오(岸本英夫)[35]는, 사생관을 취급할 경우, 두 가지의 입장이 있는데, ① 종교적 · 철학적 · 사상적인 측면에서 객관적인 연구를 하는 관념적인 사생관[36]과 ② 임박한 죽음에 대처하기 위하여 죽음을 자신의 문제로서 연구를 하는 개인의 사생관을 거론하고 있다. ①의 입장은 객관적인 사생관의 연구가 주된 것으로, 불

---

33) 丁銀美, 「종교와 죽음경험 유무에 따른 유아의 죽음개념 연구」, 成均館大学校 教育大学院 교육학과 유아교육 전공 석사학위논문, p.2, 1999년 - 에 의하면, 죽음에 대한 세 가지 개념으로 모든 살아있는 것은 언젠가는 죽는다는 보편성(普遍性) 개념, 한 번 죽고 나면 삶의 모든 기능이 정지된다는 비기능성(非機能性) 개념, 죽고 나면 다시 살아날 수 없다는 비가역성(非可逆性) 개념을 말한다.
34) 오키나가 타카코(沖永隆子), 「死生観教育と生命倫理」, 『宗教研究』 82(4), p.409, 2009年 3月.
35) 토쿄대학(東京大学) 교수로서 종교학자이며, 『죽음을 바라보는 마음(死を見つめる心)』이라는 제목의 책을 저술한 키시모토 히데오(岸本英夫) 씨는 생사관을 취급하는 것에는 두 가지의 입장이 있다고 주장하였다. 또, 「사생관의 유형」과 「현대인의 생사관」에 대하여서도 논하였다.
36) 객관적인 사생관의 연구가 주된 것으로 종교인이 종교적인 측면에서, 철학자나 사상가나 철학적이고 사상적인 측면에서, 무사나 군인들이 삶이나 죽음을 어떻게 설명하였는가를 연구하는 것이다.

교자(仏教者)나 신도가(神道家), 혹은 무사(武士)가 삶이나 죽음을 어떻게 설명하고 있는가를 연구하는 것이다. ②의 입장은 자기 자신이 죽음에 대하여 어떻게 대처할까, 혹은 죽음의 공포를 어떻게 극복할 수 있을까 등의 한 개인의 문제로서 생각하려고 하는 것이다. 그러나 이 두 입장은 밀접한 관련이 있다. 왜냐하면, 한 개인이 자기 자신의 사생관을 구축하려고 할 때, ①의 관념적인 사생관은 크게 참고가 되어 개인의 사생관 형성의 바탕을 이루기 때문이다.[37]

'나'는 죽음에 대하여 타인의 죽음을 경험하면서 간접적으로 죽음을 경험할 수는 있어도 '나의 죽음' 그 자체에 대해서는 직접적으로 경험할 수 없고, 우리의 객관적 인식이 다가갈 수 있는 경험 영역의 바깥에 존재하기 때문에 죽음의 문제를 직접 경험하고 다룬다는 것은 불가능할 것이다. 또한, 연명(延命)은 될지언정 죽음은 여전히 경험과학의 영역에서 다루어지기보다는 종교나 철학에서 이러한 죽음의 문제를 다루지 않을 수 없다.

또한, 죽음을 말할 때 삶에 대한 문제를 제외시킬 수는 없다. 삶을 절실히 문제 삼게 되는 것은 아무래도 '인간의 미래는 궁극적으로 죽음에 귀착된다'는 사실을 깨닫게 될 때일 것이다. 사람들은 사후(死後) 세계나 윤회(輪廻)를 믿으면서도 자신이 죽는다는 사실을 잊고 있으며, 죽음을 한갓 육체의 사건이나 남의 일로만 생각하려고도 하는데, 죽음을 정면으로 마주보는 것에서 시작하여, 주체적으로 삶을 살아가기 위해서는 죽음의 공포를 끌어안는 용기가 반드시 필요할 것이다. 죽음은 현재 내가 열중하고 있는 일이 과연 바람직한 것인가를 따져보는 시금

---

37) 아소야 마사히코(安蘇谷正彦), 『現代の諸問題と神道』, ペリカン社, p.207, 2001年.

석(試金石)의 역할을 하기도 한다.[38]

독일의 철학자 하이데거(Heidegger, Martin : 1918년)[39]는 보통의 경우, 「인간의 죽음은 그 사람이 어떻게 살아가는가 하는 것을 나타내는 최후의 찬스이다」라고 말하였다. 왜냐하면, 죽는 것을 이해할 수 없으면, 삶도 이해할 수 없다. 그 죽음은 자신이 어떻게 살아왔는가의 증거이며, 일상생활에 나타나는 사생관, 인생관, 가치관의 모습을 반영하고 있기 때문이다. 그러나 현대인은 자칫 죽는다는 확실한 사실을 잊어버리고 있는 시대에 살고 있다.[40]

이러한 의미에서 한국인과 일본인들은 과연 어떠한 사생관을 가지고 있는지를 비교하여보고자 하는 것이다. 한국인과 일본인이 가지고 있는 영혼과 신체에 대한 인식 및 죽음에 대한 태도를 역사적 고찰을 통하여 현대 한국인과 일본인의 인구통계학적 특성이 그러한 인식과 태도에 어떠한 차이를 가져다주는지, 그리고 영혼에 대한 입장이 신체와 죽음에 대한 태도와 어떤 관련성을 가지는지, 또 종교적 환경과 비종교적 환경에서 형성된 사생관은 어떠한 차이가 가지고 있는지를 설문조사에 의한 현상적 고찰을 통하여 그에 따른 쟁점으로써 논의를 하고자 한다. 이러한 조사연구는 영혼과 신체, 그리고 죽음에 대한 일반인의 인식과 태도를 종합적으로 파악하여 한국문화 및 일본문화에 근거한 사생관의 토대 확립과 한일의 비교문화를 위한 기초자료 마련에 기여할 것이라고 생각한다.

---

38) 한국철학사상연구회 지음, 『삶과 철학』, 동녘, pp.10~12, 1994년.
39) 하이데거(1889. 9. 26~1976. 5. 26)는 독일의 철학자로 20세기 실존주의의 대표자로 꼽히는 독창적인 사상가이며 기술사회 비판가이다. 당대의 대표적인 존재론자였으며 유럽대륙 문화계의 신세대에게 커다란 영향을 끼쳤다.
40) 마루야마 쿠미코(丸山久美子), 앞의 논문, p.189.

그렇다면, 「사생관(死生観)」이라는 용어는 어떠한 의미를 가지고 있는 것일까?

　한국민족문화대백과사전[41]에서는 「사생관(死生観)」이라는 용어의 설명을 다음과 같이 하고 있다.

　　죽음과 삶에 대한 사고 방법. 우리나라 사람들의 사생관은 장구한 역사를 통하여 형성되었기 때문에 어느 한 시기나 관점에서만 말하기 어렵다.

　　이 사생관이 포괄하고 있는 문제는 죽음 후의 생명이 있는가, 그 영혼은 산 사람들과 어떤 관계를 가지는가, 어떤 형태의 조상 숭배와 연결되어 있는가 등의 문제와 밀접하게 관련된 것들이다.

　　한국에는 유교와 불교가 들어오기 이전의 사생관이 있고, 유교와 불교가 들어온 이후에 서민층까지 뿌리박힌 죽음과 사후(死後)의 문제가 있다. 그러므로 한국 사람들의 사생관은 어느 한 측면으로만 볼 것이 아니라 그 복잡한 중층적(重層的) 구조를 이루고 있는 전체를 보는 일이 필요할 것이다. … (중략)

　　이상과 같이 한국의 사생관을 이야기할 때 어느 한 측면만 가지고 말해서는 안 되고, 무속적·유교적·불교적 관념이 남긴 것 전

---

41) 1991년에 한국정신문화연구원(현 한국학중앙연구원)에서 펴낸 『한국민족문화대백과사전』으로 일명 『한국백과사전』이라고도 한다. 본책 25권, 부록 2권. 1979년 9월 25일, 대통령령 제9628호로 '한국민족문화대백과사전 편찬사업추진위원회 규정'이 공포되면서 1980년 4월 15일, 민족문화대백과사전 편찬부를 발족하여 정부의 행정적·재정적 지원을 받아 편찬업무를 시작하였다. 연인원 7,000여 명의 전문분야 학자들이 참여하였으며, 민족문화적 의미를 찾을 수 있는 것으로 약 6만 5,000항목을 선정하였다. 편찬 기본방침은 한민족의 문화유산과 업적을 정리·집대성하여 새로운 민족문화 창조의 기반을 구축하고, 현재까지의 연구 성과를 집약하되 학설상의 논란도 함께 다루었다.

부를 살펴보아야 하며, 여기에 덧붙여 현세의 행복과 불로장생에 얽혀있는 도교적 관념도 있다는 점을 염두에 두어야 한다. 한국 사람들은 죽음과 사후의 세계 저쪽보다는 현세를 매우 중요시하는 사생관을 가졌다는 점을 공통적으로 지적할 수 있다.[42]

그러면서 중략 부분에서 한국의 무속적 사생관, 유교적 사생관, 불교적 생사관에 대하여 설명하고 있다. 그렇다면 일본의 사전에서는 사생관을 어떻게 설명하고 있는지 살펴보기로 하자.

'사생관이란 죽음 혹은 생사(生死)에 대한 사고방식. 또, 그것에 기초한 인생관.'[43]

'사생관이란 죽음을 통한 삶의 견해'를 말한다. 유형은 다음의 4가지가 있다.
1. 사람이 죽으면 어떻게 되는가? 어디로 가는가?
2. 사후(死後)나 죽음(死者)을 어떻게 파악하는가?
3. 삶에 대한 사람들의 사고방식이나 이해방식
4. 산다는 것은 무엇인가? 죽는다는 것은 무엇인가?
종교나 문화, 또는 그 사람의 인생이 성공하였는지 실패하였는지에 따라 사생관은 다르다. 사생관의 정의 자체도 보는 사람의 시점에 따라 다르다. 민족에 따라 사생관은 당연히 다른 점이 많고, 그 민족의 민족성에 사생관의 상이점이 관련되어 있는 경우도 있다.[44]

---

42) http://100.nate.com/dicsearch/pentry.html?i=254193 한국민족문화대백과 〉 개념・용어 〉 종교철학
43) 『大辞林』 三省堂, 2008年. http://dic.yahoo.co.jp/dsearch?enc=UTF-8&p=%E6%AD%BB%E7%94%9F%

등으로 기재되어 있다.

또, 모토오리 노리나가(本居宣長 ; 1730~1801)의 연구자인 코야스 노부쿠니(子安宣邦)[45] 씨의 다음과 같은 사생관에 대한 정의가 있다.

사생관이란, 누구에게나 찾아오는 죽음과 그리고 사후라는 궁극적인 암부(暗部)를 예상하면서, 혹은 그것에 대응하면서 세운, 어느 정도 조금은 현세에 있어서의 각각의 生을 지배하는 듯한 관념체계.(『일본에 있어서의 生과 死의 思想』有斐閣, 昭和52, p.225)[46]

또한, 사생관을 '죽음과의 관계에서 바라본 삶에 대한 태도로서 형성된 내세관과 죽음의 의미(인지적 요인), 죽음 불안(정서적 요인), 죽음 관여도(동기적 요인) 및 생명 존중의지(의지적 요인)와 같은 구성요소들의 역동

---

44) フリー百科事典『ウィキペディア(Wikipedia)』, 2009年. http://ja.wikipedia.org/wiki/%E6%AD%BB%E7%94

45) 코야스 노부쿠니(1933년~)는 일본의 사상사 연구자. 오사카대학(大阪大学) 명예교수. 전공은 근세일본사상사. 카나가와현(神奈川県) 카와자키시(川崎市) 출신. 부인은 슈타이너 교육연구 코야스 미치코(子安美知子). 동경대학 문학부 졸업. 동경대학 대학원 인문과학연구과 박사과정 수료(윤리학 전공). 요코하마(横浜)국립대학 교육학부 조교수(철학・윤리학교실), 오사카대학 문학부 교수, 동경가정학원 츠쿠바여자대학(筑波女子大学) 국제학부 교수 등을 역임. 일본 사상사학회 회장도 역임하였다. 미셸 푸코(Michel Foucault, 1926년 10월 15일~1984년 6월 26일)의 저서 『知の考古学』속의 「言説」(ディスクール)론에 커다란 영향을 받아, 「일본사상사」를 재검토하고 있다. 모토오리 노리나가(本居宣長), 오규 소라이(荻生徂徠), 히라타 아츠타네(平田篤胤), 후쿠자와 유키치(福沢諭吉) 등의 사상사적 검토뿐만 아니라 최근에는 야스쿠니신사(靖国神社) 문제에도 적극적으로 발언하여, 폭넓은 사상사에 관한 논의를 행하고 있다. 잡지 『현대사상』(青土社)의 중심적인 기고자의 한 사람이다.

46) 쿠마자와 카즈에(熊沢一衛), 「現代日本人の死生観の形成 ―仏教の役割と提言―」, 『名古屋外国語大学 外国語学部 紀要』37, p.2, 2009年 8月.

적인 체계'로 정의하기도 한다.[47]

이와 같이 사생관(死生観)에 대한 사전적인 정의와 사생관 연구자들의 정의를 살펴보았는데, 학술적인 연구에서는 생사관이나 사생관이란 용어뿐만 아니라 죽음과 관련된 많은 용어들이 사용되고 있었다. 제2장에서 밝히고 있듯이 죽음과 관련된 논문의 제목에서는 내세관(來世観), 사망학, 사생관(死生観), 사후관(死後観), 생사관(生死観), 영혼관(靈魂観), 임종(臨終), 자살(自殺), 자살관(自殺観), 장례(葬礼), 저승관, 죽음 개념, 죽음관, 죽음교육, 죽음대비교육, 죽음의식, 죽음인식, 죽음과 종교교육, 죽음준비교육, 죽음 태도, 타계관(他界観) 등과 같은 많은 용어들이 사용되고 있었다.[48] 그 중에서 필자가 「생사관(生死観)」을 비롯한 다른 용어가 아니라, 「사생관(死生観)」이라는 단어를 선택하여 논문을 쓴 이유는, 죽음에 관하여 연구를 할 때 우선, 관심의 척도가 삶(生)에 있는 것이 아니라 「죽음(死)」에 있으므로 「사(死)」라는 글자가 앞에 나오는 것이 중요하다고 판단하였기 때문이다.

또한, 각각의 죽음에 대한 생각과 죽음 이후의 세계에 대한 생각을 통해서 이승에서의 삶을 살아나가고 있는 우리가 이것들을 인정했을 때, 우리는 무엇을 고려해야 할 것이며, 어떠한 방식으로 살아나갈 것인지에 대한 물음까지도 포함하는 것이 사생관이라는 것을 말하고자 한다. 다시 말해서 우리는 삶에 대한 동경을 품고 살아가는 반면, 죽음에

---

47) 이누미야 요시유키(犬宮義行)・한성열, 「사생관 척도의 개발」, 『한국심리학회지』 Vol.10.1, pp.31~82, 2004년.

48) 본고에서는 「자살」이나 「자살관」의 용어는 제외시켰다. 왜냐하면 자살(自殺)이란 스스로 목숨을 끊는 행위로서 자살을 하는 까닭은 우울증, 약물 중독, 불명예 등 다양하며, 고통에서 벗어나거나 절망에서 벗어나려고 인위적으로 시도하는 것이기 때문에, 사회학에서 따로 다루는 분야로서 여기서는 자연사(自然死)적인 죽음에 관한 것만 논의하고자 하여 제외시키기로 한다.

대한 두려움을 동시에 가지고 있다. 그리고 두려움을 떨쳐버리기 위해 종교에 귀의하기도 한다. 여기서 종교의 바람직한 역할은 인간의 근원적 두려움의 대상인 죽음에 대한 올바른 이해와 극복방법을 제시할 수 있어야 할 것이다. 필자는 이것을 「사생관」이라고 보고자 하는 것이다. 따라서, 죽음에 관한 개념의 총칭으로서 「사생관」이라는 용어를 사용하고자 하는 것이며, 삶과 죽음과 종교관을 모두 종합하는 죽음에 대한 개념으로서 본고에서는 사생관(死生觀)이라는 용어를 사용하기로 한다.[49]

3) 사생관과 종교

인간의 죽음에 대한 연구는 종교와 철학, 의학 등 여러 분야에서 다양하고 심대하게 지금까지 논의되어져 왔다. 죽음에 대한 탐구는 살아 있는 인간의 가장 심각한 주제였으며, 종교와 철학의 근간을 형성하여 왔다.[50]

최근, 생명공학과 유전공학의 획기적인 발전과 함께 인간의 삶의 연장에 대한 기대가 점차 극대화되면서, 인간의 생사에 대한 의식의 변화를 요구하고 있으며, 인간은 삶과 죽음의 경계에 대한 새로운 가치기준의 필요성에 직면하고 있는데, 그것을 다시금 종교에서 구하고자 하고 있다. 다시 말해 아무리 과학이 발달하고 기술혁명이 진전한다고 하여

---

49) 필자도 그렇게 생각하고 있던 바, 토쿄대학 시마조노 스스무 교수의 주장과 같아 그 부분을 명기함. - 死生学研究編集委員会 編,『死生学研究』2003年 秋号, 東京大学 大学院 人文社会系 研究科, pp.8~9, 2003年 11月.
50) 강성경,「청소년의 죽음관 조사연구」, 동국대학교 불교대학원 장례문화학과 장례문화전공 석사학위논문, p.2, 2002년.

도 사람은 죽음의 문제는 종교나 철학에 의존한다.[51]

종교란 그 사회 규범의 질과 범위를 한정할 뿐만 아니라, 세계관(世界觀) 및 사생관(死生観)을 제시하여 그에 따른 과거와 현재, 그리고 미래를 연결하는 생명관(生命観) 및 역사관(歷史観)을 방향지음으로써, 타자(他者)와는 구분되는 민족적 특수성(national particularity)을 규정해주는 정신적 원천이라고 할 수 있다. 따라서 종교는 해당 민족의 내세관(來世観), 인생관(人生観)은 물론 민족의 역사의식 형성에 있어서도 하나의 중요한 결정인(決定因)이 된다. 특히, 한 사회의 종교문화 속에 내재된 사생관은 그 자체가 의미 있는 죽음과 의미 있는 삶을 구분하고 규정하는 기능을 한다. 이런 사생관은 전승되는 문화적 재화와 교육 등을 통하여 그 외연(外延, denotation)을 넓히며 민족국가의 경계를 유지시켜주기도 한다. 더욱이 종교문화 속에 녹아있는 사생관은 나아가 생명의 본질과 의미 영역에까지 그 의미소(意味素)를 심어준다.[52]

또한, 민족 고유의 사생관이란, 대부분의 경우, 그 민족의 생활기반을 지탱하는 가치관이나 문화 및 그러한 종교적 행동이나 프시케(心)[53]의 모습을 그 민족의 역사를 돌이켜 생각하여 고찰하지 않으면 이해할 수 없다.[54]

이러한 맥락에서 먼저 한 사회의 종교문화 속에서 발견되는 사생관의 의미를 고찰하게 될 경우, 그 사회의 생명의식의 원천을 발견하고 이를 통하여 그것들이 어떻게 생활세계의 유지에 기능하고 있는가를 밝히는 논리를 구성할 수 있을 것으로 기대한다. 따라서 한일 양국의

---

51) 마루야마 쿠미코(丸山久美子), 앞의 논문, p.201.
52) http://cafe.naver.com/joe123.cafe?iframe_url=/ArticleRead.nhn%3Farticleid=591
53) Psyche [sáiki] : 프시케, 영혼, 정신
54) 마루야마 쿠미코(丸山久美子), 앞의 논문, p.193.

종교문화 속의 사생관의 의미를 분석함으로써 그에 따른 한국인과 일본인의 죽음에 대한 태도 및 개념을 비교 고찰하여 그것을 바탕으로 한일 양국의 생명의식이나 역사의식의 차이는 물론, 양국의 생활세계에 있어서 구성방식의 차이를 파악하여 도덕관 및 윤리관 형성에 필요한 정책 방향 설정에도 기여하고자 한다.

최근에는 탈세속화(de-secularization)론의 등장과 함께 현대인에게 있어 종교의 의미와 기능에 대한 재평가가 나타나는 만큼, 종교문화에서도 그러한 변화 양상을 쉽게 볼 수 있다. 삶이나 죽음, 특히 죽음 이후의 세계 등은 아직까지 과학으로는 증명할 수 없는 부분이다. 과학의 발달로 인간의 가치관에도 많은 영향을 주어 죽음 이후의 세계도 과학적으로 증명할 수 없기 때문에 사후의 세계는 없으며, 죽으면 모든 게 끝이라는 생각이 팽배해져 삶의 가치를 부여하는 일이라든지 가치 있는 삶의 추구는 무의미하다고 생각하는 사람들도 있다. 과학적으로 증명할 수 없기 때문에 존재하지 않으며, 믿을 수 없다는 과학적 생명관과 가치관은 종교마저 필요하지 않다는 주장 등을 하기도 한다.[55]

---

55) 노엄 촘스키(Avram Noam Chomsky ; 1928년 12월 7일, 미국 필라델피아 출생. 펜실베이니아 대학교 구조언어학과 졸업. 1956년 매사추세츠공과대학 언어학 교수. 1955년 변형생성문법 이론 창시), 움베르트 에코(Umberto Eco ; 1932년 1월 5일, 이탈리아 출생. 토리노 대학교 문학부 졸업. 1973년 밀라노에서 제1회 국제기호학 회의 조직. 1971년 데달루스라는 필명으로 좌파 기관지 일마니페스토에 기고)에 이어 세계 최고 지성으로 뽑힐 정도로 영향력 있는 과학자이자 베스트셀러 저술가인 리처드 도킨스(Richard Dawkins ; 1941년 3월 26일, 케냐 출생. 옥스퍼드 대학교 대학원 동물학 박사. 1995년 옥스퍼드대학교 대중과학 이해학과 석좌교수. 1970년 옥스퍼드대학교 동물학과 강사. 2007년 갤럭시 브리티쉬북 어워드 올해의 작가상 수상. 2001년 이탈리아 대통령 훈장)는 『만들어진 신(The God Delusion)』, 이한음 옮김, 김영사, 2009년 9월 - 에서 인간의 의식을 일깨우기 위하여 인간 본연의 가치를 찾고자 종교와 신을 부정한다.

기성의 제도적 종교가 공공적 영역에서 그 영향력을 확대하는 사이에 차별적인 구제재(救濟材)와의 접속을 통한 개별화된 기호(嗜好)와 욕구 만족을 추구하는 새로운 종교문화에의 소비층이 나타나자, 구제재역시 새로운 소비자들의 입맛에 맞는 컨텐츠로 채워지고 있다. 영성(靈性, spirituality)운동이나 요가, 気치료, 향기(aroma)요법 등 최근의 육체를 통한 정신세계의 욕구 충족의 경향은 이를 잘 나타내주고 있는 것들이다. 한편, 신종교(新宗教)에서 주로 강조되는 멘토링(Mentoring)[56]처럼 대등한 개인 간의 커뮤니케이션을 통한 정신적 욕구 충족 역시, 이러한 현대의 종교문화가 제공하는 생사관의 변화 대목과 함께 종교의 사회적 의미와 기능의 새로운 변용을 보여주는 것이라고 할 수 있다.

또한, 모든 민족은 죽음이라는 비극에 직면하여 자신의 문화적 토양안에 특유의 형식으로 여러 가지 신앙체계를 세우며, 그 민족의 생명존재에 일정한 의미를 부여함으로써 이를 정신적인 핵심으로 하는 민족문화의 체계를 형성한다.[57] 따라서 한 민족의 죽음에 대한 의식, 즉죽음에 대한 심리적 태도는 삶의 철학 내지 신앙으로부터 예술작품, 건축물에 이르기까지 민족문화의 여러 영역에 표현되어 민족문화의 특질, 나아가 민족성의 특징을 이룬다.

죽음의 세계란 인간의 경험영역, 지각영역을 넘어서는 차원의 문제에 속하기 때문에, 그 본체를 파악하기란 불가능하다. 이러한 한계로인하여 그것을 객관화하여 논의의 주제로 삼을 수는 없었다. 그럼에도

---

56) 경험과 지식이 많은 사람이 조언을 통해 잠재력을 키워주는 것을 말한다. 조언자를 멘토(mentor), 조언을 받는 사람을 멘티(mentee)라고 한다.

57) 하현명(何顯明), 「죽음 앞에서 곡한 공자와 노래하는 장자」, 『동양문화산책』7, 예문서원, 1999년. - 이재운, 「한국인의 죽음관에 대한 설문조사 보고」, 『전주사학』, 전주대학교 역사문화연구소, 1999년 1월. - 에서 재참고함.

불구하고 죽음이 무엇이고, 삶이 무엇인가? 라는 물음이 영속되어온 것은 그것이 추측이나 가정에 불과한 것일지라도 죽음이나 삶을 어떻게 인지하고 파악하느냐에 따라 현실적인 삶의 형태가 규정지어지기 때문일 것이다.[58]

죽음은 현실적인 삶의 단절을 극명하게 보여주는 것이기 때문에, 죽음에 대한 성찰이 곧바로 삶의 태도에 대한 성찰로 이어진다. 보다 일반적으로는 부모나 자식, 배우자, 친지, 친구, 애인 등 자신과 가까운 관계를 맺고 있는 사람의 죽음은 곧바로 나의 삶의 문제로 부각된다. 죽음은 개인의 실존적 문제인 동시에, 사회적 관계 속에서 삶의 문제로 등장하는 사회적 문제이기 때문에, 한 사회에서 죽음에 대하여 어떤 입장과 태도를 보여 왔는가 하는 것은 그 사회의 성원들에게 심대한 영향을 미치며, 오랜 역사적 전통과 문화를 통하여 죽음에 대한 태도를 형성할 뿐만 아니라, 더 나아가 삶을 성찰하게 되는 것이다.

이렇듯 삶을 이야기할 때 함께 이야기하지 않으면 안 되는 것이 죽음이다. 결국, 죽음의 문제는 생사(生死)의 문제이며, 죽음과 삶의 문제는 서로 분리하여 말할 수 없는 것이다. 따라서 학자들은 죽음은 인간의 마지막 성장이며[59], 삶은 죽음의 근본이요, 죽음은 삶의 근본[60]이라고 말하기도 한다. 또한, 죽음에 대한 이야기는 아무리 진지하다 하더라도 죽어보지 못한, 다시 말해 살아있는 사람들이 나누는 것이어서 그 한계가 있다고 말할 수밖에 없다.

또, 죽음에 대한 연구는 사회적으로나 윤리적, 도덕적으로 사실상 금

---

58) 金仁子, 앞의 논문, p.2.
59) 부위훈(傅偉勳), 전병술 옮김, 『죽음, 그 마지막 성장』, 청계, pp.45~46, 2001년.
60) 석법성(釈法性, 趙明淑),『사망학』, 운주사, pp.25~26, 2004년.

기시되어 왔다. 자칫 종교적으로 영혼불멸이라는 희망을 갖으라는 가르침에 대한 도전이 될까 우려해왔기 때문이라고도 할 수 있다.[61]

죽음에 대한 사유(思惟)는 삶의 깊이를 더하고 후회 없는 인생을 살도록 하기 위한 지침이 될 것이다. 왜냐하면, 삶의 궁극적인 문제에 접근하려면 바로 죽음을 통해서 삶을 바라보는 것이 가장 여실하게 관측할 수 있기 때문이다. 또, 인간이 집단생활을 하게 된 후, 인간은 타인의 죽음을 경험하게 된다. 그 경험이 반복될수록 인간은 스스로 필요성을 느끼고, 죽음에 대한 정의와 이해를 요하게 되었을 것이다. 타인의 죽음을 경험하는 일은 심리적인 충격으로 다가올 가능성이 크다. 그것은 누군가를 떠나보냈다는 것임과 동시에, 자신도 결국 그러한 상황에 처하게 될 것임을 확인시켜 주기 때문이다. 따라서 인간은 나름대로 죽음에 대한 이해와 자세를 습득하게 되고 죽음을 극복하려는 노력을 하게 되었을 것이다. 죽음의 극복은 죽음에 대한 이해로부터 시작된다. 죽음을 어떻게 이해하는가에 따라 그 극복방법이 달라지기 마련이다. 실제로 죽음을 극복하는 하나의 방법론과 관련된 문화적 현상에 관하여서는 종교적인 면과 깊이 연결된다. 종교적 교리에서 가르치는 바에 의하여 일생동안 도덕적 행위의 정도나 신앙의 정도에 따라 저승에서 영생을 보장받는다는 믿음을 갖는 종교들, 혹은 그와 유사한 종교적 관념을 가진 사람들이 이에 포함될 것이다.[62]

이와 같이, 실제로 죽음, 그리고 죽음과 관계하는 문화적 현상들은 종교적인 면과 깊이 연결된다.

---

61) 金仁子, 앞의 논문, pp.1~3.
62) 김창호, 「한국 巫의 他界観 연구」, 한양대학교 대학원 석사학위논문, pp.10~12, 2001년 12월.

본질적으로 종교적인 것과 세속적인 것은 분리된 영역이 아니다. 궁극적 관심으로서의 종교는 문화에 생명을 주는 실체이며, 문화는 종교의 근본적 관심과 종교 그 자체까지도 포함하는 형식의 전체이다.[63)]

탄생(生)・늙음(老)・질병(病)・죽음(死)・가난(貧)・전쟁(争) 등의 난제(難題)를 안고 살아가는 한, 인간은 종교의 필요성을 요구받는다. 이 모두가 그 근원에서는 행복한 삶을 영위하고자 하는 인간 본연의 종교 심성(心性)과 일치하고 있기 때문에, 종교의 중요한 기능은 그러한 것들로부터의 구원(救援)에 있다고 하여도 과언이 아닐 것이다. 따라서 본고에서는 죽음의 문제를 직접 다루기보다는 죽음 이후의 세계에 대한 두려움을 안고 살아가는 인간 심성에 초점을 맞추어 고찰하여가고자 한다.

2. 연구방법과 범위

본고는 유교・신도・불교의 영향 하에 형성된 사생관(死生觀)에 대한 역사적 고찰을 통하여, 한국과 일본의 종교문화에서 나타나는 사생관의 구조를 추출, 확인한 다음, 설문조사에 의한 데이터의 분석을 이용하여, 현대 한국인과 일본인은 어떠한 사생관을 가지고 있는지를 밝히고, 개인의 종교적 환경은 사생관 형성에 어떠한 영향을 미치는지를 밝히고자 하는 것이다.

---

63) Paul Tillich, 김경수 역, 『文化의 神学』, 大韓基督教書会, p.241, 1977년. - 김창호, 위의 논문, p.12 - 에서 재참고함.

이러한 상관관계를 고찰하는 것은 한국인과 일본인의 죽음에 대한 심리적 태도 연구에서 비롯하여, 한국과 일본의 문화의 심층구조 속에 존재하는 사생관을 밝힘으로써, 양국 간의 유사성과 차별성을 확인하여 죽음에 대한 기본 시각을 바탕으로 한국인과 일본인의 현세관, 세계관, 가치관 등을 조망하려는 데 의의가 있다고 하겠다.

또한, 모든 인간은 죽음이라는 커다란 사건에 직면하며, 자신의 문화적 토양 안에서 특유한 형식으로 가치 체계를 세우며, 그 민족의 생명 존재에 일정한 의미를 부여함으로써, 이를 정신적인 핵심으로 하는 민족문화의 체계를 형성한다. 따라서 인간의 죽음에 대한 의식 및 심리적 태도는 그 민족성의 특질을 이룬다. 이러한 측면에서 볼 때, 그 민족의 사생관을 조사하여보는 것은 그들이 가지고 있는 심리적인 기본 특질을 투시함으로써, 문화의 심층에 존재하는 기본 시각을 드러내는 데 큰 의의가 있을 것이다.

과제의 연구를 위해서는 미리 용어의 정리가 선행되어야 할 것인 바, 서론의 1절에서 사생관 용어의 정의에 대하여 살펴보았다.

연구방법은 본 논문이 한국인과 일본인의 사생관을 이해하기 위하여 시도하는 방법 중, 일차적으로 문헌연구로서 사생관 연구에 대한 서적과 논문 등의 자료 분석을 통하여 역사적 고찰을 행하였다. 첫째, 한국과 일본의 사생관을 비교·검토하는 데 있어서 일본의 신도와 한국의 유교의 사생관을 비교하여 한국인의 유교적 사생관과 일본인의 신도적 사생관을 추출할 것이다. 둘째, 불교에 있어서 한국과 일본의 사생관을 비교·검토하여 한국인과 일본인의 불교적 사생관을 살펴볼 것이다. 유교와 불교는 한국인에게 오랜 시간 함께 하면서 가장 많은 영향을 주었기에, 본고에서는 언급하지 못하였지만, 무속적·민간신앙의 사생관과 함께 유교적 사생관과 불교적 사생관은 한국인의 일반적이고 보편적 사생관일 것이라는 전제를 하고 있다. 또, 일본의 민속신앙과 함께 신도와 불교는 일본인에게 있어서, 한국의 유교·불교와 마찬가지로 오랜 시간 가장 많은 영향을 주었기 때문에 일본의 신도적 사생관과 불교적 사생관도 일본인들의 일반적이고 보편적 사생관일 것이라는 전제를 하고 있다.

이차적 연구방법으로서, 앞에서 기술한 본 논문의 목적을 달성하기 위한 현상적 고찰로서 한국과 일본에서 설문조사를 실시하였다. 한국에서는 서울 근교와 부산 근교를 중심으로, 일본에서는 동경 근교와 칸사이 지방을 중심으로 설문지를 배부하여 실시하였다.

분석방법으로는 개인이 가지고 있는 종교 유무에 따라 죽음에 대한 인식 정도에 차이가 있을 것이라는 가정 하에 죽음의 인식에 대한 전체적인 경향을 살펴보았으며, 개인의 종교 유무와 종교적 환경에 따라 죽음에 대하여 어떻게 인식하고 있는지, 사후세계에 대한 인식은 어떠한지, 종교인과 비종교인의 죽음에 대한 인식과는 어떠한 차이가 있는지 등을 조사·분석하였다.

설문지는 총 44문항으로 응답자들이 이해하기 쉽고, 분석하기 쉽도록 3부분으로 나누어서 만들었다.

(1) 개인적 속성에 관한 질문 9문항
(2) 죽음에 대한 일반적인 질문 22문항
(3) 사후세계에 대한 질문 13문항

연구방법에 대한 개략적인 내용을 요약하면 다음과 같다.

1. 역사적 고찰
   - 사생관 관련 서적 및 논문자료를 참고로 하여
     ① 한국과 일본의 사생관 연구 현황 고찰
     ② 유교를 중심으로 한 한국인의 사생관 고찰
     ③ 신도를 중심으로 한 일본인의 사생관 고찰
     ④ 불교를 중심으로 한 한국인과 일본인의 사생관 고찰
   을 통하여 유교, 신도, 불교의 영향으로 오랜 기간, 가장 널리 형성
   되어온 한국과 일본의 일반적인 사생관이 어떠한지 살펴본 다음,
   그러한 종교문화 속에서 사생관의 구조를 추출하여 양국의 종교문
   화에 나타나는 사생관의 특징과 그 구조를 비교분석하는 것이다.

2. 현상적 고찰
   - 한국 국적과 일본 국적을 가진 사람을 대상으로 한국의 서울
   근교와 부산 근교, 일본의 동경 근교와 칸사이 지역을 중심으
   로 설문조사를 실시, 그 데이터의 분석을 통하여
     ① 현대 한국인과 일본인의 죽음에 대한 의식이 어떠한 특징과
        변용을 보이는지, 그러한 특징과 변화 양상들이 어떻게 형
        성되었는지,
     ② 이러한 개인의 종교적 환경과 사생관 형성에 주목하여 한국
        과 일본의 종교인과 비종교인에게 있어서 그들의 사생관에
        어떠한 문화적 인식의 차이를 보이고 있는지를 밝힌 다음,
     ③ 종교인과 비종교인에게 있어서의 사생관의 비교 고찰
   을 통하여 종교인과 비종교인의 관념 속에서 현대 한국인과 일
   본인의 사생관이 어떠한 공통점과 차이점을 가지고 있는지를

밝혀 한국인과 일본인의 현세관, 가치관, 사후세계관 등의 유사성과 차별성 및 상관관계를 고찰하려는 것이다.

3. 논문의 구성 및 한계

1) 논문의 구성

여기서 사생관을 이해하기 위하여서는 한국 민족과 일본 민족이 죽음을 어떻게 인식하였는지 규명하는 일일 것이다.

이에 먼저, 제2장에서는 사생관(死生觀)이라고 할 때 사생(死生)이란, 죽음(死)과 삶(生)의 문제로서 이것은 분리될 수 없는 것[64]이지만, 여기서는 죽음의 문제에 치중하여 현재까지 죽음에 대하여 어떠한 논의가 있었으며,[65] 어떠한 관점에서 어떠한 연구방향으로 전개되어갈지 그 현황과 전망, 그리고 앞으로의 과제는 무엇인지를 고찰하여 본다.(표1~표7, 그래프1~그래프6)

연구방법으로서는, 현재까지의 사생관 연구를 중심으로, 내세관, 사생관, 사후관, 생사관, 영혼관, 장례, 죽음관, 죽음교육, 죽음과 종교교육, 죽음의식, 죽음인식, 타계관 등 죽음에 관련된 여러 가지 용어를 사생관의 구성성분이라 규정짓고, 이것을 이용하여 인터넷 검색을 통하여 어떠한 죽음관련 연구들이 있었는지 조사하였다. 한국측은 한국

---

64) 필자는 죽음과 삶의 문제는 분리될 수 없는 것이지만, 죽음의 문제에 치중하여 논의하는 것이므로 사(死)라는 글자가 앞에 오는 것이 바람직하다고 생각하여 사생관(死生觀)이라는 용어로 사용하였음을 밝힌다.

65) 논문은 RISS와 GeNii에 등록된 모든 데이터베이스를 이용하였다.

교육학술정보원(KERIS)[66]의 학술연구정보서비스(RISS)[67]에 등록된 죽음에 관한 연구들을, 일본측은 일본국립정보학연구소(NII)[68]의 학술콘텐츠포털서비스(GeNii)[69]에서의 논문 정보 사이트(Cinii)에 등록된 논문과 도서·잡지 정보 사이트(Webcat Plus)에 등록된 사생관 관련 연구들을 검색하여 조사·분석하였다.

논문의 분석방법으로서는, 2009년 12월까지, 한국의 학술연구정보서비스(RISS)와 일본의 학술콘텐츠포털서비스(CiNii) 사이트에 등록된 논문을 인터넷 검색을 통하여, 죽음 관련 용어를 입력하여 모두 찾은 뒤, 그것을 연대별로 분류하였다. 또, 문학적 관점, 종교·민속학적 관점,

---

66) (Korea Education and Research Information Service) ; 교육인적자원부 출연기관으로서 1996년 처음 에듀넷으로 처음 DB작업이 시작되어 현재까지 모든 학술정보를 DB작업화하여 필요로 하는 모든 연구자 및 일반인들에게 학술연구정보를 서비스하고 있다.

67) (Research Information Sharing Service) ; 한국교육학술정보원(KERIS)이 제공하는 학술연구정보서비스로는 전국대학 소장자료로서 학술지논문, 학위논문, 단행본, 학술지, 일본 대학소장자료 등을 검색할 수 있으며, 해외 전자정보로서 해외 학술지논문, 해외 석박사 학위논문, 해외 eBook 원문, 해외 학술지 평가정보 등이 검색 가능하며, 신규서비스로서 인용색인정보, 영문학 정보서비스, 교육학 정보서비스, 의학 정보서비스, 법학 정보서비스 등의 검색도 가능하다.

68) (National Institute of Informatics) ; 1976년(昭和51) 5월, 일본 東京대학 정보도서관학 연구센터가 발족되어, 1983년에 이 연구센터를 개조하여 동경대학 문헌정보센터를 설치. 1984년부터 목록 소재 정보서비스를 개시하고, 1986년에 학술정보센터가 설치된다. 1987년에는 학술정보네트워크 운용 및 정보검색서비스를 개시하고, 2000년 2월에 학술종합센터 내로 이전한다. 동년 4월에 학술정보센터는 폐지 또는 일부 전환되어 국립정보학연구소가 설치된다. 2004년 4월, 대학공동이용기관법인으로서의 정보·시스템 연구기구인 일본국립정보학연구소가 설치되어 지금에 이르고 있다.

69) 일본국립정보학연구소(NII)가 제공하는 학술콘텐츠포털서비스(GeNii)에서는 일본 국회도서관의 소장자료는 물론, 일본의 전국대학의 소장자료 및 해외전자 정보자료도 검색 가능하다.

사상·철학적 관점, 역사·지리·민족적 관점, 개호·의학적 관점, 심리·교육학적 관점, 사회·문화·윤리적 관점 등, 어떠한 시점에서 죽음을 바라보고 있는가를 중심으로 분류한 다음, 이러한 관점에서의 사생관 관련연구는 어떠한 것들이 있는지, 여러 가지 죽음 관련 용어를 이용한 연구가 얼마나 되는지, 연대별로는 어떠한 변화를 보여주고 있는지를 분석하였다. 이러한 결과를 기초로, 죽음에 관한 논의가 앞으로는 어떠한 방향으로 나아갈지, 사생관 연구자들의 앞으로의 연구과제는 무엇인지를 필자 나름대로 조사·분석하여 보았다.[70]

현재까지의 사생관 연구를 살펴보면, 일본의 경우, 카지 노부유키(加地伸行)[71]의『유교란 무엇인가(儒教とは何か)』(中公新書, 1990년)에서 유교의 사생관과 불교, 도교의 사생관을 각각 언급한 것이 있었다. 한국의 경우는, 한국종교학회 편,『죽음이란 무엇인가』(窓, 2001년)에서 여러 종교에서 본 죽음의 문제에 관하여 다루었으나, 특정종교를 중심으로 한 한일 간의 비교는 없었다.

제3장에서는, 불교와 기독교가 성행하고 있는 나라지만, 모든 생활의 기저(基底)에 유교(儒教)가 정신적인 지배를 하고 있으므로, 그러한 유교를 중심으로 한 한국인의 사생관은 어떠한지 먼저 살펴본다. 그리고 일본인의 정신적 지주 역할을 하고 있는 신도(神道)를 중심으로 한 일본인의 사생관은 어떠한지 살펴본 다음, 그 차이점과 공통점은 무엇인지 고찰하여 본다.

---

70) 이것은 필자가 RISS와 GeNii에 등록된 논문을 조사·분석하면서 필자 나름대로 사생관에 쉽게 접근해 가고자 분류하여 보았는데, 이 분류 또한 체계화되어야 할 것이다.
71) 카지 노부유키(1936年 4月 10日~)는 일본의 동양학자, 평론가. 오사카대학(大阪大学) 명예교수. 專門은 中國哲学史.

죽음에 관하여서는 철학적·종교적으로 많은 학자들이 다루어왔는데, 그 중에서도 불교는 힌두교·기독교 등 여타 종교와 비교하여 생사문제에 대한 탐구 방향에서 '생사(生死)'를 대사(大事)'로 여기며 여러 가지 두드러진 점을 보인다.[72]

한일 각국에서 한국인과 일본인의 사생관에 관한 연구는 현재까지 계속되고 있고, 불교를 중심으로 한국과 일본에서 각각 행한 연구는 많이 있었으나, 불교적 시선으로 한일 비교를 행한 연구는 없었다.[73]

또, 한국인과 일본인의 사생관(死生観)을 비교 연구하는 가운데, 한국과 일본의 종교가 어떻게 죽음을 바라보고 있는지를 비교 연구하는 하나의 장으로서, 다른 어느 종교보다도 오랜 시간 인간의 실생활과 어울려오면서 생사문제에 많은 관여를 하여온 불교에서는 죽음을 어떻게 바라보고 있는지, 한국인과 일본인의 사생관은 불교와 어떠한 관련이 있는지를 살펴보고, 나아가서 이를 바탕으로 한국인과 일본인의 사생

---

72) 부위훈(傅偉勳), 전병술 옮김, 앞의 책, pp.188~189. 에서 저자는 다른 종교와 비교하여, 불교에서는 생사문제에 관하여 다음과 같이 뛰어난 점을 보인다고 말한다.
　　첫째, 모든 종교 가운데 오직 불교만이 시종일관 '생사대사(生死大事)'를 종교가 마땅히 관심을 기울여야 하는 첫 번째 과제로 삼았으며, 둘째, 불교는 기본적으로 '전반적인 다층 원근관(多層遠近観)' 방식을 취하여 문제를 분석하고 사물을 관찰하여 진리를 깨달으며 철학적 진리를 형성한다. 셋째, 불교는 특히 이론과 실천의 일치를 추구하여 생사대사에 관한 종교적 진리의 준칙을 삼는다. 한 마디로 불교는 생사 문제에 관한 종교적 성찰의 본질과 정신을 한껏 펼친다고 결론지을 수 있다.

73) 불교적 관점에서 한국인의 사생관을 연구한 것으로 김영미, 「불교의 죽음관」(1999년), 『전주사학』, 전주대학교 역사문화연구에서 간행한 것이 있으며, 일본의 연구서로는 현대일본과 불교(現代日本と仏教) 第Ⅰ巻, 『생사관과 불교(生死観と仏教) ―인간의 죽음이란 무엇인가(人の死とは何か)』(2000年 2月), 헤이본샤(平凡社)에서 간행한 것들이 있다.

관은 어떠한 공통점과 차이점이 있는지를 고찰하고자 한다.

그리하여, 이러한 내용을 토대로 한국인과 일본인의 관념 속에 있는 일반적인 사생관에 대하여 고찰한다. 최근 종교의식조사에서 나타난 한국인과 일본인의 사생관을 살펴보고, 유교와 신도를 중심으로 한 한일 사생관을 비교한 다음, 불교를 중심으로 한 한국인과 일본인의 사생관을 비교하여 어떠한 상이점과 유사점이 있는지를 고찰하여볼 것이다.(표8~표15)

제4장에서는 2009년 10월부터 12월까지 3개월 동안 한국과 일본에서 실시한 설문조사를 중심으로, 현대 한국인과 일본인은 죽음에 대하여 어떠한 인식을 가지고 있는지 그들의 사생관에 대하여 설문조사에서 사용한 각 문항에 대한 응답을, 각 문항별 빈도분석(표16~표66, 그래프7~그래프41)을 통하여 한국인과 일본인의 의식에 어떠한 공통점과 차이점이 있는지를 중심으로 하여 살펴본다.

제5장에서는 본 설문조사의 자료를 기초로 종교의 유무에 따른 한국인과 일본인의 의식이 어떠한지를 종교인과 비종교인을 구별하여 종교적 환경 속에서 어떠한 사생관을 가지고 있는지, 사생관 형성에 어떠한 영향을 끼치는지를 교차분석(표67~표89, 그래프42~그래프86)을 통하여 죽음에 대한 개념, 사후세계에 대한 인식, 영혼과 환생에 대한 개념 등에 대하여 그 결과를 도출하여 보고자하는 것이다. 따라서 그러한 종교의 유무에 따라 종교와의 관련으로 형성되는 사생관은 어떠한 양상을 띠며, 또 어떠한 특징을 가지고 있는지 살펴보기로 한다. 사생관에 대한 관찰 측면도 여러 가지가 있으나 본고에서는 죽음에 대한 두려움과 사후세계에 대한 의식, 영적 존재에 대한 개념 등에 중점을 두어 고찰하여 나가고자 한다.

2) 과제 및 한계

한국의 전통적인 사생관과 상·장·제례식은 전래의 민속신앙, 불교문화, 유교문화가 혼용되어 정착되어 왔다. 그런데, 20세기에 들어와 일본 제국주의에 의한 강점기의 경험과 한국전쟁과 분단, 해방 이후 급속히 유입된 서구문화와 기독교, 천주교 등 종교의 활성화가 이러한 전통적인 사생관과 상·장·제례식에 영향을 미쳤음은 필지의 사실일 것이다. 그럼에도 불구하고 이제까지 한국인의 사생관에 대한 체계적인 조사와 분석은 다른 나라에 비하여 아주 희소한 편이었다. 근래 들어 자살의 급증과 같은 사회병리현상에 대한 우려, 전국토의 묘지화(墓地化)를 염려하는 매장중심 장례문화의 개선을 위한 논의 등이 비등(飛騰)하고 있다. 이러한 시점에서 양국의 사생관에 대하여 설문조사를 실시하여 그 결과의 분석을 통하여 그들의 의식변화 양상을 고찰하고, 그 합리적인 대안을 모색하는 것은 매우 중요한 연구 과제라 할 수 있다.

향후, 연구의 진전을 위하여서는 우선 한국인과 일본인의 의식구조와 그 변화양상에 대한 계속적인 조사와 분석의 노력이 필요할 것으로 보인다. 즉, 보다 많은 표본의 추출을 통한 각 종교별, 연령별, 성별, 종교적 환경, 즉, 직접 양육자의 종교적 영향에 따른 의식구조의 철저한 조사, 분석이 필요하다. 또한, 한국인에게 맞는 사생관의 척도 개발이 필요할 것이다. 물론 교육학, 심리학, 종교학 등의 관점에 따라 다를 것이지만, 이러한 학제적 입장에서의 한국형 사생관 척도의 개발이 시급하다고 생각한다. 그리고 같은 동양 문화권에 속하면서도 사생관과 상·장·제례식에 차이를 보이고 있는 중국과의 비교, 나아가 서구지역과의 비교도 필요할 것으로 보인다.

여기에서 본 논문을 쓰는 데 있어서 몇 가지 한계점이 있었음을 미리 밝힌다.

첫째, 완전을 기하지 못한 설문지상의 문제가 있다고 본다. 예를 들면, 9. 어떤 직업에 종사하고 계십니까? 라는 질문에서 ①자영업(업종 :) ②농·어·축산업 ③학생 ④서비스업(숙식, 유통, 알선, 중개, 운전, 부동산, 금융) ⑤전문직(의료계·법조계·교육계·요양보호) ⑥일반 공무원 ⑦전업주부 ⑧사무·행정직 ⑨생산직(공장근로자, 노무자, 기능공) ⑩무직 ⑪파트타임 ⑫기타 ( )로 되어 있었는데, ⑬종교직 ⑭예술가 등의 문항이 필요하였으며, ⑤전문 직종에서도 인터넷 프로그래머, 포토그래퍼, 사진사 등의 기술전문직종도 필요하였다고 생각된다.

또 한 가지는, 기독교가 프로테스탄트와 카톨릭을 합쳐서 일컫는 것으로, 개신교를 프로케스탄트로 규정짓고, 카톨릭과 구분하였는데, 한국인들의 의식 속에는 기독교는 오로지 프로테스탄트만으로 이해하는 사람들이 많이 있었음을 알 수 있었다. 이러한 잘못된 인식이 없도록 프로테스탄트를 개신교라 칭하였으나, 많은 응답자들이 '개신교'라는 어휘를 생소해하는 경향이 있었던 것으로, 용어사용에 있어서의 불확실성에 대한 구체적 설명이 필요하였다고 생각된다.

둘째, 한국인과 일본인의 일반적인 사생관을 살펴보는 것으로, 죽음에 관한 입장으로서 관념적인 사생관을 알아보기 위하여, 한국인의 의식의 저변에서 가장 넓고 깊게 영향을 미치고 있는 유교와 불교의 사생관을 살펴보고자 하였다. 따라서, 한국인의 유교적 사생관과 불교적 사생관을 살펴봄으로써, 한국인의 관념 속에 깔려있는 한국인의 일반적 사생관을 알 수 있을 것이라고 생각하였다. 그러나 한국인의 의식 속에는 전통적으로 무속적 사생관이 자리하고 있음을 간과하지 않을 수 없다. 또, 한국의 실정에서 불교 다음으로 많은 신도를 가지고 있는 기독교의 사생관을 살펴보지 못하였는데, 무속이나 기독교까지 넣어서 고찰하면 너무 범위가 넓어지므로, 한국인의 무속적 사생관과 기독교적 사생관을 고찰하지 못한 것에 큰 아쉬움이 남는다.

그러나 본고에서는 한일 비교를 행하는 연구이므로, 일본의 기독교 인구는 일본 全인구의 1% 미만이며 한국은 20% 이상으로 한국과 일본은 기독교 인구에 있어서 많은 격차가 있어 비교의 대상에서 제외시켰다. 또, 무속적 사생관은 민속신앙, 토속신앙, 토착신앙 등 그 범위가 한일 모두 너무나 광범위하고, 종류도 많을 뿐만 아니라, 오랜 역사 속에서 다른 종교에 많은 영향을 주었다. 따라서 본고에서는 기독교 사생관과 무속적 사생관은 제외시키기로 한다.

또한, 일본인의 일반적인 사생관을 살펴보기 위하여 종교라기보다 생활양식이라고 할 수 있는 일본의 신도와, 불교신자가 아니라도 일본에서는 불교의 죽음의례가 널리 이용되고 있어 일본 불교의 사생관을 고찰하여보았다. 따라서 일본인의 신도적 사생관과 불교적 사생관을 고찰하는 것으로 일본인의 관념 속에 깔려있는 일반적인 사생관을 살펴보았다. 그러나 여기서도 일본인의 의식 속에는 한국인과 마찬가지로 민속신앙적 사생관이 자리 잡고 있음을 간과하여서는 안 될 것이다. 또, 일본인의 종교인수 중에서 많은 수를 차지하고 있는 신흥종교의 사생관을 살펴볼 수 없었음에 한계가 있었음을 밝힌다. 물론, 신흥종교는 그 종류가 너무 많아 특정종교를 정하여 조사하는 일은 어려웠으리라 생각하지만, 신도계, 불교계 등의 유형별로 살펴보아 그 사생관에 대하여 알아보는 일은 앞으로의 과제로 남겨둔다.

셋째, 사생관의 역사적 고찰에 있어서 시기적으로는 그 연구의 범위를 정하지 않았음을 밝힌다.

　논문을 쓰는 데 있어서는 흔히 역사적으로 시기를 나누어 그 범위를 정하여 어느 일정 범위에 해당하는 시기만을 그 연구의 범위에 넣어 논문을 쓴다. 시대적인 구분을 하지 않고 논문을 쓰면, 시대구분을 하지 않아서 너무 범위가 넓다는 지적을 받곤 하는데, 필자는 역사적인 시대 구분을 하지 않았음을 밝힌다. 왜냐하면, 사람의 사상이나 사고방식, 생활양식 등을 이야기할 때 그 사상이나 사고방식, 생활양식 등이 유입되어 자리를 잡기까지는 많은 시간이 걸린다. 또한 사상이나 사고방식 등은 시대가 흐름에 따라 언제 명확하게 변하였는지를 파악하기 힘들뿐만 아니라 정확하게 그 양식이 어떻게 어떤 모습으로 변하였는지를 구별하기 힘들다. 문화접변 및 습합현상이 일어나 기존에 있던 습관이나 관습들이 모두 없어지고 새로운 것으로 바뀌지는 않는다. 그리고 그렇게 바뀌는 시기 또한, 정확하게 유입된 시기부터 바뀌는 것은 아니기 때문이다. 정책적으로 필요해서 위정자들이 강제로 바꾸어가기도 하고, 강제로 탄압을 가하여 그 종교의 확대를 막기도 하기 때문이다. 강제로 바꿀 경우에는 시기가 단축되어 새로운 문화의 모습이 더 많이 나타나기도 하고, 더 빠른 시간에 위로부터의 변화가 이루어지는 경우도 있지만, 탄압을 받는 경우는 문화의 저변에 숨어서 아래로부터 서서히 그 변화가 이루어지기도 한다.

　본고에서 다루고 있는 유교, 신도, 불교의 경우, 한국이나 일본에 유입된 시기나 생성되기 시작한 시기를 알면 이해할 수 있을 것이다. 천년이 넘는 시간 동안 그 지역의 특색이나 환경에 맞추어 변하고 다듬어져 현재의 모습이 되었을 것이다.

　예를 들면, 유교는 우리 땅에 들어와 조선 왕실의 통치 이데올로기가 되어 정치적 기만과 위선, 죽음 의례의 숭배, 사농공상으로 대표되는 신분사회, 가부장 의식, 혈연적 폐쇄성과 그로 인한 분열, 여성 차별을 부른 남성 우월주의와 권위주의 등의 많은 문제점을 낳았다. 그러면서도 천 년이 넘는 시간 동안, 우리의 삶 속으로 들어와 지금까지도 그 면면을 깊이 뿌리내리고 있다.

그러나 이제는 그 변화를 보인다.[74] 물론, 시기적으로 그것들만 가지는 특징을 이해하는 데 있어서는 시기의 범위를 정하여 연구할 필요가 있을 것이나, 본고에서는 역사적 고찰에 있어서 역사적인 시기 구분이나 그 범위를 정하지 않고, 일반적이고 보편적인 사생관을 살펴보고자 하는 것이다. 그리고 현상적 고찰에 있어서는, 2009년도 10월부터 12월까지 한국과 일본에서 행한 설문조사로서 현대의 한국인과 일본인의 사생관에 대하여 비교·분석한 것이다.

---

74) 김경일, 『공자가 죽어야 나라가 산다』, 바다출판사, pp.5~9, 1999년.

II

사생관 연구의 현황

사생관 연구의 현황을 알아보기 위하여 1장 3절에서 밝힌 바와 같이, 현재까지의 사생관 연구를 중심으로, 내세관, 사생관, 사후관, 생사관, 영혼관, 장례, 죽음관, 죽음교육, 죽음과 종교교육, 죽음의식, 죽음인식, 타계관 등 죽음에 관련된 여러 가지 용어를 사생관의 구성성분이라 규정짓고, 이러한 구성성분을 입력하여 어떠한 연구들이 있는지 인터넷 검색을 통하여 조사하였다.

한국측은 한국교육학술정보원(KERIS)의 학술연구정보서비스(RISS)에 등록된 사생관 관련 연구들을, 일본측은 일본국립정보학연구소(NII)의 학술콘텐츠포털(GeNii)에서의 논문 정보 사이트(Cinii)에 등록된 논문과 도서·잡지 정보 사이트(Webcat Plus)에 등록된 사생관 관련 연구들을 검색하여 조사·분석하였다.

현대의 정보시스템을 최대한 활용한 방법으로서, 거시적(巨視的)인 사생관 연구의 현황을 살펴보기 위해서는 가장 정확하고 빠른 방법이라고 할 수 있는 인터넷 정보사이트를 통하여 그 자료를 검색하였다. 이 정보사이트는 위에서 밝힌 바와 같이 한국 정부나 일본 정부에서 인정하는 학술정보 제공처이므로 가장 최신의 연구가 무엇이 있었는지 알 수 있었을 뿐만 아니라, 전체적인 현황을 알 수 있음은 물론이고, 필요한 자료는 신청 가능하여 열람할 수 있었기 때문에, 다른 어떤 연구보다도 그 내용에 있어서 첨단적이고 정확한 방법을 사용하였다고 할 수 있다.

논문의 분석방법으로서는, 2009년 12월까지, 한국의 학술연구정보서비스(RISS)와 일본의 학술콘텐츠포털사이트(CiNii)에 등록된 사생관 관련 연구를 인터넷 검색으로, 죽음 관련 용어를 입력하여 모두 찾은 뒤, 그것을 구성성분별·연대별로 분류하였다. 또, 문학적 관점, 종교·민속학적 관점, 사상·철학적 관점, 역사·지리·민족적 관점, 개호·의학적 관점, 심리·교육학적 관점, 사회·문화·윤리적 입장 등, 어떠한 시점에서 죽음을 바라보고 있는가를 중심으로 분류한 다음, 이러한 관점에서의 사생관 관련연구는 어떠한 것들이 있는지, 여러 가지 죽음 관련 용어를 이용한 연구가 얼마나 되는지, 연대별로는 어떠한 변화를 보여주고 있는지를 살펴보았다. 이러한 결과를 기초로, 죽음에 관한 논의가 앞으로는 어떠한 방향으로 나아갈지, 사생관 연구자들의 앞으로의 연구과제는 무엇인지를 조사·분석하여 보았다.[1]

---

1) 이것은 필자가 RISS와 GeNii에 등록된 논문을 조사·분석하면서 필자 나름대로 사생관에 쉽게 접근해 가고자 분류하여 보았는데, 아직 학문적인 영역으로서가 아니기 때문에 이 분류 또한 체계화되어야 한다고 생각한다.

1. 사생관 연구의 접근방식

한국과 일본에서는 사생관에 관련한 연구들이 많이 있었는데, 사생관에 대한 접근방식이나 파악방법도 아주 다양하였다. 본고에서는 사생관에 대한 접근방식을 우선, 구성성분별 접근과 관점별 접근방식으로 유형화하여 보았다. 사생관 연구라고 하면, 죽음에 대한 개념이나 의식, 인식 등의 심성(心性)에 관한 연구를 가리키는 것으로 그 중 가장 많은 연구가 이루어지고 있는 것은 심리학에서라고 할 수 있다. 심리학의 기존연구에서는 사생관의 구성성분으로서 죽음에 대한 공포, 죽음의 의미, 죽음 인지도, 죽음의 이미지, 죽음의 수용도, 내세관, 시신 처리에 대한 태도, 자살관, 임종 때의 고통에 대한 태도, 주변 인물의 죽음에 대한 회상 등을 주로 다루어 왔다.

사생관의 구성성분·관점에 따라 그것을 정리하는 것은 용이하지는 않았지만, 본고에서는 사생관 연구의 현황을 자세히 알아보기 위하여 그 구성성분별·관점별·연대별로 얼마나 많은 연구가 이루어졌는지, 어떠한 연구들이 있었는지를 살펴보려고 한다.

1) 구성성분별 접근

우선 사생관에 대한 접근방식을 용어별로 유형화하여 구성성분이라 하였다. 그 구성성분으로서는 내세관, 사생관, 사후관, 생사관, 영혼관, 저승관, 죽음 개념, 죽음관, 죽음 의식, 죽음 인식, 타계관 등의 11가지 용어를 중심으로 기존의 연구들을 분류하여 보았다. 여기서 의례, 임종, 장례와 같은 직접적으로 죽음을 다루는 성분은 제외시키고 가능한 한,

그 심성(心性)에 근거하여 다루고자 하였다.

　　그러나 일본의 사생관 연구에서는 한국과는 죽음에 대한 용어 사용에서 약간의 차이가 있어, 죽음관은 사관(死観)으로, 저승관은 요미노쿠니(黄泉の国) 또는 아노요(あの世)로 대비시킬 수 있으나, 필자가 분석하여본 바로는 요미노쿠니 또는, 아노요 등의 구성성분은 저승관보다는 저승 체험이나 묘사에 그친 내용들이 대부분이라 본고에서는 제외시켰다.2)

　　한국에서「사생관」이란 용어를 사용하여 학술적인 연구가 처음 시작된 것은 1950년대 후반부터로, 양병탁(梁炳鐸)의「헤밍웨이의 死生観」(1955년)이라는 연구3)에서 논문의 제목으로「사생관」이라는 용어를 사용하고 있다. 두 번째가 그보다 10년 뒤인 1965년으로 윤영춘의「인본주의에서 본 사생관」이라는 논문4)이다. 학위논문으로서는 1971년에 서울대학교 대학원 학위논문으로 이영일의「R.M.Rilke 文学에 나타난 Orpheus-Motiv의 発展 ―Orpheus-symbol에 비친 死生観을 中心으로―」라는 논문5)이 있다. 또, 단행본으로는 그보다도 8년 뒤인 1979년 이정용의『현대과학의 사생관』6)이라는 저서가 있다.

---

2) 예를 들면, ①히라후지 키쿠코(平藤喜久子)의「国生み--黄泉の国の入り口はどこにあるのか」([歴史読本] 2010年 4月号 特集 ここまでわかった! 日本の神話)『歴史読本 55(4)』, pp.102-107, 新人物往来社, 2010年 4月. ②테라자와 우미(寺沢優美)의「須佐之男命と批の国--大和・出雲と黄泉の国について,『長野国文』(15), 長野県短期大学 日本語日本文学会, pp.1-20, 2007年 3月. 등이 있다.
3) 梁炳鐸,「Hemingway의 사생관」『영어영문학』 Vol.3, 한국영어영문학회, p.174~188, 1955년.
4) 윤영춘,「인본주의에서 본 사생관」,『文理学叢』Vol.3 No.1, 경희대학교 문리과대학, 1965년.
5) 1971년, 서울대학교 대학원 독어독문학과 석사 학위논문
6) 展望新書 4권으로 展望社 출판.

「생사관」이란 용어를 최초로 사용한 연구로서는, 1975년 주원일(奏元日)의 「生死観에 対한 小考」라는 논문[7]이 있으며, 같은 해, 김중수(金重寿)의 「T.S.Eliot 詩에 나타난 生死観」이라는 논문[8]이 있다.

일본에서 「사생관(死生観)」이라는 용어를 제일 먼저 사용한 연구물로서는 1900년, 카토 슈이치(加藤周一) 外의 『일본인의 사생관(日本人の死生観)』[9]이다. 또, 1904년, 카토 토츠도(加藤咄堂)[10]의 『사생관(死生観)』[11]이라는 저서가 있다. 그 다음으로는, 1940년대 후반, 임상심리학자인 카와이 하야오(河合隼雄)[12]가 임상실험결과를 발표한 것으로서 「일본인의 사생관(日本人の死生観)」이라는 논문에서 사생관이란 용어를 연구

---

7) 주원일(奏元日), 『国文学報』Vol.7, 제주대학 국어국문학회, p.10~28, 1975년.
8) 김중수, 동아대학교, 1975년.
9) 카토 슈이치(加藤周一), 라이쥬 M, 리프튼 R. J, 실도취 著, 岩波新書, 1900년
10) 카토 토츠도(加藤咄堂)는 메이지(明治) 3년, 쿄토후(京都府) 내의 旧사족(士族)의 집안에서 출생. 15,6세에 동경으로 올라와 지금의 츄오대학(中央大学)의 전신인 이기리스법률학교(英吉利法律学校)의 야간 청강생이 되어, 졸업 후는 하쿠분칸(博文館)에 입사하였다. 그 후, 22세로 『메이쿄신시(明教新誌)』의 주필(主筆)이 되어, 5년을 보낸 뒤, 그 곳을 떠나 동경(東京)이 본향(本郷)인 죠구불교교회(上宮仏教教会)에서 강사 역 등을 맡아서 하다가 4년 후에 츄가이닛포(中外日報) 주필로 추대되었다. 츄가이(中外)를 퇴직하고 나서 타이쇼시대(大正時代)에 들어와 잡지 『세이신(精神)』을 간행, 츄오교화단체 연합회(中央教化団体連合会)를 중심으로 활약하였다. 쇼와(昭和) 24년, 80세로 사망하였다.
11) 카토 토츠도(加藤咄堂) 著, 井洌堂, 1904, 158p.
12) 카와이 하야오(1928年 6月 23日~2007年 7月 19日)는 일본의 심리학자, 심리요법가, 전 문화청(文化庁) 장관. 쿄토대학(京都大学) 명예교수. 국제일본문화연구센터 명예교수. 문화공로자. 전공은 분석심리학, 일본문화론. 교육학박사(쿄토대학, 1967年). 효고현 타키군 치치야마쵸(兵庫県 多紀郡 篠山町現 篠山市) 출신. 분석심리학(융 심리학)을 일본에 소개한 학자로서 알려진 이래, 일본에 있어서의 융 심리학의 제1인자가 된다. 1988年, 일본 임상심리사 자격인정협회를 설립하여, 임상심리사의 자격정비에도 커다란 공헌을 이루었다. 또, 하코니와요법(箱庭療法)을 일본에 처음으로 도입하여, 일본에 보급시켰다. 동시에 하코니와(箱庭)의 실천과 연구를 수많이 행한 것으로 알려진다.

논문의 제목으로 사용하고 있다.

일본에서는 「생사관(生死観)」이라는 용어도 많이 사용되고 있는데, 동경대 교수인 키시모토 히데오(岸本英夫)[13]가 1948년, 「생사관의 유형(生死観の類型)」[14]이라는 논문에서 「생사관(生死観)」이라는 용어를 제목으로 사용하고 있으며, 저서로서는 1942년(昭和 17), 시부카와 쿄오(渋川敬応)[15]의『일본적 생사관(日本的生死観)』[16]이라는 저서가 있다.

한국에서는 문학작품을 분석하면서 문학적 관점으로 처음 「사생관」이라는 용어를 사용한 반면, 일본에서는 종교학적 관점에서 「사생관」이라는 용어를 사용하고 있다는 점에서 한국과 일본의 차이점을 발견할 수 있다.

2) 관점별 접근

나라마다 죽음학적인 전통은 대단히 다종다양하다. 혁명가들과 서구주의자들, 그리고 우주론자들과 종교 철학자들, 심리학자들, 역사학자들, 생리학자들, 이념적인 강압과 정신적 한계성에서 해방된 사상가들도 죽음에 대하여 말하고 있다. 톨스토이[17]와 게르첸[18], 도스토예프스

---

13) 키시모토 히데오(1903~1964)는 종교학자. 효고현(兵庫県) 출생. 동경대 교수. 비교종교학을 개척하여 방법론의 확립에 노력하였다. 저서로 「宗教学」, 「死を見つめる心」 등이 있다.
14) 大法輪 15(10), pp.4~14, 1948년 10월
15) 오사카(大阪) 쿄묘지(光明寺) 前 주직(住職). 쇼와(昭和) 5年 류코쿠대학(竜谷大学) 졸업. 「合掌の建久」를 류코쿠대학의『종교와 예술(宗教と芸術)』誌에 게재하며 활약하였다.
16) 興教書院, 1942. 9, 346p, 図版22p.
17) Tolstoy, Aleksey Konstantinovich, Graf(1817~1875) ; 러시아의 시인, 소설가, 극작가.

키[19]), 투르게네프[20]), 벨린스키[21])와 같은 대문호와 사상가들이 많이 태어난 러시아에서는 종교·철학적 입장, 의학적·생리학적인 입장, 철학적·문학적 입장, 사회철학적 입장, 교육학적인 입장 등의 5가지 유형으로 오랜 세월이 걸려 죽음학적인 입장이 개발되었다.[22]) 이러한 죽음학적인 입장은 미래와 진보에 대하여 개방되어 있으며, 그 지향적인 태도는 철학자들과 사상가들의 사고방식에 있어 중요한 부분이 된다.

본고에서는 한국과 일본의 사생관 연구에 대하여 현재까지 연구된 사생관 관련 선행연구들을 문학적 관점, 종교·민속적 관점, 사상·철학적 관점, 역사·민족·지리적 관점, 개호(介護)[23])·의학(医学)적 관점, 심리·교육적 관점, 사회·문화·윤리적 관점의 7가지 유형으로 나누어 선행연구들을 분류하여 보았다.[24])

---

18) Gertsen, Aleksandr Ivanovich(1812~1870) ; 러시아의 사상가, 소설가.
19) Dostoyevsky, Fyodor Mikhaylovich(1821~1881) ; 러시아의 소설가.
20) Turgenev, Ivan Sergeyevich(1818~1883) ; 러시아의 시인, 소설가, 극작가.
21) Belinsky, Vissarion Grigoryevich(1811~1848) ; 러시아의 문예비평가.
22) 고영철, 「러시아에서의 죽음학과 죽음대비교육」, 세계의 죽음준비교육에 관한 국제세미나, pp.39~58, 2004년 2월 - 이 죽음학적인 입장은 오랜 세월 걸려 개발된 러시아의 것으로 죽음학적인 연구가 어떤 시대에 수행되더라도 러시아의 죽음학적인 사상이 자주 통제의 장벽도 무시하면서 서양사상의 연구업적과 전 인류의 전통적인 인도주의적 가치에 의식적으로나 무의식적으로 근거하고 있다.
23) 개호(介護)라는 단어는 일본에서 1993년 개호보험의 도입으로 많이 사용하게 되면서, 우리나라에서도 개호보험(간병보험)의 필요성이 대두되면서 많이 사용하게 되었다.
24) 이 분류는 「한일 사생관 연구의 현황과 전망」이라는 제목으로 『일본근대학연구』 제20집(2008년 5월)에 게재하였던 내용으로, 러시아의 죽음학적인 입장과는 약간 차이가 나지만 거의 비슷한 것으로 필자가 사생관 관련 논문을 분석하면서 고영철의 논문 「러시아에서의 죽음학과 죽음대비교육」을 찾아서 읽기 전에 나름대로 분류하였다. 그런데, 이후 고영철의 논문을 읽고 나서 그 분류에 있어서 유사점이 많았음을 밝힌다.

이러한 죽음학적인 입장(본고에서는 관점이라는 용어를 사용하기로 한다.) 은 시대의 흐름에 따라 어떤 한 영역이 학문적 영역의 계기가 되어 관련 연구가 많이 나오게 되기도 하고, 그러다가 점차 사라지기도 한다. 예를 들면, 한국에서 동물 복제의 성공과 줄기세포 배양의 성공이라는 획기적인 생명공학의 발전으로 생명윤리나 사생관에 관한 논문이 쏟아져 나왔으나, 줄기세포 배양이 허위라는 사실이 밝혀지면서 그 이후로 생명윤리나 사생관에 대한 연구가 학회 발표의 논제에서 살펴보더라도 수그러든 경향이 없지 않다.

그러나 최근에 들어와서 현저한 진전을 보여주고 있는 사생관 연구(死生学)의 특징은 그것을 전통적인 "thanatology(死生学)"라는 멍에(軛)로부터 해방시켜 보다 보편적인 죽음과 삶의 상보적(相補的)·중층적(重層的)인 양상에 착안하여 고찰하고 있다는 점일 것이다.[25]

이러한 최근의 경향을 고려하면서 특히, 본고의 문제관심에 따라 사생관 연구를 관점별로 유형화하여 분석하여 보는 일은 용이하지는 않지만, 사생관 연구를 위에서 말한 죽음학적인 입장(관점별)에서 접근하는 방식의 내용이 어떠한 것인지 간략히 정리하여 본다.

첫째, 사생관에 관한 문제는 종교나 인문·사회과학뿐만 아니라, 문학도 독자적인 입장에서 취급하고 있다. 문학에 있어서의 사생관론은 개별 작가나 작품을 취급하는 연구에서 전개되는 경우가 많다.[26]

사생관 연구에 있어서 문학적 관점이란, 문학작품에 초점을 두어 문

---

25) 나카무라 이쿠오(中村生雄), 「死生観研究の現代的課題と＜供養の文化＞論の可能性」, 『宗教研究』81(4), pp.945~946, 2008年 3月.
26) 키무라 타케시(木村崇), 「文学作品にもとづく日露の死生観比較」, 『日本スラヴ・東欧学会』 28, pp.79~113, 2008年 3月.

학작품이 추구하는 죽음에 대한 의식, 그 작품을 쓴 작가의 사상이나 죽음에 대한 의식, 태도 등을 말하는 것으로, 문학작품에 내재하는 죽음을 대상으로 그 나라 사람들의 죽음에 대한 인식과 태도를 살펴보는 것이다. 문학작품 속에서 그 시대와 그 시대 사람들의 사상이나 윤리, 철학, 종교 등 전반적인 내용을 알 수 있으며, 문학작품 속에서는 그 사회의 사회상을 들여다볼 수 있기 때문이다. 즉 그 시대의 문학작품은 그 시대를 반영한다는 말인 것이다. 한국에서는 사생관 연구의 초기에 주로 이 문학적 관점에 따른 연구들이 많이 있었는데, 문학에서는 생명의 탄생에서 맛보게 되는 기쁨과 죽음이 가져다주는 슬픔에 많은 관심을 보여 왔고, 어느 시대에나 죽음은 문학의 주요 소재로 활용되어 왔다. 따라서 문학적 관점에서의 사생관이란, 문학작품을 매개로 그 속에서 죽음에 대한 의식, 개념, 인식 등을 알아보는 것이다.

예를 들면, 최근의 문학적 관점에서의 한국의 연구로, 박재희의 「카와바타 야스나리(川端康成)의 『서정가(抒情歌)』에 나타난 죽음 ―초극 지향을 중심으로―」[27]가 있으며, 일본의 연구로서는, 카와이 히로요시(川井博義)의 「생사를 중심으로 한 연속과 단절(生死をめぐる連続と断絶) ―만요슈의 노래를 통해서(『万葉集』のうたを通じて)―」[28]를 들 수 있다.

둘째, 사생관 연구에 있어서 종교·민속학적 관점이란, 한 나라의 자연신앙·정령신앙 등 원시종교는 물론, 민간신앙, 고등종교, 구두전

---

27) 중앙대학교 교육대학원 석사학위논문(2009년). 그 외, 전남대학교 대학원 일반대학원 일어일문학과 석사논문으로 박미림의 「『소네자키 신주』에 나타난 근세 일본인의 사생관」(2009년 2월) 등이 있다.
28) 『日本倫理学会年譜』59(日本倫理学会第60回大会共通課題「死生観」), pp.15~24, 2010년.

승・신화・제사・노래・미신에 이르는 여러 가지 민속과 종교 속에 나타난 죽음에 대한 의식을 연구하는 것으로서, 연구의 주요대상은 지상에 있는 종교의 수만큼이나 다양할 것이다. 교리나 조직을 지닌 불교・그리스도교의 사생관은 물론, 토착화 과정에서 원시신앙의 잔존형태인 민속종교도 그 대상이 된다. 또, 토착화 과정에서 민간의 기층부에 침전・퇴적된 것으로, 교리가 없으며, 지역공동체의 전승적인 규제에 따라 실행・계승되어온 공동제사나, 민간에 뿌리를 박은 채 계속해서 기능하는 민간신앙, 집단신앙의 사생관도 연구대상이 되어, 그 속의 사생관에 대하여 연구하는 것을 말한다.

사생관을 기술하는 데는 그 근저가 되는 종교관을 빼고서는 말할 수가 없을 것이다. 일본인의 신앙 대상에는 불교, 유교, 신도, 애니미즘 등이 모순 없이 동거하고 있다. 그러한 사실이 일본인의 사생관의 특징이라고 생각된다. 예를 들어, 일본인에게 종교가 무엇이냐고 물으면, 무종교라고 서슴없이 말하는 사람이 많다. 그렇다고 정말로 무종교인가 하면 그렇지 않고, 특정 종파의 신자가 아니라는 뜻이다. 그래서 일본인은 태어나서는 신사에서, 결혼은 교회에서, 죽어서는 불교식으로 절에서 장례를 치를 수 있는 것이다.[29]

최근의 종교・민속학적 관점에서의 연구로, 한국의 것으로, 주태희의 「망자 천도의례에 나타난 한국인의 사생관 ―진오기굿을 중심으로―」[30]와 필자의 졸고 「한일 사생관 비교 ―불교를 중심으로―」[31]를

---

29) 토쿠마루 사다코(得丸定子), 「일본에 있어서의 Death Education에 대해서」, 세계의 죽음준비교육에 관한 국제세미나, p.65, 2004년 2월.
30) 한국외국어대학교 국제지역대학원 한국학과 석사학위논문(2009년 8월).
31) 동아시아일본학회 학술지, 『日本文化研究』Vol.32輯에 게재, pp.417~433. 2009년 10월.

들 수 있다. 일본의 것으로는, 다이토 슌이치(大東俊一)의 「일본인의 사생관에 관한 일고찰(日本人の死生観に関する一考察) ―야마데라(릿샤쿠지)의 사자(死者) 공양을 중심으로(山寺[立石寺]の死者供養をめぐって)―」[32]를 들 수 있다.

　셋째, 사생관 연구에 있어서 사상·철학적 관점이란, 문학가나 사상가, 철학자들의 죽음에 대한 감정이나 사상을 말하는 것이다. 도스토예프스키는 역사 속에 살고 있으면서 그리스도의 이상[33]을 지키는 것은 불가능하기 때문에 죽음은 필연적인 것이라고 생각하였다. 또, 톨스토이는 죽음은 전체적이며 보편적인 것으로서 사람에게 희망을 남기지 않고 한 개인은 물론, 온 세상을 망라하는 것이라고 하였다. 이렇게 여러 사상가나 철학자들은 죽음의 초월적인 수수께끼는 죽음이 삶과 다른 것, 다른 삶으로서 이해되어야 비로소 형식화되며, 죽음이 생활의 계속이라는 생각이 나타나고, 운명은 사후의 존재까지 연장된다는 것이었다. 즉, 죽음은 무한하게 되고 유형과 구조를 나타냄으로써 삶의 문제가 된다는 방식으로서, 죽음의 문제는 죽음의 의미에 대한 문제가 된다. 따라서 불멸의 죽음이란 무한한 삶의 이중 심리적인 이면이 된다. 그래서 죽음과 불멸에 대한 탐구가 시작되었던 것이다. 이러한 모든 내용을 포함하여 나타내는 것이 사상·철학적 접근방식인 것이다.

　최근의 사상·철학적 관점의 연구로, 한국의 것으로 야마구치 카츠오(山口和男)의 「모토오리 노리나가의 사생관 연구(本居宣長の死生観研

---

32) 『人間総合科学大学(18)』, pp.1-9, 2010년 3월.
33) 사도 바울은 사도행전 26장 19절에서, 「하늘에서 보이신 것을 내가 거스르지 아니하고」라고 말하였다. 이 책에서 여섯 가지 이상-그리스도의 이상, 교회의 이상, 몸의 이상, 자아에 대한 이상, 세상에 대한 이상, 헌신의 이상을 보아야 할 부담이 있다. http://blog.naver.com/anointmt/150044204258

究)」[34]를 들 수 있으며, 타사카 사츠키(田坂さつき)의 「죽음과 삶의 현장에서의 문답 ―고대 그리이스의 철학에서―(死生の現場における問答 ―古代ギリシアの哲学から―)」[35]를 들 수 있다.

넷째, 사생관 연구에 있어서 역사・민족・지리학적 관점은, 말 그대로 역사적인 사실이나 역사적으로 존재하였던 부족이나 민족에 대한 사생관, 지리학적 위치에 따라 어떤 사생관이 존재하는지, 어떠한 차이를 가지고 있는지 등의 관점에서 사생관을 고찰하는 것이다. 다시 말해, 시대적인 비교를 한다든지, 지리적으로 다른 두 민족의 사생관을 비교한다든지, 시대적으로 고대, 중세, 근대, 현대에 이르기까지 그 시대에 살던 사람들의 사생관은 어떻게 다른지, 그 민족의 의식을 형성하고 있는 사생관은 어떠한지 등을 살펴보는 것이 역사・민족・지리학적 접근방식이라고 할 수 있다.

최근의 역사・민족・지리학적 관점의 한국의 연구로, 허경선의 「20대 청년들의 사생관에 관한 연구」[36]를 들 수 있다. 또, 일본의 것으로, 시마조노 스스무(島薗進)의 「근대 일본인의 사생관 ―그 역사적 전망―(近代日本人の死生観 ―その歴史的展望―)」[37]을 들 수 있다.

다섯째, 사생관 연구에 있어서 개호・의학적 관점이란, 그 나라의 죽음학적 전통 속에서 죽음에 대하여 의학적・생리학적으로 접근하여, 현재 죽음에 직면해있는 사람들의 의식 분석을 행한 다음, 그들의 사생

---

34) 경기대학교 일반대학원 일어일문학과 박사학위논문, 2010년 2월.
35) 『日本倫理学会年譜』59(日本倫理学会第60回大会共通課題「死生観」), pp.25~34, 2010년.
36) 고려대학교 대학원 사회학과 사회학 전공, 석사학위논문, 2008년 2월.
37) 国士館大学哲学会의 平成21年度 倫理学専攻講演会 講演要旨(14), 国士館哲学, pp.1~14, 2010년 3월.

관을 연구하는 것으로, 그 속에는 자연 유물론적인 이해도 펼쳐져 있다. 이러한 기여는 의학에 대한 내용과 교수방법의 변화는 물론, 특히 의학적 죽음학의 기초를 마련하였다. 죽음과 같은 두려운 현상에 대한, 보다 더 주의 있는 접근법 덕분에 의사들은 새로운 과학으로서 소생학(蘇生学)을 창시하기도 하였다.

개호・의학적 관점의 한국의 연구로, 가톨릭대학교 호스피스교육연구소의 『호스피스 완화간호』38)가 있으며, 일본의 것으로는, 하야사카 히사미(早坂寿美)의 「개호 직원의 사생관과 간병 후의 비탄심리 ―간호사와의 비교에서―(介護職員の死生観と看取り後の悲嘆心理 ―看護師との比較から―)」39)를 들 수 있다.

여섯째, 사생관 연구에 있어서 심리・교육학적 관점이란, 학생들을 위한 특강의 테두리 안에서 죽음을 살펴보기 때문에 죽음의 문제에 대하여 분명히 교육학적인 접근을 보여준다. 심리학자나 교육학자들의 견해에 의하면, 죽음은 인생에 있어 취소될 수 없는 유일한 사건이다. 즉, 죽음은 보편적인 현상인 것이다. 죽음의 문제에 대한 연구는 사회에서 공인된 도덕적 체계 전체를 해명할 수 있다. 이는 우선 생명과 그것의 기본적인 가치에 대한 사람들의 태도와 관련된 것으로, 즉 삶을 보다 더 잘 이해하기 위해서 죽음에 대한 이야기를 한다. 죽음이라는 주제는 심리학자나 교육학자에게 있어서 윤리적이고, 정서적이며, 인지적인 교양의 일환이 되는 것이라고 주장하기도 한다.

최근의 심리・교육학적 관점의 한국의 연구로, 김지현・민경환의 「노

---

38) 군자출판사, 2006년.
39) 北海道文教大学 紀要(Bulletin of Hokkaido Bunkyo University) (34), pp.25~32, 2010年 3月.

년기의 죽음에 대한 태도와 죽음 대처 유능감에 영향을 주는 변인(變因)에 대한 연구」[40]가 있으며, 일본의 연구로, 오카무라 나오키(岡村直樹)의 「크리스천의 사생관 형성에 관한 질적 연구 ―자살 예방교육의 관점에서―(クリスチャンユースの死生観形成に関する質的研究 ―自殺予防教育の観点から―)」[41]가 있다.

일곱째, 사생관 연구에 있어서 사회·문화·윤리학적 관점은, 한 사회구조에서 나타나는 사생관의 특성을 고찰하여 그 사회가 어떠한 문화와 윤리 속에서 특징적인 사생관을 형성하게 되었는지를 연구하는 접근방식으로서, 이러한 관점은 너무 광범위하여 그 범위를 확실시하기 어려운 접근방식이라고도 할 수 있다.

최근의 사회·문화·윤리학적 관점의 한국의 연구로, 허경선의 「20대 청년들의 사생관(死生観)에 관한 연구」[42]가 있으며, 일본의 것으로는, 아사미 히로시(浅見洋)의 「독일어권 사생관 연구에 있어서의 예비조사(ドイツ語圏における死生観研究における予備調査[2])」[43]가 있다.

이상으로, 사생관 연구에 대한 7가지 관점에 대하여 살펴보았는데, 지금까지 어떠한 선행연구들이 있었는지 위의 일곱 가지 관점으로 분류하여, 한국과 일본의 사생관 연구의 배경과 현황을 살펴보기로 하겠다. 이를 위하여 학술정보서비스에서 제공[44]하는 데이터베이스 자료를

---

40) 『사회 및 성격』Vol.24 No.1, pp.11~27(17쪽), 한국심리학회, 2010년.
41) 『Christ and the world 20』, 東京基督教大学, pp.40~65, 2010년 3월.
42) 고려대학교 대학원 석사학위논문(2008년). 이시노 마나부(石野学)의 「문장완성검사에 의한 고령자의 사생관 연구(SCTによる高齢者の死生観の研究)」, 『Bulletin of the Society for Educational Studies in Ryukoku University(9)』, pp.35~51, 竜谷大学教育学会, 2010년 3월. 등이 있다.
43) 『Ishikawa journal of nursing 7』, 石川県立看護大学, pp.109~111, 2010년.

통하여 조사·분석을 해보았다.

　여기서 사생관에 대한 선행연구의 현황을 컴퓨터 인터넷에서 구축한 데이터베이스 자료를 활용하여 현재까지 연구되어온 사생관 연구의 전체를 볼 수 있는 거시적인 방법을 사용하였음에 타연구와는 다른 점이 있다고 할 수 있을 것이다. 이러한 접근 방식은 다음과 같이 사생관 연구에 관하여 전체적으로 살펴볼 수 있다는 장점이 있다.

	접근방식	결과
1	사생관 연구의 7가지 관점별 접근	사생관 연구의 내용적 유형 설정
2	사생관 연구의 구성성분별 접근	사생관 관련 용어의 유형 설정
3	사생관 연구의 수량적 분석	구성성분별·관점별·연대별 연구 추이 파악

2. 한국의 사생관 연구

1) 사생관 연구의 배경

　미국에서 「사망학」 연구와 「사망 교육」이 1960년대에 시작된 이래, 지금까지 50여년이 흘렀다. 일본에서는 1970년대부터 이 문제에 관심을 기울이기 시작하여 미국에서의 연구 성과를 대량으로 받아들였다.[45]

---

44) 한국교육학술정보원(KERIS)이 제공하는 학술연구정보서비스(RISS)를 이용하였다.

그에 비해 한국은 뒤쳐져 있는 형편인데, 그 이유 중 하나가 유교로 인한 것이 제일 크다고 할 수 있다. 공자는 죽음에 관하여 「삶도 아직 알지 못하는데 죽음을 어찌 알겠는가?」라며 죽음에 대한 언급을 회피하였다. 공자가 관심을 기울인 것은 참된 삶의 문제이지 죽음에 대한 문제가 아니었다. 공자는 생명의 각도에서 죽음을 바라본 것이지, 사망의 각도에서 생명을 바라보지 않았던 것이다. 이렇게 내세관이 취약한 유교의 절대적인 영향을 받은 한국 사회에서의 죽음에 대한 언급은 외면당하거나 부정시되고 금기시까지 되었던 것이다.[46]

그러나 1986년부터 송아지 복제연구가 시작되어 1993년 시험관 송아지 생산에 성공한 이후, 한국에서도 생명윤리에 관한 논문이 나오기 시작하여 1998년 2월, 생명윤리 관련 학제간 논의의 활성화를 목적으로 「한국생명윤리학회(KBA)」가 탄생하였다.[47]

1990년대 이후, 이러한 일들을 계기로 생명과 생명윤리에 관한 연구가 시작되었으며, 생명과 불가분의 관계인 죽음에 대한 연구가 활성화되어, 「당하는 죽음에서 맞이하는 죽음으로」라는 캐치프레이즈를 내걸고 2005년 6월, 「한국죽음학회[48]」가 창설되었다. 인간의 죽음 문제를 공론화함으로써 잘 죽는 방법을 모색하여야 하며, 잘 죽으려면 잘 살아

---

45) 부위훈(傅偉勳), 앞의 책, pp.25~28.
46) 부위훈(傅偉勳), 앞의 책, pp.190~212.
47) KBA(The Korean Bioethics Association)는 생명윤리 관련 학제간 논의의 활성화를 목적으로 1998년 2월, 창립한 학회로 현재 회원수는 250여 명이고, 매년 2회 학회지『생명윤리』를 발간하고 있다. 현재, 카톨릭대학교 구인회 교수가 회장직을 맡고 있다. 1999년 3월, 생명복제에 관한 1999 생명윤리를 선언하였으며, 2006년 6월에 성명서, 「생명과학 연구의 진실성과 윤리성 담보를 위한 제언」과 12월에 성명서, 「생명과학 연구윤리 확립이 시급하다」를 발표하는 등 한국의 생명윤리 확립을 위하여 활발하게 활동하고 있다.
48) http://www.kathana.or.kr/

야 하기 때문에 죽음의 문제는 삶의 문제로 회귀하고, 죽음의 문제는 인생 전반에서 가장 중요한 문제가 된다고 하는 것이 「한국죽음학회」의 연구방향이다.[49]

학계에서의 이러한 죽음 관련학회 발족을 계기로 한국에서도 죽음 관련 논문들이 많이 발표되기 시작하였는데, 어떤 논문들이 얼마나 발표되었는지는 2) 사생관 연구의 현황에서 살펴보기로 한다.

2) 사생관 연구의 현황

한국에서의 연구 현황을 살펴보기 위하여 2009년 10월까지 발표되어 학술연구정보서비스(RISS)에 등록된 죽음에 관한 여러 연구에 대하여 검색하여 보았다.

죽음 관련연구를 검색하는 용어(=구성성분)로서 내세관, 사생관, 사후관, 생사관, 영혼관, 임종, 장례, 저승관, 죽음개념, 죽음관, 죽음교육(죽음준비교육, 죽음대비교육, 죽음과 종교교육을 포함), 죽음의식, 죽음인식, 타

---

49) 죽음이라는 인간의 절제절명의 문제를 다양한 학문적 시각에서 연구하고자 만들어진 한국죽음학회의 창립 취지를 살펴보면, 「유교와 같이 내세관이 취약한 종교로부터 절대적인 영향을 받은 한국 사회에 더욱 강하게 나타났습니다. 그에 따라 우리 한국인들은 그동안 인간의 죽음이라는 중요한 주제를 외면했을 뿐만 아니라 금기시하고 부정하기까지 했습니다. 그 결과 한국인들은 지나치게 삶에만 집착하는 경향을 보여 생의 마지막을 제대로 정리하지 못하고 가는 경우가 많아진 것 같습니다. … (중략) … 우리 학회에서는 이러한 현실을 직시하고 우선 인간의 죽음이라는 인류 보편의 과제를 학술적으로 연구하려 합니다. 특히 인접 학문 분야인 종교학이나 철학, 심리학, 의학, 간호학, 사회복지학, 장례문화학 등의 분야에서 통용되는 연구 방법론을 이용하여 우리의 주제인 죽음 문제에 접근하려 합니다. …… (후략)」 -「한국죽음학회」 회장 이화여대 최준식 교수의 학회 창립 인사말 중에서 발췌.

계관 등으로 입력하여 학술지논문, 학위논문, 단행본의 순서로 조사·분석하여 보았는데, 그 결과를 표로 나타내면 다음과 같다.

표1 한국의 죽음관련 용어를 사용한 전반적인 연구 현황[50]

	학술지논문	학위논문	단행본	소계
내세관	15	17	9	41
사생관	55	24	21	100
사후관	0	3	0	3
생사관	66	15	15	96
영혼관	24	9	5	38
임종	118	115	275	508
장례	155	100	5	260
저승관	3	0	0	3
죽음개념	30	19	73	122
죽음관	53	16	31	100
죽음교육	90	88	52	230
죽음의식	83	71	69	223
죽음인식	38	53	26	117
타계관	14	3	6	23
소계	744	533	587	1864

위의 표1)에서 알 수 있듯이, 우리나라에서는 삶과 죽음에 관한 용어의 사용에 다양성이 높아 여러 가지 용어로 죽음에 관한 연구들이 진행되고 있었다.

발표된 연구물들을 살펴본 결과, 전체 1864편 중, 학술지논문 744편

---

50) 한국교육학술정보원의 학술연구정보서비스에 등록된 사생관 관련 논문을 근거로 필자가 분류하였음.(이하 Ⅱ장의 표는 내용이 같으므로 각주 생략함)

중에서는, 장례에 관한 논문이 155편으로 제일 많았고, 임종에 관한 논문이 118편, 죽음교육에 관한 논문이 90편이었다. 학위논문 533편 중에서는, 임종에 관한 논문이 역시 115편으로 제일 많았고, 장례에 관한 논문이 100편, 죽음교육에 관한 논문이 88편이었다. 단행본 587편 중에서도 역시 임종에 관한 저서가 275권으로 제일 많았고, 죽음의식에 관한 저서가 69권, 죽음교육에 관한 저서가 52권이었다. 본고에서는 주로 죽음에 관한 심성(心性)을 다루기 위하여 직접적으로 죽음을 다루는 '임종' 등의 구성성분은 제외시켰으나 '임종'이란 용어를 사용하여 개호·의학적 관점에서 쓰여진 저서가 아주 많았는데, 그 이유는 병원에서 의사나 간호사가 직접 죽음을 다루고 있기 때문이라 판단된다.

학술지논문, 학위논문, 단행본 중에서 임종에 관한 연구가 508편, 죽음교육에 관한 연구가 230편, 죽음의식에 관한 논문이 223편으로, 전체 1864편 중에서 임종에 관한 논문이 가장 많았음을 알 수 있다. 그러나 앞에서 언급하였듯이, 임종이나 장례, 죽음교육 등의 용어를 사용한 논문은 죽음에 관한 사고나 의식, 개념에 관한 것이 아니라 현상적인 죽음이나 실천적인 교육과 의례를 다룬 것이므로, 임종이나 장례, 죽음교육에 관한 논문은 분석에서 제외시키고, 다음과 같이 다시 분류하여 분석하기로 한다. 따라서 아래 표2)에서 분류한 여러 용어를 사생관의 구성성분이라 하고 그 구성성분에 따라 분류한 다음, 어떠한 관점에서 연구되었는지 고찰하여 보기로 한다

	학술지논문	학위논문	단행본	소계
내세관	15	17	9	41
사생관	55	24	21	100
사후관	0	3	0	3
생사관	66	15	15	96
영혼관	24	9	5	38
저승관	3	0	0	3
죽음개념	30	19	73	**122**
죽음관	53	16	31	100
죽음의식	83	71	79	**223**
죽음인식	38	53	26	**117**
타계관	14	3	6	23
소계	381	230	265	876

‖ 표2 ‖ 구성성분별 분류(한국)

　이러한 논문이 발표된 학술지로서는 의학지, 간호학지 등의 전문학술지를 비롯하여, 심리학회지, 신학 관련 학술지, 종교학술지, 어문학관련 학술지 등의 인문사회과학 학술지 등에서였는데, 학술지논문으로죽음의식이라는 용어를 사용한 논문이 83편으로 가장 많았고, 생사관이라는 용어를 사용한 연구가 66편이었다. 다음이 학위논문에서 죽음의식을 다룬 연구가 71편으로 많았고, 죽음인식이라는 용어를 사용한연구가 53편이었다. 또, 죽음의식이란 용어를 사용한 저서가 79편이었으며, 죽음개념이란 용어를 사용한 저서가 73권이 출간되었음을 알 수있었다.

관점 / 구성성분	문학적	종교·민속적	사상·철학적	역사·지리·민족적	개호·의학적	심리·교육적	사회·문화·윤리적	기타	소계
내세관	1	15	2	16	0	2	5	0	41
사생관	44	14	17	5	0	6	13	1	100
사후관	0	2	0	1	0	0	0	0	3
생사관	19	15	14	33	0	1	13	1	96
영혼관	4	9	11	12	0	0	1	1	38
저승관	2	0	0	1	0	0	0	0	3
죽음개념	6	7	65	1	2	23	15	3	122
죽음관	7	58	10	11	3	1	7	3	100
죽음의식	127	36	10	6	11	9	20	14	233
죽음인식	38	9	3	4	17	29	9	8	117
타계관	4	9	2	7	0	0	1	0	23
소계	252	174	134	97	33	71	84	31	876

▮표3▮ 구성성분별·관점별 연구 현황(한국)

위의 표3)에서는 사생관에 관한 기존 연구의 내용을 구성성분별, 관점별로 교차분석을 통하여 살펴보았다. 구성성분별로서는 죽음의식이라는 용어를 사용한 연구가 233편으로 가장 많았고, 다음이 죽음개념에 관한 연구가 122편이었다. 관점별로서는 역시 문학적 관점이 제일 많아 252편이었고, 그 다음이 종교·민속학적 관점으로 174편, 사상·철학적 관점의 연구가 134편의 순이었다. 사회·문화·윤리학적 관점에서 발표된 논문은 모두 84편이었는데, 그 중에는 유아들의 죽음 개념, 청소년기, 노인기에는 죽음을 어떻게 생각하고 있는가 하는 논문들이 주

로 많았다.[51]

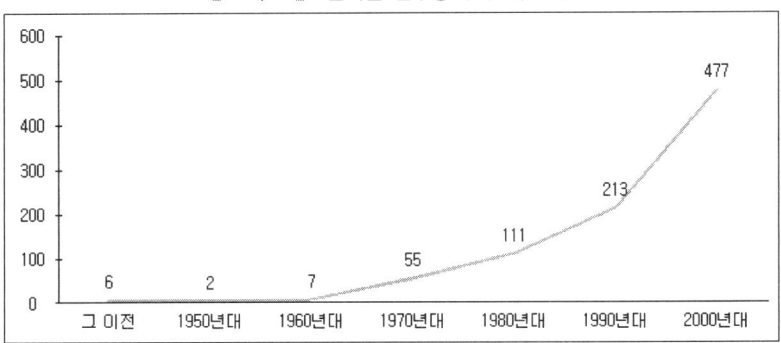

그래프 1)에서 보는 바와 같이, 연대별로 얼마나 많은 논문이 나왔는지를 살펴보면, 전체 871편(전체 876편과 조금차이가 나는 이유는 연대 미상의 연구가 5편이 있었기 때문이다) 중에서 1980년대까지는 그렇게 많은 논문이 나오지 않고 있다가, 1990년대 이후, 213편이라는 많은 논문과 저서가 나왔고, 2000년대 이후에는 477편이라는 논문과 저서가 나왔음을 알 수 있다. 우리나라에서 이러한 죽음에 관한 논문과 저서가 많이 나오기 시작한 것은 1990년대 이후로서, 1980년대의 111편이라는 논문수의 거의 배가 되는 213편이라는 많은 연구가 있었다. 그 이유는 앞의 연구배경에서 말한 송아지 복제 이후, 생명복제와 생명윤리에 관한 일들이 계기가 되어 관련학회가 생기면서부터라고 판단된다. 2000년대 이후에는 2배가 훨씬 넘는 더 많은 논문과 저서가 발표되거나 간행되고

---

51) 지봉환, 「청소년의 죽음의식 연구」, 『도덕윤리과교육연구』 Vol.-No.25, 한국
   도덕윤리과교육학회, 2007년.

있음을 알 수 있다.

위의 그래프 1)에서 보듯이 1990년대 이후 급격히 연구량이 증가하여 2000년대에는 477편이라는 연구가 있었음을 알 수 있다.

3) 결과

지금까지 어떠한 용어를 사용하여, 어떠한 관점에서 쓴 논문들이 어느 정도 발표되었나를 알아보았다. 이것을 다시 어떠한 관점에서 어떠한 용어를 사용한 논문이 얼마나 있었는지를 이해하기 쉽게 순위별로 다음과 같이 정리하여 보았다. 한국에서는 사생관이라는 용어보다는 죽음의식, 죽음개념, 죽음관 등의 용어를 더 많이 사용하고 있었음을 알 수 있었다. 한국에서는 죽음의식이라는 용어를 사용하여 쓴 연구논문 및 저서[52]가 전체 연구의 26.6%로 제일 많았다. 그 다음이 죽음개념이라는 용어를 사용한 연구로서 13.9%였다. 사생관이란 용어를 사용한 연구[53]는 전체의 11.4%였고, 생사관이라는 용어를 사용한 연구는 11.0%

---

[52] 죽음의식이란 용어를 사용한 가장 최근의 연구를 예로 들면, 최종훈(崔鍾勳)의 「색채 '白'을 통해 본 가와바타 야스나리(川端康成)의 사상 (色彩 '白'に現れた 川端康成の思想 —いわゆる'死の意識'を中心に—)」,『日本文化硏究』(-, Vol.- No.-, [2009]), 김영미(Kim Young-mee)의 「죽은 자에게 말 걸기(Talking to the Dead Person -the awareness of death in So-wol's poetry)」,『한국문학이론과 비평』(-, Vol.- No.-, [2008]) 등이 있다.

[53] 사생관이란 용어를 사용한 가장 최근의 연구로는 필자의 졸고 세 편, 「한·일 사생관 연구의 현황과 과제 —인터넷 검색 자료의 조사·분석을 통하여—」,『일본근대학연구』(-, Vol.- No.-, [2008])와 「한일 사생관(死生觀) 비교 —유교(儒敎)와 신도(神道)를 중심으로—」,『일본근대학연구』(-, Vol.- No.-, [2008]), 「한일 사생관(死生觀) 비교 —불교(仏敎)를 중심으로—」,『일본문화연구』(제32집, [2009])가 있으며, 윤종갑(尹鍾甲)의 「불교의 사생관과 생명윤리 —捨身 과 자기결정권을 중심으로—」,『철학연구』(-, Vol.- No.-, [2008]) 등이 있다.

였다. 이것을 그래프를 이용하여 그 비율을 살펴보면 그래프2)와 같다.

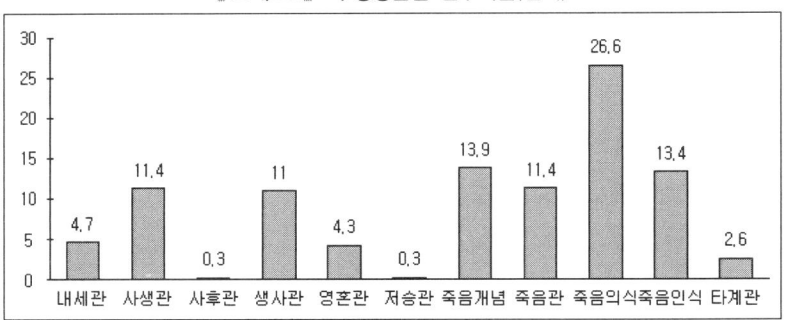

‖ 그래프2 ‖   구성성분별 연구비율(한국)

한국에서는 어휘가 풍부하여 여러 가지 사생관 유사 용어를 사용한
논문들이 있음을 알 수 있었다. 다음은 사생관의 관점별 연구를 살펴보
기로 하자.

아래의 그래프3)에서 알 수 있듯이, 문학적 관점의 연구가 28.8%로
가장 많았다. 다음이 종교・민속학적 관점의 연구로 19.9%, 사상・철
학적 관점의 연구가 15.3%로 문학적 관점, 종교・민속학적 관점, 사
상・철학적 관점의 순이었다.

한국에서는 문학작품을 분석하면서 그 작품 속의 주인공이나 작가의
죽음의식, 사생관, 죽음인식 등에 관한 연구54)가 가장 많았음을 알 수

---

54) 문학적 관점에서 쓴 논문의 예를 들면, 「『헤이케모노가타리(平家物語)』의 사
생관에 관한 고찰」(이미자, 목포대 대학원 학위논문, 2007년), 「카지이 모토지
로(梶井基次郎)의 사생관」(임중빈, 『日本文化研究』Vol.10, 2004년), 「카와바타
야스나리(川端康成)의 작품 『바다의 불꽃 축제 (海の火祭)』의 주제와 사생관」
(권해주, 『일본어문학』 Vol.9, 2000년) 등이 있었다. 가장 최근의 연구로는 전
남대학교 대학원 석사논문으로 박미림의 「『소네자키 신쥬』에 나타난 근세 일

있었다. 그 다음으로 많은 것이 종교·민속학적 관점의 연구[55]였다.

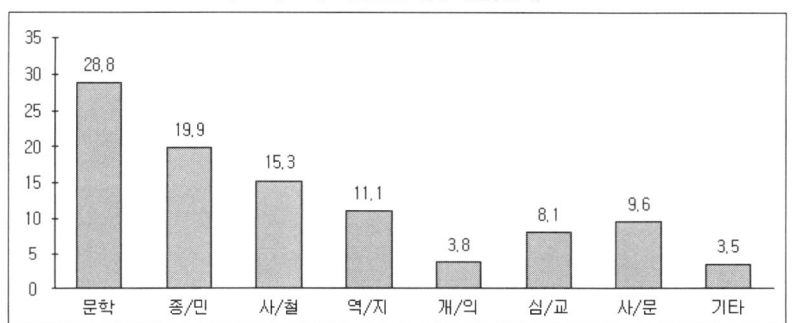

▌그래프3▌ 관점별 연구비율(한국)[56]

3. 일본의 사생관 연구

1) 사생관 연구의 배경

일본인의 사생관에 관한 연구는 일본인이 각각의 시대에 그 시대상을 투영하는 형태로 사생관을 말하여왔음에도 불구하고, 그렇게까지

본인의 사생관』(2009년) 등이 있다.

55) 그 예로는, 「고려 불교의 생사관과 화장(火葬)문화」(문재철, 동국대학교 불교문화대학원 학위논문, 2007년), 「고대 상장례(喪葬礼)와 생사관」(나희라, 『역사와 현실』 Vol.-No.54, 2004년), 「그리스도 신자의 사생관 확립에 관한 연구」(박홍무, 한신대학교, 1994년) 등이 있었다. 가장 최근의 것으로는 한국외국어대학교 국제지역대학원 석사논문으로 주태희의 「망자 천도의례에 나타난 한국인의 사생관 —진오귀굿을 중심으로—」(2009년)라는 논문이 있다.

56) 그래프의 열에 속하는 문자의 내용은 문학 : 문학적 관점, 종/민 : 종교·민속학적 관점, 사/철 : 사상·철학적 관점, 역/지 : 역사·지리·민족적 관점, 개/의 : 개호·의학적 관점, 심/교 : 심리·교육학적 관점, 사/문 : 사회·문화·윤리적 관점을 약하여 표현한 것이다.(그래프4도 같음)

중시되어오지는 않았다.

특히, 전후(戰後)에 있어서는 전전(戰前)·전중(戰中)57)에 「죽음」이 칭양되고, 강요되었던 반동으로, 「죽음」을 말하는 것은 기피되어왔던 것으로 생각된다.

게다가 전후, 오래 계속된 「경제」편중의 일본 사회 하에서의 경제효율 만능주의적인 지향은 「죽음」이라는 가장 비효율적인 현상을 직시하는 일을 회피하여 왔다. 현실 생활 속에서 「죽음」을 생각하는 일이 회피되고, 그다지 일상의 화제에도 올리지 않았던 풍조가 반영되었는지, 일본에 있어서의 사생관에 대한 연구는 활발하지는 않았다.58)

1980년대, 생명복제 논쟁과 관련하여 세계적으로 생명윤리논쟁 및 사생관에 대한 여러 가지 논의들이 이루어져 일본에서도 1980년대 이후, 활발하게 논의되기 시작하였다.

20세기 후반에 이르러 경제상태가 일변하고, 소자화(小子化), 초고령 사회가 되자 「늙음」이나 「죽음」은 사회 전체 속에서 중요한 의미를 가지는 문제라는 인식이 점차 높아져갔다. 20세기 말 무렵부터 일본에서도 재차 「죽음」이 떳떳이 논의되기 시작하였다. 일상 속에서 「죽음」이 거론된 것에 관하여서는, 「죽음에의 준비교육」을 주장하고, 「삶과

---

57) 여기서 말하는 전후, 전전, 전중의 전쟁이란, 제2차 세계 대전 중 일본과 미국, 영국, 네덜란드 등의 연합국 사이에 벌어진 태평양전쟁(1941~1945)을 말한다. 전쟁의 발단은, 남진 정책으로 인도차이나(프랑스령)에 주둔한 일본은 1941년 12월 8일에 하와이의 진주만을 기습하여 태평양 전쟁을 일으켰다. 결과는, 초반에는 일본이 우세하였으나, 1942년부터 미국이 일본 본토에 공습을 강화하고, 히로시마와 나가사키에 원자 폭탄을 투하하는 등 연합국의 반격이 시작되면서 우세가 기울었다. 결국 1945년 8월 15일 일본이 연합국에 무조건 항복함으로써 태평양전쟁은 끝이 났다.

58) 아마누마 카오루(天沼香), 「日本精神史としての<死生観>研究序説」, 『東海女子大学紀要』22, pp.1~11, 2003年 3月.

죽음을 생각하는 모임(生と死を考える会)」을 주재하는 알퐁스 데켄59)이나 히노하라 시게아키(日野原重明)60) 등의 계몽활동에 힘입은 바가 크다. 사이토 시게타(斎藤茂太)61), 에이 로쿠스케(永六輔)62) 등의 「죽음」을 취급한 저작의 영향도 적지 않다.63)

일본의 사생관에 대한 연구로서는 지금으로부터 30년 전, 1980년도에 처음으로 사생관을 사회심리학 분야에서 조사 연구하였는데, 문부과학성 과학연구 보조금을 받아 「일본인의 종교·가치관에 관한 조사연구」(연구대표자 : 하야시 치키오[林知己夫])64)가 일본 사생관 연구의 계기

---

59) 알퐁스 데켄(Alfons Deeken ; 1932년~　)은 독일 올덴부르크에서 태어나 예수회(Society of Jesus) 사제로 철학자, 上智大學 명예교수. 사생학자(死生学者). 형제 8명 중 세 번째로 태어나 아버지는 실업가. 학교에서는 성적이 우수하여 교장으로부터 나치의 지도자양성학교에 추천되었다. 그러나 가족이 모두 反나치운동을 하고 있었으므로 추천을 거절 당하였다. 독일 항복시에 조부가 눈앞에서 연합군의 병사에게 사살 당하였다. 1952年 - 예수회에 입회, 1959年 - 来日, 1965年 - 사제 서계, 1973年 - 호담대학 대학원에서 철학박사 학위를 취득하고, 上智大學의 교수로 취임. 1982年 - 이 무렵부터 「死生観·죽음 준비교육」을 제창하고 있다. 특히, 암 등에 의하여 죽을 날에 임박한 사람들을 위한 호스피스나 보다 좋은 生을 보내기 위한 지원활동·강연활동에 열심히 매진하고 있다. 1989年 - 제3회 글로벌사회복지의료상을 수상. 1998年 - 「죽음에의 준비교육」보급의 공적에 의하여 독일정부로부터 독일연방공화국 공로훈장을 수장. 1999年 - 제15회 동경도문화상, 제8회 쟈쿠게츠상(若月賞)을 수상함.
60) 히노하라 시게아키(1911년 10월 4일~)는 일본의 의사. 의학박사(京都帝国大学). 세이루카(聖路加)국제병원 이사장. 명예원장. 그 외 영예로 명예박사(인문과학 ; 토마스 쉐퍼슨대학), 명예박사(막크마스터대학). 일미 의학과 화학자상(필라델피아의사회), 일본기독교 문화협회 일미 기독교문화공로자.
61) 사이토 시게타(1916년 3월 21일~2006년 11월 20일)는 일본 정신과 의사, 수필가.
62) 에이 로쿠스케(1933년 4월 10일~)는 일본의 전 방송작가로 탈렌트, 작사가, 에세이스트. 77세. 본명은 에이 타카오(永孝雄).
63) 아마누마 카오루(天沼香), 앞의 논문 p.2.
64) 하야시 치키오(1918年 6月 7日~2002年 8月 6日)는 문부성 통계수리연구소 명예교수.

가 되었다.

또, 2002년도의 일본심리학회의 공개 심포지엄의 테마는 「사생관과 심리학」이었다. 이 심포지엄은 21세기 COE 프로그램 「생명의 문화·가치를 둘러싼 〈死生学〉의 구축(Construction of Death and Life Studies concerning Culture and Value of Life)」이 토대가 되고 있으며, 문화인류학, 사회심리학, 신경심리학, 실험심리학의 여러 연구자의 활발한 연구 교환이 이루어졌다.[65]

이렇게 「사생학」이 대두되면서 「사생관」에 대한 정립도 필요하다고 인정되어 동경대학의 시마조노 스스무(島薗進)[66] 교수팀을 주축으로 21세기 COE 프로그램의 일환으로 「사생학 연구」라는 몇 차례의 심포지엄을 통하여 죽음에 대한 교육의 필요성 및 사생학을 하나의 학문으로서 정립하여야 한다는 여러 가지 논의들이 제기되고 있다. 이러한 논의를 바탕으로 2003년도부터 매년, 봄과 가을 두 차례에 걸쳐 『사생학연구(死生学研究)』(동경대학 대학원 인문사회계 연구과)라는 정기적인 간행물도 출간하고 있다.

일본에서 「사생관(死生観)」이라는 단어는 에도시대부터 사용되어 왔으나 카토 테츠도(加藤咄堂, 1870~1949)가 『사생관(死生観)』(井洌堂, 1904

---

65) 마루야마 쿠미코(丸山久美子), 앞의 논문, p.190.
66) 시마조노 스스무(1948年~)는 東京 출생의 종교학자이다. 아버지는 정신과 의사인 시마조노 야스오(島薗安雄). 1972年, 동경대학 문학부 종교학과 졸업. 동경대 입학시는 理科 三類에 소속하여, 아버지의 뒤를 이어 의사가 되려고 생각하고 있었는데, 어느 때, 그런 자신에게 의문을 가지고, 진학 최종단계에서 종교학과로 진로를 바꿀 결심을 하였다. 츠쿠바대학(筑波大学) 연구원, 東京外国語大学 日本語学科 조교 등을 거쳐, 현재, 동경대학 대학원 인문사회계 연구과 문학부 종교학과 교수. 종교를 기반으로 폭넓은 사회적·문화적 사상(事象)에 흥미를 가져, 다수의 저서·논문 등의 업적이 있으며, 필드워크도 적극적으로 행하고 있다.

年)이라는 저서에서 사생관(死生観)이란 단어를 사용하고 있으며, 1921
년까지 카토는 8권의 저서를 간행하면서 사생관(死生観)이란 단어의 정
착하는 시기가 계속되었다.

그 중,『대사생관(大死生観)』은『사생관(死生観)』의 내용을 다섯 배로
증폭시킨 것이며, 사생관을 둘러싼 종교사상 백과사전적인 저술이라고
할 수 있다.[67] 에도시대까지는「생사관(生死観)」이라는 단어가 사용되
었으나, 그것은 불교적인 의미로 사용되었다. 불교용어로서의「生死」는
산스크립트어인 jati-marana, samsara 등의 역어로서 이용되어왔던 것
으로,「태어나는 일과 죽는 일, 또, 목숨 있는 것이 태어나는 일과 죽음
을 반복하는 것을 의미하며, 윤회(輪廻)와 같은 뜻」으로 이용된다.[68]
그 외, 나카지마 키소(中島気崢)의『나의 사생관(我死生観 : 還暦記念)』
(1923年)이 있으며, 마츠구 운잔(真継雲山=真継義太郎)의『통속종교의 사
생관(通俗宗教の死生観)』(日本仏教新聞社, 1927年) 등이 있다.

일본 사생관 연구의 분류에 있어서는 한국에서 사용하는 '저승관'에
해당하는 '요미노쿠니(黄泉の国)' 또는 '아노요(あの世)' 등의 용어는 제
외시켰고, 죽음관이라는 용어는 '사관(死観)'이라는 용어로 번역하여 검
색하였다.

2) 사생관 연구의 현황

일본에서의 연구 현황을 살펴보기 위하여 현재까지 발표된 죽음에

---

67) 死生学研究編集委員会 編,『死生学研究』秋号, 東京大学 大学院 人文社会系研究
科. p.13, 2003年 11月.
68) 死生学研究編集委員会 編, 위의 책, p.12에서 재참고. - (나카무라 겐치[中村元
地] 편,『岩波仏教辞典』제2판, 2002年)

관한 여러 연구물을 사생관, 생사관, 사후관, 타계관, 죽음관(死観), 영
혼관, 내세관, 죽음 개념, 죽음의식, 죽음 인식 등의 용어를 입력하여
논문, 단행본으로 나누어 조사·분석하여 보았는데, 그 결과를 표로 나
타내면 다음과 같다.

‖ 표4 ‖   구성성분별 연구 현황(일본)[69]

	논문	단행본	소계
來世觀	25	5	30
死生觀	883	192	1,075
死後觀	18	1	19
生死觀	110	29	139
靈魂觀	134	23	157
あの世	122	261	383
死觀	19	1	20
死の概念	80	5	85
死の意識	50	1	51
死の認識	17	2	19
他界觀	101	34	135
소계	1,559(1437)	554(295)	2,113(1,730)

위의 표4)에서 알 수 있듯이, 일본에서도 한국과 마찬가지로 삶과
죽음에 관한 다양한 용어들이 사용되어 사생관, 생사관, 사후관, 타계
관, 죽음관, 영혼관, 내세관, 죽음개념, 죽음의식, 죽음 인식 등의 여러
가지 용어로 죽음에 관한 연구들이 발표되고 있었다. 발표된 연구물들

---

69) 일본 국립정보학연구소의 학술콘텐츠포털사이트에 등록된 죽음에 관한 논문을
근거로 필자가 분류하였음.(2008년 분류) http://ge.nii.ac.jp/genii/jsp/index.jsp

중에서 앞에서 언급하였듯이, 요미노쿠니(黃泉の国) 또는 아노요(あの
世) 등의 구성성분은 저승관보다는 저승 체험이나 묘사에 그친 내용들
이라 여기서는 제외시키기로 한다.

위의 표4)를 살펴보면, 전체 1,730편 중에서, 논문에서는 사생관이란
용어로 발표된 논문[70]들이 가장 많아 883편이었고, 그 다음이 영혼관
으로 발표된 논문들이 134편, 생사관에 관한 논문이 110편이었다.

단행본에서는 역시 사생관이란 용어로 간행된 저술[71]이 192권으로
제일 많았고, 그 다음이 타계관, 생사관, 영혼관으로 간행된 책이 각각
34권, 29권, 23권이 있었다. 전체적으로 보면, 사생관이라는 용어로 쓴
연구가 1,075편, 영혼관이 157편, 생사관이 139편, 타계관이 135편의
순이었다.[72]

---

70) 사생관으로 발표된 논문을 예로 들면, 가장 최근에 발표된 논문으로 「개호
   학생과 케어 워커와의 사생관 검토(介護学生とケアワーカーとの死生観の検
   討)」(오사카체육대학 단기대학부 『研究紀要』, 2008年), 「미야자와 켄지와 현
   대문학에 있어서의 사생관 (宮沢賢治と現代文学における死生観)」(후쿠야마대
   학 인간학부 기요, 2008년) 등이 있다.
71) 단행본의 예로서는, 『일본인의 사생관과 장묘의 역사 (日本人の死生観と葬墓
   の歴史)』(고라이 시게루[五来重], 호조칸[法蔵館], 2008년), 『생과 사 : 기독교의
   사생관에서(生と死 : キリスト教の死生観から)』(요네무라 에이지[米村 英二],
   오오츠[大津]기독교회 출판부, 2007년) 등이 있다.
72) 영혼관, 생사관, 타계관의 관점에서 쓴 논문들로는, 「야스쿠니신앙으로 본 일
   본인의 영혼관 (靖国信仰に見る日本人の霊魂観)」(코보리 케이이치로[小堀桂一
   郎], 메이지 세이토쿠[明治聖徳기념학회 『紀要』 2007년), 「신도의 생사관과 신
   도고전 (神道の生死観と神道古典)」(아소야 마사히코[安蘇谷 正彦], 메이지성덕
   기념학회 『紀要』 2007년), 「북부 오키나와의 장제와 타계관・재생관(北部沖縄
   の葬制と他界観・再生観)」(나카하타 미츠히로[中畑充弘], 『南島史学』, 2007년)
   등이 있었다.

▌표5▌ 구성성분별·관점별 연구 현황(일본)

	문학적	종교·민속적	사상·철학적	역사·지리·민족적	개호·의학적	심리·교육적	사회·문화·윤리적	기타	소계
來世觀	0	12	3	9	1	1	3	1	30
死生觀	161	207	141	80	166	76	232	8	1,071
死後觀	0	5	1	3	4	4	2	0	19
生死觀	7	69	23	20	2	1	18	4	144
靈魂觀	3	101	11	24	0	4	11	2	156
死觀	2	1	2	0	4	8	3	0	20
死の概念	1	1	9	0	12	28	33	1	85
死の意識	15	0	6	0	2	24	3	0	51
死の認識	0	2	1	0	8	8	0	0	19
他界觀	16	66	8	29	0	3	13	0	135
소계	205	464	205	166	199	157	318	16	1,730

　　일본에서는 한국과 달리, 죽음 관련 연구들이 종교·민속적 관점에서 가장 많이 발표73)되어 전체 1,730편 중, 464편으로 가장 많았고, 그 다음이 사회·문화·윤리적 관점에서 발표된 것들이 318편, 세 번째가 문학 작품을 분석하면서 죽음에 대하여 언급한 연구와 사상·철학적 관점에서 죽음을 논한 연구들이 각각 205편이었다.

　　다음에는 연대별로 죽음 관련 연구들이 얼마나 발표되었나를 살펴보

---

73)「新불교 교조의 사생관 (新仏教教祖の死生観)」(카네야마 아키외金山秋男], 『国文学』: 解釈と鑑賞, 2008년),「기독교의 사생관 (キリスト教における死生観)」(도이 켄지[土井健司], 『臨床看護』, 2007년),「다양화하는 장송과 사생관 (多様化する葬送と死生観)」(히몬야 하지메[碑文谷創], 『文芸春秋』, 2007년) 등이다.

면 표6)과 같은데, 일본에서도 1980년대의 187편에 비해서 1990년대에는 두 배가 훨씬 넘는 많은 연구들이 있었다. 이러한 이유도 한국에서와 마찬가지로 생명복제 등의 세계적인 흐름에 따라 생명윤리와 사생관에 대한 논의가 많아져 여기에 관련된 연구들이 많아졌음을 알 수 있다. 2000년대에는 1990년대의 1.9배 정도인 882편의 많은 연구가 발표되고 있었다.

┃표6┃ 구성성분별 · 연대별 연구 현황(일본)

	2000년대	1990년대	1980년대	1970년대	1960년대	1950년대	그 이전	소계
來世觀	6	6	3	2	1	10	2	30
死生觀	612	272	82	49	16	15	5	1,071
死後觀	8	6	3	0	1	0	1	19
生死觀	72	26	28	11	5	1	1	144
靈魂觀	96	22	8	8	8	5	4	156
死觀	11	4	1	1	2	1	0	20
死の概念	51	38	11	7	3			85
死の意識	17	15	12	5	2			51
死の認識	11	2	5	1				19
他界觀	32	35	14	9	7	4	0	135
소계	882	464	187	86	43	34	34	1,730

위의 표6)에서는 죽음관련 용어를 사용한 연대별 연구 현황에 대하여 알아보았는데, 죽음의식, 죽음인식이라는 용어를 사용하여 쓴 연구가 많은 한국에서와는 달리, 일본에서는 사생관이라는 용어를 사용한 연구가 다른 용어를 사용한 연구에 비해서 1,071편으로 압도적으로 많았음을 알 수 있다. 그 다음이 영혼관, 생사관, 타계관으로 156편, 144

편, 135편 등이었다. 물론, 사후관, 타계관, 영혼관, 내세관 등의 용어는 그 의미가 조금 다를 수도 있겠지만, 일본에서는 죽음에 관련된 용어 사용에 있어서 「사생관」으로 거의 통일이 되어 있음을 알 수 있다.

아래 그래프4)는 현재까지의 연대별 사생관 관련 연구를 그래프로 나타낸 것으로, 아래 그래프에서 알 수 있듯이, 1980년대는 1970년대의 2.2배, 1990년대의 2.5배나 되는 연구들이 있었다. 일본도 한국과 마찬가지로 1980년대 이후, 생명복제 등과 같은 과학적 발전과 함께 세계적인 이슈가 되면서 죽음 관련으로 많은 연구들이 있었음을 알 수 있다.

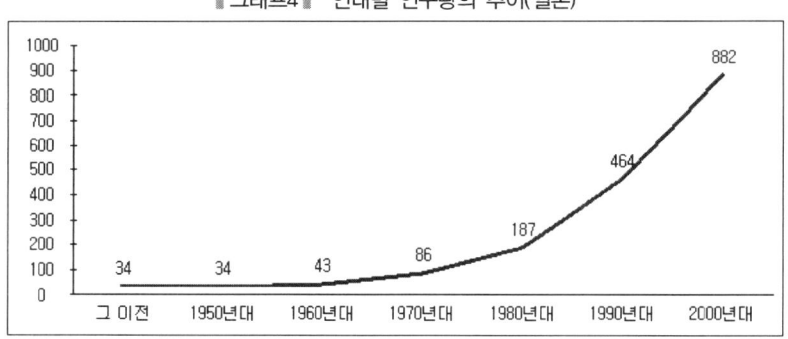

▌그래프4▌ 연대별 연구량의 추이(일본)

3) 결과

지금까지 일본의 죽음관련 용어를 사용하여 7가지 관점에서 어떠한 연구들이 있었으며, 또 연대별로 얼마나 많은 연구가 있었는지를 살펴보았다.

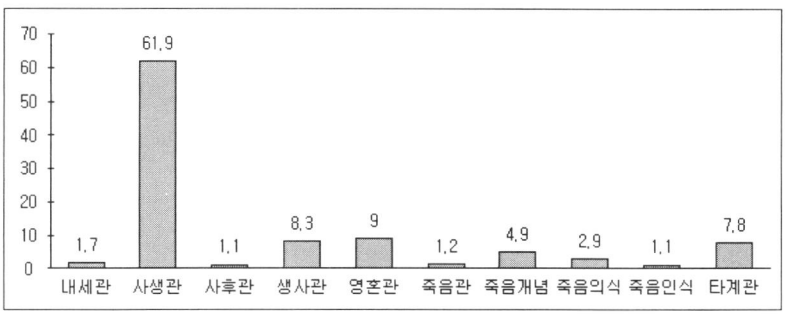

위의 그래프5)에서 알 수 있듯이, 그 구성성분별로 살펴보면, 사생관이라는 용어를 사용한 연구가 가장 많아 전체 1,730편 중, 61.9%에 달하는 1,071편이었고, 그 다음이 영혼관에 관한 논문이 157편으로 9.0%, 생사관, 타계관에 관한 논문이 139편, 135편으로 각각 8.34%, 7.8%를 차지하였다. 일본에서는 앞에서도 언급하였듯이 「사생관」이라는 용어로 거의 통일되어 연구가 되고 있음을 나타내어주는 결과라고 할 수 있다.

아래의 그래프6)에서 알 수 있듯이, 일본에서는 한국과 달리, 이러한 연구들이 종교·민속적 입장에서 가장 많이 발표되어 전체 1,730편 중, 464편인 26.8%로 가장 많았고, 그 다음이 사회·문화·윤리적 입장에서 연구된 것들이 318편으로 18.4%, 세 번째가 문학 작품을 분석하면서 죽음에 대하여 언급한 연구가 205편으로 사상·철학적 관점에서 발표된 연구와 함께 11.8%로 나타났다.

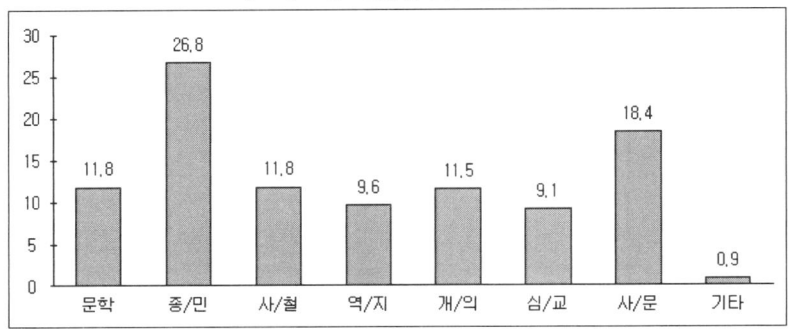

▌그래프6▌ 관점별 연구비율(일본)

위 그래프6)에서처럼, 한국과 일본의 가장 큰 차이는 한국은 문학적 관점이 33.1%, 종교·민속학적 관점이 22.5%, 사회·문화·윤리학적 관점으로 발표된 논문이 16.1%의 순인 데 비하여, 일본에서는 종교·민속학적 관점이 26.8%, 사회·문화·윤리학적 관점이 18.4%, 문학적 관점이 11.8%의 발표순으로 일본과는 다르다는 것을 알 수 있었다. 이러한 결과를 생각하여볼 때, 일본에서는 죽음에 대하여 종교적·민속학적으로 생각하는 경향이 더 많다고 말할 수 있을 것이다.

4. 한일 사생관 연구의 비교와 전망

1) 사생관 연구의 한일 비교

지금까지 한국과 일본의 사생관 연구의 현황을 조사·분석하여 보았다. 여기서 알 수 있는 것은 한국이나 일본이나 사생관에 대한 연구를 많이 하기 시작한 것은, 세계적으로 생명 복제 연구라든지 장기이식,

뇌사, 낙태 등의 문제가 거론되기 시작한 1980년대였음을 알 수 있었다. 그러나 그 나라의 정서적 환경, 언어적 환경, 종교적 환경 등이 다르기 때문이기도 하겠지만, 한국이나 일본에서 사용하고 있는 죽음 관련 용어는 서로 많이 달랐다. 일본에서는 어느 정도 통일을 이루어 여러 가지 관점에서도 불구하고, 「사생관」이란 용어로 많은 연구가 진행되고 있음을 알 수 있었다.

║ 표7 ║ 관점별 사생관 관련 용어 사용 현황의 한일 비교

관점＼한일비교	일본	한국
문학적 관점	사생관	죽음의식
종교 · 민속학적 관점	사생관	죽음관
사상 · 철학적 관점	사생관	영혼관
역사 · 지리 · 민족적 관점	사생관	내세관
개호 · 의학적 관점	사생관	죽음 인식
심리 · 교육학적 관점	사생관	죽음 준비교육
사회 · 문화 · 윤리적 관점	사생관	죽음 인식

한국과 일본의 사생관 연구의 관점 7유형에 중에서, 가장 많이 사용한 용어(=구성성분)가 무엇인지를 살펴보았더니 표7)과 같았다. 일본에서는 모든 관점에서 사생관이란 용어가 많이 사용되고 있었으며, 한국에서는 관점에 상관없이 여러 가지 용어가 다양하게 사용되고 있음을 알 수 있었다.

2) 사생관 연구의 전망과 과제

이상과 같이 한국과 일본의 사생관 연구에 관하여 인터넷의 정보 검

색을 통한 방법으로 자료를 찾아 모아, 그것을 여러 가지 측면에서 분류하고 조사·분석하여 보았다.

지금까지 살펴보아 알 수 있었듯이, 사생관 연구는 한국과 일본뿐만 아니라 세계적으로도 앞으로 그 연구자가 점점 많아질 것이며, 더욱 세분화되고 체계화되어 그 분류체계와 나아갈 방향을 갖추어 「사생학」이라는 하나의 학문으로서 인문학의 중요한 위치를 차지할 것이라고 본다. 현실적인 상황에서도 살펴보면, 한국과 일본에서 일어나고 있는 존속살해나 불특정 다수의 살해, 자살 등 자신의 죽음은 물론, 타자(他者)의 죽음에 대하여 올바른 사생관을 갖추지 않았기 때문에 일어나는 사건들이 너무나 많다. 이러한 현실적인 문제의 해결을 위하여서도 사생학의 학문적 접근은 시급하다고 판단된다.

또한, 사생관은 삶과 죽음은 나누어지지 않는다는 기본적인 관점에 의거하여 죽음의 문제를 삶과 죽음을 함께 아우르는 생사문제로 확충하여 사망의 존엄과 생명의 존엄을 나눌 수 없는 밀접한 관계로 보아야 한다. 따라서 현대인의 죽음에 대한 정신적 초탈 및 삶과 죽음의 궁극적인 의의에 대하여 성찰하지 않으면 안 된다.

본고에서는 그 내용을 죽음에 치중하고 있지만, 생명학이든 사망학이든 넓은 의미에서의 사생학74)의 범위에서 다루어야 하는 이유는 삶과 죽음을 둘로 나눌 수 없기 때문이다. 삶의 의의는 죽음의 의의 위에서만 그 참뜻이 드러난다. 다시 말해 삶과 죽음의 문제를 함께 다루어 현대 사생학에서 그 참된 의의를 발휘할 수 있도록 해야 할 것이다.

---

74) 여기서 필자가 사생학이라는 용어를 사용한 이유는, 지금까지 학(学)이 아닌 사생관이나 생사관 등의 관(観)으로 다루어왔던 것을 하나의 학문의 영역으로 간주하고, '죽음과 삶에 관한 학문」이라는 뜻의 사생학이라는 용어로 통일하여 체계적으로 연구하고 정립해야 한다는 생각에서이다.

이와 같이 현대 사생학의 최우선의 과제는 삶의 의의와 죽음의 의의, 혹은 삶과 죽음의 궁극적 의의를 밝히는 일일 것이다.

또, 사생관과 종교학이 밀접한 관계에 있다는 것을 발견할 수 있다. 왜냐하면 종교는 삶과 죽음에 대한 관심에서 출발하여 개체의 삶과 죽음을 초월하는 궁극적 진실을 탐구하고, 삶과 죽음의 의의를 발견한 뒤에 인생의 궁극적 목표를 정립할 수 있다. 그런 다음, 각 개인으로 하여금 신념 및 신앙에 궁극적 의무를 부여할 수 있기 때문이다.

또한, 현대 학문의 학제간 정합의 입장에 서서 종교와 철학 및 과학에 있어서 각각의 효능을 분명히 밝힌 뒤에 그것들 사이에 존재하는 충돌이나 모순을 반드시 해결해야 한다. 이것이 현대적 의의에서의 사생학 건립에 가장 기본적인 작업일 것이다.[75]

여기서 한일 사생관 연구의 중요한 과제를 다음의 다섯 가지로 요약해 보았다.

1. 사생학이라는 학문으로서의 정립이 시급하며, 학문으로서 정립하기 위하여서는 여러 가지 용어로 연구되고 있는 죽음에 대한 연구 자료의 통합의 필요성과 함께, 그 분류방법도 정비되어야 한다.
2. 생명학이든 사망학이든 넓은 의미에서의 사생학의 범위에서 다루어 현대 사생학에서 그 참된 의의를 발휘할 수 있도록 해야 한다.
3. 삶과 죽음의 의의가 무엇인가 하는 물음에서 사생학은 종교학과 밀접한 관계가 있으므로 종교의 역할에 대한 재정립이 필요하다.

---

75) 부위훈(傅偉勳), 앞의 책, p.215~217.

이것은 종교 자체의 역할뿐만 아니라 종교관련 단체 및 종교직에 있는 모든 사람들의 관심과 역할이 필요하다.

4. 가정이나 초등학교 교육부터 중·고등교육을 비롯한 교육계, 종교계, 철학계 등이 연계하여 죽음 준비교육을 비롯하여 개인의 사생관 및 타자에 대한 올바른 사생관을 가질 수 있도록 교육시스템을 만들어야 한다.

5. 학제적 입장에서 사생학이라는 학문에 관한 문제를 풀어나가야 한다. 인문학의 위기에서 볼 수 있듯이 윤리나 철학, 종교학, 과학 등과 함께 사생학이라는 학문도 활성화시켜서 올바른 사생관을 가질 수 있도록 학제적인 정합 방식으로 시스템을 만들어야 한다.

지금까지 죽음에 관한 연구를 중심으로 한국과 일본의 사생관 연구에 관한 현황과 과제에 대하여 살펴보았다. 왜 우리는 죽음을 인식해야 하고 알아야 하는가? 어떠한 생명이든 산다는 것은 바로 자신의 죽음을 향한 삶인 것이다. 인생의 신비한 점은 바로 삶과 죽음이 서로 함수관계의 생명선에 있기 때문이 아닐까? 죽고 싶다고 해서 함부로 죽을 수 없는 것이 우리의 생명이고, 살고 싶다고 해서 더 살 수 없는 것이 바로 우리의 생명이다. 필연적인 죽음의 의미를 모른다면 진정한 삶이 무엇인지 모른다는 말일 것이다. 죽음에 대한 지혜가 없이 진정한 삶을 살 수 없을 것이기 때문이다.

죽음에 대한 올바른 관심은 바로 적극적인 삶의 의미를 부여해주고, 갑자기 닥치는 죽음을 두려움 없이 준비할 수 있는 지혜의 방법을 찾는 것으로, 이것이 사생관 연구의 목적이기도 할 것이다.[76]

---

76) 석법성(釈法性, 趙明淑), 앞의 책, pp.6~9.

제2부

역사적 고찰로 살펴본
한국인과 일본인의 사생관

한국인과 일본인의 정신과 실생활에 다른 종교보다도 가장 널리, 오랜 기간 동안 영향을 준 유교, 불교, 신도는 한국인과 일본인의 사생관 형성에도 그만큼 영향을 주었다고 할 수 있다. 이러한 의미에서 한국인과 일본인의 유교적 사생관과 불교적 사생관, 신도적 사생관은 일반적·보편적이라고 말하여도 좋을 것이다. 따라서 한국인의 유교적 사생관, 불교적 사생관과 일본인의 신도적 사생관과 불교적 사생관을 살펴보는 것으로 한국인과 일본인의 일반적이고 보편적인 사생관을 대변할 수 있을 것이라 여겨지기 때문에 제3장에서는 유교, 신도, 불교의 영혼에 대한 인식, 사후세계에 대한 인식, 선조 공양에 대해서는 어떻게 생각하는지 등을 중심으로 유교, 신도, 불교의 사생관을 다루어보기로 한다.

제2부에서는 한국인의 유교적 사생관과 불교적 사생관, 일본인의 신도적 사생관과 불교적 사생관을 살펴봄으로써 한국인과 일본인의 보편적이고 일반적인 사생관이 어떠한지 고찰하여보고자 한다.

한국의 유교(儒教)는 기자조선(箕子朝鮮)에서부터 이미 유교가 있었다고 하는 유교의 시원(始原)에 관한 여러 가지 견해[1]가 있는데, 한국사에서 고대 한국사회의 토착적이며 재래적인 윤리내용을 간과하고 갈등 없이 수용된 유교윤리의 전래는, 한국 사회에 가장 깊이, 가장 널리, 가장 오랫동안 영향을 끼쳐 왔다. 따라서 한국사에서 유교사상의 내용과 구조가 갖는 역사적 위상은 한국 고대시기부터 현대에 이르기까지 매우 높다 하겠다. 그것은 중국사의 발전과 함께 유학이 각 시기별로 인접한 한국의 역사에 단계적으로 영향을 주었으며, 한국 역사의 수요에 따른 수용과 변형된 유학의 내용을 지속하였기 때문이다. 한국의 유교는 한국 유학의 체계를 정립하여 중국 유학과는 차별화되면서 발

---

1) '유교대사전편찬위원회 편, 『유교대사전』, 박영사, 1990년. 디지털한국학 (http://www.koreandb.net)'에서 한국 유교의 시원(始原)에 관한 견해는 대체로 3가지로 요약하고 있는데, ①B.C. 12세기 경, 은(殷)나라가 망하자 기자(箕子)가 고조선으로 와서 홍범구주(洪範九疇)의 원리에 따라 범금팔조(犯禁八条)로 우리 사회를 교화하였다는 이른바 기자동래설(箕子東来説)이다. 비록 역사적 사실성에 의문이 있지만, 한국 유교의 전통적 자부심을 확고히 해주었다. ②고조선과 인접한 전국시대 연(燕)나라를 통하여 한자와 문물이 전래되면서 유교사상이 전래되었다는 견해이다. 중국 사료와 문헌을 통하여 입증될 수 있다. ③삼국의 발생을 전후하여 한사군(漢四郡 : B.C.108~A.D.313)이 설치되면서 중국 문물의 유입과 더불어 유교사상이 도입되었다는 견해로서 이것은 한국 땅에서 나온 유물을 통하여 확인될 수 있는 주장이다.

전하여 왔다.

한국사에서 유교의 전래는 유교사상이 내포한 보편적 논리와 특수한 사상적 가치관은 물론이고, 유교 경전이 갖는 문학적 내용과 정치적 전장(典章)[2]으로 한국 정치문화 및 윤리적 내용, 풍속의 교화에 중요한 역할을 하였다. 유교는 조상에 대한 제사권과 공동체의식을 강화시켜 상장의례에 깊은 영향을 끼친 예법제도는 물론, 사회제도에 있어서 수직적 계층질서를 형성하고, 유교이념에 입각한 정치 실현 등 거의 모든 생활양식을 유교윤리에 의존하면서 2천 년이 넘는 현재까지 이어져오고 있다. 따라서 아무리 자신은 유교인(儒教人)이 아니라고 하여도 한국인의 삶을 구성하는 기본적인 세계관과 생활방식은 유교적인 가치질서에 기반하고 인간관계에서는 유교적인 신념체제를 추구하고 있는 것이다.[3]

이러한 유교사상은 한국 역사 발전에 기여하였다는 사실을 바탕으로 한국사 속에서 다시 재창조되어 역사발전과 함께 중국에서와는 달리 차별화되는 유교이념을 가지게 되었다. 또한, 그러한 유교이념을 가지게 됨과 동시에, 그러한 유교이념이 한국의 철학, 문학, 역사학 분야에 영향을 끼쳤음은 물론, 한국인의 사생관 형성에도 많은 영향을 끼쳤다고 할 수 있다.[4]

고구려 때 전해져 온 불교는 한국 사상사(思想史)에 큰 전기(転機)를 마련해 주었는데, 토속신앙이나 유교에서 말하지 않던 내세(来世)에 대

---

2) ①제도와 문물을 아울러 이르는 말 ②규칙을 적은 글
3) 이동희 저, 『儒教思想研究』, 한국유교학회, 1992년.- 디지털한국학(http://www.koreandb.net)에서 재참고.
4) 이범직(李範稷), 「儒教思想의 伝来와 定立에 관한 연구」, 『韓国史論』28, 韓国史研究의 回顧와 展望 Ⅵ, 건국대학교 사학과, 1998년.

하여 아주 소상하게 얘기해 주었다. 그러자 이승밖에 모르던 사람들이 저승에 대하여 많은 관심을 갖기 시작하였다. 그에 따라 극락·지옥·윤회·인과응보도 알게 되어 한국인에게 있어서 불교는 윤리적으로 사고(思考)의 큰 전환이었다.[5]

한국의 불교(佛敎)는 중국으로부터 집단의 통합을 강화하기 위하여 받아들여졌는데, 호국불교로서 한국 민족의 정신적 지주 역할을 하였다. 불교의 영향으로 이루어진 문화유산(석굴암, 불국사, 팔만대장경판, 범종 등)은 말할 필요도 없고, 한국 불교는 석가모니 사상에 한국적인 특징을 가미하면서 발전하였다. 한국 불교의 특징으로 호국정신과 조화정신을 들 수 있는데, 호국정신은 불교가 전래되었던 당시의 상황과 밀접하게 관련되어 있다. 불교는 석가모니 사후 여러 종파로 분열되었으나, 한국에 들어오면서 한국의 풍토에 맞게 통합되기 시작하였다. 특히, 조화정신은 산신각, 칠성각 등으로 한국 민족의 사상적 바탕을 형성하여온 민간신앙을 불교 속으로 통합하는 사상적 기반이 되었다.

일본의 신도(神道)는 태곳적부터 존재하였으며, 외래종교와 대립하고 교섭하면서 변천하여 발달한 일본 고유의 종교라고 할 수 있다. 이런 신도 신앙은 예부터 있었지만, 신도라는 명칭은 훨씬 후대에 나타났다.[6]

신도란, "일본 민족에 고유한 신 및 신령에 관련된 신념을 기반으로 발생 전개되어온 종교를 충칭하는 말이자, 이와 같은 신과 신령에 관련된 신념 및 전통적인 종교적 실천뿐만 아니라 널리 생활 속에 전승되어온 태도나 사고방식까지 함의한다"라고 정의[7]하고 있다. 이렇게 신도

---

5) 고등학교 교과서 『윤리와 사상』, 교육부.
6) 신도라는 명칭은 『니혼쇼키(日本書記)』에서이다. - 무라오카 츠네츠구(村岡典嗣), 『일본 신도사』, 박규태 옮김, 예문서원, pp.5~20, 1998년.
7) 일본문화청에서 펴낸 『종교연감』(1997년)의 정의이다.

의 정의에서 말하고 있듯이, 신도란 일본 사회와 문화의 여러 측면에 침투해 있는 다양한 관습·의례·신앙을 가리키며, 무엇보다 일본 고유의 어떤 것이라는 점이 강조된다.

이처럼 신도라는 말은 역사상 일본에 들어온 여러 외래종교와 구별되는 일본 고유의 종교를 총괄하여 '신도'라고 하여도 무방할 것이다. 왜냐하면, 신도는 역사적으로 다양함에도 불구하고, 외래종교와 구별되는 개념으로서의 신도라는 본질적 측면에서 동일하기 때문이다. 따라서, 이러한 이해의 구조에서 신도는 곧 일본(혹은 일본인)이라는 도식으로 이어지기도 한다.

일본의 불교는 6세기 중엽에 백제의 성명왕(聖明王)이 킨메이천황(欽明天皇)에게 석가상과 경론(経論)을 전한 것이 일본에 불교가 공식적으로 전래된 것으로, 50여 년 동안 숭불(崇仏)과 배불(拜仏)의 싸움이 계속되다가 587년 이후, 본격적으로 널리 전파되게 된다. 일본의 불교는 일본에서 최대의 종교세력이며, 종파별로는 법화(法華)·일련(日蓮)계와 정토(浄土)계가 특히 유력하고, 다음으로 선(禅)계, 진언(真言)계, 나라(奈良)불교계 등이 있다. 국민의 태반은 불교의 단(檀) 신도이지만, 불교의 각 종파는 전적으로 의례로 인해서 국민생활과 결부되어 있는데, 특히 장례식 의례는 대부분 불교식으로 행해지고 있으며, 종교로서의 영향력은 그렇게 강하다고 볼 수는 없다.[8]

이와 같이 한국의 유교와 불교, 일본의 신도와 불교에 대하여 간략하게 살펴보았는데, 위의 내용에서 알 수 있듯이, 한국인과 일본인의 정신과 실생활에 다른 종교보다도 가장 널리, 오랜 기간 동안 영향을 준

---

8) 무라카미 시게요시(村上重良), 최길성 편역, 『일본의 종교』, 예전, p.38, p.177, 1993년.

유교, 불교, 신도는 한국인과 일본인의 사생관 형성에도 그만큼 영향을 주었다고 할 수 있다. 이러한 의미에서 한국인과 일본인의 유교적 사생관과 불교적 사생관, 신도적 사생관은 일반적·보편적이라고 말하여도 좋을 것이다. 따라서 한국인의 유교적 사생관, 불교적 사생관과 일본인의 신도적 사생관과 불교적 사생관을 살펴보는 것으로 한국인과 일본인의 일반적이고 보편적인 사생관을 대변할 수 있을 것이라 여겨지기 때문에 제3장에서는 유교, 신도, 불교의 영혼에 대한 인식, 사후세계에 대한 인식, 선조 공양에 대해서는 어떻게 생각하는지 등을 중심으로 유교, 신도, 불교의 사생관을 다루어보기로 한다.

Ⅲ
한국인과 일본인의 사생관

1. 유교 · 신도 · 불교의 사생관

1) 유교(儒教)의 사생관 일반

유교에서는 인생, 귀신, 생명과 죽음은 모두 영원한 気의 취산(聚散)일 뿐으로, 태어나거나 생겨난다는 것은 곧 기(気)가 응취(凝聚)[1]하는 것으로, 죽는다거나 사라진다는 것은 응취한 기가 흩어지는 현상으로서, 생기는 것은 응취하여 볼 수 있는 것이니 있다(有)고 하는 것이요, 죽는 것은 흩어져 볼 수 없으니 없다(無)고 말함으로써 생사(生死)를 같은 이치라고 하였다.

다시 말해, '사람은 기(気)의 응취과정에서 생기는 정(精) · 기(気) · 신(神)으로 죽음은 처음에 먼저 혼(魂)이 분리되어 흩어지고, 다음에 기

---

1) 응취(凝聚) ; cohesion ⇒ 응집(凝集)
　　① (분산 또는 용해되어 있던 물질이) 한데 엉김. 응결. ② '사물이 한데 모임'
　　을 뜻함.

(気)와 정(精)이 일원기(一元気)로 흩어져 돌아가 개체인 인간이 영원히 없어지는 과정이다.[2] 일기(一気)는 생기거나 없어지는 것도 아니고, 오가는 것도 아니며, 개체인 気는 없어지나 일기(一気)는 언제나 존재한다. 따라서 후손인 내가 존재하는 근거는 선조에게 있으니 공경지심(恭敬之心)을 발하는 것은 자연스러운 것이며 이것이 이치(理致)이다. 즉, 삶과 죽음을 시작과 마침의 개념으로 바꾸어 이해하며, 동일성을 갖는 개체로서의 인생을 죽음에 이르러 후회 없이 마감한다는 의미로서 영생이나 영원에의 관심은 버리고, 삶에서 삶으로 이어지는 인간적 문화 속에서 영생하는 뜻'이라는 것이 오늘날까지도 이어지고 있는 유가(儒家)에서 말하는 죽음의 의미이다.

또한, 공자(孔子)[3]는 삶과 죽음은 인간의 힘으로는 어쩔 수 없는 것으로 일종의 자연의 규율이며 객관적 규율이라고 하였다. 이 규율을 천명(天命) 혹은 명(命)이라고 하는데, 명(命)은 천(天)의 의지가 아니고 일종의 필연성이며, 올바르게 사는 것에 중점을 두었기에 때로는 죽음을 경시하기까지 하여 생명보다 도덕이 더 중요함을 강조하였다.[4]

따라서, 올바르게 살지 못하는 것보다 의롭게 죽는 것이 가치 있는 삶으로서 도(道)가 생명보다 더 중요함을 강조하였으며, 이것은 뒤에 발전한 '살신성인(殺身成仁), 사생취의(捨生取義)[5]'로 나타나 인(仁)과 의(義)를 위하여서는 생명을 희생할 수 있다는 유가(儒家)[6]의 사생관(死生

---

2) 정(精)은 육체적 정신, 신(神)은 정신적 정신을 가리킨다.
3) (B.C. 551 노(魯)나라~B.C. 479) ; 중국 춘추시대의 교육자·철학자·정치사상가, 유교의 개조(開祖). 공부자(孔夫子)라고도 한다. 본명은 공구(孔丘). 자는 중니(仲尼). 그의 철학은 동아시아 전 문명권에 깊은 영향을 끼쳤다.
4) 朴文鉉, 앞의 논문, pp.79~82.
5) 「목숨을 버리고 의(義)를 취한다는 뜻」으로' 의를 위해서 생명을 돌보지 아니함」을 이르는 말.

觀) 및 생명윤리관(生命倫理観)으로 체계화되었다.[7)]

유교에서는 인간은 단순한 본능적인 존재가 아니라 의리적 존재로 간주한다. 그리하여 인간의 생명과 동식물의 생명도 기(気)를 필요로 한다. 공간에 충만한 気는 인간과 또는 생명 있는 동식물의 호흡작용을 가능하게 한다. 이 気의 호흡 없이는 생존할 수 없다. 따라서 유교에서 생명의 원천은 気라고 하겠다. 이것이 생기론(生気論)이며 일종의 생명론(生命論)이다.[8)]

순자(荀子)[9)]는 『예논편(礼論篇)』에서 "예(礼)는 양생(養生)이다"라 하고, 이것을 양구(養口)・양비(養鼻)・양목(養目)・양이(養耳)・양례(養礼)라 하고, "예(禮)에 세 가지 근본이 있으니, 천지는 생(生)의 근본이고, 선조는 유족(類族)의 기원이며, 군주와 스승은 정치의 근본이다"라고 하여 생(生)・류(類)・치(治)의 근본이 예(禮)라고 하였다. 또,

---

6) ①유가(儒家) : 공자(孔子)의 학설(学説), 학풍(学風) 등을 신봉(信奉)하고 연구(研究)하는 학자(学者)나 학파(学派), 유가(儒家)를 닦는 사람
　　②유교(儒教) : 중국(中国) 고대(古代)에 공자(孔子)가 주장(主張)한 인의(仁義)를 근본(根本)으로 하는 유학(儒学)을 받드는 교. 중국(中国) 사서(四書), 삼경(三経)을 경전(経典)으로 함
　　③유학(儒学) : 공자(孔子)의 道를 배우는 전통적(伝統的)인 선비 공부(工夫)로서의 동양 철학(東洋哲学). 공자(孔子)를 시조(始祖)로 하는 중국(中国) 고래(古来)의 정교 일치(政教一致)의 학문(学問). 공맹학(孔孟学)
7) 이은봉, 「유교에도 저승은 있는가?」 『한국인의 죽음관』, 서울대학교출판부, pp.170~213, 2002년.
8) 유명종, 「유교 및 도교의 생명관」, 『石堂論叢』第33輯, 동아대학교 출판부, p.12, 2003년.
9) (B.C. 300년[중국 조(趙)나라~230년경[중국 초(楚)나라 란링(蘭陵)]) ; 중국 고대의 3대 유학자 가운데 한 사람. 이름은 순황(荀況). 자는 순경(荀卿). 공맹사상(孔孟思想)을 가다듬고 체계화했으며, 사상적인 엄격성을 통해 이해하기 쉽고 응집력 있는 유학사상의 방향을 제시하였다.

"예(禮)는 生과 死를 삼가 다스리는 것이다. 生은 사람의 시작이며, 死는 사람의 마지막이다. 종시생사(終始生死)가 모두 착하면 사람의 도리는 다한다. 그러므로 군자는 시작에 生을 경(敬)하여 종사(終死)를 삼간다. 사생종시(死生終始)가 한결같은 것이 군자의 도리이며 예의의 문체이다. 그 生을 두텁게 하고, 그 死를 박하게 한 것이 敬이다. …… 그러므로 生이 충후(忠厚)하지 않고, 문체를 敬하지 아니한 것은 예를 모르는 자라 하고, 死에 충후(忠厚)하지 않고, 문체를 敬하지 아니한 것을 척박하다고 한다."

라고 하며, 사생송사(事生送死)에 충후(忠厚)하고 경건(敬虔)할 것을 주장하는데, 여기에 유가의 사생관이 잘 나타나 있다고 할 수 있다.[10]

(1) 영혼에 대한 인식

대부분의 사람들은 사람은 육체와 영혼(정신)으로 이루어져 있다고 생각한다. 유교에서는 사람이 죽으면 육체는 썩어 없어진다고 생각한다. 그러나 영혼은 사람이 죽어도 없어지지 않는다고 믿는다. 그리고 영혼과 정신이 사람의 본질이며, 인간을 인간답게 해주는 주요 근본요소라고 주장하기도 한다. 그러므로 죽어도 없어지지 않는다고 믿는 영혼에 대하여 우리의 관심이 집중될 수밖에 없다.[11]

유교에서 영혼에 대하여 어떤 입장을 보이고 있는지를 가장 잘 알 수 있는 논의는 『논어(論語)[12]』의 다음 구절[13]인데, 이 구절이야말로

---

10) 유명종, 앞의 논문, pp.8~9.
11) 이은봉, 앞의 책, p.41.
12) 공자와 그 제자들의 대화를 기록한 책으로 사서의 하나이다. 저자는 명확히 알려져 있지 않으나, 공자의 제자들과 그 문인들이 공동 편찬한 것으로 추정되고 있다. 한 사람의 저자가 일관적인 구성을 바탕으로 서술한 것이 아니라, 공자의

삶과 죽음의 문제를 논의하는 데 있어서 단초(端初)가 될 것이다.

'사람도 잘 섬기지 못하는데, 어찌 귀신을 섬기겠는가?'
'아직 삶도 모르는데, 어찌 죽음을 알겠는가?'

유학자들은 공자의 이 말을 근거로 '유교는 귀신이나 죽음 문제보다 현실적 삶의 문제를 더 중시하였다'고 주장한다. 실제로 유교사상은 귀신이나 죽음의 문제에 집착하기보다는 현실의 정치와 윤리문제에 더 많은 관심을 가졌다. 그렇다고 유교가 귀신이나 죽음문제에 전혀 무관심하였던 것은 아니다. 공자는 『논어(論語)』에서 인(仁)과 예(禮)를 중심으로 죽음(死)과 제사(祭)문제를 언급하고 있으며, 생(生)과 사(死)의 문제를 광범위하게 귀신(鬼神)과 더불어 논의하고 있다.[14]

여기서 공자가 말하는 귀신이란, 사람의 지각(知覺)을 정신(精神)이라 하고, 죽고 나면 그 정신을 귀신이라 부르며, 사람의 귀신을 영혼(靈魂)이라 부른다.

어느 날, 제자 자공(子貢)[15]이 공자에게 물으니 다음과 같이 대답하였다.

생애 전체에 걸친 언행을 모아 놓은 것이기 때문에 여타의 경전들과는 달리 격언이나 금언을 모아 놓은 듯한 성격을 띤다. 공자가 제자 및 여러 사람들의 질문에 대답하고 토론한 것이 '논'. 제자들에게 전해준 가르침을 '어'라고 부른다.

13) 『論語』「先進」-11, "季路問事鬼神, 子曰 未能死人 焉能事鬼, 敢問死 曰未知生 焉知死"

14) 김수청, 「유교의 靈魂觀에 대한 분석적 고찰 —성리학을 중심으로—」, 『한국민족문화』 Vol.25, 부산대학교 韓国民族文化研究所, pp.270~271, 2005년.

15) 자공(子貢,기원전 520년경~기원전 456년경)은 중국 춘추 시대 위나라의 유학자이다. 본명은 단목사 (端木賜)이다. 공자가 아끼는 제자로서 언어에 뛰어났다. 정치적 수완이 뛰어나 노나라ㆍ위나라의 재상을 지냈다. 공자를 경제적으로 많이 도와주었다.

'사람이 죽은 후, 영혼이 존재합니까?'

'사람이 죽은 후, 영혼이 있다고 말하려니 효자(孝子)·효손(孝孫)
이 부모 살아계실 때 효도하지 않을까 두렵고, 사람이 죽은 후, 영혼
이 없다고 말하려니 불효자가 장례와 제사를 지내지 않을까 두렵다.
네가 진정 사람이 죽은 후, 영혼이 있는지를 알고 싶다면, 네가 죽은
후, 스스로 알게 되어도 늦지 않을 것이다.'[16]

공자는 이와 같이 대답하였다.

이와 같이 공자는 '사후에 영혼이 존재하는가?', '사람이 죽으면 귀신
이 되는가?'라는 문제에 대하여 적극적으로 부정도 하지 않고, 긍정도
하지 않았다.

또, 공자는 제자 안연(顔淵)[17]이 죽자 '아! 슬프도다. 하늘이 나를 버
리셨구나! 하늘이 나를 버리셨구나!'[18]라고 통곡하였다. 공자는 육체적
죽음을 두고 한 개인의 삶이 끝난 것으로 생각하였던 것이다.

이렇게 보면, 공자는 삶을 바탕으로 죽음과 영혼의 문제를 합리적으

---

16) 『説苑』『辨物』, "子貢問孔子, 死人有知無知也. 孔子曰 吾欲言死者有知也, 恐孝
子順孝孫妨, 生以送死也, 欲言無知, 恐不孝子棄之不葬祀也, 賜欲知死人有知無知,
死徐自知之, 未為晩也."

17) BC 514 노(魯 : 지금의 산둥(山東) 지방)~BC 483. 중국 춘추시대 말기의 학자로
공자의 제자. 자는 자연(子淵). 안연(顔淵)이라고도 한다. 공자의 제자 가운데
는 학자·정치가·웅변가로서 뛰어난 사람이 많았으나 안회는 덕의 실천에서
가장 뛰어났다. 그는 가난하고 불우한 생활에도 불구하고 오로지 연구와 수덕
(修德)에만 전념하여, 공자가 가장 사랑하는 제자가 되었으며, 공자의 제자 가
운데 겸허한 구도자(求道者)의 상징이 되었다. 32세에 요절하자, 공자가 "하늘
이 나를 버리시는도다"라고 탄식했다 한다. 저술이나 업적을 남기지는 못했으
나, 그의 자손은 공자·맹자의 자손과 함께 취푸(曲阜)에 모여살면서 명·청대
에 안씨학(顔氏学)을 세워 나라의 특별한 보호를 받았다.

18) 『論語』「先進」-8, "顔淵死 子曰噫 天喪予 天喪予"

로 이해하려 하였던 것이며, 귀신의 존재를 부정하지는 않았지만, 죽음
과 귀신문제에 대하여서는 유보적 입장을 취하고 있다.

(2) 사후세계에 대한 인식

유교는 내세(來世)를 인정하지 않는다기보다는 현세를 강조한다고
보아야 옳을 것이다. 귀신의 세계를 통한 유보적 삶, 또한 육신(肉身)과
혼백(魂魄)의 이분법적(二分法的) 사고 안에서 내세를 인정하고자 하는
것이 아니고, 도리어 인간 중시에 의미를 두는 현세적 입장이다. 죽음
에 대한 인식에서 내세를 유보하는 명쾌하지 못한 내세관(來世観)은 후
대에 한국에 유입된 모든 종교와도 쉽게 습합될 수 있었던 가능성을
열어준 결과가 되었던 것이다.[19]

유교문화의 이런 점 때문에, 한국인의 삶 속에는 현세를 중시하는
인식이 크게 강화되고, 다른 어떤 종교보다도 죽음을 맞는 절차나 예식
등 예론적(禮論的)인 면을 고수함으로써 인간의 현실적인 삶의 방식을
수행하는 계기를 갖게 되었던 것이다.

이렇게 유교에서는, 일반적으로 모든 종교가 가지고 있는 죽음이나
죽음 이후의 저승의 문제에 대해서 적극적으로 표현하고 있지 않았기
때문에 유교가 과연 종교냐 아니냐 하는 문제가 오늘날에도 제기되고
있는 것이다.[20]

---

19) 최두식·최영호, 「한국인의 죽음관」, 『石堂論叢』 Vol.29, 東亜大学校 石堂伝統
   文化研究院, pp.5~175, 2000년 11월.
20) 이은봉, 앞의 책, p.170

(3) 선조 공양에 대한 인식

　이렇게 공자는 귀신의 존재를 믿지도 않았는데 왜 제사를 중시하였을까? 그것은 일종의 필요성 때문일 것이다. 즉, 제사의 문제를 보면, 공자가 귀신의 존재를 부정한 것으로 보인다. 즉, '조상에게 제사를 드릴 때에는 조상이 계신 듯이 하고, 신을 받들 때에는 그 신이 계신 듯이 해야 한다. 내가 제사에 참여하지 않으면 제사를 드리지 않은 것과 같다.'라는 말에서 공자가 '있는 것과 같이(如在)' 한다는 말은 귀신은 없지만, 있는 것과 같이 해 모셔야 한다는 뜻이다.[21] 제사를 지내는 것은 귀신 자체를 위한 종교적인 태도에서 나온 것이 아니라, 그러한 의례를 통해서 현세의 인간들로 하여금 도덕성을 확립하게 하려는 의도였을 것이다. 귀신을 제사지냄으로써 孝를 마음속에 심어주려 하였던 것이다. 이러한 증거는 '귀신을 공경하되 그것을 멀리하면 지혜롭다고 말할 수 있다'고 한 데서 찾을 수 있다. 공자는 인륜도덕을 확립하기 위하여 세속적인 귀신의 뜻을 수단적으로 취하였다는 것을 알 수 있다.

　즉, 유교의 제사는 기본적으로 윤리적이며, 도덕성과 교육적 의도를 기반으로 하고 있다. 유교의 제사의식은 대가를 바라지도 않고 구복(求福)을 위한 것도 아니다. 유교의 가르침은 현세의 삶에 충실하자는 것이며, 내세의 삶은 직접 언급하지도 않았다. 유교의 교육관인 수신(修身)도 현세 인간의 도리를 다하기 위한 것이었지, 내세의 안락을 기대한 것은 아니었다.[22]

---

21) 이와 같은 의미의 글은 〈〈中庸〉〉에서도 보인다. '천하 사람들로 하여금 목욕재계하고 의복을 정제하여 제사를 받들게 하나니 이는 마치 제단 위에 귀신이 존재해 있듯, 그 좌우에 존재해 있는 듯하다.'라고 적혀있다. - 朴文鉉, 「중국인의 죽음에 대한 사유 ―先秦 儒・道・墨을 중심으로―」, pp.75~98, 2002년. -에서 재참고함.

그런데도 조상에게 제사지내는 것은 무엇을 뜻하는가?

사람의 귀신이 존재한다는 주장은 영혼이 사라지지 않았다는 것이다. 또 제사를 지내는 것도 돌아간 조상의 귀신이 생전의 조상과 동일성을 가지고 존재한다는 의미이다.

따라서 주자(朱子)[23]의 성리학(性理學)[24]에서는 제사에 대하여 다음과 같이 논한다.

> 오직 이 천지(天地) 음양(陰陽)의 기(気)는 사람과 만물이 모두 얻는 것이다. (그래서) 뭉치면 사람이 되고, 흩어지면 귀(鬼)가 된다. 그러나 그 気는 비록 이미 흩어졌다 하더라도 이 천지음양의 리(理)는 생생하여 없어지지 아니한다. 조상의 정신과 영혼은 비록 이미 흩어졌다 하더라도 자손의 정신과 혼백은 자연 여기 있으니 조금은 서로에게 속한다. 그러므로 제사의 禮를 정성과 공경을 다하여 지내면 (자손에게 내재해 있는) 조상의 혼백에 이르는 길이다. 이것은 그 자체가 어려운 이야기인데 이미 흩어져 조금도 없는 것 같기 때문이다. 그러나 정성과 공경을 능히 다하면 감응하여 이르게 된다. 또한 이 理가 다만 항상 이 가운데 있는 이유이다.

조상의 気는 분명히 흩어져 없어졌다. 그러나 그러한 이치는 항상

---

22) 김수청, 앞의 논문, p.271.
23) 1130. 10. 18 중국 푸젠 성[福建省] 우계(尤渓)~1200. 4. 23 중국. 중국 남송(南宋) 때의 유학자. 주자학을 집대성하여 중국 사상계에 가장 큰 영향을 미쳤다. 자는 원회(元晦)·중회(仲晦), 호는 회암(晦庵)·회옹(晦翁)·운곡노인(雲谷老人)·둔옹(遯翁). 존칭하여 주자(朱子)라고 한다.
24) 유교에 철학적 세계관을 부여하고 유교를 심성 수양의 도리로 확립한 새로운 학풍.

존재한다. 여기서 우리는 제사 지내는 이유를 발견할 수 있다. 즉, 음양(陰陽)의 気는 굴신(屈伸)을 되풀이한다. 굴신하되 그 근본방향은 생생하기를 그치지 않는다. 생생하여 그치지 않고 작용하는 것은 気이지만 그 근본원리는 理이다. 이 이치(理)는 항구적으로 존재한다. 조상은 가고 그 조상의 혼백도 사라졌으나, 그의 자손은 생생하여 그치지 않는 이치 속에서 살고 있는 것이다. 현재 살고 있는 자손의 정신과 영혼은 이 理의 실현체(実現体)인만큼 그 속에 다소 조상 생시와 유관한 정신과 영혼이 있을 수 있다. 그래서 사상채(謝上蔡)[25])는,

> 음(陰)과 양(陽)이 서로 합하여 정(精)이 있고, 형기(形気)가 분리되어 귀(鬼)가 있다. 이것을 아는 자는 지혜롭게 되고, 이것을 섬기는 자는 어질게 되는 것이다. 인(仁)과 지(智)를 미루어 합하는 자가 사전(祀典)을 제작할 수 있다.

라고 하였다. 이렇게 보면 조상과 후손과의 공통성뿐만 아니라 자연의 気와 나와의 気도 공통성을 가지고 있다. 그러므로 우리는 자연에 대해서도 제례에 상응하는 태도를 가지는 것이다.[26])

---

25) (1050~1103) 중국(中国) 송(宋)나라 때의 철학자(哲学者). 이름은 양좌(良佐), 자는 현도(顕道), 상채(上蔡)는 호. 하남성(河南省) 출신(出身). 정이천(程伊川)의 제자(弟子)로서, 유천산(游薦山)·여남전(呂藍田)·양구산(楊亀山)의 세 사람과 함께 정문(程門)의 사선생(四先生)이라 불리었음. 저서(著書) 『논어설』 『상채 어록』 등.
26) 김수청, 앞의 논문, pp.280~283

2) 신도의 사생관 일반

일본의 신도(神道)에서 죽음이란, 신의 세계로 돌아가는 축하 의식이라고 할 수 있다. 일본의 신도에서는, 인간의 죽음을 신도의 기본인「무스비(産靈)27)」를 중시하는 사고에 근거해서 설명한다. 죽은 자의 영혼은 신이 되어 자손을 지켜보며, 그 번영을 초래하는「무스비」의 행위를 도와준다는 것이다.

에도시대에 게쿠(外宮)라는 신직에 근무하였던 나카니시 나오카타(中西直方)28)라는 사람의 다음과 같은 와카(和歌)가 있다.

　　일본에 태어난 사람들이란, 신의 세계에서 와서 신의 세계로 돌아간다.

이것은 신도의 사생관을 잘 읊은 것이라고 할 수 있다.29)

---

27)「만물을 낳는 신」으로 나라시대에는 '무스히'라고 하였으나, 현재는 '무스비'라고 부름.
28) 나카니시 나오카타(1634~1709)는 에도(江戸)시대 전기의 신도가, 국학자. 칸에이(寛永) 11년생. 와타라이 노부요시(度会延佳)에게 사사. 탄바 다이죠(丹波大掾)가 되었지만, 칸분(寛文) 11年, 二宮祕銘論 때에 죄를 지어 이세 미에켄(伊勢 三重県)의 신령(神領)에서 추방당하여, 와카야마번 타마루령 사다무라(和歌山 藩 田丸領 佐田村)로 옮겼다. 호에이(宝永) 6年 11月 13日 사망. 76歳. 이세(伊勢) 출신. 本姓은 와타라이(度会). 号는 타카쿠라 산진(高倉散人), 羅茂子, 復圭斎, 敬義斎. 편저로「天照両皇大神宮参勤宮引神拝式」「神道本覚論」등이 있다.
29) 타케미츠 마코토(武光誠), 『日本人なら知っておきたい神道』, 河出書房新社, pp.197~198, 2004年.

(1) 영혼에 대한 인식

신에게 미타마(御靈, 영혼)가 있듯이, 인간에게도 그 사람의 영혼이 실재한다. 사람이 죽으면 영혼은 요미노쿠니(黄泉の国)[30]로 가지만, 이 세상에 머물러서 행복이나 재해(災害)를 만드는 영혼이 있으며, 이러한 움직임은 신과 같다. 단지 그 사람의 존귀(尊貴)나 마음의 현명함과 우매함, 힘의 강약에 의하여, 사후의 혼이 이 세상에 머무르는 기간에는 상이점이 있다. 곧 사라져버리는 영혼도 있지만, 언제까지나 이 세상에 머물러서 신이 되는 경우도 있다.

단지, 죽지 않으면 신으로서 취급받을 수 없다.[31] 나무나 동물은 살아있는 채로, 세월이 지나면 신으로서 취급받으나, 인간만은 죽지 않으면 신이 될 수 없다. 자살을 큰 죄로 여기는 종교도 많지만, 신도에서는 자살하는 사람의 영혼도, 불의의 사고나 범죄의 희생이 되어 죽은 사람의 혼도, 모두 신이 된다고 한다. 천황도 살아있어서는 신이 될 수 없으며, 걸인(乞人)이라도 죽으면 신이 될 수 있는 것이다. 즉, 사람은 귀천(貴賤)을 불문하고 죽으면 모두 신이 되는 것이다.

그러나 영혼에는 두 종류가 있다. 좋은 영혼인「조령(祖靈)」, 나쁜 영혼인「원령(怨靈)」이다. 전자는 저세상(요미노쿠니)에 살고 있는 선조의 영혼을 봄과 가을에 초청하여 가족이 상호 교류한다는 것이다. 선조의 영혼은 자손의 집에 돌아온다는 사상은 가족주의인 중국에서 전래한 것

---

30) 황천. 저승.
31) 신도에서는 인간은 죽지 않으면 신이 될 수 없다고 하지만, 일본 민속신앙의 하나로서 이키가미신앙(生き神信仰)이라고 하여 인간을 신으로 모시는「히토가미(人神)型」이라는 신관념이 있는데, 미야타 노보루(宮田登)에 의하여 천황신앙(天皇信仰)과 관련시켜서 이키가미신앙으로서 연구가 진행되고 있다. -『神道事典』(弘文堂, 1999年) p.415 참조

같다. 어쨌든 「신(神)」이 된 조령은 후하게 대접하지 않으면, 이것이 원령이 된다고 한다. 민족학자인 야나기타 쿠니오(柳田国男)에 의하면, 후자의 원령이 되기 위해서는 두 가지의 조건이 있다. 하나는 무엇인가 높은 직위를 가져 능력이 있는 사람, 둘째는 죽은 후에 유한(遺恨)을 남기고 무참하게 죽은 사람이다. 그들은 신사불각(神社仏閣)에서 모셔지고 있다. 개인이 신불(神仏)로서 모셔지고 있는 예는 많이 있는데, 쇼토쿠태자(聖徳太子)[32]가 모셔지고 있는 호류지(法隆寺), 타이라노 마사카도(平将門)[33]의 칸다묘진(神田明神), 스가와라노 미치자네(菅原道真)[34]의 텐만구(天満宮) 등이 유명하다.[35]

---

32) (573~621) ; 일본 아스카(飛鳥) 시대의 정치가・사상가. 불교를 기조로 한 정치를 하였으며 호류지(法隆寺)와 시텐노지(四天王寺)를 건립하였다. 저서에 《삼경의소(三経義疏)》, 《국기(国記)》 따위가 있다.

33) (?~940) 헤이안(平安) 중기의 무장, 타카모치(高望)의 자손. 시모우사(下総)를 본거로 하여 토착호족의 전통적 세력을 계승, 백부 国香을 살해하고, 칸토(関東)의 최강호족이 되었다. 시모우사 사시마(下総猿島)에서 왕성을 지어, 문무백관을 두고 신황(新皇)이라고 칭하였으나 平貞盛・후지와라노 히데사토(藤原秀郷)에게 공격을 받아 패사함.

34) 스가와라노 미치자네(죠와 12년 6월 25일[845년 8월 1일]~엔기[延喜] 3년 2월 25일[903년 3월 26일])는 일본 헤이안 시대의 학자, 한시인(漢詩人), 정치가이다. 참의(参議) 스가와라노 고레요시의 셋째 아들이다. 관위는 종2위, 우대신(右大臣)이며, 정1위, 태정대신에 추증되었다. 스기와라노 미치마사, 스기와라노 도신이라고도 한다. 우다 천황에게 중용되어 승진하고, 다이고 천황 치세에서는 우대신에까지 올랐다. 하지만 좌대신 후지와라노 도키히라의 참소로 인해, 죄를 얻어 다자이곤노소치(大宰権帥)직으로 좌천되어 그곳에서 사망하였다. 사후에 텐만 텐진(天満天神)으로 신앙의 대상이 되었다. 현재는 학문의 신으로서 받들어진다.

35) 마루야마 쿠미코(丸山久美子), 앞의 논문, p.194.

(2) 사후세계에 대한 인식

신도에서는 사람이 죽으면 영혼은 요미노쿠니(黄泉の国)로 간다. 그
러나 요미노쿠니에 대한 구체적 이미지를 동반하지는 않는다. 아득히
먼 해상의 저쪽에 있다고 하는 토코요노쿠니(常世の国)[36]가 사후의 세
계인 것이다. 그러나 요미노쿠니나 토코요노쿠니에 대한 구체적인 묘
사는 아무 것도 없다. 또한, 지옥이나 극락과 같은 개념도 없었다. 사후
의 세계나 타계(他界)에 대해서는 언급하고 있지 않다. 요미노쿠니란
이렇게 불을 켜서 보지 않으면 볼 수 없는 암암(暗闇)의 세계이다. 타계
란 언제나 먼 저쪽의 세계인 것이다.[37]

신도는 자연종교, 현생종교이기 때문에 사후의 혼의 구제 등에는 아
무런 흥미가 없는 것이다. 또, 일본의 가장 오랜 역사서 중의 하나인
『코지키(古事記)』에서의 일본인은, '사후세계는 악한 곳이기 때문에 거
기로 가는 죽음은 슬프다'고 말하였을 뿐만 아니라 '죽는 일은 너무나도
두렵고 슬프기 때문에 죽은 자의 나라는 악하고 더러운 곳이다'라고 말
하였던 것이다.[38]

죽은 사람에 대한 의식은 〈타마시즈메(魂鎮め ; 미타마후리)〉와 〈시노
비고토(誄)〉의 두 가지밖에 없다. 결국 진혼(鎮魂)과 추도(追悼)인 것이
다.[39]

---

36) ①머나먼 상상의 나라. ②불로불사(不老不死)의 나라. ③황천(黄泉). 저승. =
とこよ.
37) 미야사카 이치코(宮坂いち子), 「古代日本人の死生観」, 『聖徳大学 研究紀要 人
文学部』第8号, pp.10~11, 1997年.
38) 요시다 키쿠코(吉田喜久子), 「神道の死生観をめぐって ―『古事記』の死後観は
心情的ニヒリズムか―」, 『芸』4, p.19, 2007年 3月.
39) 토요타 아리츠네(豊田有恒), 『神道と日本人』, ネスコ(日本映像出版株式会社),
pp.144~152, 1988年.

따라서, 일본의 전통적인 타마마츠리(魂祭り)⁴⁰⁾ 속에서, 사후의 안진(安心)⁴¹⁾을 구하고 있음을 찾아볼 수 있다.

여기서 신도 사생관의 하나로서, 에도(江戶)시대 중기에 활약한 모토오리 노리나가(本居宣長)⁴²⁾의 사생관을 살펴보면, 사후세계에 대한 인식을 이해할 수 있을 것이다.

> 좋은 물건을 가지고 싶고, 좋은 비단옷을 입고 싶고, 좋은 집에서 살고 싶고, 보물을 가지고 싶고, 남에게 존경받고 싶고, 오래 살고 싶은 것은 모든 사람의 진심이다.

맛있는 음식을 먹고 싶다, 좋은 옷을 입고 싶다, 멋진 집에서 살고 싶다, 돈을 가지고 싶다, 남에게 존경받고 싶다, 언제까지나 장생(長生)하고 싶다 등은 모든 인간의 진심이라고 노리나가는 주장한다. 이렇게 서민적인 사고의 소유자인 노리나가는, 사후(死後)의 안진(安心)에 대해서 다음과 같이 담담하게 이야기하고 있다.

> 이 세상 사람은 귀하거나 천하거나 착하거나 악하거나 모두 전부 죽으면 반드시 저승에 가지 않을 수 없다.

---

40) 타마시마츠리(靈祭り)라고도 함. 조상의 영혼을 집에 맞이하여 지내는 제사(옛날에는 섣달 그믐날에 지냈으나 뒤에 백중(百中)날에 지내어 우라본(伯仲祭)이라고도 부르고 불사(仏事)가 되었음).
41) ① 마음을 한 곳에 모아 움직이지 않는 일. ② 극락왕생을 기원하고 부처의 구원을 믿는 일.
42) (1730-1801) 에도시대의 국학자. 국학 4大人의 한 사람. 호는 스즈키야(鈴屋). 불교를 배척하고 고도(古道)로 돌아가야 한다고 설파하고, 또「모노노아와레」라는 문학평론을 전개, 저서『源氏物語玉의 小櫛』『古今集遠鏡』등이 있다.

죽으면 누구라도 가지 않으면 안 되는 저승이란 어떠한 세계인지에 대해서는 다음과 같이 설파하고 있다.

막상 저승은 더럽고 악한 곳에 있어도, 죽으면 반드시 가지 않으면 안 되는 곳에 있는 고로, 이 세상에서 죽는 일만큼 슬픈 일은 없을 것이다.

노리나가는, 죽음은 궁극적인 슬픔이며, 사후에 요미노쿠니로 가지 않을 수 없는 이유는 『코지키(古事記)[43]』에 있는 이자나미(伊奘冉尊)[44] 생명의 전승에 근거하고 있기 때문으로, 이자나기(伊奘諾尊)[45]조차 여신인 이자나미가 죽었을 때, 어린아이처럼 슬피 울었는데, '이것이 인간의 진실한 성정(性情)[46]이며 당연한 이치'라고 말한다.

즉, 노리나가로 대표되는 신도의 사생관에 대하여 요약해보면, '인간의 죽음은 신의 소행에 의하여 일어난 재앙으로서 죽음은 아주 슬픈

---

43) 〈니혼쇼키(日本書紀)〉와 함께 일본에서 가장 오래된 역사서. 그 중 구전으로 전해 내려오던 내용을 712년에 편찬한 것으로 고대 일본의 의식·관습·점술·주술을 이해하는 데 귀중한 사료이다. 신화와 전설을 비롯하여 황실의 개창(開創)에서 스이코 천황(推古天皇)의 통치시대(628)까지의 역사가 실려 있으며, 신도 사상의 상당 부분이 이 책에 실린 신화의 해석에 바탕을 두고 있다. 당시는 아직 가나(仮名)가 없었던 시기였으므로 〈코지키〉는 한자의 음과 훈을 빌어 일본어를 표기하고 있다. 모토오리 노리나가(本居宣長 : 1730~1801)는 44권으로 된 〈코지키덴 古事記伝〉을 써서 〈코지키〉의 종교적·윤리적 가치를 재발견하고 높이 평가하였다.

44) 이자나미(伊弉冉, 伊邪那美, 伊弉弥)는 일본 신화에 등장하는 여신으로, 남신 이자나기(伊奘諾尊)의 아내.

45) 천신(天神)의 분부로 처음 일본을 다스렸던 남자 신(아마테라스 오오미카미[天照大神]의 아버지).

46) 사람의 성질과 심정. 타고난 성질. 성품. 정성(情性).

일이며, 사후의 영혼은 더럽고 나쁜 요미노쿠니[47]로 가지 않을 수 없다'
라는 것이다.[48]

(3) 선조 공양에 대한 인식

앞에서도 말하였듯이 신도에 있어서 선조 공양에 대한 인식은 신도
의 관혼상제(冠婚喪祭)와 관계되는 행사로, 만물이 싱싱하게 번창하는
것을 최상의 것으로 간주하는 무스비(産靈)라는 사고방식에 근거해서
만들어져 왔다. 관(冠)에 해당하는 아이의 성장을 비는 행사는 아이를
건강하게 키우는 일이 집안의 기쁨이며, 사회 전체의 기쁨이라고 하는
사고에 근거해서 만들어져 있다.

그리고 선조 공양(先祖 供養)인 「제(祭)」의 행사도 본래는 돌아가신 선
조를 위로하는 것이 아니라, 신이 된 조령(祖靈)에게 자신들의 번영을
만들어내어 받기 위한 행사였다. 이것은 선조가 극락으로 가기 위해서
불사(仏事)를 행하는 불교도와는 전혀 다른 발상에서 근거하는 것이다.

현재, 신도의 선조 마츠리는 미타마야(御靈舍)와 무덤의 두 곳에서
행하여지고 있다. 고대에는 한 촌락의 주민이 마을의 무덤을 한데 모아
자신들이 신이 머무는 산이라고 하는 신성한 산기슭에 묘소를 만들었
다. 그 무렵에는 묘소는 신의 세계로 들어가는 입구에 지나지 않았다.
결국, 조령(祖靈)은 보통 때는 신들이 모이는 산에서 살다가 기회를 보
아 집을 방문하러 온다고 생각하고 있었다.

그런데, 에도시대에 막부가 사원에서 단카(檀家)의 장례를 맡아보게
하여, 묘지를 경영시키면서부터 모든 서민의 이름을 단나데라(檀那寺)

---

47) 요시다 키쿠코(吉田喜久子), 앞의 논문, p.18.
48) 아소야 마사히코(安蘇谷正彦), 앞의 책, p.207~210.

에서 파악할 수 있게 되었다. 이것을 테라우케제도(寺請制度)라고 하는데, 이것은 에도막부의 전국 지배를 도와주는 것이었다. 그러나 장례 때에 사원에 많은 액수의 후세(布施)를 지불하는 것에 반발하는 사람도 있었기 때문에, 메이지시대에는 사원과 관계없이 여기저기에서 공동묘지가 만들어지게 되었다. 이렇게 신도가 생각하는 신이 사는 세계와 묘지가 분리되어버렸던 것이다.

이렇게 되자, 「묘지는 선조의 유골을 편의적으로 거두어두는 것에 지나지 않는다」는 생각이 지배적이 되고, 조령은 보통은 자신의 마음에 드는 깨끗한 산이나 바다에 있는 것이라고 여겨 가정에서 신을 모실 때 미타마야에서 의례를 행하는 것이다.[49]

죽은 자가 돌아가신 날부터 50일째에, 50일제를 행하고 나면 장례는 대충 끝난다. 유골은 50일제에 가까운 적당한 날에 매장한다. 이때는 신직을 불러서 묘 앞에서 타마구시(玉串)[50]를 바치는 간단한 마이소사이(埋葬祭)를 행한다. 묘지 참배를 할 때는 묘의 주위를 깨끗이 청소하고, 수세미와 물을 이용해서 묘의 더러움을 씻어낸다. 그런 다음, 묘석의 상부에 공손히 물을 뿌리고, 카미다나(神棚)를 모시는 요령으로 묘 앞에 물, 씻은 쌀, 소금을 공양한다. 이어서 2배 2박수 1배를 행하고 묘지 참배를 끝낸다. 묘에서 신사나 카미다나, 미타마야에 대한 것과 같은 방법으로 경의를 나타내는 것이다.[51] 이러한 祭에 의하여 죽은 자는 죽음에 얽힌 모든 케가레(穢れ)[52]를 깨끗하게 하여 신이 된다.

---

49) 타케미츠 마코토(武光誠), 앞의 책, pp.203~204..
50) 비쭈기나무 가지에 닥나무 섬유로 만든 베오리나 종이 오리를 단 것. 《신전에 바침》
51) 타케미츠 마코토(武光誠), 앞의 책. p.205.
52) 상중(喪中)・해산(解産)・월경(月経) 등으로 몸이 부정(不浄)해진 것을 일컬음.

그 후, 개개인의 시키넨사이(式年祭)[53]를 행하는 경우도 있는데, 죽은 날로부터 1년 후, 3년 후, 5년 후, 10년 후, 20년 후, 30년 후, 40년 후, 50년 후에 祭를 행하는 것이다. 그러나 20년이나 30년이 지나면 죽은 자의 생전의 모습을 기억하고 있는 사람이 없으므로, 고인을 위해서는 1년제만을 열고, 그 이외의 시키넨사이를 생략하는 일도 많다. 그런 집안에서는 일정한 날을 정해서 신직을 집으로 초청하여 카미다나(神棚) 앞에서 모든 선조의 공양을 한데 모아 행한다. 그 후, 죽은 자의 영혼은 그 외의 조령(祖霊)을 모시고 있던 집안의 미타마야(御霊舎)[54]와 합쳐져 모셔진다. 이러한 의례에 따라 죽은 자는, 신들의 세계로 돌아가 조령 집단(祖霊集団)의 일원으로서 집안을 지키는 신이 되는 것이다.[55]

조령제는 매년, 봄과 가을에 개최하거나 3년이나 5년에 한 번 행하는 집안들도 있다. 조령제는 신사에서의 기원과 같은 타마구시를 바치는 행사를 중심으로 하는 간단한 것으로, 그 행사는 조령제를 행하는 기회를 빌어 가족이나 친척이 모여 맛있는 요리를 먹고 친목을 깊이 하는 것에 중점을 두는 것이라고 말할 수 있다.[56]

3) 불교의 사생관 일반

죽음이란 무엇인가? 인격체로서의 기능의 불가역적 상실, 생물학적

---

53) 式年의 해(죽은 지 3년, 5년, 10년, 20년, 30년, 40년, 50년이 되는 해)에 신사(神社)의 코레이덴(皇霊殿)에서 올리는 제사.
54) 영혼을 높여서 미타마(御霊)라고 하는데, 이러한 영혼을 모시는 사당이나 영묘(霊廟)를 말함.
55) 타케미츠 마코토(武光誠), 앞의 책. pp.201~202.
56) 타케미츠 마코토(武光誠), 앞의 책. pp.202~203.

통합기능의 상실, 모든 생물학적 기능의 불가역적 상실이라는 세 가지로 죽음의 의미를 정의한다면, 인간은 이러한 죽음이 두려워 종교를 찾고, 神을 믿으며, 영생(永生)을 갈구하여왔다고 하여도 과언이 아닐 것이다. 죽음에 관한 오랜 질문을 던져온 것이 인류사(人類史), 특히 종교사(宗教史)에서는 고스란히 남겨져 있다.[57]

세계의 각 민족은 각자 독특한 사생관을 형성하여 왔으며, 시대의 변천에 동반하여, 그 시대의식을 반영한 사생관이 나타나고 있다. 특히, 이 세상의 구원, 죽음과 삶에 대한 대처를 어떻게 하면 좋을까? 라는 불교의 가르침이 인도로부터 중국으로 들어와, 거기에서 중국적 불교가 되고, 그것을 한국이, 일본이 아주 열심히 도입하여, 한국적·일본적 불교를 만들어내고, 한국인·일본인의 사생관을 만들어내었다. 거기에는 중국과 한국과 일본의 사유구조의 상이점이 역력히 나타나 있다.[58]

불교는 생노병사(生老病死)의 괴로움을 실존적으로 느끼고 이를 해결하기 위하여 출가 수행한 석가모니의 가르침이므로, 죽음에 대한 인식이 불교의 기본 교설(敎說)이 되었던 것은 당연하다.[59]

불교에서의 죽음은 인생고(人生苦)의 근본원인 중의 하나로 죽음이 살아있는 자들에게 공포와 두려움을 주는 것은 죽음의 미지성(未知性), 사후세계에 대한 불확실성 때문인 것이다.[60] 따라서 불교에 있어서 죽

57) 김영돈(金永暾), 「仏教의 生死観 研究」, 東国大学校 仏教大学院, 碩士学位論文, pp.1~6, 2007년 봄.
58) 시미즈 토쿠조(淸水德蔵), 앞의 논문, pp.2~3.
59) 김영미, 「불교의 죽음관」, 『전주사학』, 전주대학교 역사문화연구소, p.115, 1999년.
60) 이종희, 「仏教의 生死観」, 『한국종교』, 원광대학교 종교문제연구소, p.266, 2005년.

음에 관한 사색은 내세에 대한 확신, 죽음을 단절과 허무로서 이해하는 견해, 생명의 영원한 윤회유전(輪廻流転) 등의 유형으로 나타난다.[61]

또, 불교에서의 죽음은 붓다의 설법에 정의되어 있다. 불교에서의 죽음은 생사에 번민하지 않는 영원한 생명의 추구에 있다. 생사를 초월하여 업(業)과 윤회(輪回)에서 벗어나 열반적정(涅槃寂静)[62]을 지향한다. 죽음에 대한 불교의 입장을 이해하는 것은 불교의 궁극적 인식인 생사즉열반(生死即涅槃)을 바르게 이해하는 데 있다. 불교에서의 죽음은 결국 마음의 문제로 귀착되며, 마음의 문제는 이 세상의 모든 것은 고정성이 없고[無我], 끊임없이 변화하고 있으므로[無常], 쉼 없는 노력과 수양에 의하여 역경을 이겨내면 불교의 이상인 열반의 경지에 도달함으로써 해결할 수 있는 것이다. 불교의 정수인 반야심경(般若心経)에서 죽음에 대한 인식은 확실해진다. 불교에서는 근본적으로 삶과 죽음을 서로 대립하는 것으로 보지 않는다. '생사일여(生死一如)', '생사즉열반(生死即涅槃)'이 불교의 기본 입장이다.

죽음이라는 현상이 포함되어있는 전체 현상의 진실을 철저히 이해하는 것[正覚]은 곧 죽음의 문제를 극복하는 것이 된다. 불교에서는 그렇게 철저히 파악된 전체 현상의 실상을 고(苦)·무상(無常)·무아(無我)라고 표현한다. 불교에서 말하는 열반이나 해탈은 그런 실상을 체득함으로써 죽음을 포함한 모든 문제가 극복되어 있는 상태이다.

위의 논리를 삶과 죽음의 문제로 한정시켜 보면, 우리의 현실세계에 이미 전제되어 있듯이 삶은 죽음을 내포하고 있으므로[生即死], 죽음을

---

61) 정병조, 「불교의 생사관」, 『生命研究』 Vol.1, 서강대학교 생명문화연구원, p.225, 1993년.
62) 불교용어로 '열반의 경지는 고요하고 청정하며 안정(安定)한 곳'이라는 뜻으로 이르는 말.

내포하고 있는 이 삶의 진실을 이해하는 것은 곧 죽음을 극복하는 것이 된다(死即生]. 즉 죽음이 필연적일 수밖에 없는 삶의 실상을 아는 것은 곧 영원히 사는 것이 된다는 생즉사 사즉생(生即死 死即生)의 논리가 성립되는 것이다. 이 생즉사 사즉생의 논리에서 핵심은 동일성이다. 그런데 이런 동일성은 절대적으로 비객체적이고 절대적으로 객체화시킬 수 없는 것이라 한다.

이러한 죽음을 극복하기 위하여 일차적으로 추구해야할 목표를 불교에서는 무심(無心)으로 설정하고 있는데, 죽음을 삶의 연장선상에 놓아 하나의 변화로 받아들일 뿐, 단멸(斷滅) 그 자체로는 인식하지 않는다. 그러므로 죽음은 곧 마음의 문제로 귀결되어 무심(無心)의 상태에 도달하려는 적정(寂靜), 즉 열반(涅槃)으로까지 이어지게 된다. 죽는 것을 포함한 전체 현상의 실상을 바르게 깨닫는 것은 곧 죽음의 극복을 가능케 하는 것이다. 불교에서 말하는 열반이나 해탈(解脫)은 이런 실상을 몸으로 익혀 죽음을 포함한 모든 문제를 스스로 극복하는 상태를 의미한다.[63]

불교에서는, 인간은 물질적 형체인 색(色)과 개체를 지속적으로 존속시키기 위하여 느끼고(受), 생각하고(想), 작용하고(行), 식별하는(識) 정신적 기능의 5요소로 구성되어 있다고 말한다(오온설[五蘊說]). 따라서 인간의 죽음이란 수명과 체온과 의식(識: 정신작용)이 사라져 신체의 기관이 모두 변하여 파괴된 모습이라고 규정한다.[64] 인간의 존재가 오온(五蘊)[65]의 집합체인 무아(無我)라는 관점에서 생사의 변화란 업(業)의 과보

---

63) 이종희, 앞의 논문, pp.266~267.
64) 한국종교학회 편, 『죽음이란 무엇인가』, 창, pp.80~81, 2001년.
65) 오온(五蘊)이란 한 生은 한 개의 물질적 요소와 네 개의 정신적 요소를 합쳐서 5온이라고 하는데, 色蘊(육체), 受蘊(감정), 想蘊(개념), 行蘊(의지), 識蘊(분별,

(果報)에 따른 끊임없는 변화의 연속이지 영혼의 존재가 육체를 바꾸면서 윤회하는 것은 아니다. 오직 그 자신이 지은 업(業)의 결과에 따라 윤회전생(輪廻転生)을 되풀이하고 있는 것이다. 이렇게 무아(無我)를 주장하는 불교에서는 윤회(輪廻)의 주체를 인정할 수 없다. 인간의 존재란 비실체적(非実体的) 존재인 오온(五蘊)이 어떤 조건에 의하여 모여진 하나의 임시적인 집합체에 불과한 것이라고 불교에서는 말한다.[66]

『잡아함경(雜阿含経)[67]』의 제21에서는 이렇게 죽음을 설명하고 있다.

> "수명과 체온과 의식[68]은 육신이 사라질 때 아울러 사라진다. 그 육신은 흙무더기 속에 버려져 목석(木石)처럼 마음이 없다. …수명과 체온이 사라지고 기관이 모두 파괴되어 육신과 생명이 분리되는 것을 죽음이라고 말한다."

인식)을 가리키는 것으로 인간의 정신과 육체를 마음의 작용에 중심을 두고 분석한 것이라고 할 수 있다.

66) 이종희, 앞의 논문, pp.259~260,

67) 석가모니가 설한 가르침들을 전하는 원시불교의 경전. 하나의 경전이 아니라 석가모니가 실제로 설했다고 생각되는 말씀들로 이루어진 수많은 경들의 총칭으로 경장(経蔵 ; '설교의 창고'를 뜻하는 팔리어, 삼장(三蔵 : 経・律・論) 중의 하나)을 가리키며, 4아함(①장아함경 ②증아함경 ③증일아함경 ④잡아함경)으로 분류된다.

68) 데미언 키온 지음, 허남결 옮김,『불교와 생명윤리학』, 불교시대사, p.246, 2000년 8월. - 에서는 수명, 체온, 의식을, 생기(ayus), 열(usman), 의식(vinnana)으로 번역하여 말하면서 프라나(prana)라는 개념을 이야기하고 있는데, 인간 존재는 의식적인 정신과 물리적인 육체로 이루어져 서로 연결되어 있으며, 정신은 물리적인 육체의 도움 없이는 존재할 수 없으며, 물리적인 육체는 정신적 훈련 없이는 개발될 수 없기 때문에 눈에 보이지 않는 요소들뿐만 아니라 눈에 보이는 요소들로 구성된 하나의 역동적인 체계로서 프라나에 의해 추진되는 육체적 집합체(aggregates) 위에 보다 더 높은 생명인 영혼이 있다고 프라나의 기능을 기술하고 있다. 프라나의 기본적 의미는 '숨쉬기'와 그 연장선상에 있는 '생명'을 말한다.

다시 말해, 인간의 생명을 유지케 하는 것은 수명으로서 수명은 체온과 의식으로 이루어지므로 체온과 의식이 육체로부터 사라질 때 수명이 파괴되며, 이때를 죽음이라 칭한다. 여기서는 수명의 지속과 파괴가 삶과 죽음을 결정하는 셈이 되는데, 불교의 교학에 의하면 수명은 업(業)에 의하여 유지되므로, 업력(業力)이 존속하는 동안은 그 업력의 변화에 따라 삶과 죽음도 변화의 과정에 있다.

즉, 불교의 죽음에 대한 개념을 죽음은 기관의 통합기능의 회복 불가능한 상실로 정의하고 있다.[69]

죽음문제의 해결에 있어 타종교나 사상과 달리 불교적 사생관이 유의미한 것은 죽음을 통하여 그 허상과 실상을 구별하였다는 점이다. 그 죽음에 대한 인식이 실상과 허상을 포함해서 죽음 전체의 메커니즘으로 확대되었다는 점이다. 불교에서의 죽음 현상은 그 자체로 종말이며, 비극이며, 중생이 중생일 수밖에 없는 이유이며, 목적이었다. 그렇지만 죽음이 다시 삶을 부르고, 죽음은 더 이상 소멸 그 자체가 아니라는 죽음에 대한 인식은 오히려 희망이며 구원이 되었기 때문이다. 불교 사생관의 본질은 바로 여기에 있는 것이다.[70]

(1) 영혼에 대한 인식

아무리 깨달음이 완벽한 석가(B.C.560~480)라 하더라도 선행하는 종교관과 전혀 관련 없이 개인의 신앙사상을 확립하는 것은 아니다. 석가가 태어난 인도에서 선행하는 종교관이란 아리아인(Aryan)의 종교, 다

---

69) 데미언 키온 지음, 허남결 옮김, 앞의 책, pp.259~266.
70) 박성철, 「유식학적(唯識学的 관점에서의 불교 생사관 —이제(二諦), 삼성(三性), 그 분리와 통합을 중심으로—」,『지역개발논총』, 경주대학교 지역개발연구소, pp.87~88, 2006년.

시 말해 바라문교(Brahmanism B.C. 1500~)[71]에 관한 것인데, 바라문교의 성전(聖典)의 하나인 우파니샤드(Upanisad)[72]는 우주의 근원력으로서의 브라만(梵)과 인간을 인간으로 하고 있는 근원력 아트만(我)[73]을 말하며, 인간의 육체는 죽음에 의하여 없어지지만, 아트만은 영원히 존속하여 업(業)과 윤회(輪廻)에 따라 생사를 반복한다고 말하고 있다. 다시 말해 아트만(호흡이라는 뜻)이 그들에게 있어서의 영혼이었다고 말할 수 있다. 그 아트만과 브라만이 하나가 되는 것, 즉 범아일여(梵我一如)가 구언(求言)인 것이다.

이 바라문 교단이 1,000년 정도 이어지면 서서히 타락한다. 기원전 500년 무렵이다. 그것에 대하여 많은 개혁운동이 일어나는데, 그 중 하나가 불교였다.[74]

어떤 바라문이 석존교단의 번영을 질투하여 석존을 논파하려고 이렇게 물었다.

「인간은 어디에서 와서 어디로 가는가?」
「세계는 유한한가, 무한한가?」

---

71) 브라만교(바라문교)는 베다의 종교 위에 〈브라만(梵)〉 신앙이 '바라문'이라고 불리는 사제자(司祭者) 계급을 중심으로 전개된 종교를 말한다. 훗날 힌두교로 발전·전개되나, 명확한 종교 체계를 갖는다기보다는 인도의 전통적인 민족 생활과 사회 구조에 기반을 갖는 정통적 철학 사상 및 그 신학이나 제사 의례 등의 종교 현상 전반을 총칭하는 경우가 많다.
72) '스승 가까이에 다가앉는다'라는 뜻의 산스크리트어. 가장 오래된 힌두 경전인 베다를 운문과 산문으로 설명한 철학적 문헌들.
73) 인도 철학에서 가장 기본적인 개념의 하나. 힌두교에서 '생명'으로 '숨'과 같은 의미로 쓰였으며 아트만의 원래 뜻은 '숨쉰다'는 뜻이다.
74) 카지무라 노보루(梶村昇), 「日本人の宗教意識と仏教」, 『現代日本と仏教 : 生死観と仏教』 平凡社, pp.29~30, 2000년.

라고 묻자 석존은 무언으로 아무런 대답도 하지 않았다. 제자들은 아쉬워하며 '왜 대답을 하지 않았습니까?'라고 물었다.

> 존재하고 있는 것 자체, 경험하는 것도 논증하는 것도 할 수 없는 것이어서, 어째서 그것을 '있다'라든가 '없다'라고 논할 수 있을 것인가? 할 수 있는 것은 없다. 그럼에도 불구하고 「영혼과 육체는 동일하여 함께 생기고, 함께 멸한다」라고 설파하는 사람도 있다(斷見說). 또 「영혼과 육체는 별개이며 다른 것으로, 육체는 생멸변화(生滅変化)하여도 영혼은 불멸이다」라고 설파하는 사람도 있다(常見說). 모두 독단과 편견에 의한 것이어서 현자가 하여야할 것은 아니다. 이것은 「무기(無記)」에 속하는 것이다.

라는 것이다. 이것이 석존의 영혼에 대한 기본적 태도였다. 그것은 「무기(無記)」라고 말할 수밖에 없다고 한다. 「무기(無記)」란 문제로서 논해서는 안 된다고 하는 것이다. 영혼관은 「무기(無記)」인 것이다. 영혼의 개념에 대하여 석존은 「깨달아라」라고 설파하고 있다. 깨달으면 영혼으로서의 의문은 구름처럼 흩어지고 안개처럼 없어진다(雲散霧消). 의문 그 자체가 없어져간다고 하는 것이다. 이것이 석존의 영혼에 대한 대답이었다.

불교의 영혼관은 이후, 불교계의 아포리아(難問)가 된다. 각각의 민족은 자신들의 기존의 토착신앙 속에 있던 영혼관을 바탕으로 걸맞는 해석을 취하게 된다.[75]

---

75) 카지무라 노보루(梶村昇), 앞의 책, pp.30~32.

(2) 사후세계에 대한 인식

석가모니의 관심은 죽음을 새롭게 인식하는 것에 있었다. 사후세계와 존재에 대하여서도 알기도 전에 죽고 말 것이라는 입장이었다. 즉 석가모니는 인간은 죽은 다음에도 존재하는가, 존재하지 않는가 하는 문제가 해결된다고 하더라도 인생의 괴로움은 해결되지 않으므로 우리는 현재의 삶 속에서 괴로움을 소멸시켜야 할 것이라고 하였다. 궁극적으로는 해답을 구하는 출가 수행자들에게는 사후에 천계(天界)에 태어나는 등의 문제는 관계가 없는 것이었다.

그러나 실제로는 재가신자들에게 보시(布施)와 지계(持戒)에 의하여 죽은 후, 천계에 태어난다고 하는 내용이 설파되었으며, 출가자들의 수행체계에도 포함되어 설파되었다. 이것은 불교가 기존 인도철학의 윤회설을 받아들여 사후세계를 인정하였음을 의미하는 것으로 그 후, 부파불교(部派仏教)[76]와 대승불교(大乘仏教)[77]에 의해서 사후세계에 대한 교설은 더욱 풍부하여졌고, 윤회를 벗어날 수 있는 서방의 극락 등도 설파되었다.

불교는 죽어서 윤회하는 세계를 천인(天人; 阿修羅), 축생(畜生), 아귀(餓鬼), 지옥(地獄)으로 나누고, 각각의 세계로 가게 되는 원인은 살아서 몸과 입, 마음으로 지은 업(業)이라고 보았다. 그리고 윤회하며 과보를 받는 이유는 선악의 행위가 선악의 업력(業力)이 되어 반드시 아라야식(아뢰야식 ; 阿賴耶識)[78]에 보존되기 때문이라고 한다. 업력이 존속하는

---

76) B.C. 483년경에 석가모니가 죽은 이후, 약 300년에 걸쳐 인도에서 그의 제자들이 형성한 여러 부파들에서 이루어진 불교를 가리키는 말.
77) '큰 수레'라는 뜻의 산스크리트어로 소승불교(小乘仏教)와 함께 불교의 2갈래 큰 전통의 하나.
78) '인식의 보고'라는 산스크리트어로 대승불교 유식학파의 핵심 개념.

동안은 업력의 변화에 따라 삶과 죽음도 앞에서 말한 천인(天人; 阿修羅), 축생(畜生), 아귀(餓鬼), 지옥(地獄)이라는 4종의 존재를 거치게 되는 변화의 과정에 있게 된다는 것이다.[79]

또, 죽음을 '저승사자가 잡아가는 것'으로 해석하고 있는데, 이것은 열시왕(十大王)[80]의 명령에 의한 것으로 열시왕은 불교에서 영혼이 후생의 몸을 받을 때까지의 중간세계에 머물 때 심판하는 자를 말한다. 곧 저승으로 가는 것은 중간세계(中有)에 안착함을 의미하고 있다. 여기에서 불교 유입 이후, 막연히 생각하였던 이승과 저승 개념이 극락과 지옥으로 생사관이나 세계관이 변모하였음을 의미한다.[81]

다른 한편으로, 불교에서는 다른 종교와 달리 사후 세계에 대하여 아주 상세하게 밝히고 있다. 극락만 해도 서방정토(西方浄土)[82]나 도솔천(兜率天)[83] 등 적어도 2개 이상을 밝히고 있으며, 지옥의 경우에는 매우 세분화되어 생전에 지은 업보에 따라 어떤 지옥에 처하게 되는지를 아주 적나라하게 표현하고 있다.

정토종(浄土宗)[84]에서 말하는 정토왕생사상(浄土往生思想)[85]은 삼국

---

79) 김영미, 앞의 논문, pp.118~119.
80) 불교의 저승을 관장하는 신.
81) 오출세, 「仏教儀礼의 土着化와 民間文芸의 交渉様相 —한국인의 生死観을 中心으로—」『동국어문론집』 제8집, 동국대학교 인문과학대학 국어국문학과, pp.386~388, 1999년.
82) 불교에서 부처가 있는 깨끗한 국토. 청정토(清浄土)・청정불찰(清浄仏刹)・정찰(浄刹)・정계(浄界)・묘토(妙土)・불찰(仏刹)・불국(仏国)이라고도 한다. 넓은 의미에서는 부처의 세계를 말한다.
83) 도솔천(兜率天, Tuṣita)은 불교에서 말하는 육욕천(六欲天 ; 욕계[欲界] 6천[六天]) 중의 네 번째 하늘(第四天)로, 미륵보살의 정토(浄土)이다. 지족천(知足天), 희족천(喜足天), 묘족천(妙足天) 등으로도 불린다.
84) 아미타불(阿弥陀仏)을 신봉하는 불교의 한 종파.
85) 대승불교에서 정토에 왕생하는 것, 또는 정토를 실현하는 것과 관련된 사상

시대 이래 한국에 보급되어 이승과 저승에 대한 불교적인 관념이 보편화되었다. 불교가 들어오기 이전에도 사후세계에 대한 관념이 있었지만, 뚜렷한 교설로서 설명된 것은 불교를 통해서라고 할 수 있다. 극락왕생(極樂往生), 두솔왕생(兜率往生), 십방왕생(十方往生), 약사여래왕생(藥師如来[86]往生) 등 이름도 다양하게 불교적인 저승관이 한국인의 심성에 깊이 새겨져 있다고 보아야할 것이다.[87]

(3) 선조공양에 대한 인식

불교에서는 인간이 수태(受胎)로써 생명이 결성된 이후, 다음 생명이 결성되기에 이르는 기간에 모두 4종의 존재를 경과함을 설명하는 '4유(有)'[88]라는 관념으로 표명되어 있다. 이 4유(有) 중에서 사유(死有)로부터 다시 생명이 결성되는 생유(生有) 사이를 중유(中有)라고 하는데, 중유란 가시적인 임종 이후의 상태, 즉 죽음의 상태를 가리키는 것이 되겠는데, 이 상태를 중음신(中陰身)이라 한다. 중유가 바로 죽음의 상태로서 중유가 출생의 조건을 만나지 못하면 다시 수차례 죽고 태어나는

및 신앙. 정토사상은 흔히 불교에서 타력신앙(他力信仰)이라고 불린다.

86) 약사여래(藥師如来, Bhaisajyaguru)는 불교에서 중생의 모든 병을 고쳐주는 부처님(여래) 즉, 약사 부처님(Medicine Buddha)을 말한다. 아미타불의 48 서원과 함께 약사여래의 12대 서원이 유명하다.

87) 한국종교사회연구소 편,『1945년 이후 한국 종교의 성찰과 전망』, 민족문화사, pp.456~457, 1998년.

88) 구사론(倶舎論 : 인간과 세계의 구성요소에 관하여 매우 실재론적으로 분석하고 고찰한 것으로 정평이 나있는 문헌) 제9에 의하면, 인간존재(有)의 기준을 오온(五蘊)이라 불리는 5구성요소의 집합체[五取蘊]로 삼고, 생명이 결성되는 찰나를 생유(生有), 이로부터 생명의 임종 직전까지를 본유(本有), 최후에 임종하는 찰나를 사유(死有), 이 사유로부터 다시 생명이 결성되는 생유 사이를 중유(中有)라 한다.

식으로 여러 7일을 경과하는데, 그 최대기간이 7×7일=49일이다. 이것이 사십구재(四十九齋)의 근거이다.[89] 불교 신자들 사이에서 사자(死者)의 명복을 비는 의식으로서 관례화되어 있는 이 사십구재는 위의 4유중, 특히 중유(또는 중음)를 설정하는 데서 기인한 것[90]이며, 이 중유에 대한 믿음이 불교 특유의 삼세윤회(三世輪廻) 및 왕생(往生)사상으로 연결되었다.[91] 죽음의 상태라고 말할 수 있는 중유를 삶과 연관시켜 이해하고 있는 것은 죽음을 단멸(斷滅)로 인식하지 않는다는 입장을 드러내는 것이다. 죽음이란 삶의 연장선에 있는 하나의 추이(推移)일 뿐이며, 불교에서의 죽음에 대한 극복도 이런 입장에서 사즉생(死即生)으로 귀결된다.

이러한 영혼에 대한 인식, 사후세계에 대한 인식, 선조공양에 대한 개념을 기준으로 불교의 사생관을 간단히 요약하면 다음과 같다.

‖표8‖ 불교의 사생관 일반

	불교의 사생관
죽음에 대한 인식	삶과 연관시켜 이해하며 인간의 수명은 자신의 행위에 따라 결정된다고 보며, 깨달음을 통해 죽음을 극복하고자 함.
사후세계	기존 인도 철학의 윤회를 받아들여 사후세계를 인정하며, 현세에서 쌓은 공덕에 의하여 내세의 삶이 결정(業因果報) — 극락과 지옥의 세분화

---

89)『구사론(俱舍論)』권9, - 김영미(1999), 앞의 논문, pp.118~120. - 에서 재참고.
90) 한국종교학회 편,『죽음이란 무엇인가 —여러 종교에서 본 죽음의 문제—』, 窓, pp.82~83, 2001년.
91) 김영미, 앞의 논문, pp.119~120.
92) 카지무라 노보루(梶村昇), 앞의 책, pp.31~32.

이승에 대한 인식	개인적인 선악의 업력(業力)에 따라 괴로움이 존재(因果應報)
귀신·영혼의 의미	인간의 육체는 죽음에 의하여 없어지지만, 아토만이 존속하여 업과 윤회에 따라 생사를 반복.[92] 단멸론도 영혼불멸론도 인정하지 않음
상장의례에 대한 인식	사십구재(四十九齋)를 행하지만, 주기(週忌)는 유교와의 습합을 보여주는 사례[93]
조상숭배	환생할 영혼이 없으므로 본래의 불교는 제사는 지내지 않았음.

2. 역사적 고찰로 살펴본 한국인의 사생관

1) 한국인의 유교적 사생관

넓은 의미에서 한국 고대정신과 중국의 유교사상은 모두 인간을 본으로 하고 현세를 중시하는 점에서 공통성이 있다. 그러나 유교는 멀리는 상고(上古) 은대(殷代)의 신비적 종교문화의 흐름과 내면적으로 관련되고, 가까이는 주대(奏代)에 있어 비록 종교적 성격이 들어있는 천명사상(天命思想)을 잠재적으로 계승하지만, 인문주의적 예제문화(禮制文化)와 합리적인 정신을 보다 중요한 특징으로 보여준다고 하겠다.

하지만, 고대 한국에 있어서는 인간주의적 바탕을 깔고 있으면서도 원래의 종교적 소박성과 고유한 예속, 그리고 주술신앙(呪術信仰)을 함께 지녀온 신비주의적 전통을 가지고 있었다. 시대가 지남에 따라 유교가 생활 속에 자리 잡고 그 영향이 깊어질수록 다양한 변화를 보이면서

---

93) 유교의 3년장이 현재는 3일장, 5일장, 7일장, 10일장 등으로 축소되어 행하여지고 있음.

후대의 가치관·생활체제 등의 역사현실을 형성하는 데 유교는 불가피한 요인으로 작용하게 되었다. 한민족이 상고시대의 이른 시기에 유교와 만났고, 역사적으로 관계해온 사실은 국가의 발전방향과 민족문화의 성격을 조정, 정립하여가는 데 중대한 역할을 하였으며, 한국인의 현재적 실상 그대로의 모습을 있게 하는 데 큰 몫을 하였다.[94]

유교뿐만 아니라, 우리의 역사는 종교의 역사와 철학의 역사가 함께 뒤섞여 있다고 말할 수 있다. 한국사회는 종교 역시 단일화 되어있지 않고 불교, 유교, 도교, 기독교 등 다양한 종교가 들어와서 영향을 미쳤다.

불교도 기독교도 한국에 들어와서는 현세관이 매우 강해진다.[95] 그것은 일종의 현실의 필요성 때문일 것으로 삶과 죽음을 분리적·대립적으로 보지 않고 하나로 보았으며, '죽음은 삶의 연장(延長)'이고, '삶은 죽음의 연장'이라고 보아 죽음을 긍정하는 면이 강하다. 또, 죽음을 자연적인 사건으로 수용하며, 그것의 극복도 자연적 질서 안에서 추구한다. 그러므로 죽은 사람과 산 사람이 제사(祭祀)를 통하여 서로 내통(內通)을 한다고 생각하였다. 이와 같은 태도는 내세관(來世觀)보다는 현세관(現世觀)에 더 치중하도록 만들어져 있어 한국인의 죽음관에는 현실에 대한 철저한 긍정적 사고를 동반한다.[96]

우리나라 사람들에게 있어서 밑바닥까지 영향을 미친 것은 조상은

---

94) 최두식·최영호, 앞의 논문, pp.5~175.
95) 이들 종교에 전반적으로 깔려있는 것이 무속적(巫俗的) 태도라는 것이 한국의 모든 종교의 특색이라고 할 것이다. 경북대 철학과 김석수 교수의 주장으로 논문 「철학적 관점에서 본 한국인의 죽음관 ―서양철학의 죽음관과 관련하여―」, 『한국인의 죽음과 삶』, pp.106~115, 2001년. -에서 주장하고 있는데, 필자도 마찬가지로 이 사실을 염두에 두고 유교를 중심으로 한 한국인의 사생관을 고찰해야 한다고 생각한다.
96) 카지 노부유키(加地伸行), 『儒教とは何か』, 中公新書, 1990년.

죽었어도 산 사람과 하나의 가족 공동체를 이루어 끊임없이 가족들을 보호해주고 가족 성원의 미래를 보살펴준다는 것이었다. 또, 자식된 사람으로 부모가 죽은 다음, 곧바로 성복(成服)⁹⁷⁾ 차림을 못하는 것도 효(孝)의 관념에서 우러나온 것이다. 즉, 차마 자기 부모가 죽은 것으로 여길 수가 없어서 급작스레 성복을 하지 않는 것이다. 이것은 孝로 말미암아 상주들이 돌아가신 이를 삶의 영토 안에 오랫동안 머물러 있게 하고자 의도하는 것이다. 죽은 이를 가족구성원으로 계속 머물러 있게 한 것으로, 죽었다고 하여 가족으로부터 내칠 수 없는 권위와 힘을 인정하는 것이다.

죽은 조상에게 제사를 지낼 때, 비록 모습은 보이지 않으나 바로 그곳에 있는 듯이 행한다. 살아있는 동안 부모나 조부모에게 바치는 孝를 돌아가신 분들에게도 바치는 것으로 이러한 관념은 근본적으로 유교적인 孝와 뗄 수 없는 관계에 있다. 이것은 상례(喪礼)에 수반된 孝의 관념이 상례 여러 곳에서 강조되고 있는 것을 보아도 알 수 있는 사실이다.

제사를 드린다는 것은 귀신 자체를 위한 종교적인 태도에서 나온 것이 아니라, 그러한 의례를 통해서 현세의 인간들로 하여금 도덕성을 확립하게 하려는 의도였을 것이며, 조상을 제사지냄으로써 孝를 마음에 심어주려 하였던 것이다.

이와 함께 우리나라에는 열녀(烈女)라는 특수한 관념도 발전시킨 것을 볼 수 있는데, 열녀의 이야기는 전국 도처에 세워져있는 열녀를 추모하는 비(碑)에서도 잘 알 수 있으며, 그에 대한 전설들이 많이 있다. 열녀는 자기의 잘못으로 남편을 죽게 만든 자책감에서 때로는 자살이

---

97) 상(喪)을 당한 뒤, 초종(初終)・습(襲)・소렴(小殮)・대렴(大殮) 등을 마친 뒤 상복으로 갈아입는 절차.

라는 자기 파괴의 수단을 사용하여 이승에서 이루지 못한 부도(婦道)를 저승에서 완성시킨 사람인 것이다.

이와 같이 孝와 烈이라는 유교적 관념은 우리나라 사람들의 의식의 밑바닥까지 스며든 것이었다.

복잡한 유교의 상장의례(喪葬儀礼)는 결국 죽은 사람에 대하여 마지막으로 예의를 다하여 공경하는 것이고, 비록 죽은 사람이라 하더라도 산 사람과의 공동체를 다시 새로운 차원에서 재정립하는 것을 의미하는 것이기도 하다. 복잡한 상장의례를 거치는 동안에 갑자기 생긴 가족들의 슬픔과 변화에 대하여 차츰 평정을 회복하는 절차이기도 하며, 감정을 순화하고 평정심(平静心)을 되찾게 하는 기능이 복잡한 상장의례 속에 있는 것이다.

이상과 같이 유교는 한국인에게 영혼관념 및 세계관과 함께 현상적 의례(儀礼)나 제향(祭香)공간의 설치·운영에 깊은 영향을 끼쳤음을 알수 있다. 이런 배경에는 현세적 인간을 중시하는 입장의 유교적 세계관과 이를 지향하는 한국인의 관념이 상호 융합할 수 있는 개연성을 함유하고 있기 때문일 것이다.

2) 한국인의 불교적 사생관

우리의 역사는 종교의 역사와 철학의 역사가 함께 뒤섞여 있으며, 종교 역시 단일화되어 있지 않아 서구의 단일 종교에서 이해할 수 있는 방식으로 이해할 수는 없을 것이다.

한국의 불교는 중국을 통하여 한국으로 유입되어 중국 불교의 영향을 강하게 받았기 때문에, 중국화된 불교를 한국적으로 발전시켜나갔다고 보는 것이 일반적인 인식이다. 따라서 중국이 불교를 받아들여 도교(道教)와의 관계 속에서 발전하여간 것과 마찬가지로, 한국 불교 또한 불교가 유입되던 시기의 토착신앙과 영향을 주고받았을 것이며, 이를 한국인의 심성 속에서 주체적으로 수용하였을 것으로 보는 것이 좋을 것이다. 특히 사후세계에 대한 모호성은 어떤 민족이든지 두려움 의 대상이 아닐 수 없으므로, 이를 구체화하여 제시할 수 있는 당시 한국의 종교로는 불교가 절대적이었기 때문에, 민중들의 신앙은 현세 구복(現世求福)과 내세의 극락정토(極樂淨土)에 왕생하기 위한 것이 주 를 이루었다.[98]

대체적으로 한국의 불교 신자들은 서양종교에 비해서 조직력이 약하 지만, 의식 기반은 오히려 튼튼하다고 평가된다. 이것은 80년대 이후의 재가불교(在家仏教)[99] 운동이 바람직한 방향으로 흐르고 있다는 직접적 증거가 된다.[100]

한국인의 종교관을 형성하는 데 있어 불교가 가장 큰 영향을 주었다 고 할 수 있는데, 종교관의 형성에 기여한 결정적인 요인들을 살펴보면

---

98) 김태훈, 「죽음관을 통해본 시왕신앙 —불교와 도교를 중심으로—」, 『한국종교』 Vol.33, 원광대학교 종교문제연구소, pp.104~105, 2009년.
99) 출가하지 않고 집에서 믿는 불교. 인도에서는 석가 당시부터 재가교단이 존재 하였는데, 그들의 출가교단에 대한 반발이 대승불교를 일으키는 원인의 하나 가 되기도 하였다. 중국에서는 초기 역경시대(訳経時代)부터 거사(居士; 출가 하지 않고서 법명을 가진 사람)가 활약하였는데, 동진(東晋)의 백련사(白蓮社) 를 비롯한 결사(結社) 성립으로 발전하였다. 송대(宋代)의 유가(儒家)에 의한 불교 교학의 연구는 송학(宋学)으로 결실을 맺었다. 우리나라에서는 신라 말기 부터 향도(香徒)라는 재가신앙단체가 결성되어 불상・불탑 조성 등의 신앙 활 동이 활발하게 전개되었다. 고려 전기에는 이자현(李資玄) 등이 중심이 되어 거사선(居士禅)의 활동도 하였다.
100) 한국종교사회연구소 편, 앞의 책, p.91.

다음과 같다.[101]

① 하늘(天)에 대한 불교적인 해석
② 보편적인 생명관
③ 인과응보의 관념
④ 정토왕생사상(淨土往生思想)의 보급
⑤ 호국사상(護国思想)의 역사적 전통을 이룩함
⑥ 보은(報恩)에 대한 관념
⑦ 보시(布施)나 보살행(菩薩行)에 대한 관념
⑧ 불교적인 예술과 감성

여기서 한국인의 불교적 사생관 형성에 관련이 깊은 ②와 ④를 살펴
보면, 불교에서 생명을 뜻하는 Sattva[102]는 넓은 의미를 내포하는데, Sat[103]는 생명 그 자체이면서 동시에 창조의 근본원리를 뜻하고 있다. 즉
Sattva는 '미혹(迷惑)으로 가득 찬 세상의 살아있는 것들을 총칭'하지만,
미계(迷界)뿐만 아니라 오계(悟界)의 붓다와 보살에게도 해당하는 것으
로 되어 있다. '깨달은 중생, 즉 보살(菩薩)'을 뜻하는 Bodhisattva[104]는
중생과 보살과 불(仏)의 관계가 밀접히 연결되는 보편적인 생명관을 형

---

101) 한국종교사회연구소 편, 앞의 책, pp.454~460.
102) 유정(有情)이라고도 함. 인간을 비롯한 생명이 있는 모든 존재를 뜻하는 불교
용어.
103) 불교의 기본사상이 된 힌두교의 有로서 인간과 신들이 사는 실재의 세계를
뜻함.
104) 산스크리트로 '깨달음을 추구하는 이', '깨달음에 이르는 것이 확정된 이'라는
뜻으로 불교에서 역사상의 부처인 고타마 싯다르타가 깨달음을 얻기 전의
상태, 또는 현세나 내세에서 부처가 되도록 확정되어 있는 다른 모든 사람을
가리키는 말.

성하고 있음을 잘 나타내 보여주고 있다. 한국인의 생명관 속에는 불교의 생명관이 도처에 배어있다고 볼 수 있다.[105]

정토종에서 말하는 정토왕생사상은 삼국시대 이래, 한국에 보급되어 이승과 저승에 대한 불교적인 관념이 보편화되었다. 불교가 들어오기 이전에도 사후세계에 대한 관념이 있었지만, 뚜렷한 교설로서 설명된 것은 불교를 통해서라고 할 수 있다. 극락왕생(極樂往生), 두솔왕생(兜率往生), 십방왕생(十方往生), 약사여래왕생(藥師如來往生) 등 이름도 다양하게 불교적인 저승관이 한국인의 심성에 깊이 새겨져 있다고 보아야 할 것이다.[106]

이러한 불교의 내세관은 도교와 접목되면서 한국 무속에도 많은 영향을 끼쳤다.[107] 무속의 저승은 불교의 내세관을 크게 받아들였다. 이런 가운데 우리 민족은 좋은 일을 하면 극락 가서 편안하게 살고, 나쁜 짓을 하면 해당되는 지옥에 빠져 그 과보를 받는다는 생각을 하게 되었다. 이러한 업보(業報)에 관한 생각은 문학작품은 물론이고 일반인의 의식에도 커다란 영향을 끼쳤다.

불교는 한국인의 장례 습속이나 그 방식 및 분묘의 조성에도 많은 영향을 미쳤다. 예전에 부모와 남편의 경우, 시행하던 3년상은 불교식 장례방식에 따라 10일로 줄어들게 되었고, 그 결과 장례절차와 기간은 대폭 축소되고, 장례에 소용되었던 경제적 부담도 격감하게 되었으며, 분묘도 산지로 이동하게 되었던 것이다.

이처럼 장례습속이나 그 방식, 분묘 축조의 변화는 불교가 한국인에

---

105) 한국종교사회연구소 편, 앞의 책, p.456.
106) 한국종교사회연구소 편, 앞의 책, pp.456~457.
107) 동아대학교 부설 석당전통문화연구원, 「한국인의 죽음관」(2000년), 『石堂論叢』 중에서 박계홍(1986년)의 논문을 재차용함.

게 죽음 관념과 의례에 폭넓게 영향을 미쳤음을 의미하는 것이다. 뿐만 아니라 승려의 장례 집전과 불교적 장례의 시행, 왕릉 관리나 임종지(臨終地)로서의 사원(寺院)의 역할, 불교적 장송(葬送) 민요와 죽음 문학의 출현, 극락도(極樂図)와 지옥도(地獄図)의 제작에서도 불교적 죽음 관념과 의례가 한국인에게 광범위하게 영향력을 보였음을 엿볼 수 있다.[108]

한 갤럽조사[109]의 결과에서 불교의 사생관에 관한 내용을 살펴보면 다음과 같다

1. 현재 무슨 종교를 믿고 있는가? 라는 질문에 전체 48%가 개신교라고 답하였으며, 31.3%가 가톨릭, 불교는 16.9%였다.
2. 가족의 종교가 무엇이냐고 묻는 질문에서는 무회답이 36.5%로 가장 많았고, 불교가 25.1%, 개신교가 24.3% 순이었다.(2008년)
3. 윤회사상 : 조사자 중 불교 신자의 대답으로 사람이 죽으면 어떤 형태로든지 이 세상에 다시 태어난다고 생각하는 사람이 36.8%, 아니라는 사람이 40.2%였다.
4. 해탈사상 : 누구나 진리를 깨달으면 완전한 인간이 될 수 있다고 생각하는 불교신자는 41.3%, 아니라는 사람이 42.3%였다.
5. 극락과 천당의 존재 : 극락과 천당이 존재한다고 믿는 사람은 36.4%, 존재하지 않는다는 사람이 47.7%였다.
6. 죽은 후, 영혼의 존재 : 죽은 다음 영혼이 존재한다고 생각하는 사람이 50.8%, 존재하지 않는다는 사람이 33.5%였다.
7. 극락 및 천국에 대한 생각 : 극락이나 천국은 저 세상에 있는

---

108) 동아대학교 부설 석당전통문화연구원, 위의 책 중에서 장덕순(1976)의 논문을 재차용함.
109) 한국갤럽, 『韓国人의 宗教와 宗教意識』, 책공방, pp.223~256. 2004년.

것이 아니라 이 세상에 있다고 생각하는 사람이 74.8%, 아니라는 사람이 15.9%였다.

이것을 간단히 표로 나타내면 다음과 같다.

‖표9‖ 갤럽조사 결과로 본 불교의 사생관

번호	문항	분류	비율
1	현재의 종교는?	개신교	48%
		가톨릭	31.3%
		불교	16.9
2	가족의 종교는?	무회답	36.5%
		불교	25.1%
		개신교	24.3%

번호	문항	그렇다	아니다
3	윤회를 믿는가?	36.8%	40.2%
4	해탈을 믿는가?	41.3%	42.3%
5	극락과 천당의 존재를 믿는가?	36.4%	47.7%
6	영혼의 존재를 믿는가?	50.8%	33.5%
7	극락, 천국은 이 세상에 있다?	74.8%	15.9

이 표에 나타나 있듯이, 사람들은 현재의 삶을 더 중요시 여겨 현세 중시의 사고방식을 가지고 있음을 알 수 있다. 윤회라든지 해탈에는 그렇게 관심이 없는 것처럼 보인다. 또한, 사후 세계에 관해서도 극락이나 천당의 존재를 믿지 않고 있다. 그러나 윤회, 해탈, 극락과 천당의 존재는 그렇게 믿지는 않지만, 영혼의 존재는 믿는 사람들이 많음을 알 수 있다. 사후세계는 믿지 않지만, 영혼의 존재는 믿고 있다는 결론

이다. 그것은 어떻게 해석해야 할까? 죽음 이후의 세상은 모르기 때문에 영혼으로라도 남아있고 싶은 마음이 이렇게 나타나는 것은 아닐까? 그리고 극락이나 천국은 사후세계에 있는 것이 아니라, 이 세상에 있다고 답한 사람들이 압도적으로 많은 것에서 사람들이 죽은 후의 세상보다는 현재의 삶에 더 관심이 많음을 알 수 있다.

3. 역사적 고찰로 살펴본 일본인의 사생관

1) 일본인의 신도적 사생관

일본의 신도에서는 죽으면 누구라도 더럽고 악한 곳인 요미노쿠니(黃泉)로 가지 않으면 안 되는 것이기 때문에, 죽는 일은 정말로 슬픈 일이며, 불교나 유교와 같이 슬픈 것은 아니라고 이유를 둘러대는 것은 좋지 않다고 생각하고 있다.

주변의 친지나 가족이 죽는 일은, 남아있는 가족과 친지에 대해서는 아주 슬픈 일이다. 그러나 그 친지나 가족은 지금까지보다 아주 행복한 모습으로 되어간다. 축복을 담아서 영전(栄転)하는 사람을 전송하는 형태로 죽은 자와의 이별을 고하며, 이런 형태로 신소사이(神葬祭)[110]는 행하여지고 있으며, 장례 후는 즐겁게 서로 이야기하고, 죽은 자를 밝게 보내는 것이 좋다고 생각하고 있다. 또한, 자살을 큰 죄로 여기는 종교도 많지만, 신도에서는 자살하는 사람의 영혼도 불의의 사고나 범죄의 희생이 되어 죽은 사람의 영혼도 모두 신이 된다고 믿고 있다.

---

110) 신도(神道)의식에 의한 장례식을 말함.

상례(喪礼)의 행사가 끝난 후, 개개의 죽은 자에 대하여 시키넨사이(式年祭)를 행하는 경우도 있다. 돌아가신 날의 1년 후, 3년 후, 5년 후, 10년 후, 20년 후, 30년 후, 40년 후, 50년 후에 제(祭)를 행하는 것이다. 그러나 20년이나 30년이 지나면 죽은 자의 생전의 모습을 생각하고 있는 사람이 거의 없어지기 때문에 고인을 위해서는 1년제만을 열고, 그이외의 시키넨사이를 생략하는 일도 많다. 그러한 집안에서는 일정한 날을 정해서 신직(神職)을 집으로 초청해서 카미다나(神棚) 앞에서 모든 선조의 공양을 한데 모아 행한다.

예전 일본의 조령제(祖霊祭)는 매년 봄과 가을에 꼭 개최하였지만, 현재 일본에서는 대부분 3년이나 5년에 한 번으로 하기도 한다. 현대의 조령제는 묘지나 신사에서 기원을 이루기 위하여 타마구시(玉串)[111]를 바치는 행사를 중심으로 하는 간단한 것인데, 그 행사는 조령제의 기회에 가족이나 친척이 모여, 맛있는 요리를 먹고 친목을 깊이 하는 것에 중점을 두는 것이라고 말할 수 있다. 또, 오하카마이리(お墓参り)는 일정한 날을 정해서 묘지에 참배하고 거기를 청정하게 지키도록 유의하는데, 한 달에 한 번 묘를 참배하기도 하고, 봄과 가을의 히간(彼岸)[112]에 가기도 하며, 죽은 자의 기일에 가기도 한다.[113]

따라서 일본인의 사생관에 대하여 요약해 보면, ① 죽음은 신의 소행

---

111) 타마구시(玉串/玉籤) : ①비쭈기나무(Cleyera japonica) 가지에 베 또는 종이 오리를 달아서 신전에 바치는 것 ②옛날에는 타마쿠시라고도 함. 폐백(幣帛[へいはく])의 하나. 사카키 등 상록수의 작은 가지에 걸어서 올리는 천이나 종이 혹은 목면(木綿[ゆう])을 붙여서 신전(神前)에 공양하는 것. 신령이 따라 오는 것이라고 생각하는 경우도 있다.
112) 춘분과 추분의 전후 3일을 합한 7일간을 말함.
113) 타케미츠 마코토(武光誠), 『日本人なら知っておきたい神道』, 河出書房新社, p.204, 2004年.

이며 재앙이기 때문에, 탄식해서 슬퍼하는 일에 철저해야 한다. ② 죽음은 신의 소행이며 신의 습관이라고 한다면 요미노쿠니로 가는 것이 신의 가르침이기 때문에, 그것에 따르는 것으로 안진(安心)을 얻을 수 있다. ③ 사후의 영혼은 언제까지나 이 세상에 머물러서, 이 세상의 사람들과 계속 교류함으로써 안진(安心)을 얻을 수 있게 된다[114]고 생각하는데, 이것이 일본인의 전형적인 신도(神道)의 사후관(死後観)이라고 말할 수 있다.[115]

2) 일본인의 불교적 사생관

살아간다는 관점에서 일본의 사회나 정신의 역사에서 커다란 역할을 수행하여온 것 중, 불교의 역할을 빼고서는 말할 수 없을 것이다.[116]

6세기 이후, 불교가 일본으로 전래되어, 일본의 중세에 널리 퍼진 불교의 전형적인 교의에 「무상관(無常観)」이 있다. 이 무상관이 이제까지의 낙천적인 사생관에 커다란 변화를 초래하였다. 이 세상은 한 바탕 꿈과 같다는 사상으로, 현재의 일본인의 사생관이라고 말한다면 이 무상관, 체념관(諦念観)일 것이다. 「무상(無常)」이라는 애착과 체념의 감정을 가지는 철학이나 인생관이 일본인의 특성, 국민성이라고 판단되고 있는 까닭이다. 무상관보다도 더 불교로부터 영향을 받은 사상으로서 「숙명관(宿命観), 운명관(運命観)」이 있다. 이것은 윤회사상(輪廻思想)에서 생긴 것으로, 이 세상의 일은 전생의 인연에 의한다는 인과응보

---

114) 죽음에 대한 대처법으로서 모토오리 노리나가의 주장이다.
115) 아소야 마사히코(安蘇谷正彦), 『現代の諸問題と神道』, ぺりかん社, pp.214~215, 2001年.
116) 쿠마자와 카즈에(熊沢一衛), 앞의 논문, p.1.

(因果応報)의 사상이다. '인간은 모두 이 선조의 인과(因果)에 속박되어 있어, 벗어날 수 없는 운명이다. 사람이 살거나 죽어도 전세(前世)의 인연에 의하여 정해져 있다. 숙명에 따라 정해져 있는 자신의 목숨을 결코 아까워할 필요는 없다[117]고 생각하는 것이 불교 전래 초기의 일본인들의 사생관이었다.

그러나 카마쿠라(鎌倉)시대 말기에는 불교의 교의에 위반하여 스스로의 운명은 스스로가 결정한다는 무사의 집단자결에서 볼 수 있는 사생관으로 전환된다. 자신의 의지에 따라 자신의 생사를 결정한다는 것이다. 이렇게 하여 불교는 인도불교 본래의 사상을 일본에 토착된 신도 신앙과의 혼교(混教 ; 싱크레티즘)[118]를 이루어, 훗날 정토진종(浄土真宗), 일연종(日蓮宗), 조동종(曹洞宗)・선종(禅宗)과 같은 많은 불교의 섹트(sect ; 종파)를 탄생시켰다.

에도(江戸)시대가 되자 「무사도(武士道)」가 「하가쿠레(葉隠)[119]」의 정신과 함께 그들의 사생관을 형성하였다. 즉, 생사에 관한 일은 스스로 생각하는, 주체적으로 결단하는 엄격한 자기규제 하에서 「무사란 죽는 것을 찾아내는 것이다」라는 하가쿠레(葉隠)의 정신으로 대표되는 사생관이다.

메이지(明治)시대가 되어 쇄국에서 벗어나 서양문명이 일본 국내로 많이 유입되는데, 본질적으로는 선조대대의 사생관은 자자손손에게 침투되어 뼛속 깊이 침투되어 있다. 생사에 관한 일은 스스로 생각한다는 얼핏 뿌리친 자기규제를 요구하는 정신의 드라마는 현재 일본인의 잠

---

117) 마루야마 쿠미코(丸山久美子), 앞의 논문, p.194.
118) syn・cre・tism : [철학・종교] 제설(諸説) 혼합주의, [언어] 융합(融合)
119) 에도(江戸) 중기의 무사(武士)들의 수양서(修養書). 11卷.

재의식이 되어 일상생활 속에 습관으로서 잔존하고 있는 것처럼 생각된다. 이러한 일본의 사생관을 총괄하면, 거기에는 뜻밖에 生에 집착하지 않는 담담한 삶의 방식이 스며들어 있음을 깨닫는다.[120]

불교 신자가 제일 많은 것으로 나타난 30년 전의 조사결과에서와 마찬가지로, 한 보고서(1980년)[121]에 의하면, 일본인에게 '무슨 종교를 믿고 있습니까?'라는 질문을 하였을 때, 일본인의 종교로 가장 많은 것은 '불교'였으며, '불단(仏壇)'이나 '카미다나(神棚)'를 가지고 있는 가정이 50% 전후나 되었다. 집 안에서는 카미다나를 모시고, 집 밖에서는 묘를 가지고 있으며, 절에 가서도 본당은 들르지 않고, 묘지로 바로 가는 점에 일본인의 신앙 특징이 잘 나타나 있다. 일본인에게 불교의 교리나 경전보다도 중요한 것은 조상제사이며, 불교는 죽은 사람이나 조상 공양의 종교적 의례를 담당하는 하나의 수단이라고 자리매김하는 사람이 많다. 불교도 일본인의 그러한 조상숭배에 영합하여 활력을 찾아왔다.[122]

불교는 일본에 옛날부터 있었던 민간신앙으로서의 장례, 즉 시신처리와 진혼(鎮魂)을 위한 의례부터 그 후의 영적 존재에 대한 일련의 공양에 불교적인 의미를 부여하여 불사화(仏事化)하였다. 추선불사(追善仏事)[123]는 인도에서는 49일의 중음(中陰)까지였다고 하는데, 중국을 거치면서 3주기까지 늘어나고, 일본에서는 그것이 놀랍게도 33주기 혹은

---

120) 마루야마 쿠미코(丸山久美子), 앞의 논문, p.195.
121) '국제 아동의 해 기념조사(総理府青少年対策本部)'에서의 보고서로 1980년에 실시. 6개국의 10~15세의 아동을 둔 어머니를 대상으로 한 조사를 말함.
122) 이노우에 하루요(井上治代) 저, 이성환·이미애 옮김,『현대 일본인의 삶과 죽음』중문, pp.67~68, 2004년.
123) 죽은 사람의 명복을 비는 불교 의식.

50주기까지로 대폭 연장되었다. 그것은 자손이 죽은 영혼을 공양해서 신으로 승화시킨다는 옛날부터의 민간신앙을 불교가 받아들이면서 불교적인 의미부여를 하였기 때문이라고 추측된다.[124]

그러나 도시화가 진행되고, 핵가족화의 진행과 동시에, 카미다나(神棚)·불단(仏壇)은 가정 내의 시설에서 사라져간다고 예측하였으나, 1970년대에는 구입자가 증가하고 '불단 붐'이 일어났으며,[125] 지방에서 도시로 나와 아직 어느 절의 단가(檀家)[126]도 되지 않은 사람들을 흡수해서 세력을 확대한 신흥종교에서도 조상제사를 강조하는 경향이 나타났다.[127]

일본에서는 장례의식이 불교화 되면서 일반 서민에게 불교가 퍼져나갔으며, 현재의 불교의 위상이 성립되었다고 할 수 있다.

기도나 학문 중심이었던 불교가 경(経)을 읽지 못하는 일반 서민이라도 염불을 외우는 것만으로 불교 신자로 받아들인 점도, 불교가 서민층에 유포되는 계기가 되었지만, 그보다도 장제(葬祭)와 결합된 점이 더

---

124) 이노우에 하루요(井上治代) 저, 이성환·이미애 옮김, 위의 책, pp.109~110.
   - 에서 재참고함. - 타마무로 타이죠(圭室諦成 ; 1902~1966) 씨의 저서, 『장례불교(葬式仏教)』(大法輪閣)에서 불교가 농촌에 유포되어 가는 모습으로 특기할만한 점을 다음의 네 가지로 정리하고 있다.
   ① 서민과의 접촉방법을 장례와 제사를 위주로 하였다.
   ② 장제 종교로서 뛰어난 정토(浄土)와 선(禅)의 종파로 발전했다.
   ③ 타종파도 장제 불교화함으로써 겨우 마을을 종교화할 수 있었다.
   ④ 장제를 중심축으로 절과 단가(寺檀関係)가 강화되고 사원 경제가 안정되었다.
125) 이노우에 하루요(井上治代) 저, 이성환·이미애 옮김, 위의 책, pp.109~110.
   - 에서 재참고함. - 후지이 마사오(藤井正雄) 씨가 종교 부유인구(宗教 浮游人口)라고 한 『현대인의 신앙구조(現代人の信仰構造)』, 評論社'에서 분석하였다.
126) 일정한 절에 속하여 절에 금품을 기진(寄進)하거나 시주(施主)하는 사람의 집. 단월(檀越)의 집.
127) 이노우에 하루요(井上治代) 저, 위의 책, pp.109~110.

큰 역할을 하였다.

일본인은 살아있는 사람에게는 생령(生靈)이 있고, 죽으면 사체(死体)로부터 죽은 영혼(死靈)이 분리된다고 생각하였다. 원령(怨靈)의 저주는 두렵고, 특히 죽은 지 얼마 되지 않은 신령(新靈)은 불안정하고 위험한 영혼으로 생각하였던 것이다. 일본에는 죽은 사람이 조상의 영혼으로 승화될 때까지 상복(喪服)을 입는 민속이 있었다. 이러한 일본인의 영혼관이 밑바탕에 있었기 때문에, 지옥·극락이라는 우주관과 내세에서 극락정토에 왕생하기를 바라는 정토신앙이 저항 없이 수용되었다.[128]

한 종교의식조사의 보고서[129]에서 다음과 같이 일본인의 불교적 사생관에 대하여 보고하고 있다.

1. 불교 신자의 수 : '현재 믿고 있는 종교가 무엇인가?' 하는 질문에 대한 응답에서 신종교가 35.1%, 불교가 28.9%, 신도가 15.6%로 나타났다.
2. 부처의 존재 : '믿는다'가 51.9%, '믿지 않는다'가 46.4%였는데, 그 중 종교계의 사람에게 질문한 결과, 부처는 '있다'고 생각하는 사람이 54.9%, '없다'고 생각하는 사람이 42.4%였다.
3. 영혼의 존재 : '믿는다'는 응답이 전체의 68.6%, '믿지 않는다'는 응답이 30%. 그 중 종교계에서는 '믿는다'가 70%, '믿지 않는다'가 28.3%, 비종교계에서는 '믿는다'가 67.3%, '믿지 않는다'가 31.7%

---

128) 이노우에 하루요(井上治代) 저, 위의 책, pp.73~77.
129) 〈이노우에 노부타카(井上順孝), 『제4회 한일 학생 종교의식조사보고』, 2008년 2월〉의 결과에서 필자가 필요한 부분을 정리하였다. 이 조사보고를 인용한 이유는 일본인의 종교의식을 알아보기 위하여 현상을 알 수 있는 앙케트 조사와 같은 보고 자료를 찾았으나, 마땅한 것이 없어 가장 최근에 조사를 실시한 이노우에 노부타카 선생의 자료를 사용하여 필자 나름대로 정리하였다.

로 나타났다.

4. 사후, 영혼의 존재 : 사후에도 영혼은 계속 어딘가에 '존재한다'고 생각하는 사람이 63.9%, '존재하지 않는다'고 생각하는 사람이 35%였으며, 종교계 중, 영혼의 존재를 '믿는다'는 사람이 66.4%였고, '믿지 않는다'는 사람이 32.3%였다.

이것을 표로 나타내면 다음과 같다.

‖ 표10 ‖ 일본인의 불교적 사생관

번호	문항	분류	비율
1	현재의 종교는?	신종교	35.1%[130]
		불교	28.9%
		신도	15.6%

번호	문항	그렇다	아니다
2	부처[131]의 존재를 믿는가?	51.9%	46.4%
3	영혼의 존재를 믿는가?	68.6%	30%
4	사후, 영혼의 존재를 믿는가?	63.9%	35%

이 표에 나타나 있듯이, 일본인들이 가장 많이 믿고 있는 종교는 불교로 나타나 있다. 그 다음이 신도다. 장례 절차뿐만 아니라 믿고 있는

---

130) 신종교의 신도수가 35.1%인 것은 수많은 일본의 신종교 교단의 신자를 합한 숫자이며, 1위라고 하여도 하나의 신종교에 대한 대비숫자가 아니므로 불교의 28.9%라는 숫자가 훨씬 많다.

131) 「부처」란 좁은 의미로는 불교의 시조인 석가를 말하는 것이지만, 본래는 '깨달은 사람'을 의미하는 일반명사를 나타낸다. 또 죽은 사람은 신이 된다는 신앙에서 신(神)과 불(仏)이 동일시되어 그렇게 불리어지게 되었다는 여러 가지 설이 있다고 한다. 여기에서는 물론 불교에서 말하는 부처라는 의미로 사용되었다.

종교도 불교라는 것을 알 수 있다. 여기에서 일본 불교가 어떠한 위치에 있는지를 알 수 있게 한다.

4. 유교·신도·불교로 살펴본 한일 사생관 비교

1) 유교와 신도를 중심으로 한 한일 사생관 비교

지금까지의 내용을 바탕으로 한국의 유교와 일본의 신도를 중심으로 한 한국인과 일본인의 사생관에 대하여 비교한 결과를 살펴보았는데, 이것을 표로 나타내면 다음과 같다.

║표11║ 유교와 신도를 중심으로 한 한일의 사생관

	한국인의 유교적 사생관	일본인의 신도적 사생관
죽음에 대한 인식	죽음은 삶의 연장이고, 삶은 죽음의 연장으로 죽음을 긍정적으로 생각함.	신의 소행이며 재앙으로서 죽음은 궁극적으로 아주 슬픈 일
사후세계	삶과 죽음이 하나의 이치로 별개가 아니라고 생각하여 구체적인 언급은 하지 않음.	사후의 세계인 요미노쿠니를 더럽고 악한 곳이라고 생각하지만, 구체적인 이미지나 묘사는 없다.
이승에 대한 인식	현실에 대한 철저한 긍정적 사고로 이승에 관심 집중	사후의 세계를 없다고 생각하여 현세 중시
귀신·영혼의 의미	있다, 없다고 확실한 언급은 없으나 존재 가능성을 부인하지 않음.	구체적 언급은 없으나, 죽으면 모두 신이 되어 이 세상 사람들과 교류함.
상장의례에 대한 인식	산 자들을 위한 것으로서 산 사람과의 공동체 재정립의 차원. 죽은 자에 대해서는 예의를 다해 공경하는 것	신의 세계로 들어가는 축하의 식으로서 상장의례가 끝나면 케가레를 깨끗이 하여 집안을 지키는 신이 된다고 생각함.

조상숭배 (제사)의 이유	도덕성의 확립과 효(孝)를 심어 주기 위해 행함.	조령(祖靈)에게 자신들의 번영 을 기원하는 행사로 인식함.

위의 표에서 알 수 있듯이, 유교와 신도를 중심으로 한 한국인과 일본인의 사생관을 비교 요약하여 공통점과 차이점을 살펴보면, 다음의 표와 같다.

‖ 표12 ‖ 유교와 신도를 중심으로 한 한일 사생관의 공통점과 차이점

분류		한국인의 유교적 사생관	일본인의 신도적 사생관
공통점		① 사후세계에 관해서는 구체적으로 언급하고 있지 않은 점 ② 현세를 중시하고 있는 점 ③ 영혼에 대한 구체적 언급은 하고 있지 않다는 점 ④ 상장의례는 죽은 자에 대한 예의를 갖추는 의식이라는 점 ⑤ 조상숭배가 살아있는 자들을 위한 것이라는 사실	
차이점	죽음에 대한 인식	죽음을 긍정적으로 받아들이는 점	아주 슬픈 일로 받아들이는 점
	영혼의 존재	영혼의 존재가능성을 부인하지 않음	죽으면 모두 신이 된다고 생각
	조상숭배·상장의례	도덕성과 효를 위해 행함	자손들 번영을 기원하기 위해 행함

2) 불교를 중심으로 한 한일 사생관 비교[132)]

지금까지 살펴보았듯이 불교를 중심으로 한 한국인과 일본인의 사생

---

132) 여기에 제시된 사생관 비교는 졸고「한일 사생관 비교 ―불교를 중심으로―」,
『日本文化硏究』 제32집(2009년)의 것을 보충한 것이다.

관을 비교 요약하여 공통점과 차이점을 살펴보면, 아래의 표와 같다.

┃표13┃ 불교를 중심으로 한 한일 사생관의 공통점과 차이점

분류		한국인의 불교적 사생관	일본인의 불교적 사생관
공통점		① 사후세계를 있다고 생각함 ② 현세를 중시함 ③ 영혼의 존재는 대부분 믿음 ④ 상장의례는 죽은 자에 대한 예의로서 죽은 자의 안녕을 빎	
차이점	죽음에 대한 인식	또 다른 삶의 연장선이라 생각. 극락/천당은 개념적으로는 있다고 생각하나, 실지로는 이 세상에 있다고 생각.	개념으로는 사후의 다른 세상을 생각하나 실지로는 끝이라 생각
	상장의례	3년상이던 것이 불교의 영향으로 10일장 이내로 축소되고, 분묘도 산지로 이동함.	장례의식의 불교화가 정착되어 불교신자가 아니라도 장례는 불교의례로 행함.
	조상숭배	사십구재를 행하고 난 뒤, 매년 기제사를 행함	종교적 의례를 담당하는 수단으로서 33주기 또는 50주기까지 오히려 늘어남.

죽음에 대한 인식이나 영혼의 존재, 조상숭배나 상장의례에 대한 인식은 차이가 있으나 사후세계에 대한 인식과 영혼에 대한 구체적인 언급은 하지 않고 있는 것, 상장의례를 하는 이유라든지 조상숭배를 하는 이유에서 보이는 바와 같이 현세를 중시하는 사상 등은 한국인과 일본인의 공통적인 사생관이라고 할 수 있다.

이상으로 한국인과 일본인의 불교적 사생관을 중심으로 살펴보았는데, 결국 모든 종교는 기존의 토착신앙이나 민속신앙을 배제시키고는 그것을 이야기할 수 없을 것이다.

한국과 일본에서의 불교의 특징을 비교하여 본다면, 일본에서의 불교는 한 마디로 '장례의 불교화'라고 표현할 수 있다. 불교의 교리나 사상적인 면에서의 사생관의 형성에 영향을 주기보다는 이 '장례의 불교화'로 인하여 일반인에게 더 가까이 다가갈 수 있었으며, 의식의 근저에는 신도적인 사생관이 강하다고 할 수 있다.[133]

또한, 한국의 불교 신자들은 서양종교에 비해서 조직력이 약하지만, 불교적 의식 기반은 오히려 튼튼하다고 평가된다.[134]

1절, 2절, 3절에 나타나 있듯이 한국인과 일본인의 사생관을 비교하여 보면, 불교신자는 일본이 많지만, 부처의 존재를 믿는 사람은 한국이 더 많고, 영혼의 존재를 믿는 사람도 일본보다 한국이 더 많음을 알 수 있다. 또 사후세계를 믿는 사람도 일본보다는 한국인들이 더 많다. 그러나 희망하는 장례법에서는 일본이 압도적으로 불교식으로 행하는 사람들이 많다고 나타났다.

이것은 점차 사람들의 의식구조가 현재의 삶에 더 편리하게 변모하여가고 있다고 볼 수 있는데, 사람들의 의식구조가 변모하여간다는 것은 일본의 '장례의 불교화' 현상을 보더라도 현실적 문제와 연계되어 있다고 할 수 있다. 사실, 한국 불교의 경우는 민족종교로서의 성격이 강하기 때문에 현대사회의 변화에 적절하게 대응하는 면이 미약하며, 불교를 학문으로 인식하는 면도 박약한 편이었다.[135]

하지만, 최근 한국의 불교뿐만 아니라 일본의 불교도 대중과의 거리를 가까이 하여 템플스테이를 비롯하여 불교의 의례적인 특징인 참선

---

133) 임순록, 앞의 논문, pp.246~247.
134) 한국종교사회연구소 편, 앞의 책, p.91.
135) 한국종교학회 편,『해방 후 50년 한국종교연구사』도서출판 窓, p.14. 1997년.

등을 이용하여 현대인의 심신의 고통을 해소시켜주는 산사 체험 등 여러 가지 시스템으로, 편리라는 명목 하에 복잡함과 물질만능주의에 시달린 현대인들에게 좋은 어필을 하고 있다.

3) 최근 종교의식 조사에 나타난 한일 사생관

지금까지 한국인의 불교적 사생관과 일본인의 불교적 사생관이 어떠한지 살펴보았다. 그러면 최근 종교의식조사에서 나타난 한국인과 일본인의 사생관은 어떠한지 살펴보기로 하자.

▌표14▐   종교의식조사로 본 한일의 사생관[136]

번호	질문내용	문항	한국	일본
1	종교별 신자의 수	신종교	×	**35.1%**
		불교	16.9%	**28.9%**
		신도	×	15.6%
		개신교	**48.0%**	13.5%
		가톨릭	**31.3%**	×
2	부처의 존재	믿는다	**54.3%**	**51.9%**
		믿지 않는다	39.0%	46.4%
	(종교계)	믿는다	56.1%	54.9%
		믿지 않는다	38.4%	42.4%
3	영혼의 존재	믿는다	**73.8%**	**68.6%**
		믿지 않는다	20.7%	30%
	(종교계)	믿는다	76.0%	70%
		믿지 않는다	20.0%	28.3%

---

136) 이노우에 노부타카(井上順孝),『제4회 한일 학생 종교의식 조사보고』, 2008년 2월. - 에서 발췌 분류.

4	사후, 영혼의 존재	믿는다	70.3%	63.9%
		믿지 않는다	26.8%	35%
	(종교계)	믿는다	70.2%	66.4%
		믿지 않는다	27.2%	32.3%
5	희망하는 장례법	무엇이든 상관없음	27.2%	32.0%
		종교색이 없는 식	25.6%	11.3%
		기독교식	16.6%	3.8%
		가톨릭식	9.9%	×
		불교식	9.6%	37.2%
		신도식	×	4.7%
		하지 않는다	2.4%	6.8%

위의 표를 살펴보면, 한국은 개신교 신자가 압도적으로 많다. 거기에 비하여 일본은 신종교가 많음을 알 수 있다. 물론 집단적인 조사를 실시하다 보니 종교와 관련된 학교에서 앙케트를 실시하여 결과가 그렇게 나왔을 가능성은 배제할 수 없다. 하지만, 개신교 신자는 일본에 비하여 한국이 월등히 많다. 다음이 카톨릭교, 그 다음이 불교이다. 젊은 층일수록 불교보다 개신교에 가까움을 느낄 수 있다. 반면, 일본에서는 신종교 다음으로 불교 신자가 많음을 알 수 있다. 이는 현대 일본에서 의례적인 장례 행사이지만, 불교가 현대인들에게 있어서 필요성이 있음을 보여주는 사실일 것이다.

그 다음으로 불교신자 수는 적지만, 부처의 존재를 믿느냐는 질문에는 일본보다 한국 쪽이 믿는다는 대답이 높다. 이것은 여러 가지 영향이 있을 수 있는데, 그 이유는 성장기 자라온 환경에서 부모의 종교적 영향을 받아 그렇게 생각하는 아닐까? 그 영향으로 현재 불교를 믿지는 않지만, 부처의 존재를 믿고 있는 것이라고 판단된다.

4) 역사적 고찰로 살펴본 한일 사생관의 특징

유교, 신도, 불교를 중심으로 한국인과 일본인의 사생관 비교를 하면
서 알 수 있었던 몇 가지 큰 특징은 다음과 같다.

▌표15▐ 한일 사생관의 특징

	한국	일본
유교	죽음은 삶의 연장이고, 삶은 죽음의 연장으로 죽음을 긍정적으로 생각하며, 조상숭배는 도덕성의 확립과 孝를 심어주기 위하여 행하였으나 현대는 변화를 보이고 있다. 과거 유교적인 장례형태에서 벗어나 현재 납골당이나 불교적인 화장을 정부 및 사회 차원에서 유도하여 많은 변화가 있었음	
신도		신의 소행이며, 재앙으로서 죽음은 궁극적으로 아주 슬픈 일이며, 사후의 영혼은 언제까지나 이 세상에 머물러서 계속 교류함
불교	사후세계를 인정하며, 현세를 중시함. 불교의 영향으로 장례방식이 축소되었으며, 불교적인 저승관을 가지게 됨	종교를 담당하는 수단으로서 장례의식이 불교화로 이미 의례화되어 정착되어 있음

또한, 이러한 한국인과 일본인에게 있어서의 사생관의 특징을 다음
과 같은 그림으로 나타낼 수 있을 것이다.

▌그림1▌ 한국인과 일본인의 사생관의 특징

본고는 위의 표와 그림에 나타나 있듯이, 한국인과 일본인의 사생관을 비교함으로써 한국인과 일본인의 여러 가지 행위에 대한 이해나 인식이 가능하였다고 생각된다.

예를 들면, 일본인들이 역사 속의 사실(史實)로 말미암아 한국을 위시하여 동아시아인들이 싫어하는 야스쿠니(靖国) 신사의 참배를 왜 그렇게 행하는지 이러한 한일비교를 함으로써 그 이유를 알 수 있었고, 이해를 할 수 있었다는 점이다(물론 이것이 일부 일본 지도자들의 정치적인 목적을 가진 참배가 아닌 경우일 때에 해당하겠지만, 참배하는 그 행위 자체에 대하여서는 이해가 가능하였다).

그러나, 여기서 몇 가지 필자가 명기해 두고 싶은 점은,

① 한국의 유교는 한국의 전통적인 무속신앙과 불교와 습합하여 중국
   에서 수입된 그대로의 유교가 아니라, 한국적 유교로 변모한 점

② 유교뿐만 아니라, 한국의 종교는 거의 대부분이 무속적이며 불교적, 도교적인 부분을 포함하고 있다는 점이며, 한국사회는 불교, 유교, 도교, 기독교 등 다양한 종교가 들어와서 영향을 미쳤다. 한국에 유입된 모든 종교들은 한국 고유의 무속신앙이나 토착신앙과 결합한 형태를 나타내고 있음 또한 배제할 수 없다는 점[137]

③ 일본 신도에서 바라보는 사생관 역시 일본의 불교 및 민속신앙과 습합하여 이루어져있다는 점

④ 종교라는 것이 사상이나 철학과 마찬가지로 생활 속에 젖어있는 인간의 인식체계이므로 그 시대구분을 명확하게 할 수 없었다는 점

⑤ 일본에서는 「사생관」이라는 용어의 정의 및 「사생학」이라는 학문에 대한 정립이 이미 시작되어 있으나, 한국에서는 그 용어 사용의 통일성 및 「사생학」이라는 학문에 대한 명확한 연구가 아직 시작되고 있지 않다는 점

⑥ 일반인의 사생관이라기보다는 지식인의 사생관이라는 점

등이 전제조건으로 되어 있어 비교분석이 용이하지 않았다는 것이다.

이러한 전제조건으로 인하여, 한국의 유교나 일본의 신도는 오랜 역사 속에서 변천을 거듭하여 그 경계가 모호하여 비교분석이 쉽지는 않았다고 생각한다. 하지만, 한국인과 일본인의 사생관에서 나타난 여러 가지 공통점과 차이점은 무엇을 의미하는지, 또한, 죽음의 인식에 대한 접근방법으로서 사생관에 대한 다른 종교와의 비교분석도 계속하여 생명공학과 같은 과학의 획기적인 발전이 야기하는 사회적·도덕적·윤리적인 여러 가지 문제와도 관련시켜 그 해결에 도움을 주는 일은 앞으로의 과제로 삼고자 한다.

---

137) 김열규·김석수·박선경·허용호 공저, 앞의 책, pp.106~107, 2001년.

제3부

현상적 고찰로 살펴본
현대 한국인과 일본인의 사생관

모든 인간은 죽음이라는 커다란 사건에 직면하여, 자신의 문화적 토양 안에서 특유한 형식으로 가치 체계를 세우며, 그 민족의 생명 존재에 일정한 의미를 부여함으로써, 이를 정신적인 핵심으로 하는 민족문화의 체계를 형성한다. 따라서 인간의 죽음에 대한 의식 및 심리적 태도는 그 민족성의 특질을 이룬다. 이러한 측면에서 볼 때 그 민족의 사생관을 조사하여 보는 것은, 그들이 가지고 있는 심리적인 기본 특질을 투시함으로써 문화의 심층에 존재하는 기본 시각을 드러내는 데 큰 의의가 있다고 하겠다.

다시 말해, 이 조사연구는 종교적 환경, 또는 비종교적 환경 속에서 개인이 갖게 되는 영혼과 사후세계, 죽음에 대한 일반인의 인식과 태도를 종합적으로 파악하여 한국과 일본의 문화에 근거한 사생관은 물론, 나아가서는 생명윤리관의 토대 확립을 위한 기초자료 마련에 기여할 것이라고 생각한다.

Ⅳ
빈도분석을 통한
한국인과 일본인의 사생관

1. 조사의 목적과 의의

1) 조사의 목적

앞의 2장, 3장에서는 한국과 일본의 사생관 연구의 현황 및 유교·신도·불교의 영향 하에 형성된 한국인과 일본인의 일반적 사생관(死生観)에 대한 역사적 고찰을 통하여, 한국과 일본의 종교문화에서 나타나는 사생관의 형성과정과 사유구조를 역사적으로 추적, 확인하여 보았다.

이제 제4장에서는 ① 설문조사에 의한 데이터의 분석을 통하여, 현대 한국인과 일본인의 삶과 죽음에 대한 의식이 어떠한 특징과 변용을 보이는지, 그리고 그러한 특징과 변화 양상들이 어떻게 형성되었는지를 밝힌 다음, ② 이러한 개인의 종교적 환경과 사생관 형성에 주목하여 한국인과 일본인의 사생관에 어떠한 문화적 인식의 차이를 보이고 있는지 그 현상적 고찰을 하려는 것이다.

즉, 한국인과 일본인들이 가지고 있는 영혼과 사후세계에 대한 인식 및 죽음에 대한 태도가 인구통계학적 특성 및 종교적 환경 속에서 어떠한 인식과 태도를 가지며, 어떠한 차이를 가지고 있는지, 그리고 영혼과 사후세계에 대한 입장이 죽음에 대한 태도와 어떠한 관련성을 갖는지를 종합적으로 조사·분석한다.

이와 같이 "현대 한국인과 일본인의 사생관에 대한 수량적 분석", 그리고 "종교인과 비종교인의 죽음에 대한 인식의 인과관계에 대한 연구"를 통해서, 한국인과 일본인에게 있어서의 사생관 형성에 대한 양상과 아울러 삶과 죽음에 대한 의미부여 및 해석을 새로이 하려는 것이다. 따라서 본고를 통해서 첫째, 한국인과 일본인들의 현세와 내세에 대한 의식구조에 있어서 공통점과 차이점을 확인하고, 둘째, 그러한 사생관의 공통점과 차이점이 현실세계에서 어떻게 반영되어 있는지를 규명하고, 셋째, 이러한 한일 양국의 사생관에 대한 비교분석을 통해서 양국의 종교문화의 사회적 존재방식을 도출하려는 것이다.

따라서, 제3부에서는 개인의 종교적 환경과 사회적으로 가지고 있는 통념 속에서 죽음에 대한 태도에 주목하여 살펴보고자 하는 것이다.

2) 조사의 의의와 한계

모든 인간은 죽음이라는 커다란 사건에 직면하여, 자신의 문화적 토양 안에서 특유한 형식으로 가치 체계를 세우며, 그 민족의 생명 존재에 일정한 의미를 부여함으로써, 이를 정신적인 핵심으로 하는 민족문화의 체계를 형성한다. 따라서 인간의 죽음에 대한 의식 및 심리적 태도는 그 민족성의 특질을 이룬다. 이러한 측면에서 볼 때 그 민족의 사생관을 조사하여보는 것은, 그들이 가지고 있는 심리적인 기본 특질을 투시함으로써 문화의 심층에 존재하는 기본 시각을 드러내는 데 큰 의의가 있다고 하겠다.

다시 말해, 이 조사연구는 종교적 환경, 또는 비종교적 환경 속에서 개인이 갖게 되는 영혼과 사후세계, 죽음에 대한 일반인의 인식과 태도를 종합적으로 파악하여 한국과 일본의 문화에 근거한 사생관은 물론, 나아가서는 생명윤리관의 토대 확립을 위한 기초자료 마련에 기여할 것이라고 생각한다.

그러나 설문조사를 하는 데 있어서 필자로서 다음과 같은 몇 가지 한계점이 있었음을 밝힌다.

1. 필자 개인의 조사연구인 관계로 조사요원의 투입 등이 불가능하여 여러 가지 면에서 결과가 편중될 가능성을 배제할 수 없다고 본다. 조사가 손쉬운 필자의 지인들 중심이 되어 조사대상의 범위에 한정성이 있었음을 밝힌다. 따라서 연령층이나 학력, 직업, 조사지역 등에 편중성의 가능성을 배제할 수 없다.

2. 조사대상에 대한 연령층의 다양성에 있어서도 편중이 있었다. 조사가 쉬운 학생 중심이 되지 않을까 우려하였는데, 우려한대로 일본의 조사대상은 아무래도 학생 중심이 될 수밖에 없었다. 한국에서는 20대, 30대, 40대의 수가 조금 많은 편이었으나, 10대, 50대 이상도 그리 적지는 않았다. 일본에서는 10~20대의 수가 많아 연령층이 일부 편중되었음을 밝힌다.

3. 한국과 일본의 조사 비율에 있어서도 한국이 일본보다 숫자적으로 조금 많았으며, 지역별 조사도도 한국에서는 필자가 살고 있는 부산권 중심이 되었다. 일본에서도 필자의 지인이 많은 칸사이지방에 집중되어 부산 근교와 칸사이지방이 많은 편이었다. 그

러나 한국과 일본의 조사자수에 있어서 필자가 살고 있는 한국이 많았으나, 일본의 조사자수도 일반적으로 사회과학적 조사방법의 결과에 있어서 보편적·일반적이라고 할 수 있는 200부 이상이므로 그 비교가 충분히 가능하다고 판단한다.

4. 또한, 문답식 설문이 필요한 부분이 있었으나, 그것은 불가능하여 그룹별 설문지식의 조사를 할 수밖에 없었는데, 필자의 지인들 중심으로 그 조사대상의 범위를 넓혀가다 보니 아무래도 조사대상자의 학력과 연령, 성별, 지역적으로 편중이 있을 수밖에 없었다는 한계점을 배제할 수 없다.

5. 현재의 종교는 무엇입니까? 라는 질문에 있어서, 한국인의 경우, 1년에 한 번, 석가탄신일에 절에 가면서도 불교 신자라고 응답하는 것이며, 일본인의 경우, 상장의례를 절에서 행하고, 인생의 통과의례를 신사에서 행하면서도 종교는 다른 종교일 가능성이 있다는 것이다. 즉, 다르게 말하자면, 한국인과 일본인에게 있어서 종교에 대한 유연성이 있다고 말할 수 있을 것이다.

3) 연구문제

앞에서 언급한 연구 목적을 위하여 본 조사에서는 다음과 같은 연구문제를 검토하기로 한다. 첫째, 한국인과 일본인의 일반적인 죽음에 대한 태도를 묻는 것으로 ①죽음에 대한 두려움에 대한 인식, ②가족이나 친지의 간접적인 죽음의 경험은 자신에게 어떠한 영향을 끼치는지, ③ 죽음에 대한 개념 등의 문제를 분석하여 본다. 둘째, 사후세계에 대한 인식을 묻는 것으로 ①사후세계가 있다고 생각하는지, ②사후세계에 대한 이미지는 어떠한지를 분석한다. 셋째, 영혼에 대한 인식 및 환생에 대한 믿음을 묻는 것으로 ①영혼의 존재에 대한 인식, ②환생에 대한 믿음의 여부 ③영적 존재에 대한 믿음 등에 대한 것을 조사·분석하여 결론적으로, 종교인(현재 종교를 가지며, 어느 한 종교를 믿고 있는 사람)과 비종교인(현재 종교를 가지고 있지 않으며, 아무런 종교를 믿고 있지 않은 사람)에게는 이러한 인식들이 ①어떠한 차이가 있는지, ②어떠한 상관성이 있는지 등을 알아보고자 한다. 따라서 국적, 본인의 종교 유무를 독립변수로 설정하고, 한국인과 일본인의 죽음에 대한 인식·영혼관·사후세계관 등을 심층적으로 파악하기로 한다.

4) 조사의 개요

다단계 집락·유의표집추출법에 의하여 표본설계를 한 다음, 국적, 지역을 설정하여, 그 틀을 기초로 한국과 일본의 대응하는 지역에 2009년 10월부터 12월에 걸쳐 설문지를 이용한 조사를 실시하였다. 한국에서 450부, 일본에서 300부의 설문지를 배부하여 한국에서는 442부를 회수하였고, 일본에서는 293부를 회수하여 분석 자료로 이용하였다. 735명의 유효응답자에 대하여 빈도분석과 교차분석을 통한 기술통계학적 분석을 실시하였다. 분할표에서는 무응답을 포함시켰지만 교차표에서는 시각적 편의를 위하여 무응답을 제외하고 분석하였다.

조사 개요에 대한 내용을 정리하면 다음 표와 같다.

번호	분류	내용
1	조사 기간	2009년 10월 1일~12월 31일
2	조사 대상	한국과 일본의 국적을 가진 사람
3	조사 지역	한국의 서울 근교와 부산 근교, 일본의 동경 근교와 칸사이 지역
4	조사방법	설문 배포 후 수거
5	질문 문항	· 개인의 속성에 관한 질문 9문항 · 죽음에 대한 일반적인 질문 22문항 · 사후세계에 대한 질문 13문항
6	통계방법	SPSS Win을 이용한 빈도분석과 교차분석을 실시하여 통계 처리
7	분석방법	· 개인의 속성에 관한 질문은 빈도분석 처리 · 죽음에 대한 일반적인 질문과 사후세계에 대한 질문은 종교인과 비종교인으로 나누어 교차분석 처리

2. 빈도분석을 통한 설문조사 결과보고

1) 인구학적 속성

사생관에 대한 의식 실태조사(부록1, 부록2) 설문지는 한국의 서울과 부산 근교, 일본에서는 동경과 칸사이지방을 중심으로 실시하였는데, 아무래도 일본(n=300)보다는 한국(n=450)에서의 조사대상자가 많을 수밖에 없었으나, 일본의 조사대상자도 293명이나 되므로 표본의 대표성은 높다고 할 수 있다. 한국에서는 450부 중, 442부가 입수되어 98.2%의 수집률을 보였으며, 일본에서는 300부 중, 293부가 입수되어 97.7%의 수집률을 보여, 평균 98.0%의 수집률을 보였다.

설문대상자에 있어서 한일 간의 약간의 편중과 종교에 있어서 각 종교의 평균적인 비율과는 약간 어긋나 있고, 무작위 샘플링이 이루어지지 못하여 신뢰수준 및 표본오차, 그리고 2차적 통계분석은 할 수 없었다는 단점은 있었다. 그러나 정확한 통계적 신뢰도를 측정할 수는 없었으나, 응답자의 수가 700부 이상으로 전체 98.0%가 되기 때문에 각 문항에 대한 분석에 있어서는 충분히 표본의 대표성은 도출해낼 수 있다고 본다. 따라서 본 설문조사가 연령층이나 지역별, 종교별로 다소 편중이 가하여졌다고는 하여도 여기서 제시되는 통계적 수치는 설문조사를 통한 수량적 접근에 의한 것으로서 사실판단에 의거한 것이므로 한국인과 일본인의 사생관에 대한 성향 파악이 객관적으로 가능하다고 판단된다.

우선, 표16)부터 표27)까지는 인구학적 속성에 관한 질문을 빈도분석한 것으로 한국과 일본에 있어서 다음과 같은 특징을 가진다.

(1) 국적(nationality)별 분포

표16)은 한국과 일본의 응답자를 국적별로 나눈 것이다. 한국인의 경우, 전체 442명 중, 무응답자가 1명이 있어 99.8%의 유효율을 보였으며, 일본인의 경우도 전체 293명 중, 무응답자가 1명이 있어 한국과 마찬가지로 99.7%의 유효율을 보였다. 국적은 한국에 거주하는 일본인과 일본에 거주하는 한국인도 각각의 국적 속에 포함시켜 분석하였다.

║ 표16 ║ 국적별 분포

			빈도	유효퍼센트
유효	1.00	한국	441	99.8
	2.00	일본	292	99.7
	합계		733	평균 99.8

(2) 성별(sex) 분포

표17)은 응답자의 남녀 비율을 나타낸 것으로서 한국이나 일본 모두 여성 응답자가 많은 것으로 나타났다. 한국의 경우, 여성이 차지하는 비율이 남성의 비율보다 약간 높은 편으로 남성이 차지하는 비율이 47.7%(n=211)이고, 여성이 52.0%(n=230)의 성비를 나타내어 그렇게 많은 차이는 없었다. 일본에서는 남성이 차지하는 비율이 39.6%(n=116)이고, 여성이 60.1%(n=176)의 비율을 보여 여성이 약 20% 정도가 많은 편이었다. 일본의 경우는 한국의 4.3%(n=19)에 비하여 20.5%(n=60)라는 꽤 많은 차이를 보이고 있어 일본 응답자는 여성에게 약간 편중되어 있음을 밝힌다.

그러나, 여성에게 편중되어 있더라도 본고에서는 남성과 여성의 인식에 약간의 차이는 있을 수 있으나, 남녀 인식의 차이를 도출하는 것이 아니므로 한일 비교분석에 있어서 큰 영향은 없을 것으로 판단된다.

▌표17▌ 성별 분포

한국		빈도	퍼센트	유효퍼센트	누적퍼센트
유효	남성(m)	211	47.7	47.7	47.7
	여성(f)	230	52.0	52.0	99.7
	합계	441	99.8	99.8	100.0
	무응답	1	0.2	100.0	
합계		442	100.0		

일본		빈도	퍼센트	유효퍼센트	누적퍼센트
유효	남성(m)	116	39.6	39.6	39.6
	여성(f)	176	60.1	60.1	99.7
	합계	292	99.7	99.7	100.0
	무응답	1	0.3	100.0	
합계		293	100.0		

	남성		여성	
한국	211	47.7%	230	52.0%
일본	116	39.6%	176	60.1%

▌그래프7▐ 한일 응답자의 남녀비율

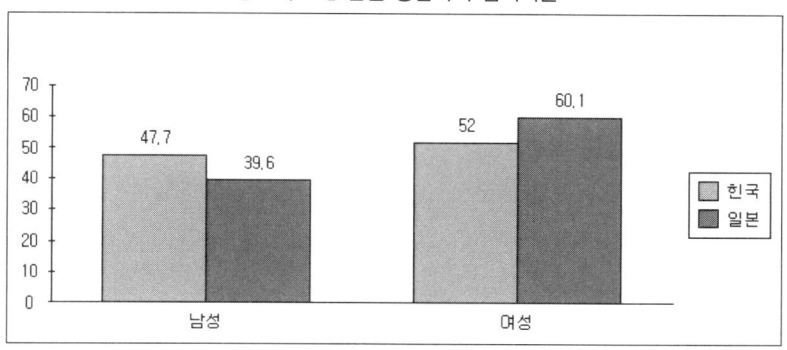

(3) 혼인상태별 분포

결혼 여부를 묻는 문항에서는 한국은 미혼보다 기혼이 많은 반면, 일본의 응답자는 대학생들이다 보니 미혼이 압도적으로 많았다.

표8)에서 볼 수 있듯이, 한국인의 경우, 기혼이 53.2%(n=235)이고, 미혼이 43.0%(n=190)로 나타났으나, 일본인의 경우는 기혼이 6.8% (n=20)이고, 미혼이 89.8%(n=263)로 나타났다.

이미 결혼하였다는 사실과 아직 미혼이라는 것에서 사생관에 어떤 차이가 있을지는 선행연구에도 없어서 잘 알 수 없으나 이것은 차후 연구할 과제로 남겨둔다.

‖ 표18 ‖ 혼인상태별 분포

한국		빈도	퍼센트	유효퍼센트	누적퍼센트
유효	미혼	190	43.0	43.0	43.0
	기혼	235	53.2	53.2	96.2
	이혼/별거	5	1.1	1.1	97.3
	사별	7	1.6	1.6	98.9
	기타	2	0.5	0.5	99.4
	합계	439	99.3	99.3	100.0
	무응답	3	0.7	0.7	
합계		442	100.0	100.0	

일본		빈도	퍼센트	유효퍼센트	누적퍼센트
유효	미혼	263	89.8	89.8	89.8
	기혼	20	6.8	6.8	96.6
	이혼/별거	6	2.0	2.0	98.6
	사별	1	0.3	0.3	98.9
	기타	1	0.3	0.3	99.2
	합계	291	99.3	99.3	
	무응답	2	0.7	0.7	100.0
합계		293	100.0	100.0	

	미혼		기혼	
한국	190	43.0%	235	53.2%
일본	263	89.8%	20	6.8%

‖ 그래프8 ‖ 한일 응답자의 혼인상태

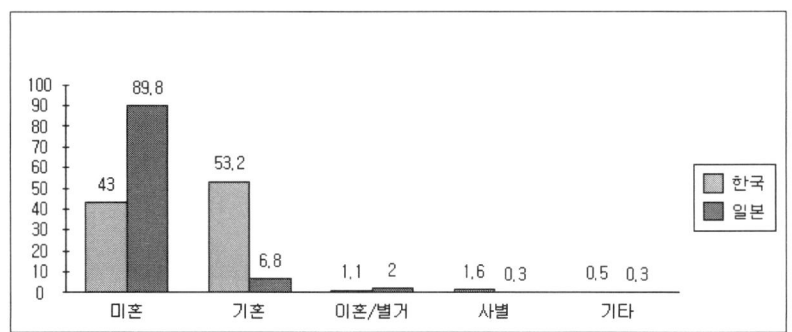

현대 한국인과 일본인의 사생관

(4) 연령(age)별 분포

표19)는 응답자를 연령별로 나눈 것인데, 그 평균연령을 살펴보면, 한국은 평균 34.23세로 나타났고, 일본은 아무래도 대학생의 비율이 높아 평균 23.11세로, 한국과 비교하여 11.12세가 낮게 나타났다.

연령대별로 보면, 한국의 경우, 10~20대가 120명으로 31%였고, 30~40대가 184명 52%로 제일 많았으며, 50~60대가 59명으로 17%였다. 한국은 연령대가 30~40대가 전체의 반 정도를 차지하였다. 일본의 경우, 10~20대가 258명으로 88.4%, 30~40대가 23명으로 6.2%, 50~60대가 9명으로 2.5%였는데, 이는 필자 개인의 조사라 단체표집이 쉬운 대학을 중심으로 하다 보니 10~20대에 편중되어 있음을 밝힌다.

그러나 여기서 한국과 일본의 연령 분포에 있어서, 한국이 일본보다 연령 분포가 높은 이유의 예로서 다음의 이유를 들 수 있다. 이유는 두 가지로 해석할 수 있다. 첫째, 아무래도 일본의 조사에서는 지인을 통하여 대학에 의뢰하여 단체표집을 하다 보니 대학생의 응답자수가 많았다고 볼 수 있다. 둘째는 한국의 대학생들은 남자의 경우, 군대라는 필수적인 단계가 있어 군대에 갔다 와서 복학한 학생들이 많기 때문에 같은 대학생을 대상으로 조사를 하여도 평균연령이 높아질 수밖에 없다. 또, 요즈음의 한국에서는 어학연수를 위하여 매년 같은 학과 학생들이 반 이상이 휴학을 하지 않는 학생이 없는 실정이고 보면, 평균연령에 있어서 한국 응답자의 평균연령이 높은 것은 당연하다고 할 수 있을 것이다. 셋째, 한국과 일본에서 나이를 세는 방법이 다르다는 것을 간과하여서는 안 될 것이다. 한국에서는 어머니의 뱃속에 있을 때도 나이에 포함하기 때문에, 일본보다는 평균연령이 높을 수 있다는 것이다. 물론, '만' 나이라고 되어있으나, 습관적으로 한국에서 사용하는 나이 계산법에 따라 기입하였을 가능성도 배제할 수 없기 때문에 연령별 분포에 있어서, 한국이 높을 수밖에 없음을 감안하여야 할 것이다.

이로써 한국과 일본의 연령별 분포에 있어서 차이가 있다고 인정되나, 연령별 비교를 하는 것이 아니므로 한일 간의 비교에 있어서 큰 문제는 없다고 판단된다.[1]

‖표19‖ 연령별 분포

한국	N	최소값	최대값	평균	표준편차
나이	441	12.00	78.00	**34.2313**	12.8575
유효수(목록별)	441				

일본	N	최소값	최대값	평균	표준편차
나이	292	18.00	75.00	**23.1096**	8.4854
유효수(목록별)	292				

	10대		20대		30대		40대		50대 이상	
한국	56명	12.7%	**128명**	**29.0%**	97명	21.9%	101명	22.9%	59명	13.3%
일본	91명	31.1%	**167명**	**57.0%**	17명	5.8%	7명	2.4%	10명	3.4%

---

1) 왜냐하면, 본 설문조사 자료를 이용하여, 2010년 5월 1일, 동아시아일본학회(개최 : 청주대학교)에서 「한일 청년층의 죽음에 대한 인식 —종교인과 비종교인의 인식 차이를 중심으로—」라는 제목으로 발표한 적이 있었다. 그 발표원고를 작성할 때, 10대에서 30대까지의 자료만으로 분석하였는데, 이 결과와 전체를 비교분석한 결과에 그다지 큰 차이가 없었다. 필요시, 자료 첨부.

■ 그래프9 ■ 한일 응답자의 연령 분포

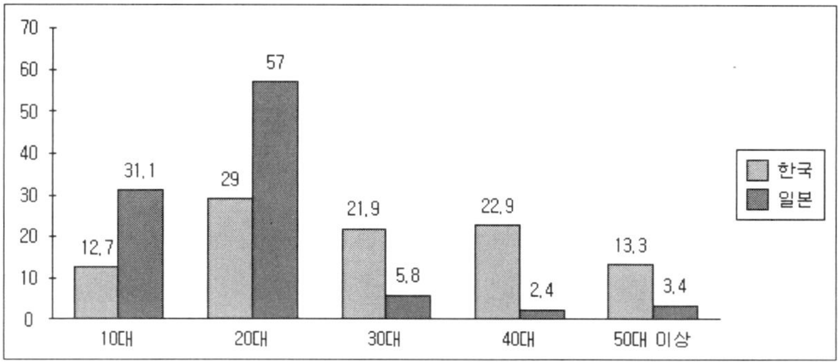

(5) 학력(educational background)별 분포

표20)은 학력별 분포를 나타낸 것으로, 한국의 경우, 대학이 59.0%(n=261), 대학원이 7.5%(n=33)로 대학 이상이 66.5%(n=294)였으며, 고졸이 28.1%(n=124)로 나타났다. 일본의 경우는 대학이 84.3%(n=247), 대학원이 8.5%(n=25)로 대학 이상이 92.8%(n=272)였으며, 고졸이 5.5%(n=16)로 나타났다. 일본에서 학력이 대학 이상으로 높은 이유는, 조사 대상자가 대학생이 대부분이었기 때문이다. 고졸 이상의 학력이 한국은 94.6%(n=418), 일본은 98.3%(n=288)로 나타나 한일 응답자의 대부분이 고졸 이상의 높은 학력을 가진 사람들이었다.

■ 표20 ■ 학력별 분포

	한국	빈도	퍼센트	유효퍼센트	누적퍼센트
유효	중학	15	3.4	3.4	3.4
	고교	124	28.1	28.1	31.5
	대학	**261**	59.0	59.0	90.5
	대학원	33	7.5	7.5	98.0
	기타	6	1.4	1.4	99.4

		빈도	퍼센트	유효퍼센트	누적퍼센트
	합계	439	99.3	99.3	100.0
	무응답	3	0.7	0.7	
합계		442	100.0		

	일본	빈도	퍼센트	유효퍼센트	누적퍼센트
유효	중학	3	1.0	1.0	1.0
	고교	16	5.5	5.5	6.5
	대학	247	84.3	84.3	90.8
	대학원	25	8.5	8.5	99.3
	기타	2	0.7	0.7	100.0
합계		293	100.0	100.0	

	고교		대학		대학원	
한국	124	28.1%	261	59.0%	33	7.5%
일본	16	5.5%	247	84.3%	25	8.5%

■ 그래프10 ■ 한일 응답자의 학력 분포

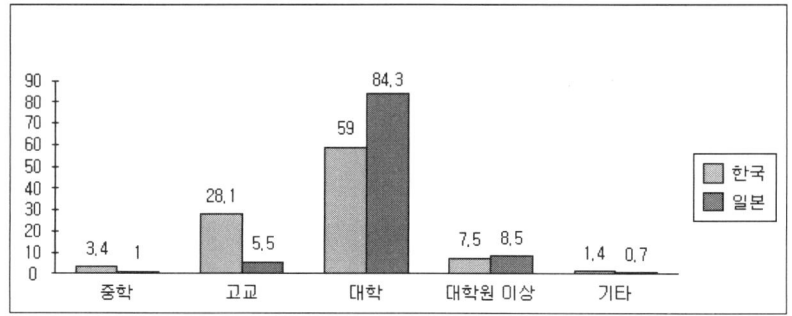

(6) 종교(religion)별 분포

표21)에서 알 수 있듯이, 종교별 분포에 있어서, 종교는 한국의 경우, 종교를 가지고 있지 않은 사람이 35.3%(n=156)로 제일 많았다. 불교가 25.8%(n=114), 개신교가 24.9%(n=110)로 거의 비슷한 수준으로 나타났으며, 카톨릭이 7.2%(n=32)로 나타났다. 여기서 기타 종교를 가진 사람

이 6.1%였는데, 그 중, 한국SGI를 믿는 응답자 5.2%(n=23)가 기타 속에 포함되어 있다.

일본의 경우도 종교를 가지고 있지 않은 사람이 46.1%(n=135)로 한국보다 10% 정도의 더 많은 사람이 무종교인 셈이다. 또, 불교 신자가 37.5%(n=110)로 나타났으며, 기타 10.5%(n=31) 중, 천리교 신자가 5.1%(n=15) 있었다.

여기서 몇 가지 특기할 점은, 일본에서는 기독교 신자가 한국에 비하여 압도적으로 많다. 다시 말해, 기독교가 일본에서는 뿌리내리지 못하고 있음을 알 수 있다.[2] 「개신교」라는 용어 사용에 관한 것으로 기독교라는 용어를 사용하지 않았다. 한국에서 「기독교」라고 하면, 일반적으로 프로테스탄트를 말하는 것으로, 카톨릭(천주교)은 포함시키지 않는다. 따라서 천주교 신자들과 혼돈의 우려가 있어 개신교라고 칭하였다.

‖ 표21 ‖ 종교별 분포

한국		빈도	퍼센트	유효퍼센트	누적퍼센트
유효	불교	114	25.8	25.8	25.8
	개신교	110	24.9	24.9	50.7
	천주교	32	7.2	7.2	57.9
	기타(KSGI)	23	5.2	5.2	63.1
	기타	4	0.9	0.9	64.0
	무종교	156	35.3	35.3	99.3
	합계	439	99.3	99.3	100.0
	무응답	4	0.9	0.9	
합계		442	100.0	100.0	

---

2) 2010년 5월 현재, 복음화율 0.44%(인구1억2,700만에 557,000명 개신교 신자)에 불과하다. 455년의 기독교역사(개신교는 145년)지만 교회는 7,900개에 불과하다. http://cafe.daum.net/chowk0208/KeYf/831 에서 참고.

일본		빈도	퍼센트	유효퍼센트	누적퍼센트
유효	불교	110	37.5	37.5	37.5
	개신교	5	1.7	1.7	39.2
	천주교	5	1.7	1.7	40.9
	기타(신도)	3	1.0	1.0	41.9
	기타(천리교)	15	5.1	5.1	47.0
	기타	13	4.4	4.4	51.4
	무종교	135	46.1	46.1	97.5
	합계	286	97.6	97.6	100.0
	무응답	7	2.4	2.4	
합계		293	100.0	100.0	

	불교		개신교		카톨릭		기타		무종교	
한국	114	25.8%	110	24.9%	32	7.2%	27	6.1%	156	35.3%
일본	110	37.5%	5	1.7%	5	1.7%	31	10.5%	135	46.1%

‖ 그래프11 ‖ 한일 응답자의 종교 분포

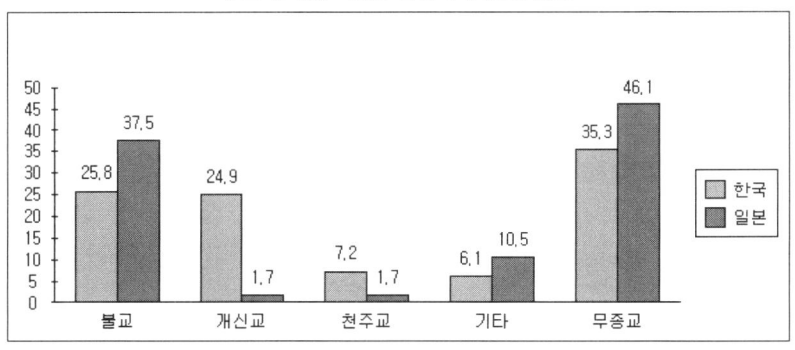

종교인이라고 하면, 현재, 어느 하나의 종교를 가지고, 그것을 믿으
며 일정한 종교 활동을 하고 있는 사람을 가리킨다. 비종교인이라고
하면, 현재, 아무런 종교를 가지지 않고, 일정한 종교 활동도 행하고
있지 않는 사람을 가리키는 것으로 이러한 사람을 종교인과 비종교인
이라 규정지어 분석하였다. 질문지에서 불교, 개신교(프로테스탄트), 카

톨릭, 무종교(현재, 아무런 종교를 믿지 않고 있으며, 종교 활동을 하지 않고 있는 사람으로 비종교인과 동일)와 기타 문항이 설정되어 있어 3대 기성종교를 믿고 있지 않은 사람은 괄호 속에 직접 쓰게끔 되어 있다. 따라서 자신이 믿고 있는 종교에 대한 확실성이 있는 사람은 충분히 자기 의사를 표시할 수 있는 문항이라고 판단된다. 종교 활동을 하지 않고 있는데, 종교 자체는 믿는다든지 하는 그런 애매한 질문 문항은 아님을 밝힌다.

표22)에 나타난 바와 같이, 한국의 경우, 어느 하나의 종교를 믿고 있다고 응답한 종교인은 64.0%(n=283)였고, 비종교인(무종교라고 응답한 사람)은 35.3%(n=156)로 나타났다. 일본의 경우, 종교인은 51.5% (n=151)였고, 비종교인은 46.1%(n=135)로 나타났다. 따라서 한국이 일본보다 종교인의 비율이 12.5%가 더 많은 것으로 나타났고, 일본이 한국보다 비종교인의 비율이 10.8% 더 많은 것으로 나타났다.

▌표22▐ 종교인과 비종교인의 비율

	종교인		비종교인	
한국	283명	64.0%	156명	35.3%
일본	151명	51.5%	135명	46.1%

▌그래프12▐ 한일 응답자의 종교인과 비종교인의 비율

(7) 가족 종교(A religion of a family genealogy) 분포

가족종교에서는 부친과 모친, 형제와 배우자, 자식의 종교를 살펴보았다. 개인의 종교적 가치관에 가장 영향을 많이 주는 사람이 가족 중에서는 부모일 것이라고 생각되는데, 표23)에 나타나 있듯이, 한국의 경우, 종교를 가지고 있는 부친이 46.2%(n=204)였으며, 모친이 종교를 가지고 있는 경우는 66.1%(n=292)로 부친의 경우보다 19.9%(n=88)가 더 많은 편이었다. 또, 종교를 가지지 않은 부친이 31.0%(n=137)였으며, 모친은 19.9%(n=88)로 나타났다.

일본의 경우, 표24)에서와 같이, 종교를 가지고 있는 부친이 58.0%(n=170)였고, 모친이 58.4%(n=171)로 나타났으며, 종교를 가지고 있지 않은 부친은 33.8%(n=99), 모친은 34.5%(n=101)로 나타났다. 부친이 종교를 가진 경우가 한국보다 일본이 11.8% 정도가 더 많았다. 이처럼 한국의 부친보다 일본의 부친이 종교를 가진 응답자가 더 많았다.

또한, 표25)는 한국과 일본에 있어서 직접 양육자인 부모를 종교인과 비종교인으로 나눈 것이다.

‖표23‖ 한국의 가족 종교

한국(부친종교)		빈도	퍼센트	유효퍼센트	누적퍼센트
유효	불교	124	28.1	28.1	28.1
	개신교	50	11.3	11.3	39.4
	천주교	23	5.2	5.2	44.6
	기타	7	1.6	1.6	46.2
	무종교	137	31.0	31.0	77.2
	합계	341	77.1	77.1	
	무응답	101	22.9	22.9	100.0
합계		442	100.0	100.0	

한국(모친종교)		빈도	퍼센트	유효퍼센트	누적퍼센트
유효	불교	**175**	39.6	39.6	39.6
	개신교	71	16.1	16.1	55.7
	천주교	36	8.1	8.1	63.8
	기타	10	2.3	2.3	66.1
	무종교	**88**	19.9	19.9	86.0
	합계	380	86.0	86.0	100.0
	무응답	62	14.0	14.0	
합계		442	100.0	100.0	

한국(형제종교)		빈도	퍼센트	유효퍼센트	누적퍼센트
유효	불교	91	20.6	20.6	20.6
	개신교	74	16.7	16.7	37.3
	천주교	26	5.9	5.9	43.2
	기타	12	2.7	2.7	45.9
	무종교	134	30.3	30.3	76.2
	합계	337	76.2	76.2	100.0
	무응답	105	23.8	23.8	
합계		442	100.0	100.0	

한국(배우자종교)		빈도	퍼센트	유효퍼센트	누적퍼센트
유효	불교	47	20.0	20.0	20.0
	개신교	41	17.4	17.4	37.4
	천주교	14	6.0	6.0	43.4
	기타	25	10.6	10.6	54.0
	무종교	57	24.3	24.3	78.3
	합계	184	78.3	78.3	100.0
	무응답	51	21.7	21.7	
합계		235	100.0	100.0	

한국(자식종교)		빈도	퍼센트	유효퍼센트	누적퍼센트
유효	불교	28	11.9	11.9	11.9
	개신교	36	15.3	15.3	27.2
	천주교	10	4.3	4.3	31.5
	기타	20	8.5	8.5	40.0
	무종교	62	26.4	26.4	66.4

	합계	156	66.4	66.4	100.0
	무응답	79	33.6	33.6	
합계		235	100.0	100.0	

<table>
<tr><td colspan="6" align="center">▌ 표24 ▌ 일본의 가족종교</td></tr>
</table>

일본(부친종교)		빈도	퍼센트	유효퍼센트	누적퍼센트
유효	불교	141	48.1	48.1	48.1
	개신교	4	1.4	1.4	49.5
	천주교	2	0.7	0.7	50.2
	기타	23	7.8	7.8	58.0
	무종교	99	33.8	33.8	91.8
	합계	269	91.8	91.8	100.0
	무응답	24	8.2	8.2	
합계		293	100.0	100.0	

일본(모친종교)		빈도	퍼센트	유효퍼센트	누적퍼센트
유효	불교	131	44.7	44.7	44.7
	개신교	8	2.7	2.7	47.4
	천주교	4	1.4	1.4	48.8
	기타	28	9.6	9.6	58.4
	무종교	101	34.5	34.5	92.9
	합계	272	92.8	92.8	100.0
	무응답	21	7.2	7.2	
합계		293	100.0	100.0	

일본(형제종교)		빈도	퍼센트	유효퍼센트	누적퍼센트
유효	불교	108	36.9	36.9	36.9
	개신교	3	1.0	1.0	37.9
	천주교	5	1.7	1.7	39.6
	기타	21	7.2	7.2	46.8
	무종교	110	37.5	37.5	84.3
	합계	247	84.3	84.3	100.0
	무응답	46	15.7	15.7	
합계		293	100.0	100.0	

일본(배우자종교)		빈도	퍼센트	유효퍼센트	누적퍼센트
유효	불교	9	45.0	45.0	45.0
	개신교	2	10.0	10.0	55.0
	기타	3	15.0	15.0	70.0
	무종교	3	15.0	15.0	85.0
	합계	17	85.0	85.0	100.0
	무응답	3	15.0	15.0	
합계		20	100.0	100.0	

일본(자식종교)		빈도	퍼센트	유효퍼센트	누적퍼센트
유효	불교	3	15.0	15.0	15.0
	개신교	1	5.0	5.0	20.0
	기타	2	10.0	10.0	30.0
	무종교	5	25.0	25.0	55.0
	합계	11	55.0	55.0	100.0
	무응답	9	45.0	45.0	
합계		20	100.0	100.0	

‖ 표25 ‖ 부모의 종교인과 비종교인 비율

		종교인		비종교인	
한국	父	204명	46.2%	137명	31.0%
	母	292명	66.1%	88명	19.9%
일본	父	170명	58.0%	99명	33.8%
	母	171명	58.4%	101명	34.5%

아래 그래프13)에서 알 수 있듯이, 각 종교별로 부친의 종교를 살펴보면, 한국의 부친들은 무종교인 부친이 31.0%(n=137)로 가장 많았고, 다음이 불교 신자로 28.1%(n=124)인 반면, 일본의 부친들은 불교인 경우가 48.1%(n=141)로 가장 많았고, 종교를 가지지 않은 부친이 33.8%(n=99)로 나타났다. 물론, 개신교에 있어서는 많은 차이가 나, 한국 응답자의 경우, 부친이 개신교인 응답자는 11.3%(n=50)였으며, 일본은 1.4%

(n=4)밖에 되지 않았다. 일본에서는 한국과는 달리 부친들이 불교 신자인 경우가 한국보다 20%나 더 많은 것으로 나타났다.

부친	불교		개신교		천주교		기타		무종교	
한국	124	28.1%	50	11.3%	23	5.2%	7	1.6%	137	31.0%
일본	141	48.1%	4	1.4%	2	0.7%	23	7.8%	99	33.8%

▌그래프13▌ 한일 응답자의 부친 종교

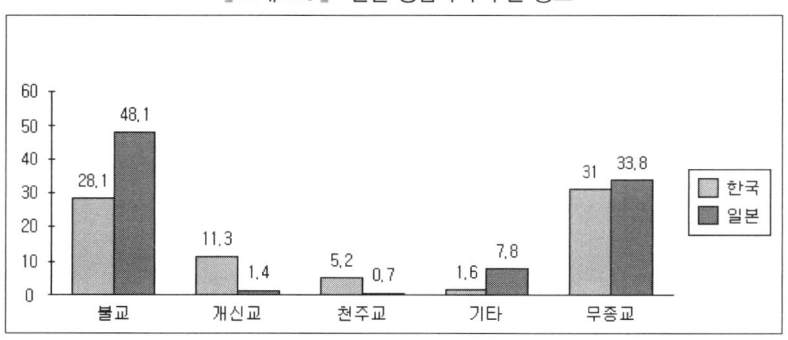

모친들의 종교를 살펴보면, 그래프14)와 같이, 한국이나 일본이나 모두 불교가 가장 많았는데, 한국의 모친은 39.6%(n=175)가 불교라고 응답하였으며, 일본의 모친은 44.7%(n=131)가 불교라고 응답한 것으로 나타났다. 이미 알고 있는 바와 같이, 개신교(프로테스탄트)에 있어서는 한국 응답자가 일본보다 훨씬 많은 것으로 나타나 16.1%(n=71)가 개신교라고 응답하였으며, 일본은 2.7%(n=8)밖에 되지 않았다. 또한, 일본에서는 종교를 가지지 않은 모친들도 상당히 많은 것으로 나타나 34.5%(n=101)가 무종교였으며, 한국은 19.9%(n=88)의 모친들이 종교를 가지지 않은 것으로 나타났다.

모친	불교		개신교		천주교		기타		무종교	
한국	175	39.6%	71	16.1%	36	8.1%	10	2.3%	88	19.9%
일본	131	44.7%	8	2.7%	4	1.4%	28	9.6%	101	34.5%

그래프14 한일 응답자의 모친 종교

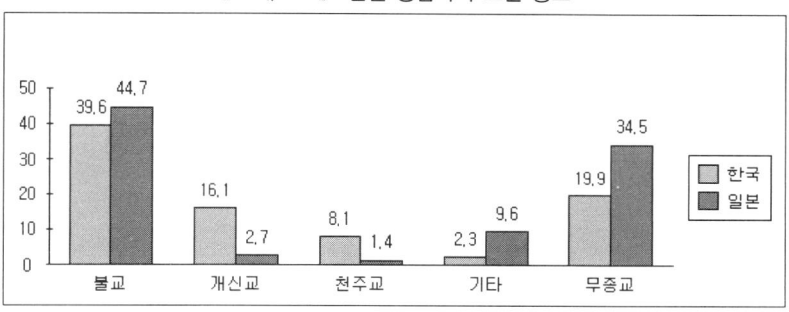

이렇게 부친과 모친들이 불교라고 응답한 사람들이 일본에서 많은 이유는, 일본의 수많은 신종교를 각각 표기할 수 없었던 것으로, 응답자 본인의 종교가 무엇인지에 대한 질문에서의 응답내용과 마찬가지로, 불교계 신종교도 응답자들이 기타란에 기입하지 않고, 아마도 불교로 생각하여 불교에 응답하였을 가능성이 높아 여기에 포함되었기 때문일 것이라고 판단된다. 또한, 여기서도 한국보다 일본의 부친들이 종교인 인 비율이 더 높은 이유는 무엇인지 앞으로 연구하여볼 것이다.

(8) 지역별 분포(area distribution)

표26)은 한국과 일본의 조사지역의 분포를 나타낸 것이다. 지역별 조사 대상의 분포는 한국에서는 서울과 부산 근교, 일본에서는 토쿄(東京)와 칸사이(関西)지방을 중심으로 배포하는 것을 원칙으로 실시하였으나, 지역적인 편중이 있었다.

한국 전체 응답자(n=442) 중, 부산 38.7%(n=171), 경상도가 20.1%
(n=89), 서울이 17.0%(n=75), 경기도가 12.2%(n=54) 순으로 부산·경상도
가 58.8%(n=260)였으며, 서울·경기도가 29.2%(n=129)로 나타났다.

일본에서는 전체 응답자(n=293) 중, 야마가타현(山形県)이 18.4%
(n=54), 토쿄가 10.9%(n=34), 쿄토(京都)가 14.3%(n=42), 나라(奈良)가
13.7%(n=40), 오사카(大阪)가 11.6%(n=34)의 순이다. 이것을 크게 두 지
역으로 나눌 수 있겠는데, 칸사이(関西)·킨키(近畿)지역, 토쿄(東京)·
토호쿠(東北)·칸토(関東)지역으로 칸사이·킨키지역은 56.7%(n=166),
토쿄·토호쿠·칸토지역이 35.8%(n=105)로 나타나, 일본에서도 칸사
이·킨키지방에 응답자수가 편중되어 있었다. 필자 개인의 조사이다
보니 한국은 58.8%(n=260)가 부산·경상도지역에, 일본은 56.7%(n=166)
가 칸사이·킨키지역에 더 편중되어 있는 것으로 나타났다. 그러나 그
래프15)에서 볼 수 있듯이, 그 지역적인 비율에 있어서 큰 차이는 없으
므로, 한국의 부산·경상도지역과 일본의 칸사이·킨키지역, 한국의
서울·경기도지역과 일본의 토쿄·칸토·토호쿠지역을 대비시킨다
면, 지역적인 편중의 문제는 그다지 없으리라 판단된다.

‖ 표26 ‖　조사지역의 분포

한국(주거지)		빈도	퍼센트	유효퍼센트	누적퍼센트
유효	강원도	3	0.7	0.7	0.7
	경기도	54	12.2	12.2	12.9
	경상도	89	20.1	20.1	33.0
	부산	171	38.7	38.7	71.7
	서울	75	17.0	17.0	88.7
	전라도	13	2.9	2.9	91.6
	제주도	3	0.7	0.7	92.3
	충청도	1	0.2	0.2	92.5

	빈도			
기타(외국)	32	7.2	7.2	99.7
합계	441	99.8	99.8	100.0
무응답	1	0.2	0.2	
합계	442	100.0	100.0	

일본(주거지)		빈도	퍼센트	유효퍼센트	누적퍼센트
유효	나라현	40	13.7	13.7	13.7
	오사카부	34	11.6	11.6	25.3
	미에현	4	1.4	1.4	26.7
	효고현	12	4.1	4.1	30.8
	와카야마현	2	0.7	0.7	31.5
	히로시마현	2	0.7	0.7	32.2
	쿄토부	42	14.3	14.3	46.5
	나가노현	4	1.4	1.4	47.9
	토쿄도	32	10.9	10.9	58.8
	치바현	2	0.7	0.7	59.5
	카나가와현	4	1.4	1.4	60.9
	아이치현	4	1.4	1.4	62.3
	시가현	32	10.9	10.9	73.2
	이와테현	2	0.7	0.7	73.9
	니가타현	1	0.3	0.3	74.2
	기타(외국)	3	1.0	1.0	75.2
	홋카이도	1	0.3	0.3	75.5
	시마네현	1	0.3	0.3	75.8
	오키나와현	1	0.3	0.3	76.1
	사이타마현	1	0.3	0.3	76.4
	야마가타현	54	18.4	18.4	94.8
	후쿠시마현	4	1.4	1.4	96.2
	미야기현	3	1.0	1.0	97.2
	아키타현	1	0.3	0.3	97.5
	토치기현	2	0.7	0.7	98.2
	합계	288	98.3	98.3	100.0
	무응답	5	1.7	1.7	
합계		293	100.0	100.0	

	지역	응답자수	%	소계
한국	부산・경상도	171+89	58.8%	88.0%
	서울・경기도	75+54	29.2%	
일본	칸사이・킨키(関西・近畿)	166	56.7%	92.5%
	토쿄(東京)・토호쿠(東北)・칸토(関東)	32+64+9	35.8%	

▎그래프15▎ 응답자의 지역 분포

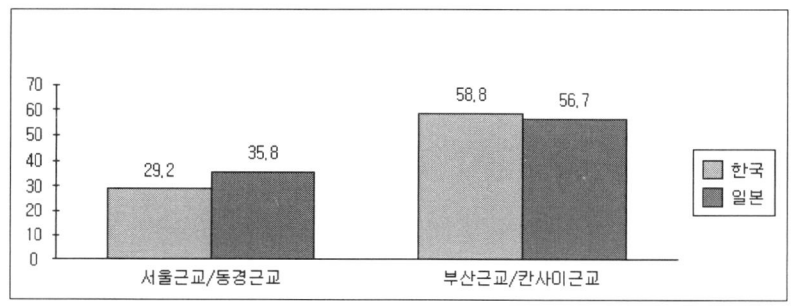

(9) 직업(occupation)별 분포

표27)은 직업별 분포도를 나타내는 것으로, 직업은 한국에서는 여러 가지로 다양하게 나타나 분포도가 넓은 편이었다. 한국의 경우, 학생이 30.3%(n=134), 서비스직이 13.1%(n=58), 전업주부가 11.5%(n=51), 자영업이 10.9%(n=48)의 순이었으나, 일본의 경우는 학생이 85.7%(n=251)로 나타나 거의 대부분의 일본인 응답자는 학생에 편중되어 있었다. 한국의 경우나 일본의 경우나 학생의 분포도가 제일 넓은 편이었는데, 그래도 한국의 경우는 많은 편차가 아니었으나 일본의 경우는, 그룹별 조사를 할 수밖에 없어 거의 대부분의 응답자가 학생들에 편중되어 있음을 밝힌다.

한국(직업)		빈도	퍼센트	유효퍼센트	누적퍼센트
유효	자영업	48	10.9	10.9	10.9
	농어축	5	1.1	1.1	12.0
	학생	134	30.3	30.3	42.3
	서비스	58	13.1	13.1	55.4
	전문직	40	9.0	9.0	64.4
	공무원	14	3.2	3.2	67.6
	전업주부	51	11.5	11.5	79.1
	사무직	40	9.0	9.0	88.1
	생산직	11	2.5	2.5	90.6
	무직	11	2.5	2.5	93.1
	파트타임	10	2.3	2.3	95.4
	기타	18	4.1	4.1	99.5
	합계	440	99.5	99.5	100.0
	무응답	2	0.5	0.5	
합계		442	100.0	100.0	

일본(직업)		빈도	퍼센트	유효퍼센트	누적퍼센트
유효	자영업	4	1.4	1.4	1.4
	농어축	1	0.3	0.3	1.7
	학생	251	85.7	85.7	87.4
	서비스	5	1.7	1.7	89.1
	전문직	16	5.5	5.5	94.6
	공무원	2	0.7	0.7	95.3
	전업주부	2	0.7	0.7	96.0
	사무직	2	0.7	0.7	96.7
	생산직	1	0.3	0.3	97.0
	무직	3	1.0	1.0	98.0
	파트타임	3	1.0	1.0	98.7
	기타	2	0.7	0.7	99.4
	합계	292	99.7	99.7	100.0
	무응답	1	0.3	0.3	
합계		293	100.0	100.0	

직업별 분포 순위			
한국	학생	서비스	전업주부 자영업
	134(30.3%) →	58(13.1%) →	51(11.5%) → 48(10.9%)
일본	학생	전문직	서비스
	251(85.7%) →	16(5.5%) →	5(1.7%)

2) 죽음에 대한 일반적인 질문

표28)에서 표49)까지는 죽음에 대한 일반적인 질문으로 각 문항을 빈도분석하여 그 결과를 표로 나타낸 것이다.

(10) 평소 죽음에 대한 생각

표28)은 평소 죽음에 대하여 생각하십니까? 라는 질문으로 평소에 죽음에 대하여 생각하고 있는지, 하고 있지 않는지를 묻는 것이다. 한국인의 경우, '깊이 생각하고 있다'는 응답자가 11.1%(n=49), '가끔 생각한다'는 응답자가 65.6%(n=290)였는데, 결국 평소 죽음에 대하여 생각하는 사람이 76.7%(n=339)인 셈이다. 그러나 의외로 죽음에 대하여 생각하지 않는 사람도 21.5%(n=95)나 되었다.

일본인의 경우는, 죽음에 대하여 '깊이 생각하고 있다'는 사람이 15.0%(n=44), '가끔 생각하고 있다'는 사람이 45.4%(n=133), '생각하지 않는다'는 사람이 30.0%(n=88)였다. 일본인의 60.4%(n=177)가 죽음에 대하여 생각하고 있는 셈이 된다. 따라서 일본인보다는 한국인 16.3%가 죽음에 대하여 조금 더 많이 생각하고 있다고 나타났다. 이것은 한국인 조사자의 연령별 분포가 일본보다 40대, 50대가 많기 때문일 것이라고 판단된다.

한국		빈도	퍼센트	유효퍼센트	누적퍼센트
유효	깊이 생각	49	11.1	11.1	11.1
	가끔 생각	290	65.6	65.6	76.7
	생각 안함	95	21.5	21.5	98.2
	기타	6	1.4	1.4	99.6
	합계	440	99.5	99.5	100.0
	무응답	2	0.5	0.5	
합계		442	100.0	100.0	

일본		빈도	퍼센트	유효퍼센트	누적퍼센트
유효	깊이 생각	44	15.0	15.0	15.0
	가끔 생각	133	45.4	45.4	60.4
	생각 안함	88	30.0	30.0	90.4
	기타	25	8.5	8.5	98.9
	합계	290	99.0	99.0	100.0
	무응답	3	1.0	1.0	
합계		293	100.0	100.0	

	생각한다		생각하지 않는다	
한국	339	76.7%	95	21.5%
일본	177	60.4%	88	30.0%

┃그래프16┃ 평소 죽음에 대한 생각

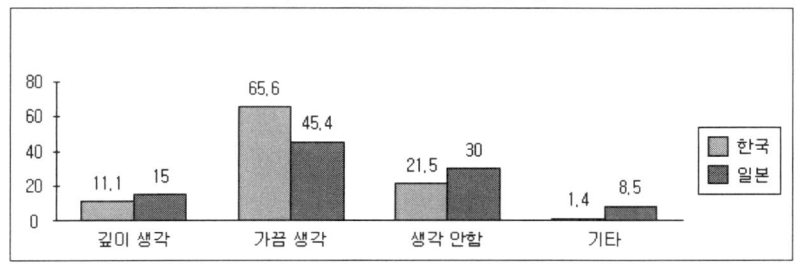

(11) 죽음의 두려움

표29)는 죽음이 두렵다고 생각하십니까? 라는 질문으로, 죽음이 두려운지 두렵지 않은지에 대하여 묻는 것으로서, '많이 두렵다'와 '두렵다'를 합쳐서 '두렵다'로, '별로 두렵지 않다'와 '전혀 두렵지 않다'를 합쳐서 '두렵지 않다'로 처리하였다. 한국인의 경우, '많이 두렵다'라고 응답한 사람 9.7%(n=43)와 '두렵다'고 응답한 사람 31.9%(n=141)를 합하여 41.6%(n=184)가 '죽음이 두렵다'고 생각하는 것으로 나타났고, '별로 두렵지 않다'고 응답한 사람 42.3%(n=187)와 '전혀 두렵지 않다'고 응답한 사람 15.2%(n=67)를 합하여 57.5%(n=254)가 '죽음이 두렵지 않다'고 응답한 것으로 나타났다.

일본인의 경우도 '죽음이 두렵다'고 응답한 사람이 65.1%(n=191)였고, '두렵지 않다'고 응답한 사람이 32.8%(n=96)로 나타나 한국인보다 일본인이 23.5%나 더 많은 응답자가 '죽음이 두렵다'고 대답한 것으로 나타났으며, 한국인은 일본인보다 죽음이 '두렵지 않다'고 응답한 사람들이 24.7%나 더 많은 것으로 나타났다. 따라서 일본인들은 죽음에 대하여 두려워하고 있는 사람들이 많은 반면, 한국인들은 죽음에 대하여 두려워하지 않는 사람들이 더 많은 것으로 나타났다. 그러면, 왜 한국인들은 일본인보다 죽음을 두려워하지 않는 것일까? 라는 의문이 생긴다. 그 이유에 대하여서도 앞으로의 연구과제로 남겨둔다.

표29 죽음에 대한 두려움

한국		빈도	퍼센트	유효퍼센트	누적퍼센트
유효	많이 두렵다	43	9.7	9.7	9.7
	두렵다	141	31.9	31.9	41.6
	별로 두렵지 않다	187	42.3	42.3	83.9

		빈도	퍼센트	유효퍼센트	누적퍼센트
	전혀 두렵지 않다	67	15.2	15.2	99.1
	합계	438	99.1	99.1	100.0
	무응답	4	0.9	0.9	
합계		442	100.0	100.0	

일본		빈도	퍼센트	유효퍼센트	누적퍼센트
유효	많이 두렵다	35	11.9	11.9	11.9
	두렵다	156	53.2	53.2	65.1
	별로 두렵지 않다	87	29.7	29.7	94.8
	전혀 두렵지 않다	9	3.1	3.1	97.9
	합계	287	98.0	98.0	100.0
	무응답	6	2.0	2.0	
합계		293	100.0	100.0	

	두렵다		두렵지 않다	
한국	184	41.6%	254	57.5%
일본	191	65.1%	96	32.8%

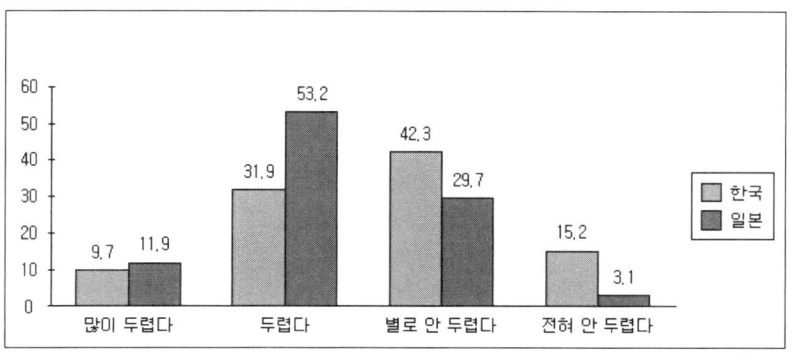

▓ 그래프17 ▓ 죽음에 대한 두려움

(11-1) 죽음이 두려운 이유

(11-1)은 (11)의 질문과 연결된 질문으로, 한국의 경우, 총 응답자 (n=442) 중, '죽음이 두렵다'고 응답한 41.6%(n=184)만 응답하여야 하는

데, 두려운 이유를 말한 사람이 50.5%(n=223)나 되어 중복 응답자가 39
명이나 되었다. 이것은 '두렵지 않다'고 생각하는 사람 57.5%(n=254) 중
에서 중복응답을 한 8.8%(n=39) 정도는 무의식 속에 죽음이 '죽음이 두
렵다'고 생각하고 있는 것이 아닐까 라고 유추해볼 수 있겠다. 일본의
경우도 총 응답자(n=293)의 65.1%(n=191)만 응답하여야 하는데, 68.3%
(n=200)가 응답을 하여 3.1%(n=9) 정도가 중복 응답을 하였다.

표30)은 죽음이 두렵다면 왜 그렇게 생각하십니까? 라는 질문으로
죽음이 두려운 이유를 살펴보면, 한국의 경우, '죽음 자체가 두려워서'
라고 응답한 사람이 35.0%(n=78), '가족·친지와의 이별 때문에 죽음이
두렵다'고 응답한 사람이 30.9%(n=69)로 나타났다.

일본의 경우는, 한국과는 다르게 나타났는데, '가족·친지와의 이별
때문에 죽음이 두렵다'고 응답한 사람이 43.5%(n=87)였다. 그 다음이
'죽음 자체가 두려워서'라고 응답한 사람이 32.0%(n=64)로 나타나, 죽음
이 두려운 이유에 있어서, 빈도 순위의 1,2위가 한국과 일본이 서로 반
대로 나타났다.

‖ 표30 ‖ 죽음이 두려운 이유

한국		빈도	퍼센트	유효퍼센트	누적퍼센트
유효	가족·친지와의 이별 때문에	69	30.9	30.9	30.9
	사후세계의 유무를 몰라서	25	11.2	11.2	42.1
	죽음 자체가 두려워서	78	35.0	35.0	77.1
	잘 모르겠다	36	16.1	16.1	93.2
	기타	15	6.7	6.7	100.0
	합계	223	100.0	100.0	
	중복응답	-39	17.5		
합계		184	82.5		

일본	빈도	퍼센트	유효퍼센트	누적퍼센트
유효 가족·친지와의 이별 때문에	87	43.5	43.5	43.5
사후세계의 유무를 몰라서	21	10.5	10.5	54.0
죽음 자체가 두려워서	64	32.0	32.0	86.0
잘 모르겠다	19	9.5	9.5	95.5
기타	9	4.5	4.5	100.0
합계	200	100.0	100.0	
중복응답	-9	4.5		
합계	191	95.5		

	가족과의 이별		사후세계 유무		죽음자체 두려워서		잘 모르겠다	
한국	69	30.9%	25	11.2%	78	35.0%	36	16.1%
일본	87	43.5%	21	10.5%	64	32.0%	19	9.5%

┃그래프18┃ 죽음이 두려운 이유

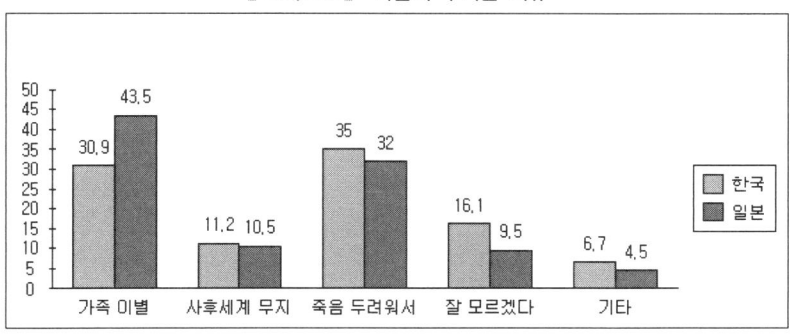

(11-2) 죽음이 두렵지 않은 이유

(11-2)도 (11)번과의 연결 질문으로 죽음이 '두렵지 않다'고 한 사람이 응답하여야 하는 질문이다. 한국의 경우, '두렵지 않다'고 응답한 57.5%(n=254)와 일본의 경우, 32.8%(n=96)가 응답하여야 하는 문항임에도 불구하고, 한국 8.3%(n=23)와 일본 7.7%(n=8)가 중복 응답을 하였다.

표31)은 죽음이 두렵지 않다면 왜 그렇게 생각하십니까? 라는 질문으로 죽음이 두렵지 않은 이유에 있어서, 한국의 경우, 응답자(n=277)의 54.9%(n=152)가 '사람은 모두 죽기 때문에' 라고 응답하였으며, '종교 때문에'라고 응답한 사람도 18.8%(n=52)나 되었다.

일본의 경우, 응답자(n=104) 중, '사람은 모두 죽기 때문에'라고 응답한 사람이 60.6%(n=63)로 가장 많았으며, '잘 모르겠다'는 응답자가 19.2%(n=20)였다. 서양과는 비교를 해보지 않아 잘 모르겠으나, 한국인과 일본인은 '사람은 누구나 모두 죽기 때문에' 죽음이 '두렵지 않다'고 응답한 사람들이 많았다.[3]

‖표31‖ 죽음이 두렵지 않은 이유

한국		빈도	퍼센트	유효퍼센트	누적퍼센트
유효	종교 때문에	52	18.8	18.8	18.8
	사람은 모두 죽기 때문에	152	54.9	54.9	73.7
	환생하기 때문에	8	2.9	2.9	76.6
	다른 세상에 계속 존재	24	8.7	8.7	85.3
	잘 모름	31	11.2	11.2	96.5
	기타	10	3.6	3.6	100.0
	합계	277	100.0	100.0	
	중복응답	-23	8.3		
합계		254	91.7		

---

3) 시마조노 스스무(島薗進) 外 엮음, 정효운 옮김, 『사생학이란 무엇인가』, 한울, pp.19~20, 2010년 4월. - 에서 일본의 평론가 세리자와 슌스케(芹沢俊介)는 인간이 죽음을 두려워하는 이유는 '세계에서 자신만 사라진다고 하는 존재론적인 고독의 각성 때문이다'라고 하였다. 또, 동경대학 명예교수인 오오이 겐(大井玄)은 '죽는다는 것은 원자(atom)적 자기가 아니라 유대(紐帶)의 자기로 재포착함으로써 죽음에 대한 자세가 달라진다'라는 것을 임상의로서의 현장 경험에 입각하여 논하고 있다.

일본		빈도	퍼센트	유효퍼센트	누적퍼센트
유효	종교 때문에	3	2.9	2.9	2.9
	사람은 모두 죽기 때문에	63	60.6	60.6	63.5
	환생하기 때문에	1	1.0	1.0	64.5
	다른 세상에 계속 존재	5	4.8	4.8	69.3
	잘 모름	20	19.2	19.2	88.5
	기타	12	11.5	11.5	100.0
	합계	104	100.0	100.0	
	중복응답	-8	7.7		
합계		96	92.3		

	종교 때문에		모두 죽으므로		환생하므로		어딘가 계속 존재		잘 모름	
한국	52	18.8%	152	54.9%	8	2.9%	24	8.7%	31	11.2%
일본	3	2.9%	63	60.6%	1	1.0%	5	4.8%	20	19.2%

┃ 그래프19 ┃ 죽음이 두렵지 않은 이유

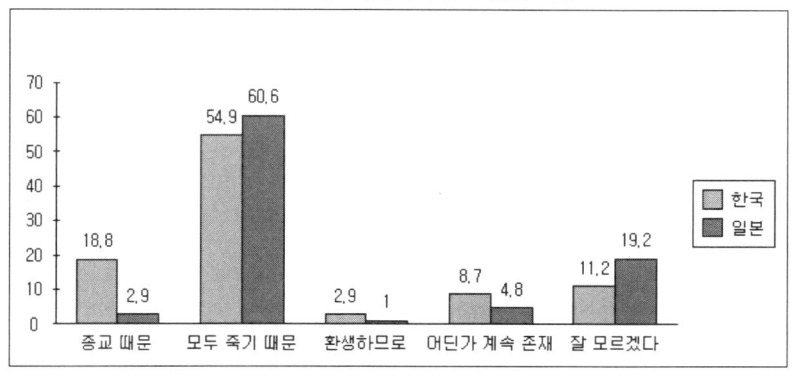

(12) 죽고 싶다는 생각

표32)는 죽고 싶다는 생각을 해본 적이 있습니까? 라는 질문으로 죽고 싶다는 생각의 여부에 관한 것으로 한국의 경우, 죽고 싶다는 생각을 해본 적이 있는 사람이 응답자 중, 46.4%(n=205)였고, 죽고 싶다는 생각을 해본 적이 없는 사람이 52.9%(n=234)로 나타났다. 일본의 경우

는, 죽고 싶다는 생각을 해본 적이 있는 사람이 38.5%(n=113)로 나타났고, 죽고 싶다는 생각을 해본 적이 없다는 사람이 60.4%(n=177)로 나타났다. 한국 사람이나 일본 사람이나 죽고 싶다는 생각을 해본 적이 있는 사람이 죽고 싶다는 생각을 해본 적이 없는 사람보다 적은 것으로 나타났다. 그러나 일본 사람보다는 한국 사람의 7.9% 정도가 더 많이 죽고 싶다는 생각을 하고 있는 것으로 나타났다. 즉, 한국인과 일본인 중, 더 많은 숫자가 죽고 싶다는 생각을 하지 않는 것으로 나타났다.

‖ 표32 ‖ 죽고 싶다는 생각

	한국	빈도	퍼센트	유효퍼센트	누적퍼센트
유효	자주 있다	14	3.2	3.2	3.2
	있다	191	43.2	43.2	46.4
	없다	234	52.9	52.9	99.3
	합계	439	99.3	99.3	
	무응답	3	0.7	0.7	100.0
합계		442	100.0	100.0	

	일본	빈도	퍼센트	유효퍼센트	누적퍼센트
유효	자주 있다	8	2.7	2.7	2.7
	있다	105	35.8	35.8	38.5
	없다	177	60.4	60.4	98.9
	합계	290	99.0	99.0	100.0
	무응답	3	1.0	1.0	
합계		293	100.0	100.0	

	있다		없다	
한국	205	46.4%	234	52.9%
일본	113	38.5%	177	60.4%

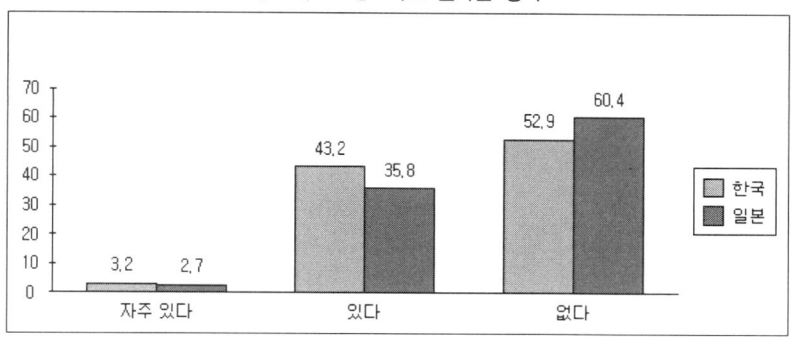

(12-1) 죽고 싶은 이유

(12-1)은 (12)번의 연결 질문으로, 죽고 싶은 이유는 다양하게 나타나 한국의 경우, 12번에서 죽고 싶다고 응답한 사람이 46.4%(n=205)였는데, 죽고 싶은 이유를 응답을 한 사람이 50.5%(n=223)로 중복 응답자수가 4.1%(n=18)였다. 일본의 경우는 죽고 싶다고 응답한 사람이 38.5% (n=113)로 중복 응답자는 없었다.

표33)은 죽고 싶다는 생각을 해본 적이 있다면, 어떤 경우에 죽고 싶다고 생각하셨습니까? 라는 질문으로 죽고 싶었던 이유에 관한 것이다. 한국의 경우, '인간관계(갈등, 실연, 왕따 등) 때문에' 죽고 싶었다고 응답한 사람이 24.2%(n=54)로 가장 많았고, 다음이 '사업부진과 실패 때문에'로 17.5%(n=39)였다. 일본의 경우는 '인간관계 때문에'로 죽고 싶었다고 응답한 사람이 76.1%(n=86)로 가장 많았다.

이 응답의 내용에 있어서 일본의 경우, '인간관계 때문에' 죽고 싶었다고 응답한 비율이 아주 높은 이유는 한국의 경우, 응답자의 연령대별 분포가 다양하였던 반면, 일본의 응답자는 대학생이 많았다. 따라서 젊은 층에서는 인간관계로 인하여 스트레스를 받고 죽고 싶기까지 한 것을 보면, 다른 무엇보다도 인간관계를 아주 중요하게 생각하고 있다는 것을 알 수 있었다.

‖표33‖ 죽고 싶었던 이유

한국		빈도	퍼센트	유효퍼센트	누적퍼센트
유효	사업부진	39	17.5	17.5	17.5
	질병	12	5.4	5.4	22.9
	인간관계	54	24.2	24.2	47.1
	가족 갈등	36	16.1	16.1	63.2
	명예 실추	8	3.6	3.6	66.8
	가난	11	4.9	4.9	71.7
	종교적 세상으로 가기 위해	9	4.0	4.0	75.7
	기타	54	24.2	24.2	
	합계	223	100.0	100.0	100.0
	중복응답	-18	8.1		
합계		205	91.9		

일본		빈도	퍼센트	유효퍼센트	누적퍼센트
유효	사업부진	7	6.2	6.2	6.2
	질병	4	3.5	3.5	9.7
	인간관계	86	76.1	76.1	85.8
	가족 갈등	8	7.1	7.1	92.9
	명예 실추	3	2.7	2.7	95.6
	가난	0	0	0	100.0
	종교적 세상으로 가기 위해	2	1.8	1.8	
	기타	2	1.8	1.8	
	합계	112	99.1	99.1	
	무응답	1	0.9	0.9	
합 계		113	100.0	100.0	

	사업부진		질병		인간관계		가족 갈등	
한국	39	17.5%	12	5.4%	54	24.2%	36	16.1%
일본	7	6.2%	4	3.5%	86	76.1%	8	7.1%

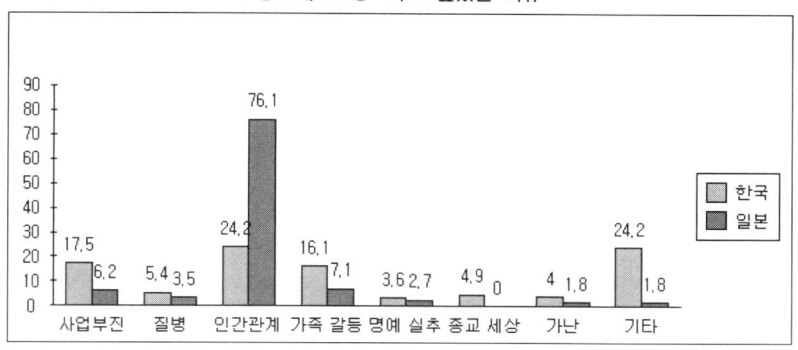

∥그래프21∥ 죽고 싶었던 이유

(13) 죽음을 위하여 대비해둔 것

표34)는 죽음을 위하여 대비해둔 것이 있습니까? 라는 질문에 대한 응답으로서, 한국의 경우, '있다'고 말한 응답자는 26.2%(n=116)이고, 죽음을 위하여 대비해둔 것이 '없다'는 응답자가 71.7%(n=317)였다. 일본의 경우는 죽음을 위하여 대비해둔 것이 '있다'는 응답자가 7.2%(n=21)였고, '없다'는 응답자가 90.8%(n=266)로 나타났다. 이것은 이 설문에서 차지하는 연령대와 관련이 깊은 것으로 일본 응답자의 평균 연령대가 한국보다 낮았던 것에 기인한다고 판단된다. 젊은 사람들의 경우는 아직 경제적으로나 정신적으로 죽음에 대하여 대비하지 않고 있음을 알 수 있다.

∥표34∥ 죽음을 위한 대비

	한국	빈도	퍼센트	유효퍼센트	누적퍼센트
유효	있다	116	26.2	26.2	26.2
	없다	317	71.7	71.7	97.9
	합계	433	98.0	98.0	
	무응답	9	2.0	2.0	100.0
합계		442	100.0	100.0	

일본		빈도	퍼센트	유효퍼센트	누적퍼센트
유효	있다	21	7.2	7.2	7.2
	없다	266	90.8	90.8	98.0
	합계	287	98.0	98.0	100.0
	무응답	6	2.0	2.0	
합계		293	100.0	100.0	

	있다		없다	
한국	116	26.2%	317	71.7%
일본	21	7.2%	266	90.8%

‖그래프22‖ 죽음을 위한 대비

(13-1) 죽음을 위하여 대비해둔 내용

표35)는 죽음을 위하여 대비해둔 것이 있다면 어떤 것입니까? 라는 질문으로서 (13)번에서 '있다'고 한 사람만 응답하는 질문인데, 여기서도 중복 응답자가 한국의 경우, 17.1%(n=24)였으며, 일본의 경우, 22.2%(n=6)였다. 한국이나 일본이나 가장 많은 응답자가 '생명보험에 가입'하여 죽음을 대비하고 있었는데, 한국은 60.0%(n=84)가, 일본은 48.1%(n=13)가 '생명보험에 가입'하여 죽음을 대비하고 있는 것으로 나타났다.

‖표35‖　죽음을 위하여 대비해둔 내용

한국		빈도	퍼센트	유효퍼센트	누적퍼센트
유효	재산분배	18	12.9	12.9	12.9
	장지확보	5	3.6	3.6	16.5
	생명보험	**84**	60.0	60.0	76.5
	기타	33	23.6	23.6	100.0
	합계	140	100.0	100.0	
	중복응답	-24	17.1		
합계		116	82.9		

일본		빈도	퍼센트	유효퍼센트	누적퍼센트
유효	재산분배	3	11.1	11.1	11.1
	장지확보	2	7.4	7.4	18.5
	생명보험	**13**	48.1	48.1	66.6
	기타	9	33.3	33.3	100.0
	합계	27	100.0	100.0	
	중복응답	-6	22.2		
합계		21	77.8		

	재산분배		장지확보		생명보험		기타	
한국	18	12.9%	5	3.6%	**84**	60.0%	33	23.6%
일본	3	11.1%	2	7.4%	**13**	48.1%	9	33.3%

‖그래프23‖　죽음을 위하여 대비해둔 내용

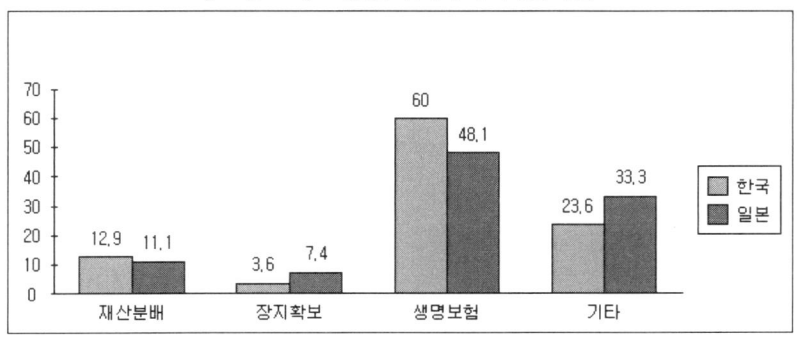

(14) 가족·친지의 죽음에 대한 경험

표36)은 가족·친지가 죽었을 때 어떠한 마음으로 보내셨습니까? 라는 죽음에 대한 간접경험을 묻는 질문으로서 한국의 경우, 전체 응답자 (n=442) 중, '4회 이상' 경험한 응답자가 27.8%(n=123), '2회 이상' 경험한 사람이 27.6%(n=122)였다. 일본의 경우는, 전체 응답자(n=293) 중, 27.6% (n=81)가 '2회 이상', '1회 이상' 경험한 사람이 27.3%(n=80)였다. 한국이나 일본이나 죽음에 대한 간접적 경험을 많이 하고 있는 것으로 나타났으나 연령비에 있어서 한국이 다양한 연령대인 점을 감안할 때, 역시 한국이 일본보다 경험 횟수가 많으며, 일본은 한국보다 경험 횟수가 적은 것으로 나타났다.

▎표36▎ 가족·친지의 죽음에 대한 경험

한국		빈도	퍼센트	유효퍼센트	누적퍼센트
유효	없다	53	12.0	12.0	12.0
	1회	63	14.3	14.3	26.3
	2회	**122**	**27.6**	27.6	53.9
	3회	75	17.0	17.0	70.9
	4회 이상	**123**	**27.8**	27.8	98.7
	합계	436	98.6	98.6	
	무응답	6	1.4	1.4	100.0
합계		442	100.0	100.0	

일본		빈도	퍼센트	유효퍼센트	누적퍼센트
유효	없다	34	11.6	11.6	11.6
	1회	**80**	**27.3**	27.3	38.9
	2회	**81**	**27.6**	27.6	66.5
	3회	45	15.4	15.4	81.9
	4회 이상	52	17.7	17.7	99.6
	합계	292	99.7	99.7	100.0
	무응답	1	0.3	0.3	

합계		293	100.0	100.0	

	없다		1회		2회		3회		4회 이상	
한국	53	12.0%	63	14.3%	122	27.6%	75	17.0%	**123**	**27.8%**
일본	34	11.6%	80	27.3%	**81**	**27.6%**	45	15.4%	52	17.7%

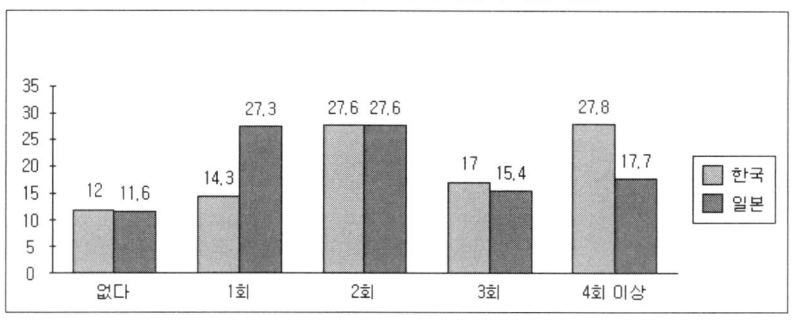

‖ 그래프24 ‖ 가족, 친지의 죽음에 대한 경험

(14-1) 가족·친지를 사후세계로 보내는 마음

표37)은 가족이나 친지가 죽었을 때 어떠한 마음으로 보내셨습니까? 라는 질문으로서, 한국의 경우, '저승에서 편히 쉬도록 기원하였다'는 응답자가 36.0%(n=159)였으며, '이제 만날 수 없다는 생각에 하염없이 슬펐다'는 응답자가 18.3%(n=81)였다.

일본의 경우는 '저승에서 편히 쉬도록 기원하였다'는 응답자가 36.2%(n=106)였으며, 한국과 마찬가지로 '이제 만날 수 없다는 생각에 하염없이 슬펐다'는 응답자가 24.2%(n=71)로 나타났다. 그런데, 여기에서 한국의 응답자 중, '내가 믿고 있는 종교의 세상으로 갔다고 생각하였다'는 응답자가 11.8%(n=52)나 있었던 반면, 일본은 불과 1.4%(n=4)밖에 되지 않았다.

이 문항의 결과에서 알 수 있듯이, 비록 그렇게 많은 수치는 아니지만, 한국인은 일본인보다 종교적 성향이 더 강하다고 판단하여도 좋을 것이다.

||표37|| 가족·친지를 사후세계로 보내는 마음

한국		빈도	퍼센트	유효퍼센트	누적퍼센트
유효	별로 생각 안 함	37	8.4	8.4	8.4
	환생을 기원	19	4.3	4.3	12.7
	저승에서 편안하기를 기원	159	36.0	36.0	48.7
	저승에서 못다한 일 하기를	28	6.3	6.3	55.0
	저승에서 다시 만나기를	14	3.2	3.2	58.2
	영원한 이별의 슬픔	81	18.3	18.3	76.5
	종교세상으로 갔을 것	52	11.8	11.8	88.3
	기타	9	2.0	2.0	90.3
	합계	399	90.3	90.3	
	무응답	43	9.7	9.7	100.0
합계		442	100.0	100.0	

일본		빈도	퍼센트	유효퍼센트	누적퍼센트
유효	별로 생각 안 함	55	18.8	18.8	18.8
	환생을 기원	7	2.4	2.4	21.2
	저승에서 편안하기를 기원	106	36.2	36.2	57.4
	저승에서 못다한 일 하기를	1	0.3	0.3	57.7
	저승에서 다시 만나기를	8	2.7	2.7	60.4
	영원한 이별의 슬픔	71	24.2	24.2	84.6
	종교세상으로 갔을 것	4	1.4	1.4	86.0
	기타	9	3.1	3.1	89.1
	합계	261	89.1	89.1	100.0
	무응답	32	10.9	10.9	
합계		293	100.0	100.0	

	별로		환생		저승편안		일 계속		재회		영원 이별		종교세상	
한국	37	8.4%	19	4.3%	159	36.0%	28	6.3%	14	3.2%	81	18.3%	52	11.8%
일본	55	18.8%	7	2.4%	106	36.2%	1	0.3%	8	2.7%	71	24.2%	4	1.4%

‖그래프25‖ 가족, 친지를 사후세계로 보내는 마음

(14-2) 가족 · 친지의 죽음 경험 이후, 나의 자세

표38)은 가족이나 친지가 죽었을 때 나에 대해서는 어떠한 생각을 하셨습니까? 라는 질문으로 죽음을 간접적으로 경험하고 나서 나의 삶에 대한 자세로서 한국인의 경우, '열심히 살아야겠다고 생각하였다'는 응답자가 26.2%(n=116)였으며, '나도 언젠가는 죽을 것이라는 생각이 들어 두려웠다'는 응답자가 19.0%(n=84)로 나타났다.

일본의 경우는, '별로 생각하지 않았다'는 응답자가 36.2%(n=106)였으며, '열심히 살아야겠다고 생각하였다'는 응답자가 30.4%(n=89)로 나타났다.

‖표38‖ 가족 · 친지의 죽음 경험 이후, 나의 자세

한국		빈도	퍼센트	유효퍼센트	누적퍼센트
유효	별로 생각 안 함	79	17.9	17.9	17.9
	나의 죽음에 대한 두려움	84	19.0	19.0	36.9
	따라 죽고 싶다	8	1.8	1.8	38.7
	열심히 살겠다	116	26.2	26.2	64.9
	착한 일을 해야겠다	47	10.6	10.6	75.5
	종교세상으로 갈 것이다	47	10.6	10.6	86.1
	종교를 믿어야겠다	5	1.1	1.1	87.2

		빈도	퍼센트	유효퍼센트	누적퍼센트
	기타	16	3.6	3.6	90.8
	합계	402	91.0	91.0	
	무응답	40	9.0	9.0	100.0
합계		442	100.0	100.0	

	일본	빈도	퍼센트	유효퍼센트	누적퍼센트
유효	별로 생각 안 함	106	36.2	36.2	36.2
	나의 죽음에 대한 두려움	36	12.3	12.3	48.5
	따라 죽고 싶다	2	0.7	0.7	49.2
	열심히 살겠다	89	30.4	30.4	79.6
	착한 일을 해야겠다	14	4.8	4.8	84.4
	종교세상으로 갈 것이다	3	1.0	1.0	85.4
	종교를 믿어야겠다	0	0	0	85.4
	기타	10	3.4	3.4	88.8
	합계	260	88.7	88.7	100.0
	무응답	33	11.3	11.3	
합계		293	100.0	100.0	

	별로		내 죽음		따라 죽다		열심히 삶		착한 일		종교세상		종교 믿음	
한국	79	17.9	84	19.0	8	1.8	116	26.2	47	10.6	47	10.6	5	1.1
일본	106	36.2	36	12.3	2	0.7	89	30.4	14	4.8	3	1.0	0	0

‖그래프26‖ 가족, 친지 죽음 경험 이후, 나의 자세

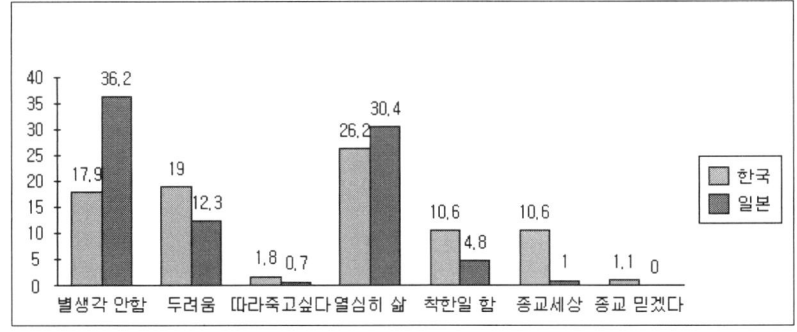

(15) 유년기(1~10세)의 종교

표39)는 유년기(1~10세)의 종교는 무엇이었습니까? 라는 질문으로 유년기에는 종교에 대하여 깊이 생각할 수 없는 나이이기 때문에 가족종교가 있다면 종교를 가지게 되는 것이 보통이다. 한국의 경우, 유년기의 종교가 '무종교(믿지 않음)'였다는 응답자들이 많아 44.1%(n=195)였으며, '개신교'였다는 응답자가 23.3%(n=103)였고, '불교'였다는 응답자가 21.7%(n=96)였다.

일본의 경우도 유년기의 종교가 '무종교(믿지 않음)'였다고 응답한 사람이 47.8%(n=140)로 가장 많았고, 그 다음이 '불교'라고 응답한 사람으로 37.5%(n=110)로 나타났다.

‖ 표39 ‖   유년기의 종교

한국		빈도	퍼센트	유효퍼센트	누적퍼센트
유효	불교	96	21.7	21.7	21.7
	개신교	103	23.3	23.3	45.0
	천주교	38	8.6	8.6	53.6
	기타	9	2.0	2.0	55.6
	무종교	195	44.1	44.1	99.7
	합계	441	99.8	99.8	
	무응답	1	0.2	0.2	100.0
합계		442	100.0	100.0	

일본		빈도	퍼센트	유효퍼센트	누적퍼센트
유효	불교	110	37.5	37.5	37.5
	개신교	6	2.0	2.0	39.5
	천주교	8	2.7	2.7	42.2
	기타	23	7.8	7.8	50.0
	무종교	140	47.8	47.8	97.8
	합계	287	98.0	98.0	100.0

	무응답	6	2.0	2.0	
	합계	293	100.0	100.0	

	불교		개신교		천주교		기타		무종교	
한국	96	21.7	103	23.3	38	8.6	9	2.0	195	44.1
일본	110	37.5	6	2.0	8	2.7	23	7.8	140	47.8

▌▌그래프27▐ 유년기의 종교

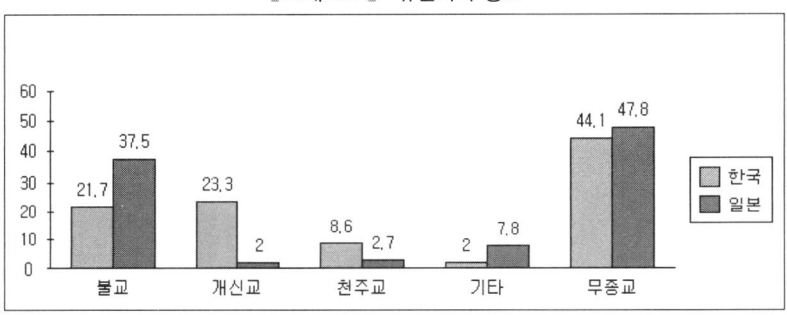

(15-1) 유년기의 직접 양육자

　유년기의 직접 양육자는 누구였습니까? 라는 질문으로 이 질문은 응답자의 종교적 환경을 알아보는 것으로서 직접 양육자의 종교에 따라 자신의 종교적 환경이 결정되는 경우가 많기 때문이다.

　표40)은 한국의 경우, '부모'가 직접 양육자였다는 응답자가 79.6%(n=352)로 거의 대부분이 부모 밑에서 성장한 것으로 나타났으며, 일본의 경우도 '부모'가 직접 양육자였다는 응답이 81.6%(n=239)로 가장 많은 것으로 나타났다.

한국		빈도	퍼센트	유효퍼센트	누적퍼센트
유효	부모	352	79.6	79.6	79.6
	부	21	4.8	4.8	84.4
	모	40	9.0	9.0	93.4
	조부모	17	3.8	3.8	97.2
	외조부모	4	0.9	0.9	98.1
	기타	4	0.9	0.9	99.0
	합계	438	99.1	99.1	
	무응답	4	0.9	0.9	100.0
합계		442	100.0	100.0	

일본		빈도	퍼센트	유효퍼센트	누적퍼센트
유효	부모	239	81.6	81.6	81.6
	부	3	1.0	1.0	82.6
	모	28	9.6	9.6	92.2
	조부모	9	3.1	3.1	95.3
	외조부모	10	3.4	3.4	98.7
	기타	1	0.3	0.3	99.0
	합계	290	99.0	99.0	100.0
	무응답	3	1.0	1.0	
합계		293	100.0	100.0	

	부모		부		모		조부모		외조부모	
한국	352	79.6	21	4.8	40	9.0	17	3.8	4	0.9
일본	239	81.6	3	1.0	28	9.6	9	3.1	10	3.4

■ 그래프28 ■   유년기의 직접 양육자

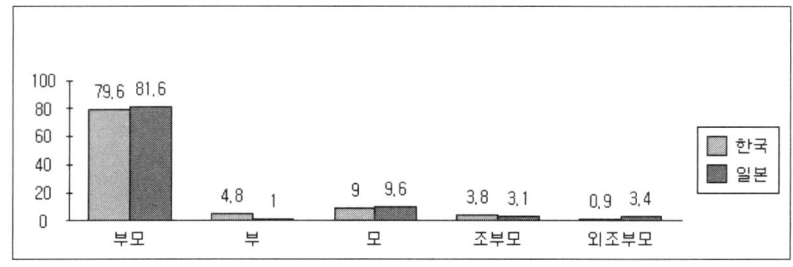

(15-2) 직접 양육자의 종교

표41)은 직접 양육자의 종교는 무엇이었습니까? 라는 질문으로 한국의 경우. '불교'가 44.6%(n=197)였고, 다음이 '무종교(믿지 않음)'의 양육자 밑에서 성장한 응답자로 25.8%(n=114)였다. 일본의 경우는 '불교'가 44.7%(n=131)였고, 종교를 가지고 있지 않은 양육자 밑에서 성장한 응답자가 32.8%(n=96)로 나타났다. 한국보다는 일본이 종교를 가지고 있지 않은 양육자가 7.0% 정도 더 많았다.

여기서 한 가지 고려하여야할 사항은, 종교 선택의 자유가 있다고 하여도 가족 종교가 있는 경우에는 자신의 의지와 상관없이 그러한 환경에서 성장하기 때문에 받아들이지 않을 수 없는 종교적 환경 속에 있다. 따라서 종교 선택의지와는 차이가 있을 수 있다는 것이다. 이것은 앞으로 연구할 과제로 남겨둔다.

┃표41┃ 직접 양육자의 종교

	한국	빈도	퍼센트	유효퍼센트	누적퍼센트
유효	불교	197	44.6	44.6	44.6
	개신교	65	14.7	14.7	59.3
	천주교	39	8.8	8.8	68.1
	기타	15	3.4	3.4	71.5
	무종교	114	25.8	25.8	97.3
	합계	430	97.3	97.3	
	무응답	12	2.7	2.7	100.0
합계		442	100.0	100.0	

	일본	빈도	퍼센트	유효퍼센트	누적퍼센트
유효	불교	131	44.7	44.7	44.7
	개신교	8	2.7	2.7	47.4
	천주교	6	2.0	2.0	49.4
	기타	27	9.2	9.2	58.6

	무종교	96	32.8	32.8	91.4	
	합계	268	91.5	91.5	100.0	
	무응답	25	8.5	8.5		
합계		293	100.0	100.0		

	불교		개신교		천주교		기타		무종교	
한국	197	44.6%	65	14.7%	39	8.8%	15	3.4%	114	25.8%
일본	131	44.7%	8	2.7%	6	2.0%	27	9.2%	96	32.8%

▌그래프29▐ 직접 양육자의 종교

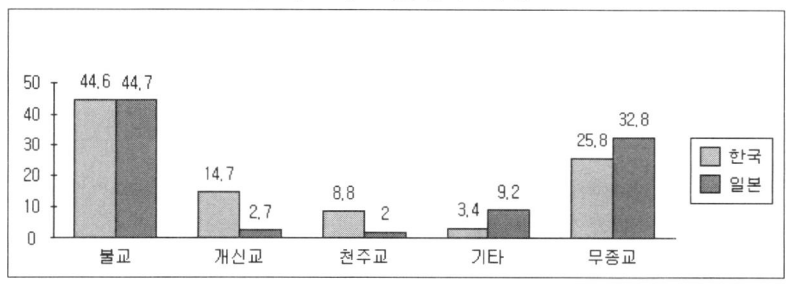

(16) 유년기 장례의례 경험

표42)는 유년기, 장례 의례를 본 적이 있습니까? 라는 질문으로 한국
의 경우, '있다'고 응답한 사람이 49.8%(n=220)였고, '없다'고 응답한 사
람이 48.6%(n=215)였다. 일본의 경우는 장례 의례를 본 적이 '있다'고
한 응답자가 57.3%(n=168)였으며, 본 적이 '없다'는 응답자가 38.2%
(n=112)로 나타났다. 한국보다는 일본이 장례 의례의 경험이 7.5% 정도
더 많은 것으로 나타났다.

표42 유년기 장례 의례의 경험

한국		빈도	퍼센트	유효퍼센트	누적퍼센트
유효	있다	220	49.8	49.8	49.8
	없다	215	48.6	48.6	98.4
	합계	435	98.4	98.4	
	무응답	7	1.6	1.6	100.0
합계		442	100.0	100.0	

일본		빈도	퍼센트	유효퍼센트	누적퍼센트
유효	있다	168	57.3	57.3	57.3
	없다	112	38.2	38.2	95.5
	합계	280	95.6	95.6	100.0
	무응답	13	4.4	4.4	
합계		293	100.0	100.0	

	있다		없다	
한국	220	49.8%	215	48.6%
일본	168	57.3%	112	38.2%

그래프30 유년기 장례 의례의 경험

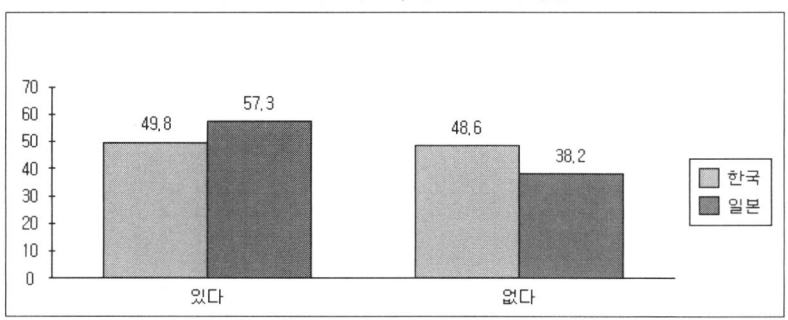

(16-1) 장례의례를 본 후의 생각

표43)은 유년기, 장례 의례를 보고 어떠한 생각을 하셨습니까? 라는
질문으로 한국의 경우, '별로 생각하지 않았다'라는 응답자가 41.9%

(n=106)였고, '죽음에 대하여 생각하게 되었다'는 응답자가 27.7%(n=70)로 나타났다.

일본의 경우, '별로 생각하지 않았다'라는 응답자가 63.7%(n=116)였고, 그 다음이 '죽음이 두려웠다'고 응답한 사람이 13.7%(n=25)로 나타났다.

‖표43‖ 장례 의례를 본 후의 생각

한국		빈도	퍼센트	유효퍼센트	누적퍼센트
유효	별로 생각 안함	106	41.9	41.9	41.9
	죽음이 두려움	34	13.4	13.4	55.3
	죽음에 대해 생각	70	27.7	27.7	83.0
	의례현장 무서움	19	7.5	7.5	90.5
	사후세계 생각	18	7.1	7.1	97.6
	기타	6	2.4	2.4	100.0
	합계	253	100.0	100.0	
	중복응답	-33	13.0		
합계		220	87.0		

일본		빈도	퍼센트	유효퍼센트	누적퍼센트
유효	별로 생각 안함	116	63.7	63.7	63.7
	죽음이 두려움	25	13.7	13.7	77.4
	죽음에 대해 생각	13	7.1	7.1	84.5
	의례현장 무서움	12	6.6	6.6	91.1
	사후세계 생각	5	2.7	2.7	93.8
	기타	11	6.0	6.0	100.0
	합계	182	100.0	100.0	
	중복응답	-14	7.7		
합계		168	92.3		

	별로		죽음두려움		죽음 생각		의례 무서움		사후 생각	
한국	106	41.9%	34	13.4%	70	27.7%	19	7.5%	18	7.1%
일본	116	63.7%	25	13.7%	13	7.1%	12	6.6%	5	2.7%

▌그래프31▌　장례 의례 경험후 생각

(17) 유년기를 지낸 곳

표44)는 유년기를 지낸 곳은 어디입니까? 라는 질문으로, 한국의 경우, 48.9%(n=216)가 '도시'로 응답하였고, 31.7%(n=140)가 '농촌'으로 응답하였다.

일본의 경우는 42.0%(n=123)가 '도시'로 응답하였고, 31.4%(n=92)가 '도시지만 자연과 자주 접하였다'고 응답하였다.

▌표44▌　유년기를 지낸 곳

한국		빈도	퍼센트	유효퍼센트	누적퍼센트
유효	도시	216	48.9	48.9	48.9
	농촌	140	31.7	31.7	80.6
	어촌	10	2.3	2.3	82.9
	산촌	6	1.4	1.4	84.3
	도시지만 자연접촉	66	14.9	14.9	99.2
	기타	3	0.7	0.7	
	합계	441	99.8	99.8	100.0
	무응답	1	0.2	0.2	
합계		442	100.0	100.0	

일본		빈도	퍼센트	유효퍼센트	누적퍼센트
유효	도시	123	42.0	42.0	42.0
	농촌	37	12.6	12.6	54.6
	어촌	8	2.7	2.7	57.3
	산촌	22	7.5	7.5	64.8
	도시지만 자연접촉	92	31.4	31.4	96.2
	기타	7	2.4	2.4	98.6
	합계	289	98.6	98.6	100.0
	무응답	4	1.4	1.4	
합계		293	100.0	100.0	

	도시		농촌		어촌		산촌		자연접촉	
한국	216	48.9%	140	31.7%	10	2.3%	6	1.4%	66	14.9%
일본	123	42.0%	37	12.6%	8	2.7%	22	7.5%	92	31.4%

▌그래프32▐   유년기를 지낸 곳

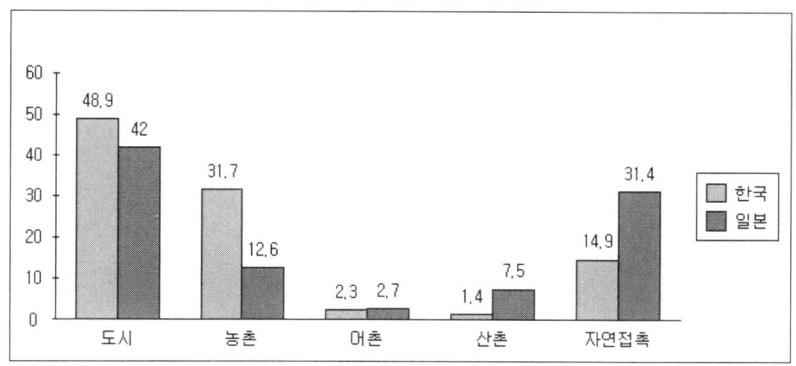

(18) 죽음에 대한 개념

　표45)는 죽음이란 무엇이라 생각하십니까? 라는 질문으로, 죽음의 개념에 대한 질문이다. 한국의 경우, 30.8%(n=136)가 죽음이란 '편안하고 깊은 잠을 영원히 자는 것'이라고 응답하였으며, 26.7%(n=118)가 '모든 것이 끝나는 것'이라 응답하였고, 23.3%(n=103)가 '또 다른 삶의 연장선'

이라고 응답하였다.

일본의 경우는 45.1%(n=132)가 '모든 것이 끝나는 것'이라고 응답하였고, 17.7%(n=52)가 '편안하고 깊은 잠을 영원히 자는 것'이라고 응답하였으며, 11.6%(n=34)가 죽음이란 '의학적으로 심장이 멈춘 것'이라고 응답하였다.

여기서 특기할 점은, 일본인 응답자의 반 정도가 죽음을 '모든 것이 끝나는 것'이라고 생각하고 있다는 것이다. 이것은 여러 가지 이유가 있을 것으로 사료되나, 일본 불교의 무상관, 체념관과 연관지어볼 수도 있을 것이다.

표45 죽음에 대한 개념

한국		빈도	퍼센트	유효퍼센트	누적퍼센트
유효	모든 것이 끝남	118	26.7	26.7	26.7
	삶의 연장	103	23.3	23.3	50.0
	영혼의 육체 이탈	41	9.3	9.3	59.3
	심장의 정지	30	6.8	6.8	66.1
	영원한 수면상태	136	30.8	30.8	96.9
	기타	10	2.3	2.3	99.2
	합계	438	99.1	99.1	
	무응답	4	0.9	0.9	100.0
합계		442	100.0	100.0	

일본		빈도	퍼센트	유효퍼센트	누적퍼센트
유효	모든 것이 끝남	132	45.1	45.1	45.1
	삶의 연장	33	11.3	11.3	56.4
	영혼의 육체 이탈	17	5.8	5.8	62.2
	심장의 정지	34	11.6	11.6	73.8
	영원한 수면상태	52	17.7	17.7	91.5
	기타	19	6.5	6.5	98.0
	합계	287	98.0	98.0	100.0

		6	2.0	2.0	
	무응답				
	합계	293	100.0	100.0	

	모두 끝남		삶의 연장		육체 이탈		심장 정지		영원 수면	
한국	118	26.7%	103	23.3%	41	9.3%	30	6.8%	136	30.8%
일본	132	45.1%	33	11.3%	17	5.8%	34	11.6%	52	17.7%

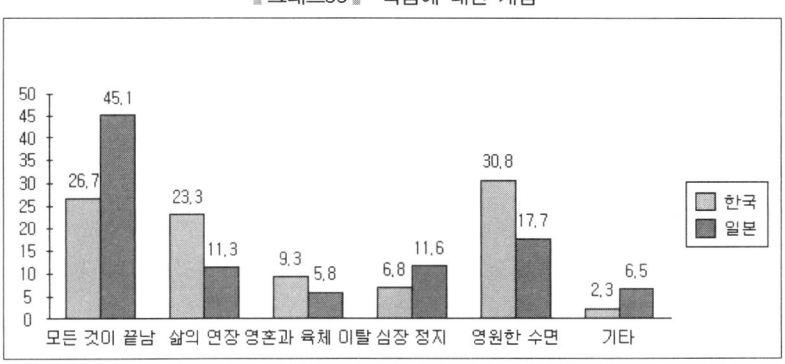

‖ 그래프33 ‖ 죽음에 대한 개념

(19) 죽음 준비교육의 필요성

표46)은 죽음에 대한 준비교육이 필요하다고 생각하십니까? 라는 질문으로, 한국의 경우, '필요하다'고 응답한 사람이 51.6%(n=228)였고, '잘 모르겠다'고 응답한 사람이 29.4%(n=130)였다. 일본의 경우는 53.9%(n=158)가 '잘 모르겠다'고 응답하였고 24.6%(n=72)가 '필요하다'고 응답하였다.

‖ 표46 ‖ 죽음 준비교육의 필요성

한국		빈도	퍼센트	유효퍼센트	누적퍼센트
유효	필요	228	51.6	51.6	51.6
	필요없음	83	18.8	18.8	70.4

		130	29.4	29.4	99.8
	잘 모름				
	합계	441	99.8	99.8	
	무응답	1	0.2	0.2	100.0
합계		442	100.0	100.0	

일본		빈도	퍼센트	유효퍼센트	누적퍼센트
유효	필요	72	24.6	24.6	24.6
	필요없음	61	20.8	20.8	45.4
	잘 모름	158	53.9	53.9	99.3
	합계	291	99.3	99.3	100.0
	무응답	2	0.7	0.7	
합계		293	100.0	100.0	

	필요		불필요		잘 모름	
한국	228	51.6%	83	18.8%	130	29.4%
일본	72	24.6%	61	20.8%	158	53.9%

▌그래프34▐ 죽음 준비교육의 필요성

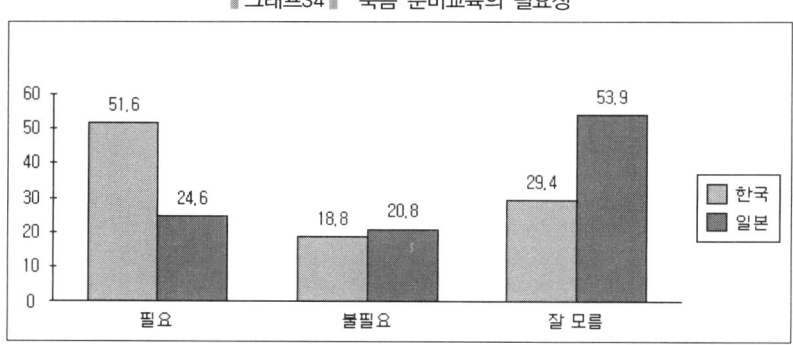

(19-1) 죽음 준비교육의 적절한 시기

(19-1)은 (19)번의 연결 질문으로, 한국의 경우, 죽음 준비교육이 필요하다고 응답한 51.6%(n=228)가 응답하여야 하는데, 중복 응답이 15.2%(n=41)나 되었다. 일본의 경우도 24.6%(n=72)가 응답하여야 하는

데, 27.3%(n=27)가 중복 응답을 하였다.

표47)은 죽음 준비교육이 필요하다고 생각한다면, 언제부터가 좋다고 생각하십니까? 라는 질문으로 한국의 경우, 29.7%(n=80)가 '사회인'이 되어서, 17.1%(n=46)가 '대학생'이 되어서 죽음 준비교육을 하면 좋다고 응답하였다.

일본의 경우는 28.3%(n=28)가 '초등학생' 때부터, 25.3%(n=25)가 '중학생'이 되어서 죽음에 대한 준비교육을 하는 것이 좋다고 응답하였다. 일본에 비해서 한국의 경우는, 성인이 되어서 죽음에 대한 준비교육을 하는 것이 좋다고 응답한 사람이 더 많은 것으로 나타났다. 일본의 경우는 어릴 때부터 하는 것이 좋다고 응답한 사람이 더 많아, 한국과 일본이 죽음 준비교육의 적절한 시기에 있어서 서로 상반되는 생각을 가지고 있음을 알 수 있었다.

‖표47‖ 죽음 준비교육의 적절한 시기

	한국	빈도	퍼센트	유효퍼센트	누적퍼센트
유효	유치원	32	11.9	11.9	11.9
	초등	24	8.9	8.9	20.8
	중등	42	15.6	15.6	36.4
	고등	28	10.4	10.4	46.8
	대학	46	17.1	17.1	63.9
	사회인	80	29.7	29.7	93.6
	기타	17	6.3	6.3	100.0
	합계	269	100.0	100.0	
	중복응답	-41	15.2		
합계		228	84.8		

	일본	빈도	퍼센트	유효퍼센트	누적퍼센트
유효	유치원	21	21.2	21.2	21.2
	초등	28	28.3	28.3	49.5

중등	25	25.3	25.3	74.8
고등	12	12.1	12.1	86.9
대학	3	3.0	3.0	89.9
사회인	6	6.1	6.1	96.0
기타	4	4.0	4.0	100.0
합계	99	100.0	100.0	
중복응답	-27	27.3		
합계	72	72.7		

	유치원		초등		중등		고등		대학		사회인	
한국	32	11.9%	24	8.9%	42	15.6%	28	10.4%	46	17.1%	80	29.7%
일본	21	21.2%	28	28.3%	25	25.3%	12	12.1%	3	3.0%	6	6.1%

‖ 그래프35 ‖ 죽음 준비교육의 적절한 시기

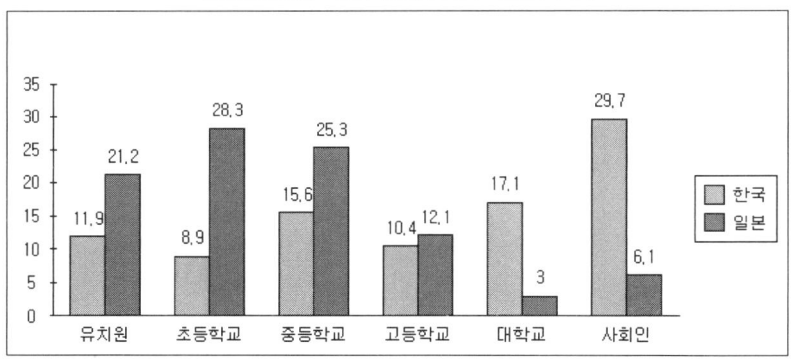

(19-2) 죽음준비교육의 시행기관

(19-2)도 (19)번의 연결 질문으로, 죽음 준비교육을 어떻게 하면 좋다고 생각하십니까? 라는 것이다. 이 질문도 중복 응답이 많았는데, 한국의 경우, 16.8%(n=46)가 중복 응답을 하였고, 일본의 경우는 30.8% (n=32)가 중복 응답을 하였다. (19)번에서 '잘 모르겠다'고 응답한 사람 중에서 이 질문에 응답한 사람도 있을 것이다. 한국의 경우, 40.1%(n=110)가 '가정

생활 속에서 자연스럽게 하는 것이 좋다'고 응답하였고, 25.9%(n=71)가 '교육기관에서 제도적ㆍ체계적으로 하는 것이 좋다'고 응답한 것으로 나타났다. 일본의 경우는 45.2%(n=71)가 '교육기관에서 제도적ㆍ체계적으로 하는 것이 좋다'고 응답하였으며, 42.3%(n=44)가 '가정생활 속에서 자연스럽게 하는 것이 좋다'고 응답하였다.

‖ 표48 ‖ 죽음 준비교육의 시행기관

	한국	빈도	퍼센트	유효퍼센트	누적퍼센트
유효	교육기관	71	25.9	25.9	25.9
	복지기관	39	14.2	14.2	40.1
	종교기관	52	19.0	19.0	59.1
	가정	110	40.1	40.1	99.2
	기타	2	0.7	0.7	100.0
	합계	274	100.0	100.0	
	중복응답	-46	16.8		
합계		228	83.2		

	일본	빈도	퍼센트	유효퍼센트	누적퍼센트
유효	교육기관	47	45.2	45.2	45.2
	복지기관	8	7.7	7.7	52.9
	종교기관	1	1.0	1.0	53.9
	가정	44	42.3	42.3	96.2
	기타	4	3.8	3.8	100.0
	합계	104	100.0	100.0	
	중복응답	-32	30.8		
합계		72	69.2		

	교육기관		복지기관		종교기관		가정	
한국	71	25.9%	39	14.2%	52	19.0%	110	40.1%
일본	47	45.2%	8	7.7%	1	1.0%	44	42.3%

‖ 그래프36 ‖   죽음 준비교육의 시행기관

(20) 선호하는 장례방법

　표49)는 자신이나 가족·친지가 죽었을 때, 어떠한 장례방법이 좋다고 생각하십니까? 라는 질문으로, 한국의 경우, '화장하여 납골당에 모신다'고 응답한 사람이 34.2%(n=151)로 가장 많았으며, 24.9%(n=110)가 '유언에 따라' 장례방법을 정한다고 응답하였다. 또, '화장하여 산이나 강에 뿌린다'고 한 응답자도 13.8%(n=61)나 있었다. 일본의 경우는 59.4%(n=174)가 '화장하여 납골당에 모신다'고 응답하였고, 16.0%(n=47)가 '유언에 따라' 장례방법을 정한다고 응답하였다. 일본에서의 장례의례는 불교화가 정착되어 있음을 이 응답의 결과에서도 알 수 있으며, 한국에서도 이제 많은 사람들이 이러한 장례방식을 선호하고 있음을 알 수 있었다.

‖ 표49 ‖   선호하는 장례방법

한국	빈도	퍼센트	유효퍼센트	누적퍼센트
유효 매장	42	9.5	9.5	9.5
화장 후 납골	151	34.2	34.2	43.7
화장 후 산골	61	13.8	13.8	57.5

풍장	1	0.2	0.2	57.7
수목장	28	6.3	6.3	64.0
유언에 따라	110	24.9	24.9	88.9
무엇이든 상관없음	40	9.0	9.0	97.9
기타	2	0.5	0.5	98.4
합계	435	98.4	98.4	
무응답	7	1.6	1.6	100.0
합계	442	100.0	100.0	

일본	빈도	퍼센트	유효퍼센트	누적퍼센트
유효 매장	13	4.4	4.4	4.4
화장 후 납골	174	59.4	59.4	63.8
화장 후 산골	14	4.8	4.8	68.6
풍장	2	0.7	0.7	69.3
수목장	1	0.3	0.3	69.6
유언에 따라	47	16.0	16.0	85.6
무엇이든 상관없음	29	9.9	9.9	95.5
기타	8	2.7	2.7	98.2
합계	288	98.3	98.3	
무응답	5	1.7	1.7	100.0
합계	293	100.0	100.0	

	매장		화장-납골		화장-산골		풍장		수목장		유언		상관 무	
한국	42	9.5%	151	34.2%	61	13.8%	1	0.2%	28	6.3%	110	24.9%	40	9.0%
일본	13	4.4%	174	59.4%	14	4.8%	2	0.7%	1	0.3%	47	16.0%	29	9.9%

‖그래프37‖ 선호하는 장례방법

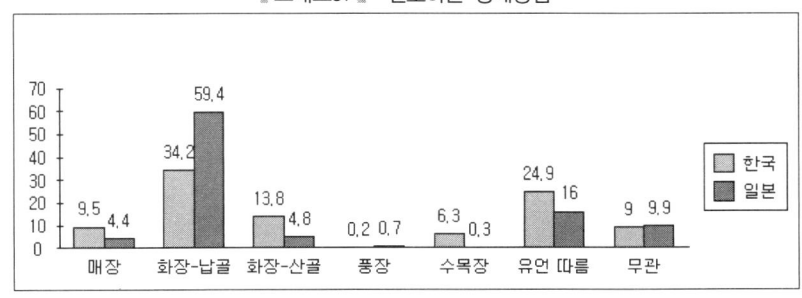

3) 사후세계에 대한 질문

표50)에서 표66)까지는 사후세계에 대한 질문으로, 각 문항을 빈도분
석하여 그 결과를 표로 나타낸 것이다.

(21) 사후세계의 유무

표50)은 사후세계는 있다고 생각하십니까? 라는 사후세계의 유무를 묻
는 질문으로, '있다', '있는 것 같다', '없다', '없는 것 같다', '모르겠다'라는
5개의 문항으로 나뉘어져 있는데, '있다'와 '있는 것 같다'를 합쳐서 '있다'
로 분석하였고, '없다'와 '없는 것 같다'를 합쳐서 '없다'고 분석하였다.

한국의 경우, '있다'고 응답한 사람이 60.4%(n=267)였으며, '없다'고 응
답한 사람은 19.7%(n=87)였다. 일본의 경우는 '있다'고 응답한 사람이
60.4%(n=177)였으며, '없다'고 응답한 사람은 23.2%(n=68)였다. 한국이
나 일본이나 반 이상의 사람들이 사후세계를 '있다'고 생각하는 것으로
나타났다.

▌ 표50 ▌ 사후세계의 유무

한국		빈도	퍼센트	유효퍼센트	누적퍼센트
유효	있다	138	31.2	31.2	31.2
	있는 것 같다	129	29.2	29.2	60.4
	없다	44	10.0	10.0	70.4
	없는 것 같다	43	9.7	9.7	80.1
	모르겠다	83	18.8	18.8	98.9
	합계	438	99.1	99.1	
	무응답	4	0.9	0.9	100.0
합계		442	100.0	100.0	

일본		빈도	퍼센트	유효퍼센트	누적퍼센트
유효	있다	50	17.1	17.1	17.1
	있는 것 같다	127	43.3	43.3	60.4
	없다	25	8.5	8.5	68.9
	없는 것 같다	43	14.7	14.7	83.6
	모르겠다	46	15.7	15.7	99.3
	합계	291	99.3	99.3	
	무응답	2	0.7	0.7	100.0
합계		293	100.0	100.0	

	있다		없다	
한국	267	60.4%	87	19.7%
일본	177	60.4%	68	23.2%

‖ 그래프38 ‖ 사후세계의 유무

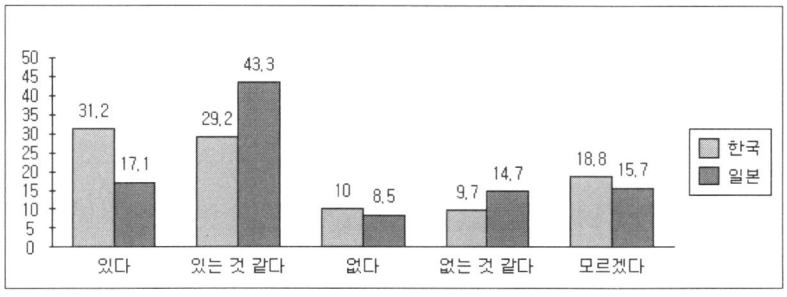

(21-1) 사후세계에 대한 개념

(21-1)은 (21)의 연결 질문으로, 사후세계가 '있다'고 생각하는 사람이 응답하는 것이다. 여기에서도 한국의 경우, 11.9%(n=36)가, 일본의 경우, 3.3%(n=6)의 사람들이 중복 응답을 하였다.

표51)은 사후세계는 어떠하다고 생각하십니까? 라는 사후세계에 대한 개념을 묻는 질문으로, 한국의 경우, 36.6%(n=111)가 '사후세계는 편안하고 좋은 세상이다'라고 응답하였으며, 20.5%(n=62)가 '환생을 준비

하는 곳이다'라고 응답하였다. 일본의 경우는 43.7%(n=80)가 '편안하고 좋은 세상이다'라고 응답하였고, 26.2%(n=48)가 '환생을 준비하는 곳이다'라고 응답하였다. 한국인과 일본인의 사후세계에 대한 개념은 거의 같은 생각을 하는 것으로 나타났다.

▌표51▌ 사후세계에 대한 개념

한국		빈도	퍼센트	유효퍼센트	누적퍼센트
유효	편안한 곳	111	36.6	36.6	36.6
	환생을 준비하는 곳	62	20.5	20.5	57.1
	현실 망각가능한 곳	45	14.9	14.9	72.0
	이 세상에 회귀불가한 곳	41	13.5	13.5	85.5
	영혼이 방황하는 곳	17	5.6	5.6	91.1
	캄캄한 암흑세계	7	2.3	2.3	93.4
	지옥과 같은 곳	3	1.0	1.0	94.4
	기타	17	5.6	5.6	100.0
	합계	303	100.0	100.0	
	중복응답	-36	11.9		
합계		267	88.1		

일본		빈도	퍼센트	유효퍼센트	누적퍼센트
유효	편안한 곳	80	43.7	43.7	43.7
	환생을 준비하는 곳	48	26.2	26.2	69.9
	현실 망각가능한 곳	15	8.2	8.2	78.1
	이 세상에 회귀불가한 곳	7	3.8	3.8	81.9
	영혼이 방황하는 곳	12	6.6	6.6	88.5
	캄캄한 암흑세계	3	1.6	1.6	90.1
	지옥과 같은 곳	1	0.5	0.5	90.6
	기타	17	9.3	9.3	100.0
	합계	183	100.0	100.0	
	중복응답	-6	3.3		
합계		177	96.7		

	편안한 곳		환생 준비		현실 망각		회귀 불가		영혼 방황		암흑세계		지옥 비슷	
한국	111	36.6	62	20.5	45	14.9	41	13.5	17	5.6	7	2.3	3	1.0
일본	80	43.7	48	26.2	15	8.2	7	3.8	12	6.6	3	1.6	1	0.5

‖ 그래프39 ‖ 사후세계에 대한 개념

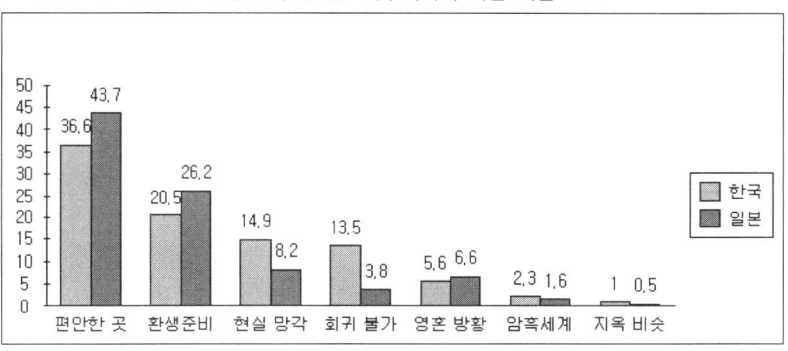

(21-2) 사후세계의 구별

(21-2)는 (21)의 연결 질문으로, 사후세계가 있다면 사후세계는 좋은 세상과 나쁜 세상으로 구별되어 있다고 생각하십니까? 라는 질문이다. 여기에서도 한국의 경우, 18.8%(n=62)가, 일본의 경우, 13.2%(n=27)가 중복 응답을 하였다.

한국의 경우, 48.9%(n=161)가 사후세계는 좋은 세상과 나쁜 세상으로 '구별된다'고 응답하였고, 일본의 경우는 40.2%(n=82)가 '잘 모르겠다'고 응답한 것으로 나타나 사후세계의 구별에 대해서는 확신이 없는 것으로 나타났다.

‖ 표52 ‖ 사후세계의 구별

한국		빈도	퍼센트	유효퍼센트	누적퍼센트
유효	구별된다	161	48.9	48.9	48.9
	구별 안 된다	51	15.5	15.5	64.4

잘 모르겠다	117	35.6	35.6	100.0
합계	329	100.0	100.0	
중복응답	-62	18.8		
합계	267	81.2		

일본		빈도	퍼센트	유효퍼센트	누적퍼센트
유효	구별된다	60	29.4	29.4	29.4
	구별 안 된다	62	30.4	30.4	59.8
	잘 모르겠다	82	40.2	40.2	100.0
	합계	204	100.0	100.0	
	중복응답	-27	13.2		
합계		177	86.8		

	구별되어 있다		구별되어있지 않다		잘 모르겠다	
한국	161	48.9%	51	15.5%	117	35.6%
일본	60	29.4%	62	30.4%	82	40.2%

‖ 그래프40 ‖   사후세계의 구별

(21-3) 좋은 사후세계로 가는 사람은?

(21-3)은 (21-2)의 연결 질문으로, 사후세계가 구별된다면, 어떤 사람이 죽어서 좋은 세상으로 간다고 생각하십니까? 라는 질문인데, 여기에서도 중복 응답이 많이 나왔으나, (21-2)에서 '잘 모르겠다'고 응답한

사람도 응답 가능하므로 그렇게 문제는 되지 않는다고 판단된다.

표53)은 죽어서 좋은 세상으로 가는 사람은 한국의 경우, 55.8%
(n=149)가 '착한 일을 많이 한 사람'이며, 21.3%(n=57)가 '종교를 믿는 사
람'으로 응답하였다. 일본의 경우는 36.2%(n=64)가 '착한 일을 많이 한
사람'으로 응답하였다. 한국이나 일본이나 '착한 일을 많이 한 사람'이
죽어서도 좋은 세상으로 간다고 생각하는 사람이 많은 것으로 나타나,
유교의 권선징악(勸善懲惡)사상과 불교의 인과응보(因果応報)사상이 많
이 남아있음을 알 수 있다. 그러나 한국에서는 종교를 믿고 있는 사람
이 좋은 사후세계로 간다고 생각하는 응답자가 21.3%(n=57)나 있어, 일
본에 비하여 종교성이 높다고 말할 수 있을 것이다.

여기서 특기할 점은, 일본의 무응답자의 비율이 높은 점이다. (21)에
서 사후세계가 '있다'고 대부분 인정하면서도 그 사후세계의 성격이나
어떤 사람들이 가는지에 대한 구체적인 생각은 하고있지 않다는 것이다.

‖표53‖ 좋은 사후세계로 가는 사람

한국		빈도	퍼센트	유효퍼센트	누적퍼센트
유효	착한 사람	149	55.8	55.8	55.8
	종교인	57	21.3	21.3	77.1
	모두 간다	20	7.5	7.5	84.6
	모두 못 간다	6	2.2	2.2	86.8
	기타	24	9.0	9.0	95.8
	합계	256	95.9	95.9	100.0
	중복응답	-95	35.6		
	무응답	11	4.1	4.1	
합계		267	100.0	100.0	

일본		빈도	퍼센트	유효퍼센트	누적퍼센트
유효	착한 사람	64	36.2	36.2	36.2
	종교인	3	1.7	1.7	37.9

	모두 간다	9	5.1	5.1	43.0
	모두 못 간다	7	4.0	4.0	47.0
	기타	6	3.4	3.4	50.4
	합계	89	50.3	50.3	100.0
	중복응답	-29	16.4	16.4	
	무응답	88	49.7	49.7	
합계		177	100.0	100.0	

	착한 사람		종교인		모두 간다		모두 못 간다	
한국	149	55.8%	57	21.3%	20	7.5%	6	2.2%
일본	64	36.2%	3	1.7%	9	5.1%	7	4.0%

‖그래프41‖ 좋은 사후세계로 가는 사람은?

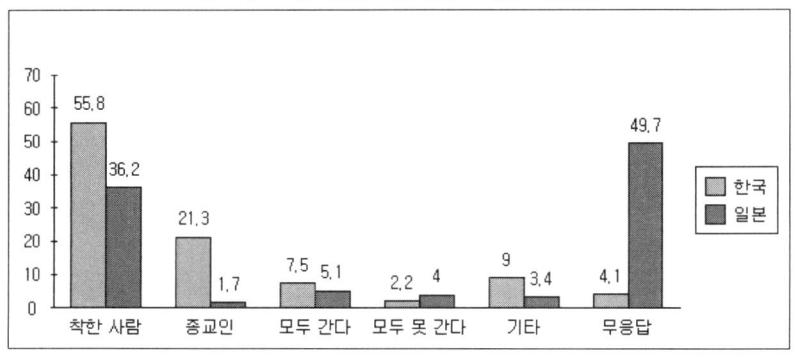

(21-4) 사후세계가 없다고 생각하는 이유

(21-4)는 (21)의 연결 질문으로, 사후세계가 없다고 생각하는 사람이 응답하여야 하는데, 여기에서는 중복 응답이 더 많은 것으로 나타났다.

한국의 경우 19.7%(n=87)만이 응답하여야 하는데, 57.1%(n=116)의 중복 응답자가 있었으며, 일본의 경우도 중복 응답자가 20.2%(n=22)나 되었다. 이렇게 중복 응답한 이유는 과학의 발달로 인하여 현대인의 사후세계에 대한 확신이 없기 때문일 것이라고 추측된다.

표54)는 사후세계가 없다면 왜 그렇게 생각하십니까? 라는 질문으로, 한국의 경우, '영혼이나 사후세계를 과학적으로 입증할 수 없기 때문에'라고 응답한 사람이 가장 많아 45.8%(n=93)였으며, '이 세상 속에 천당(기쁨)·지옥(생노병사, 갈등, 사고, 괴로움)이 다 있기 때문에'라고 응답한 사람이 24.6%(n=50)로 나타났다.

일본의 경우도 '영혼이나 사후세계를 과학적으로 입증할 수 없기 때문에'라고 응답한 사람이 가장 많아 43.1%(n=47)였으며, '사후세계가 있다면 죽음에 대한 공포는 존재하지 않아야 하기 때문에'라고 응답한 사람이 25.7%(n=28)로 나타났다. 이것은 사후세계에 대한 불확실성(不確實性)과 불가지성(不可知性)을 나타내어주는 결과라고 할 수 있을 것이다.

▌표54▐ 사후세계가 없다고 생각하는 이유

한국		빈도	퍼센트	유효퍼센트	누적퍼센트
유효	세상 속에 있다	50	24.6	24.6	24.6
	죽음 공포의 존재	41	20.2	20.2	44.8
	과학적 입증 불가	93	45.8	45.8	90.6
	기타	19	9.4	9.4	100.0
	합계	203	100.0	100.0	
	중복응답	-116	57.1		
합계		87	42.9		

일본		빈도	퍼센트	유효퍼센트	누적퍼센트
유효	세상 속에 있다	21	19.3	19.3	19.3
	죽음 공포의 존재	28	25.7	25.7	45.0
	과학적 입증 불가	47	43.1	43.1	88.1
	기타	13	11.9	11.9	100.0
	합계	109	100.0	100.0	
	중복응답	-22	20.2		
합계		87	79.8		

	세상 속		죽음 공포 존재		과학적 입증 불가	
한국	50	24.6%	41	20.2%	93	45.8%
일본	21	19.3%	28	25.7%	47	43.1%

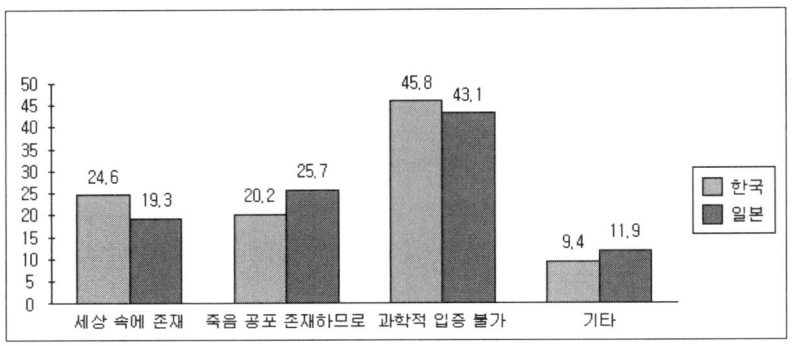

‖ 그래프42 ‖ 사후세계 없다고 생각하는 이유

(22) 인간에게 번뇌와 고통이 존재하는 이유

표55)는 이 세상에 생노병사(生老病死)·공포·외로움 등이 있는 이유는 무엇이라고 생각하십니까? 라는 질문으로, 한국의 경우, '산과 바다가 있듯이 삶 속에 그냥 있는 것이다'라고 응답한 사람이 46.8% (n=207)였으며, '인생 자체가 고통이라서'라고 응답한 사람이 16.5% (n=73)로 나타났다. 일본의 경우는 '산과 바다가 있듯이 삶 속에 그냥 있는 것이다'라고 응답한 사람이 59.0%(n=173)였고, '잘 모르겠다'고 응답한 사람이 20.1%(n=59)로 나타났다.

일본은 종교가 불교라고 한 응답자가 37.5%(n=110)나 되는데도, 응답 결과는 '인과응보' 등의 불교적인 해석을 하지 않고 있음이 특징적이라고 할 수 있다. 또한, 한국인이나 일본인이나 고통도 삶의 한 부분으로 받아들이고 있음을 볼 때, 삶에 대하여 긍정적인 사고를 하고 있음을 알 수 있다.

| 표55 | 인간에게 번뇌와 고통이 존재하는 이유 | | | |

	한국	빈도	퍼센트	유효퍼센트	누적퍼센트
유효	전생의 업보	37	8.4	8.4	8.4
	인생 자체가 고통	73	16.5	16.5	24.9
	인과응보	40	9.0	9.0	33.9
	고통도 삶의 하나	207	46.8	46.8	80.7
	잘 모르겠다	52	11.8	11.8	92.5
	기타	21	4.8	4.8	97.3
	합계	430	97.3	97.3	
	무응답	12	2.7	2.7	100.0
합계		442	100.0	100.0	

	일본	빈도	퍼센트	유효퍼센트	누적퍼센트
유효	전생의 업보	18	6.1	6.1	6.1
	인생 자체가 고통	16	5.5	5.5	11.6
	인과응보	8	2.7	2.7	14.3
	고통도 삶의 하나	173	59.0	59.0	73.3
	잘 모르겠다	59	20.1	20.1	93.4
	기타	13	4.4	4.4	97.8
	합계	287	98.0	98.0	100.0
	무응답	6	2.0	2.0	
합계		293	100.0	100.0	

	전생 업보		인생 고통		인과응보		고통도 삶		잘 모르겠다	
한국	37	8.4%	73	16.5%	40	9.0%	207	46.8%	52	11.8%
일본	18	6.1%	16	5.5%	8	2.7%	173	59.0%	59	20.1%

| 그래프43 | 인간에게 번뇌와 고통이 존재하는 이유

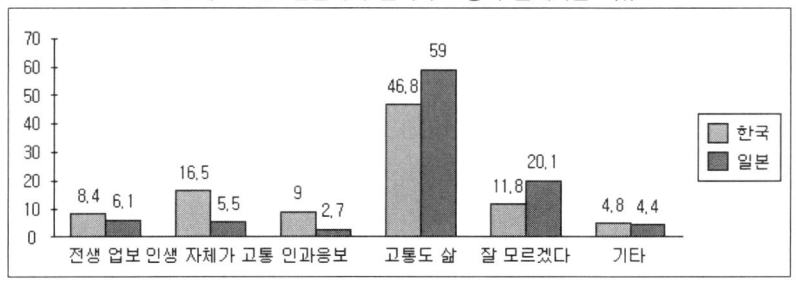

Ⅳ. 빈도분석을 통한 한국인과 일본인의 사생관 235

(23) 영혼의 유무

표56)은 영혼은 있다고 생각하십니까? 라는 질문으로, '있다', '있는 것 같다'를 합쳐서 '있다'로, '없다', '없는 것 같다'를 합쳐서 '없다'로 처리하여, 한국의 경우, 68.8%(n=304)가 영혼은 '있다'고 생각하고 있으며, 일본의 경우도 74.4%(n=218)가 영혼은 '있다'고 생각하고 있는 것으로 나타났다.

║ 표56 ║ 영혼의 유무

한국		빈도	퍼센트	유효퍼센트	누적퍼센트
유효	있다	189	42.8	42.8	42.8
	있는 것 같다	115	26.0	26.0	68.8
	없다	30	6.8	6.8	75.6
	없는 것 같다	28	6.3	6.3	81.9
	모르겠다	78	17.6	17.6	99.5
	합계	440	99.5	99.5	
	무응답	2	0.5	0.5	100.0
합계		442	100.0	100.0	

일본		빈도	퍼센트	유효퍼센트	누적퍼센트
유효	있다	123	42.0	42.0	42.0
	있는 것 같다	95	32.4	32.4	74.4
	없다	19	6.5	6.5	80.9
	없는 것 같다	18	6.1	6.1	87.0
	모르겠다	34	11.6	11.6	98.6
	합계	289	98.6	98.6	100.0
	무응답	4	1.4	1.4	
합계		293	100.0	100.0	

	있다		없다	
한국	304	68.8%	58	13.1%
일본	218	74.4%	37	12.6%

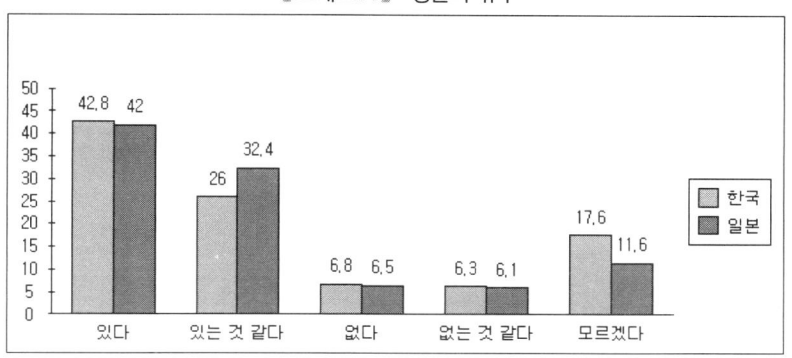
‖ 그래프44 ‖ 영혼의 유무

(23-1) 영혼과 후손의 만남 가능성

(23-1)은 (23)의 연결 질문으로, 만약 영혼이 있다면 후손과 영혼이 만날 수 있다고 생각하십니까? 라는 질문으로, (23)에서 '있다'고 응답한 사람만이 대답하여야 하는데, 여기에서도 중복 응답이 많았다. 한국의 경우, 15.6%(n=56)가, 일본의 경우, 10.3%(n=25)가 중복 응답을 하였다.

한국의 경우, 44.7%(n=161)가 후손과 '만날 수 있다'고 응답하였으며, 일본의 경우는 52.7%(n=128)가 '잘 모르겠다'고 응답하였고, 32.9%(n=80)가 '만날 수 있다'고 응답하였다. 영혼이 있다고 생각하는 응답자의 비율이 더 높은 일본(74.4%, n=218)에서보다 한국(68.8%, n=304)에서 후손과 영혼이 '만날 수 있다'고 생각하는 사람이 더 많은 것으로 나타났는데, 그 이유는 선조 공양의례인 제사를 지내는 사람이 많기 때문이라 판단된다.

‖표57‖ 영혼과 후손의 만남 가능성

한국		빈도	퍼센트	유효퍼센트	누적퍼센트
유효	있다	161	44.7	44.7	44.7
	없다	59	16.4	16.4	61.1
	모르겠다	140	38.9	38.9	100.0
	합계	360	100.0	100.0	
	중복응답	-56	15.6	15.6	
합계		304	84.4	84.4	

일본		빈도	퍼센트	유효퍼센트	누적퍼센트
유효	있다	80	32.9	32.9	32.9
	없다	35	14.4	14.4	47.3
	모르겠다	128	52.7	52.7	100.0
	합계	243	100.0	100.0	
	중복응답	-25	10.3		
합계		218	89.7		

	만날 수 있다		만날 수 없다		모르겠다	
한국	161	44.7%	59	16.4%	140	38.9%
일본	80	32.9%	35	14.4%	128	52.7%

‖그래프45‖ 영혼과 후손의 만남 가능성

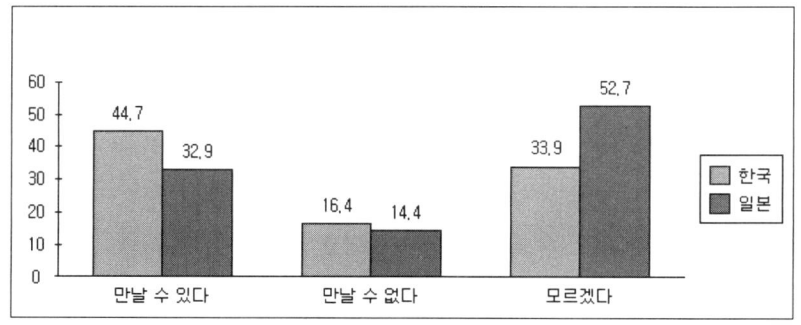

(23-2) 후손과 영혼이 만나는 장소

(23-2)는 (23-1)에서 '있다'고 답한 사람만 응답하는 것으로 영혼과 후

손이 만날 수 있다면, 어디에서 만날 수 있다고 생각하십니까? 라는 질문이다. 여기에서도 한국의 경우, 35.9%(n=90)가 중복 응답을 하였고, 일본의 경우는 31.0%(n=36)가 중복 응답을 하였다.

한국의 경우, 51.4%(n=129)가 '꿈속에서' 후손과 영혼이 만날 수 있다고 응답한 것으로 나타났고, 일본의 경우도 64.7%(n=75)가 '꿈속에서'라고 응답한 것으로 나타났다. 그러나 제사를 지내는 사람이 많은 한국에서 '제사장소에서' 후손과 영혼이 만날 수 있다고 응답한 사람은 7.6%(n=19)에 불과하였다.

한국인과 일본인의 영혼에 대한 인식에 있어서, 영혼이 '있다'고 응답한 사람들이 68.8%(n=304), 74.4%(n=218)나 되는데, 영혼은 존재하지만 꿈속에서만 만날 수 있다고 생각하고 있다. 여기서 영혼에 대한 '실재적 존재'와 '관념적 존재'에 대한 의문이 생기지 않을 수 없다. 한국인과 일본인들의 대부분이 영혼은 '있다'고 생각하고 있지만, 그것은 '실재적 존재'가 아니라, 관념 속에서만 존재하고 있는 '관념적 존재'임을 본 조사에서 깨닫게 한다.

‖ 표58 ‖ 후손과 영혼이 만나는 장소

한국		빈도	퍼센트	유효퍼센트	누적퍼센트
유효	꿈속	129	51.4	51.4	51.4
	종교의식	46	18.3	18.3	69.7
	제사장소	19	7.6	7.6	77.3
	기타	57	22.7	22.7	100.0
	합계	251	100.0	100.0	
	중복응답	-90	35.9		
합계		161	64.1		

일본		빈도	퍼센트	유효퍼센트	누적퍼센트
유효	꿈속	75	64.7	64.7	64.7

	종교의식	14	12.1	12.1	76.8
	제사장소	14	12.1	12.1	88.9
	기타	13	11.2	11.2	100.0
	합계	116	100.0	100.0	
	중복응답	-36	31.0		
합계		80	69.0		

	꿈속		종교의식		제사장소		기타	
한국	129	51.4%	46	18.3%	19	7.6%	57	22.7%
일본	75	64.7%	14	12.1%	14	12.1%	13	11.2%

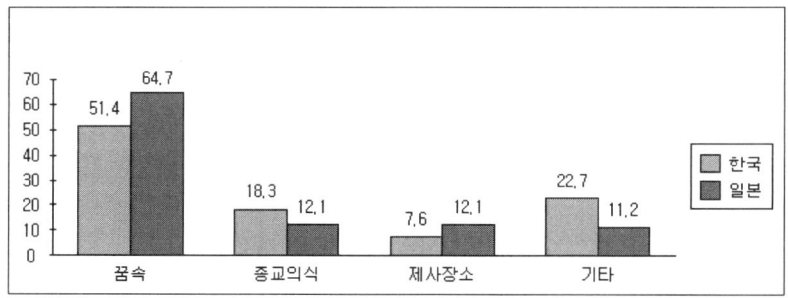

┃그래프46┃ 영혼과 후손이 만나는 장소

(24) 환생에 대한 믿음

표59)는 환생을 믿으십니까? 라는 질문으로, 한국의 경우, '믿지 않는다'라고 응답한 사람이 36.7%(n=162)였고, '믿는다', '모르겠다'라고 응답한 사람이 각각 30.8%(n=136)로 나타났다. 일본의 경우는 '모르겠다'고 응답한 사람이 42.3%(n=124), '믿지 않는다'라고 응답한 사람이 34.5%(n=101)로 나타났다. 따라서 환생에 대한 믿음에 관해서는 믿지 않거나 잘 모르겠다는 사람이 많은 것으로 보아, 한국이나 일본이나 환생의 믿음에 대한 확실성은 낮은 것으로 판단된다.

||표59|| 환생의 믿음 여부

한국		빈도	퍼센트	유효퍼센트	누적퍼센트
유효	믿는다	136	30.8	30.8	30.8
	안 믿는다	162	36.7	36.7	67.5
	모르겠다	136	30.8	30.8	98.3
	합계	433	98.0	98.0	
	무응답	9	2.0	2.0	100.0
합계		442	100.0	100.0	

일본		빈도	퍼센트	유효퍼센트	누적퍼센트
유효	믿는다	63	21.5	21.5	21.5
	안 믿는다	101	34.5	34.5	56.0
	모르겠다	124	42.3	42.3	98.3
	합계	288	98.3	98.3	
	무응답	5	1.7	1.7	100.0
합계		293	100.0	100.0	

	믿는다		안 믿는다		모르겠다	
한국	136	30.8%	162	36.7%	136	30.8%
일본	63	21.5%	101	34.5%	124	42.3%

||그래프47|| 환생의 믿음 여부

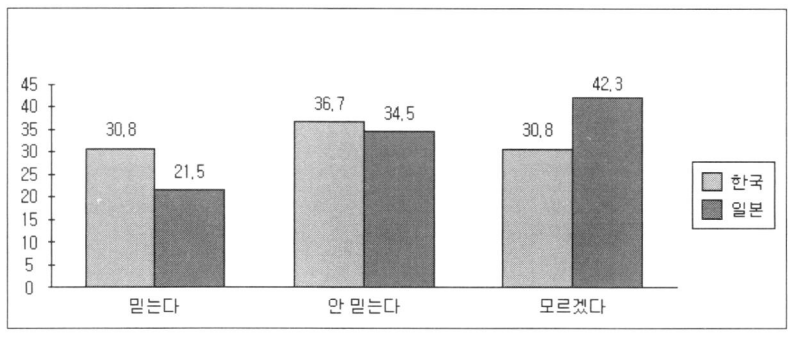

(24-1) 환생의 형태1

(24-1)은 (24)에서 환생을 '믿는다'라고 한 사람만이 응답할 수 있는

연결 질문으로, 환생을 믿는다면 무엇으로 태어나고 싶습니까? 라는 질문이다. 여기에서도 한국의 경우, 30.8%(n=136)만이 응답하여야 하는데, 212명이 응답하여 35.8%(n=76)가 중복 응답을 하였으며, 일본의 경우도 21.5%(n=63)가 응답하여야 하는데, 135명이나 응답을 하여 53.3%(n=72)가 중복 응답을 하였다.

한국의 경우, 68.4%(n=145)가 '사람'으로 다시 태어나고 싶다고 하였으며, 그 다음이 '새'로 응답한 사람으로 11.3%(n=24)였다. 일본의 경우는 70.4%(n=95)가 '사람'으로 다시 태어나고 싶다고 하였으며, 11.9%(n=16)가 '동물'로 태어나고 싶다고 응답하였다. 한국이나 일본이나 대부분 '사람'으로 다시 태어나고 싶은 희망을 가지고 있음을 알 수 있다.

‖ 표60 ‖   환생의 형태1

한국		빈도	퍼센트	유효퍼센트	누적퍼센트
유효	사람	145	68.4	68.4	68.4
	동물	5	2.4	2.4	70.8
	꽃, 나무	16	7.5	7.5	78.3
	새	24	11.3	11.3	89.6
	나비	3	1.4	1.4	91.0
	기타	19	9.0	9.0	100.0
	합계	212	100.0	100.0	
	중복응답	-76	35.8	35.8	
합계		136	64.2	64.2	

일본		빈도	퍼센트	유효퍼센트	누적퍼센트
유효	사람	95	70.4	70.4	70.4
	동물	16	11.9	11.9	82.3
	꽃, 나무	9	6.7	6.7	89.0
	새	6	4.4	4.4	93.4
	나비	2	1.5	1.5	94.9
	기타	7	5.2	5.2	100.0
	합계	135	100.0	100.0	

	중복응답	-72	53.3		
	합계	63	46.7		

	사람		동물		꽃, 나무		새		나비	
한국	145	68.4%	5	2.4%	16	7.5%	24	11.3%	3	1.4%
일본	95	70.4%	16	11.9%	9	6.7%	6	4.4%	2	1.5%

‖ 그래프48 ‖ 환생의 형태1

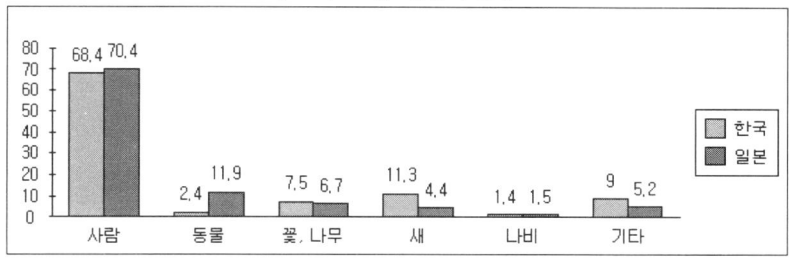

(24-2) 환생의 형태2

(24-2)는 환생을 믿거나 믿지 않거나 관계없이 응답할 수 있는 질문으로, 환생을 믿지는 않지만, 만약 환생할 수 있다면 무엇으로 태어나고 싶습니까? 라는 내용이다. 한국의 경우, 49.3%(n=151)가 '사람'으로 다시 태어나고 싶다고 하였으며, 10.5%(n=32)가 '태어나고 싶지 않다'고 응답하였다.

일본의 경우도 42.2%(n=97)가 '사람'으로 다시 태어나고 싶다고 응답하였다.

‖ 표61 ‖ 환생의 형태2

한국		빈도	퍼센트	유효퍼센트	누적퍼센트
유효	사람	151	49.3	49.3	49.3
	동물	8	2.6	2.6	51.9
	꽃, 나무	19	6.2	6.2	58.1

새	24	7.8	7.8	65.9
나비	9	2.9	2.9	68.8
기타	13	4.2	4.2	73.0
태어나고 싶지 않다	32	10.5	10.5	83.5
합계	256	83.7	83.7	
무응답	50	16.3	16.3	100.0
합계	306	100.0	100.0	

	사람		동물		꽃, 나무		새		나비	
한국	151	49.3%	8	2.6%	19	6.2%	24	7.8%	9	2.9%
일본	97	42.2%	13	5.7%	11	4.8%	6	2.6%	2	0.9%

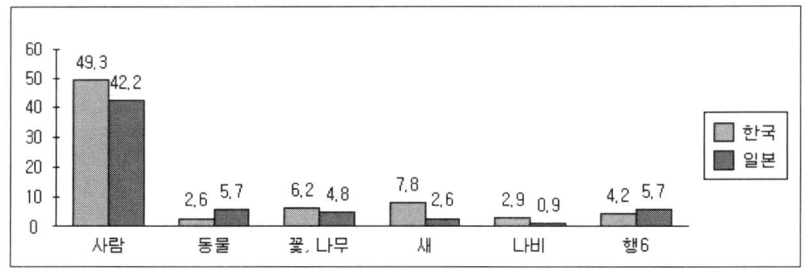

‖그래프49‖ 환생의 형태2

(25) 영적 존재에 대한 인식

(25)는 절대자/신, 극락/천당, 지옥/연옥, 귀신/악마 등의 존재 여부를 종교에 관계없이 묻는 질문이다.

① 절대자/신의 존재

표62)는 절대자/신이 존재한다고 생각하십니까? 라는 질문으로, 한국의 경우, 47.1%(n=208)가 '있다'고 응답하였으며, 25.6%(n=113)가 '없다'고 응답하였다. 일본의 경우는 36.2%(n=106)가 '있다'고 응답하였고, 32.1%(n=94)가 '없다'고 응답하였다. 한국인이 일본인보다 절대자/신을

있다고 믿는 사람들이 10.9%나 더 많은 것으로 나타났다.

▌표62▐ 절대자/신의 존재 여부

한국		빈도	퍼센트	유효퍼센트	누적퍼센트
유효	있다	208	47.1	47.1	47.1
	없다	113	25.6	25.6	72.7
	모르겠다	110	24.9	24.9	97.6
	합계	431	97.5	97.5	
	무응답	11	2.5	2.5	100.0
합계		442	100.0	100.0	

일본		빈도	퍼센트	유효퍼센트	누적퍼센트
유효	있다	106	36.2	36.2	36.2
	없다	94	32.1	32.1	68.3
	모르겠다	87	29.7	29.7	98.0
	합계	287	98.0	98.0	100.0
	무응답	6	2.0	2.0	
합계		293	100.0	100.0	

절대자/신	있다		없다		모르겠다	
한국	208	47.1%	113	25.6%	110	24.9%
일본	106	36.2%	94	32.1%	87	29.7%

▌그래프50▐ 절대자/신의 존재

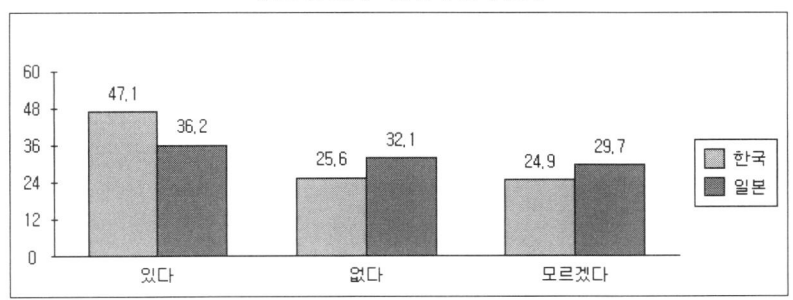

② 극락/천당의 유무

표63)은 극락/천당의 존재 여부를 묻는 질문으로, 한국의 경우, 45.5%(n=201)가 '있다'고 응답하였으며, 일본의 경우는 42.7%(n=125)가 극락/천당이 '있다'고 믿고 있는 것으로 나타났다.

그러나 없다고 생각하는 응답자보다 '모르겠다'고 응답한 응답자들이 더 많은 것으로 나타났는데, 한국의 경우, 28.5%(n=126)가, 일본은 29.7%(n=87)가 '모르겠다'고 응답하였다.

▮ 표63 ▮ 극락/천당의 유무

한국		빈도	퍼센트	유효퍼센트	누적퍼센트
유효	있다	201	45.5	45.5	45.5
	없다	102	23.1	23.1	68.6
	모르겠다	126	28.5	28.5	97.1
	합계	429	97.1	97.1	
	무응답	13	2.9	2.9	100.0
합계		442	100.0	100.0	

일본		빈도	퍼센트	유효퍼센트	누적퍼센트
유효	있다	125	42.7	42.7	42.7
	없다	74	25.3	25.3	68.0
	모르겠다	87	29.7	29.7	97.7
	합계	286	97.6	97.6	
	무응답	7	2.0	2.0	100.0
합계		293	100.0	100.0	

극락/천당	있다		없다		모르겠다	
한국	201	45.5%	102	23.1%	126	28.5%
일본	125	42.7%	74	25.3%	87	29.7%

그래프51 ▍ 극락/천당의 유무

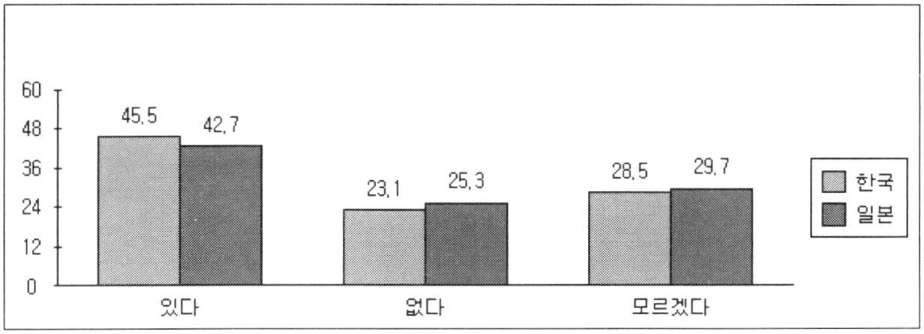

③ 지옥/연옥의 유무

표64)는 지옥/연옥의 유무를 묻는 질문으로, 한국의 경우, 37.6%
(n=166)가 '있다'고 응답하였고, 26.0%(n=115)는 '없다'고 응답하였으며,
33.0%(n=146)가 '잘 모르겠다'고 응답하였다.

일본의 경우는 30.4%(n=89)가 '있다'고 응답하였고, 33.1%(n=97)는 '없
다'고 응답하였으며, 34.1%(n=100)는 '잘 모르겠다'고 응답하였다.

이 문항에서는 한국의 경우, '있다'고 응답한 사람이 많긴 하나, 한국
인들이나 일본인들이 지옥이나 연옥에 관하여서는 '모르겠다'고 응답한
사람이 많은 것으로 보아, 지옥/연옥의 유무에 대하여서는 그렇게 확실
성이 없는 것으로 보인다.

표64 ▍ 지옥/연옥의 유무

	한국	빈도	퍼센트	유효퍼센트	누적퍼센트
유효	있다	166	37.6	37.6	37.6
	없다	115	26.0	26.0	63.6
	모르겠다	146	33.0	33.0	96.6
	합계	427	96.6	96.6	
	무응답	15	3.4	3.4	100.0
합계		442	100.0	100.0	

일본		빈도	퍼센트	유효퍼센트	누적퍼센트
유효	있다	89	30.4	30.4	30.4
	없다	97	33.1	33.1	63.5
	모르겠다	100	34.1	34.1	97.6
	합계	286	97.6	97.6	
	무응답	7	2.4	2.4	100.0
합계		293	100.0	100.0	

지옥/연옥	있다		없다		모르겠다	
한국	166	37.6%	115	26.0%	146	33.0%
일본	89	30.4%	97	33.1%	100	34.1%

‖ 그래프52 ‖ 지옥/연옥의 유무

④ 귀신/악마의 존재

표65)는 귀신/악마의 존재 여부를 묻는 질문으로, 한국의 경우, 43.7%(n=193)가 '있다'고 응답하였고, 19.2%(n=85)가 '없다'고 응답하였으며, 33.5%(n=148)가 '모르겠다'고 응답하였다.

일본의 경우는 20.8%(n=61)가 '있다'고 응답하였고, 39.9%(n=117)가 '없다'고 응답하였으며, '모르겠다'고 응답한 사람도 많아 36.5%(n=107)나 되는 것으로 나타났다. 귀신이나 악마는 일본보다 한국이 '있다'고 생각하는 응답자가 더 많았으며, 일본은 '없다'고 생각하는 응답자가 많

은 편이었다. 따라서, 한국인과 일본인의 생각이 귀신/악마의 존재에
대한 인식에 있어서는 서로 상반되고 있음을 알 수 있다.

그래프53)에서 알 수 있듯이, 귀신이나 악마의 존재 여부에 관하여서
는 한국에서 '있다'고 답한 응답자가 더 많고, 일본에서는 '없다'고 한
응답자가 좀 많지만, '모르겠다'고 응답한 사람들도 많았다.

▌표65 ▌ 귀신/악마의 존재 여부

한국		빈도	퍼센트	유효퍼센트	누적퍼센트
유효	있다	193	43.7	43.7	43.7
	없다	85	19.2	19.2	62.9
	모르겠다	148	33.5	33.5	96.4
	합계	426	96.4	96.4	
	무응답	16	3.6	3.6	100.0
합계		442	100.0	100.0	

일본		빈도	퍼센트	유효퍼센트	누적퍼센트
유효	있다	61	20.8	20.8	20.8
	없다	117	39.9	39.9	60.7
	모르겠다	107	36.5	36.5	97.2
	합계	285	97.3	97.3	
	무응답	8	2.7	2.7	100.0
합계		293	100.0	100.0	

귀신/악마	있다		없다		모르겠다	
한국	193	43.7%	85	19.2%	148	33.5%
일본	61	20.8%	117	39.9%	107	36.5%

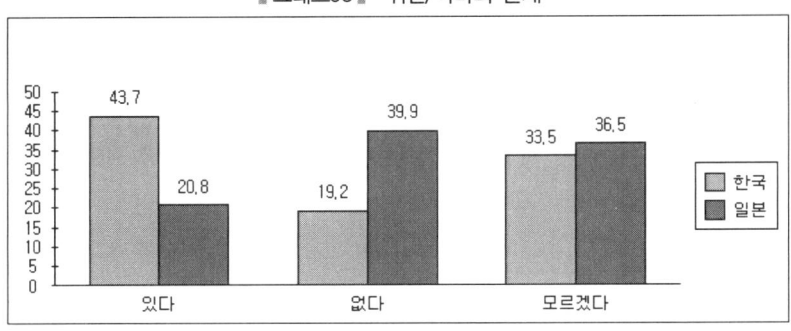

　　이상에서 살펴보았듯이, 한국인들은 절대자/신, 극락/천당, 지옥/연옥, 귀신/악마와 같은 존재에 대하여 대체적으로 '있다'고 생각하는 사람들이 많았으며, 일본인들은 절대자/신, 극락/천당은 '있다'고 생각하는 사람들이 약간 많은 반면, 귀신/악마는 '없다'고 생각하는 사람들이 많았다. 또, 지옥/연옥에 대해서는 '모르겠다'고 응답한 사람이 많았다. 이것을 한국인과 일본인들이 어떻게 생각하는지를 종합적으로 표시하여보면 표66)과 같다. 색깔이 짙을수록 그렇게 생각하는 사람이 많음을 나타낸다.

　　또한, 그래프54)와 그래프55)는 한국인과 일본인의 절대자/신, 극락/천당, 지옥/연옥, 귀신/악마 등과 같은 영적 존재에 관한 인식을 종합적으로 나타낸 것으로, 한국인들은 일본인보다 이러한 영적 존재에 관하여 '있다'고 생각하는 인식이 더 많은 반면, 일본인들은 전체적으로 '없다'고 생각하는 인식이 많은 것으로 나타났다.

‖ 표66 ‖ 한국인과 일본인의 영적 존재에 관한 인식

		있다	모르겠다	없다
한국	절대자/신	1	3	2
	극락/천당	1	2	3
	지옥/연옥	1	2	3
	귀신/악마	1	2	3
일본	절대자/신	1	3	2
	극락/천당	1	2	3
	지옥/연옥	3	1	2
	귀신/악마	3	2	1

‖ 그래프54 ‖ 영적 존재에 관하여 있다고 생각하는 인식

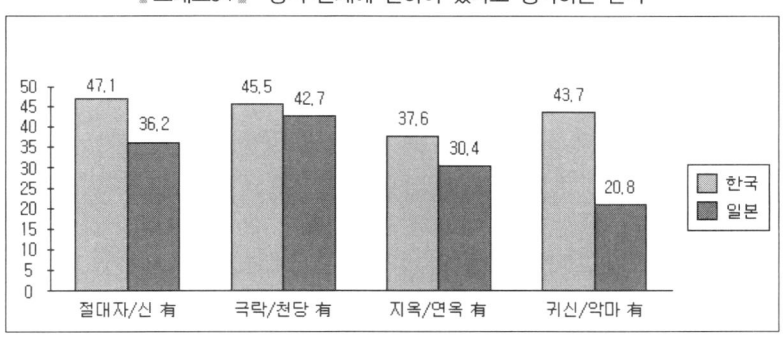

‖ 그래프55 ‖ 영적 존재에 관하여 없다고 생각하는 인식

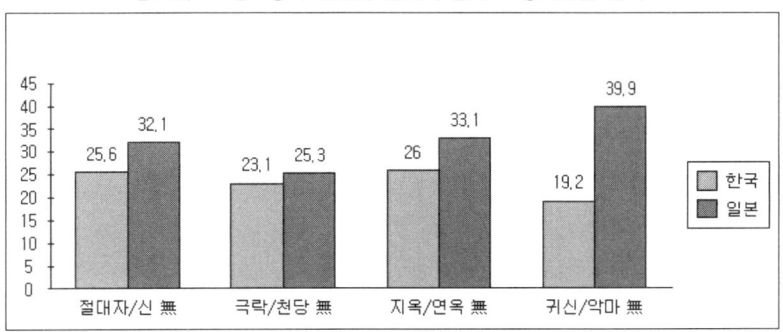

V

교차분석을 통한 한국과 일본에 있어서
종교인과 비종교인의 사생관

　제4장에서는 개인의 인구학적 속성에 관한 질문, 죽음에 대한 일반적인 질문, 사후세계에 대한 질문 등의 한국인과 일본인의 죽음에 관한 의식 실태조사의 내용을 빈도분석을 통하여 그 결과를 살펴보았다.

　제5장에서는 본 설문조사의 자료를 기초로 교차분석을 통하여 한국과 일본의 종교인과 비종교인의 죽음에 대한 의식에 어떠한 차이가 있으며, 어떠한 유사점이 있는지를 알아보고자 한다. 응답자들을 종교인과 비종교인으로 나누어 종교인들의 죽음에 대한 인식과 사후세계, 영혼에 대한 개념과 비종교인들의 죽음에 대한 인식과 사후세계, 영혼에 대한 개념 등에 대하여 교차분석을 통하여 그 결과를 도출한 다음, 종교인과 비종교인의 사생관은 어떠한 양상을 띠며, 어떠한 특징을 가지고 있는지, 어떠한 공통점과 유사점이 있는지를 살펴보고자 한다.

　다음의 여덟 가지 사항을 중심으로 현대 한국인과 일본인에게 있어서, 어느 한 가지 종교를 가지고 그 교리를 믿으며 일정한 종교 활동을 하는 종교인과 아무런 종교도 가지지 않으며 일정한 종교 활동을 하지 않는 비종교인의 사생관을 상세하게 살펴볼 것이다.

첫째, 죽음을 '두렵다'고 생각하는지, '두렵지 않다'고 생각하는지를 비교분석하는 <u>죽음의 두려움</u>에 대한 인식,

둘째, 가족이나 친지 등 타자가 죽은 후의 느낌과 그런 경험을 하고난 후, 나에 대해서는 어떠한 생각을 하였는지를 알아보는 <u>타자의 죽음을 간접 경험한 후의 마음과 자세,</u>

셋째, 죽음이란 무엇이라 생각하는지를 알아보는 <u>죽음에 대한 개념,</u>

넷째, 자신이나 가족, 친지가 죽었을 때 어떠한 장례방법이 좋다고 생각하는지, 즉, <u>선호하는 장례방법</u>이 무엇인지,

다섯째, 사후세계는 '있다'고 생각하는지, '없다'고 생각하는지, 또, 사후세계는 어떠하다고 생각하는지 등의 <u>사후세계에 대한 인식,</u>

여섯째, 영혼은 '있다'고 생각하는지, '없다'고 생각하는지, 영혼이 있다면 후손과 만날 수 있는지 등의 <u>영혼에 대한 인식,</u>

일곱째, 환생에 대한 믿음의 여부와 환생을 믿는다면 무엇으로 태어나고 싶은지 등의 <u>환생에 대한 인식,</u>

여덟째, 절대자/신, 극락/천당, 지옥/연옥, 귀신/악마 등이 존재한다고 생각하는지 어떤지 등을 묻는 <u>영적 존재에 대한 인식</u>

등의 항목을 중심으로 종교인과 비종교인, 한국인과 일본인 사이에 어떠한 공통점과 유사점이 있는지를 설문조사 자료의 교차분석을 통하여 그 결과를 도출하여 비교분석하여보고자 한다.

1. 종교인과 비종교인의 죽음에 대한 인식

표67)에서 표89)까지는, 설문조사의 대상을 한국과 일본의 종교인과
비종교인으로 구별하여 죽음에 대한 인식, 사후세계에 대한 인식, 절대
적인 존재에 대한 인식 등을 교차분석을 통하여 종교인과 비종교인,
한국인과 일본인이 어떻게 다른지 그 내용을 살펴본 것이다.

종교인과 비종교인에 대하여 정의한다면, 종교의 존재 자체를 믿는
다든지, 믿지 않는다든지 하는 것이 아니라, 종교인이란 세상에 존재하
는 종교 중에서 어느 한 가지 종교를 가지고 그 종교의 교리를 믿으며,
그 교리에 대하여 신념을 가지고 꾸준히 종교 활동을 하고 있는 사람을
일컫는다. 비종교인이란 아무런 종교를 가지지 않으며 일정한 종교 활
동을 하지 않고 있는 사람을 일컫는다. 따라서 이하, '종교인', 또는 '비
종교인'이라고 칭한다. 우선, 한국과 일본의 설문조사 대상자를 각 종교
별로 빈도분석을 하여 그 결과를 표로 만들어 보았는데, 그것을 표67)
과 그래프56)으로 나타내었다.

각 종교별 응답자를 살펴보면, 한국의 경우, 무종교(비종교인)가 제일
많은 비율을 차지하여 35.5%(n=156)였다. 불교가 25.8%(n=114), 개신교
가 24.9%(n=110)였는데, 일본의 경우도 무종교가 제일 많아 47.2%
(n=135)였고, 불교가 37.5%(n=110)였으며, 역시 기독교(개신교+천주교)는
3.4%(n=10)밖에 되지 않아, 일본에서 기독교를 믿는 사람이 어느 정도
인지를 알 수 있었다. 여기서 기타 항목 속에는 한국의 경우, KSGI(창가
학회)가 5.2%(n=23), 일본은 천리교가 5.1%(n=15) 포함되어 있으나, 여기
서는 그 내용을 알아보기 쉽게 따로 표시하여 두었다.

	불교		개신교		천주교		기타		KSGI/천리교		무종교	
한국	114	25.8%	110	24.9%	32	7.2%	4	1.0%	23	5.2%	156	35.5%
일본	110	37.5%	5	1.7%	5	1.7%	16	5.5%	15	5.1%	135	47.2%

∥그래프56∥ 한일 각 종교별 응답자율

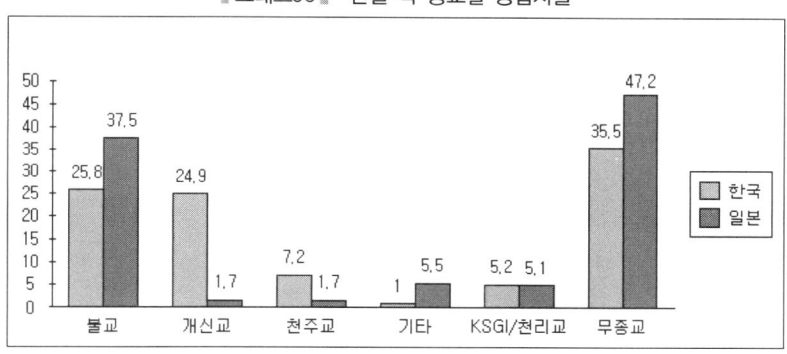

∥표68∥ 한국과 일본의 종교인과 비종교인수

	종교인		비종교인	
한국	283	64.0%	156	35.5%
일본	151	51.5%	135	47.2%

∥그래프57∥ 한일 종교인과 비종교인수

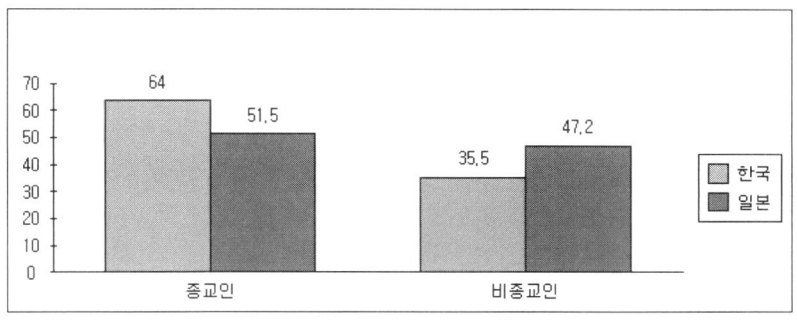

표68)과 그래프57)은 한국인과 일본인 응답자들 중에서 종교인과 비

종교인수가 어느 정도인지 살펴본 것으로 한국의 종교인은 64.0%
(n=283)였으며, 일본의 종교인은 51.5%(n=151)로 나타났다. 한국의 경
우, 종교인이 비종교인보다 28..5%(n=127)나 더 많은 것으로 나타났으
며, 일본의 경우도 한국보다는 차이가 적지만, 종교인이 비종교인보다
4.3%(n=16)가 더 많은 것으로 나타났다.

1) 죽음에 대한 두려움

(1) 평소 죽음에 대한 생각

표69)는 (10)평소 죽음에 대하여 생각하십니까? 라는 질문으로, 한국
과 일본의 종교인과 비종교인들은 평소에 죽음에 대하여 어느 정도 생
각하고 있는지를 나타낸 것이다. 종교인 응답자들 중, 한국인은 8.8%
(n=39)가 '깊이 생각하고 있다'고 응답하였으며, 42.1%(n=186)가 '가끔 생
각한다'로 응답하였다. 그 중 '생각하지 않는다'는 종교인도 12.0%(n=53)
나 되었다. 일본인은 8.5%(n=25)가 죽음에 대하여 '깊이 생각하고 있다'
로, 24.6%(n=72)가 '가끔 생각한다'로 응답하였으며, 15.0%(n=44)는 '생
각하지 않는다'고 응답하였다.

한국의 비종교인들은 2.3%(n=10)가 '깊이 생각하고 있다'고 응답하였
으며, 23.1%(n=102)가 '가끔 생각한다'로 응답하였다. 일본의 비종교인
들은 6.5%(n=19)가 '깊이 생각하고 있다'고 하였고, 20.1%(n=59)가 '가끔
생각하고 있다'고 응답하였다.

평소 죽음에 대한 생각에서 특징적인 것은 그래프58)에 나타나 있듯
이, 한국의 종교인들이 일본의 종교인들보다 평소 죽음에 대하여 더
많은 생각을 하고 있다는 것을 알 수 있다.

‖ 표69 ‖ 종교인과 비종교인의 평소 죽음에 대한 생각1

평소 죽음 생각		깊이 생각		가끔 생각		생각 안함	
한국	종교인	39	8.8%	186	42.1%	53	12.0%
	비종교인	10	2.3%	102	23.1%	41	9.3%
일본	종교인	25	8.5%	72	24.6%	44	15.0%
	비종교인	19	6.5%	59	20.1%	42	14.3%

‖ 그래프58 ‖ 평소 죽음에 대한 생각(종교인)

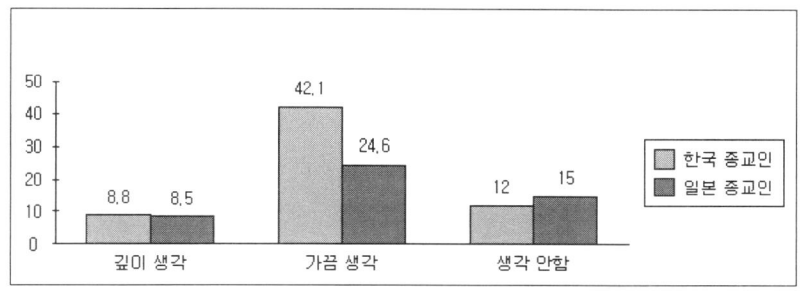

‖ 그래프59 ‖ 평소 죽음에 대한 생각(비종교인)

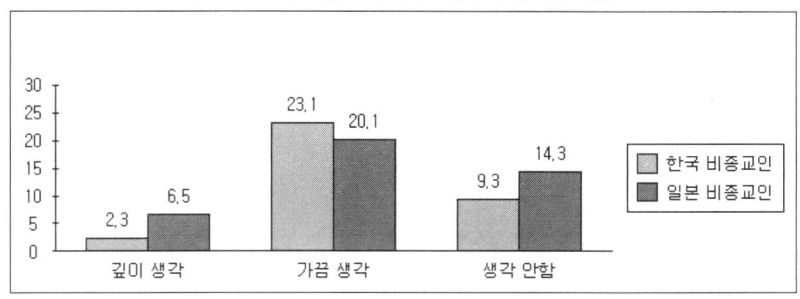

　　표70)은 '깊이 생각하고 있다'와 '가끔 생각한다'를 합하여, 평소 죽음
에 대하여 '생각하고 있다'로 해석하여 만든 표로 한국인이든 일본인이
든, 종교인이든 비종교인이든, 평소 죽음에 대하여 생각하는 사람들이
생각하지 않는 사람들보다 많다는 것을 알 수 있다.

┃표70┃ 종교인과 비종교인의 평소 죽음에 대한 생각2

평소 죽음 생각		생각한다		생각하지 않는다	
한국	종교인	225	50.9%	53	12.0%
	비종교인	112	25.4%	41	9.3%
일본	종교인	97	33.1%	44	15.0%
	비종교인	78	26.6%	42	14.3%

(2) 죽음에 대한 두려움

표71)은 (11)죽음이 두렵다고 생각하십니까? 라는 질문의 결과로 한일 양국에서 종교인과 비종교인들이 직접 경험할 수 없는 죽음에 대하여 어느 정도 두려움을 가지고 있는지를 나타낸 것이다.

종교인 응답자들 중, 한국인은 28.3%(n=125)는 '별로 두렵지 않다'라고 하였고, 19.0%(n=84)는 '두렵다'고 응답하였다. 일본인은 29.7%(n=87)가 '두렵다'고 응답하였으며, 13.7%(n=40)는 '별로 두렵지 않다'고 응답하였다.

비종교인 응답자들 중, 한국인은 13.6%(n=60)가 '별로 두렵지 않다'고 한 반면, 일본인은 22.5%(n=66)가 '두렵다'라고 응답하였다.

┃표71┃ 죽음에 대한 두려움

죽음 두려움		많이 두렵다		두렵다		별로 안 두렵다		전혀 안 두렵다	
한국	종교인	23	5.2%	84	19.0%	125	28.3%	49	11.1%
	비종교인	20	4.5%	57	12.9%	60	13.6%	17	3.8%
일본	종교인	18	6.1%	87	29.7%	40	13.7%	4	1.4%
	비종교인	14	4.8%	66	22.5%	47	16.0%	5	1.7%

| 그래프60 | 죽음에 대한 두려움(종교인)

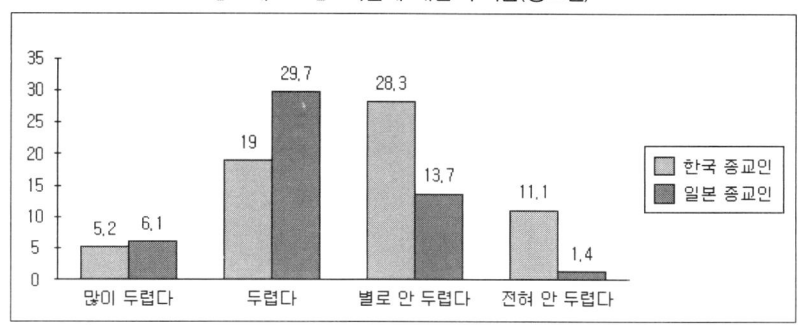

| 그래프61 | 죽음에 대한 두려움(비종교인)

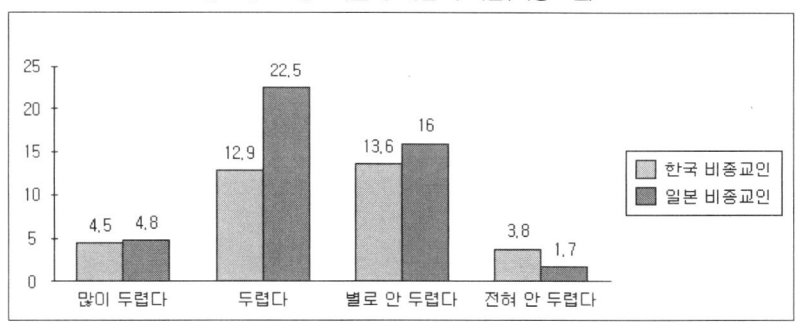

　　표72)는 '많이 두렵다'와 '두렵다'를 합하여 '두렵다'로, '별로 두렵지
않다'와 '전혀 두렵지 않다'를 '두렵지 않다'로 하여 한국과 일본의 종교
인과 비종교인을 비교하여 보았다. 종교인 응답자들 중, 한국인 39.4%
(n=174)는 죽음을 '두렵지 않다'고 응답하고 있으며, 각 종교별로는 한국
의 개신교 신자 17.0%(n=84, 67.2%)[1]가, 불교 신자 14.9%(n=65, 57.5%)가

---

1) 여기서 17.0%는 전체 응답자를 중심으로 한 수치이며, 67.2%는 개신교 응답자
　　를 중심으로 한 수치를 가리키는 것으로 각 종교별 숫자에 있어서, 앞의 숫자는
　　전체 종교인을 중심으로 한 비율이며, (　) 속의 숫자는 해당 종교의 비율을
　　가리킨다.

죽음이 '두렵지 않다'라고 응답하였다. 일본인 35.8%(n=105)는 죽음이 '두렵다'고 응답하고 있으며, 각 종교별로는 불교 신자 24.2%(n=68, 62.4%)가 '두렵다'라고 응답하였고, 불교 신자 9.6%(n=27, 24.8%)는 '별로 두렵지 않다'라고 응답한 것으로 나타났다.

비종교인 응답자들 중, 한국인은 '두렵다'라고 응답한 사람들과 '두렵지 않다'라고 응답한 사람들이 각각 17.4%(n=77)였으며, 일본인은 27.3%(n=80)가 '두렵다'라고 응답하였다.

이상을 종합적으로 그래프로 나타내어보면, 그래프62)와 같이 한국의 종교인들은 일본의 종교인들보다 죽음을 '두렵지 않다'고 생각하는 사람들이 더 많았으며, 일본의 종교인들은 종교를 믿고 있음에도 불구하고, 한국의 종교인들보다 죽음을 '두렵다'고 생각하는 사람들이 훨씬 더 많았다. 일본의 비종교인들도 한국의 비종교인들에 비해서 '두렵다'고 생각하는 사람이 더 많음을 알 수 있다. 그렇다면 여기서 일본의 종교인들은 왜 종교를 믿고 있음에도 죽음에 대하여 더 두렵다고 생각하는가? 라는 문제가 제기되는데, 일본에는 종교인의 숫자는 대단히 많지만,2) 종교의 기능3)적인 측면에 있어서는, 그 기능을 발휘하지 못하고 있음을 알 수 있게 한다. 그 이유에 대하여서는 앞으로 연구하여야 할 과제로 남겨둔다.

---

2) 문화청 「종교연감(2008년)」에 의하면, 신도(신사)계가 약 1억 600만 명, 불교계가 약 9,600만 명, 그리스도교계가 약200만 명, 기타 약1,100만 명, 합계 2억 1,500만 명에 이르고, 일본 종교인의 숫자는 총인구의 2배가 된다. - 이응주(일본 선교사) http://cafe.daum.net/heathnara/70f7/61?docid=rbi2l70f7l61l 2009년 3월 27일. 〈일본의 종교현황〉에서 참조.
3) 종교의 기능에 대하여서는 6장 2절에서 참조.

죽음의 두려움		두렵다		두렵지 않다	
한국	종교인	107	24.2%	174	39.4%
	비종교인	77	17.4%	77	17.4%
일본	종교인	105	35.8%	44	15.0%
	비종교인	80	27.3%	52	17.7%

┃그래프62┃ 죽음에 대한 두려움

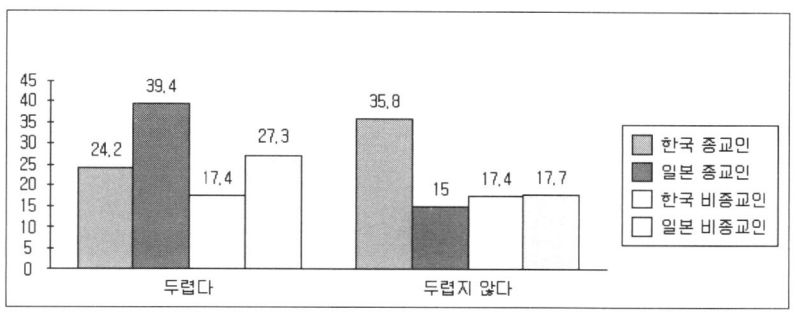

(3) 죽음이 두려운 이유

표73)은 (11)의 연결 질문으로, (11-1)죽음이 두렵다면 왜 그렇게 생각
하십니까? 라는 질문에 대한 결과로서, 종교인 응답자들 중, 한국인은
'가족·친지와의 영원한 이별 때문에'라고 한 응답자가 19.7%(n=44)였
고, 다음이 '죽음 자체가 두려워서'라고 한 응답자로 18.2%(n=41)였다.
각 종교별로는 불교 신자 9.4%(n=21, 36.2%)가 '가족·친지와의 영원한
이별 때문에'라고 응답하였으며, 개신교 신자 7.2%(n=16, 34.8%)는 '죽음
자체가 두려워서'라고 응답하였다. 일본인은 28.3%(n=55)가 '가족·친지
와의 영원한 이별 때문에'라고 응답하였으며, '죽음 자체가 두려워서'라
고 한 응답자는 14.4%(n=28)였다. 각 종교별로는 불교 신자 23.7% (n=46,
57.5%)가 '가족·친지와의 영원한 이별 때문에'라고 응답하였으며, 불교

신자 9.8%(n=19, 23.8%)는 '죽음 자체가 두려워서'라고 응답하였다.

비종교인 응답자들 중, 한국인은 '죽음 자체가 두려워서'라고 한 응답자가 많아 16.6%(n=37)였으며, 다음이 '가족·친지와의 영원한 이별 때문에'라고 응답한 한국인이 11.2%(n=25)였다. 일본인은 17.0%(n=33)가 '죽음 자체가 두려워서'라고 응답하였으며, 다음이 15.5%(n=30)로 '가족·친지와의 영원한 이별 때문에'라고 응답하였다.

이러한 내용이 그래프63)과 그래프64)에 잘 나타나 있는데, 종교에 상관없이 일본인 응답자들은 '가족·친지와의 이별 때문에' 죽음을 두려워하고 있는 사람들이 많았으며, 한국인 응답자들은 '가족·친지와의 이별 때문에'라고 응답한 사람들과 '죽음 자체가 두려워서'라고 응답한 사람들이 많은 것으로 나타났다.

║표73║ 한일 종교인과 비종교인의 죽음이 두려운 이유

		가족 이별		사후세계 무지		죽음 두려워서		잘 모르겠다	
한국	종교인	44	19.7%	18	8.0%	41	18.2%	23	10.3%
	비종교인	25	11.2%	7	3.1%	37	16.6%	13	5.8%
일본	종교인	55	28.3%	11	5.6%	28	14.4%	10	5.2%
	비종교인	30	15.5%	9	4.6%	33	17.0%	9	4.6%

║그래프63║ 죽음이 두려운 이유(종교인)

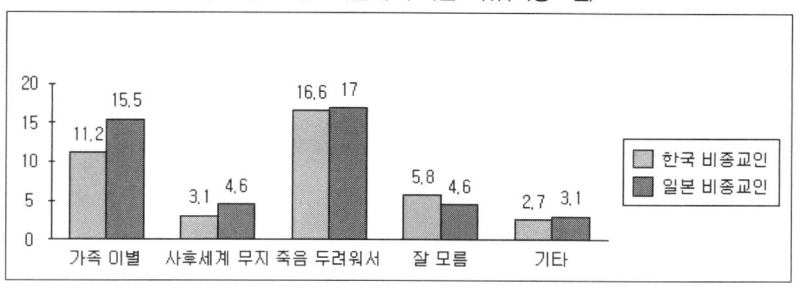

■그래프64■ 죽음이 두려운 이유(비종교인)

20
15
10
5
0

가족 이별   사후세계 무지   죽음 두려워서   잘 모름   기타

11.2 15.5   3.1 4.6   16.6 17   5.8 4.6   2.7 3.1

□ 한국 비종교인
■ 일본 비종교인

(4) 죽음이 두렵지 않은 이유

표74)는 (11)의 연결 질문으로, (11-2) 죽음이 두렵지 않다면 왜 그렇게 생각하십니까? 라는 질문인데, 죽음이 '두렵지 않다'고 한 응답자들에 대하여 죽음이 두렵지 않은 이유를 질문한 것이다.

종교인 응답자들 중, 한국인은 '사람은 누구나 모두 죽기 때문에'라고 한 응답자가 제일 많아 32.9%(n=90)였으며, '내가 가진 종교 때문에'라고 한 응답자도 일본이 2.9%(n=3)인 데 비하여 19.0%(n=52)나 있었다. 각 종교별로는 불교 신자 20.1%(n=55, 73.3%)가 '사람은 누구나 모두 죽기 때문에'라고 응답하였고, 개신교 신자 15.3%(n=42, 53.2%)가 '종교 때문에' 죽음이 두렵지 않다고 응답한 것으로 나타났다. 일본인은 '사람은 누구나 모두 죽기 때문에'라고 한 응답자가 25.2%(n=26)로 많았으며, 각 종교별로는 불교 신자 18.4%(n=19, 59.4%)도 '사람은 누구나 모두 죽기 때문에'라고 응답하였다.

비종교인 응답자들 중, 한국인은 '사람은 누구나 모두 죽기 때문에'라고 한 응답자가 21.9%(n=60)로 많았고, 일본인은 35.0%(n=36)였다. 이 질문에서는 한국이나 일본이나, 종교인이나 비종교인에 상관없이 '인간은 누구나 모두 죽기 때문에' 죽음이 두렵지 않다고 응답하고 있는 사람들이 많은 것으로 나타났다.

죽음이 두렵지 않은 이유를 묻는 질문의 결과로 살펴볼 때, 특징적인 것은 한국의 종교인 응답자들 중, 19.0%(n=52)가 '내가 가진 종교 때문에' 죽음이 두렵지 않다고 응답하고 있는 것이다. 일본보다 한국에서는 그래도 죽음의 두려움에 대한 극복으로서 종교의 기능적인 측면이 조금은 그 기능을 발휘하고 있는 듯하나, 일본에서는 종교 때문에 죽음이 두렵지 않다고 한 응답자는 겨우 2.9%(n=3)뿐인 것으로 나타났다.

그래프65)와 그래프66)에 나타나 있듯이, 죽음이 '두렵지 않다'고 한 응답자들은 한국인이든 일본인이든, 종교인이든 비종교인이든 '사람은 누구나 모두 죽기 때문에' 죽음이 두렵지 않다고 그 이유를 말하고 있다. 응답자들 중, '사람은 누구나 모두 죽기 때문에'라는 항목에의 응답자 수의 비율이 한국과 일본 모두 높게 나타났는데, 종교인 응답자들 중, 한국인은 31.6%(n=89)가, 일본인은 14.5%(n=40)가 죽음이 '두렵지 않다'고 응답하였다.

이러한 조사 결과를 보면, 죽음에 대하여서는 종교나 국적에 상관없이 자연 순리적이고 만인평등적인 안도감, 공동체적이고 보편적인 사고방식으로 죽음을 생각하고 있음을 알 수 있다. 어쩌면 죽음에 대하여서는 종교의 힘보다도 '나 개인'만 죽으면 억울하고 무섭고 힘들겠지만 '누구나 다 평등하게 죽으니까' 하는 평등주의적이고, 공동체적이며, 보편적인 사고방식이 오히려 죽음을 극복할 수 있는 것이 아닐까 라는 생각이 든다.[4]

---

4) 4장 2절 2항 참조.

‖표74‖ 한일 종교인과 비종교인의 죽음이 두렵지 않은 이유

		종교 때문		모두 죽기에		환생 때문		계속 존재		잘 모름	
한국	종교인	52	19.0%	90	32.9%	6	2.3%	20	7.4%	15	5.5%
	비종교인	0	×	60	21.9%	2	0.7%	4	1.5%	15	5.5%
일본	종교인	3	2.9%	26	25.2%	0	×	3	2.9%	12	11.7%
	비종교인	0	×	36	35.0%	1	1.0%	2	1.9%	8	7.8%

‖그래프65‖ 죽음이 두렵지 않은 이유(종교인)

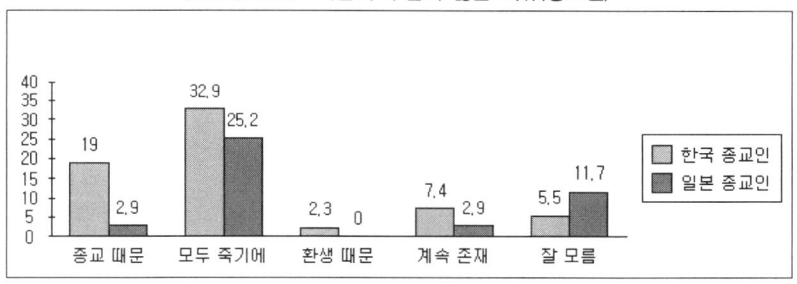

‖그래프66‖ 한일 비종교인들의 죽음이 두렵지 않은 이유

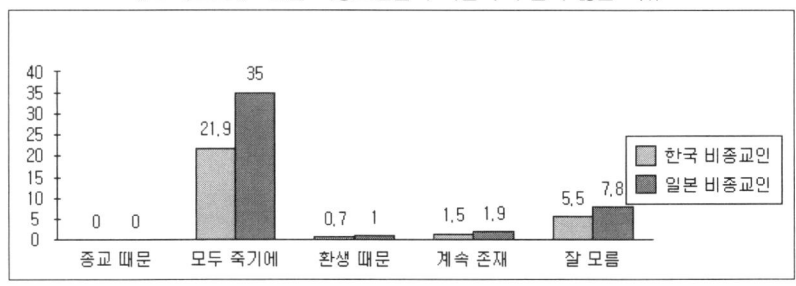

2) 타자의 죽음에 대한 태도

(1) 타자 죽음의 간접경험 횟수

표75)는 (14)가족, 친지 등의 죽음을 몇 번이나 경험하셨습니까? 라는 질문의 결과를 나타낸 것으로, 가족, 친지 등의 타자의 죽음으로 인

한 간접경험을 통하여 나의 사생관을 살펴볼 수 있는 문항이다. 종교인 응답자들 중, 한국인은 21.5%(n=95)가 4회 이상 죽음을 경험한 적이 있고, 16.5%(n=73)가 2회 경험한 것으로 나타났으며, 일본인은 15.0%(n=44)가 2회 경험하였고, 11.6%(n=34)가 1회 경험한 적이 있었다. 비종교인 응답자들 중, 한국인은 11.1%(n=49)가 2회 경험하였고, 일본인은 15.4%(n=45)가 1회 경험한 적이 있었다. 그래프67)과 그래프68)에 나타나 있듯이, 한국인이 4회 이상 경험한 응답자가 많은 이유는, 4장에서 살펴본 바와 같이 한국과 일본의 응답자들 사이에 11.12세의 연령차가 있어 아무래도 연령대가 높은 한국의 응답자들이 타자의 죽음에 대하여 경험을 많이 하였기 때문일 것이라 판단된다.

‖표75‖ 타자의 죽음을 통한 간접경험 횟수

		없다		1회		2회		3회		4회 이상	
한국	종교인	28	6.3%	38	8.6%	73	16.5%	47	10.6%	95	21.5%
	비종교인	24	5.4%	23	5.2%	49	11.1%	28	6.3%	30	6.8%
일본	종교인	16	5.5%	34	11.6%	44	15.0%	26	8.9%	31	10.6%
	비종교인	18	6.1%	45	15.4%	32	10.9%	19	6.5%	21	7.2%

‖그래프67‖ 타자의 죽음을 통한 간접경험 횟수(종교인)

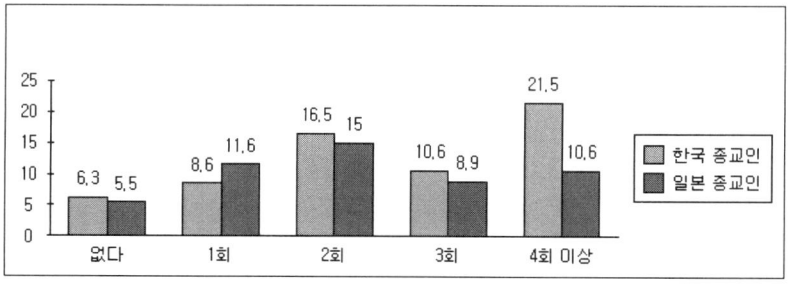

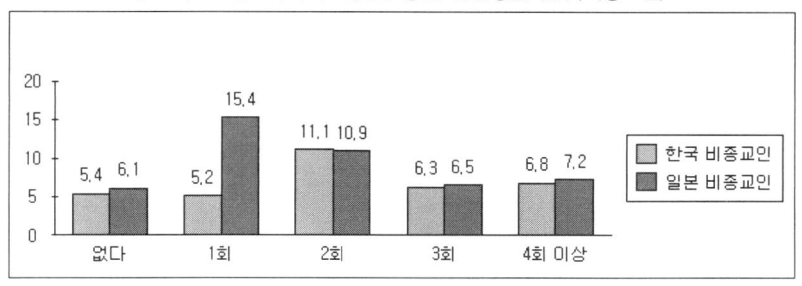

(2) 타자의 죽음에 임하는 마음

표76)은 (14)의 연결질문으로, (14-1)가족, 친지가 죽었을 때 어떠한 마음으로 보내셨습니까? 라는 질문의 결과로, 타자의 죽음에 임하는 마음을 나타낸 것이다.

종교인 응답자들 중, 한국인은 22.1%(n=88)가 '저승에서 편히 쉬도록 기원하였다'에 응답하였으며, 13.1%(n=52)는 '내가 믿고 있는 종교의 세상으로 갔다고 생각하였다'에 응답한 것으로 나타났다. 각 종교별로는 불교 신자 11.3%(n=45, 44.1%)가 '저승에서 편히 쉬도록 기원하였다'라고 응답하였고, 개신교 신자 11.3%(n=45, 44.1%)는 '내가 믿고 있는 종교의 세상으로 갔다고 생각하였다'라고 응답한 것으로 나타났다. 일본인은 24.3%(n=62)가 '저승에서 편히 쉬도록 기원하였다'에 응답하였고, 14.5%(n=37)가 '이제 만날 수 없다는 생각에 하염없이 슬펐다'라고 응답하였다. 각 종교별로는 불교 신자 17.6%(n=45, 46.4%)가 '저승에서 편히 쉬도록 기원하였다'라고 응답하였고, 불교 신자 10.6%(n=27, 27.8%)는 '이제 만날 수 없다는 생각에 하염없이 슬펐다'라고 응답하였다.

비종교인 응답자들 중, 한국인은 17.9%(n=71)가 '저승에서 편히 쉬도록 기원하였다'라고 응답하였고, 14.5%(n=37)는 '이제 만날 수 없다는

생각에 하염없이 슬펐다'라고 응답하였다. 일본인은 16.1%(n=41)가 '저
승에서 편히 쉬도록 기원하였다'에 응답하였으며, 14.5%(n=37)는 '별로
생각하지 않았다'고 응답하였다.

타자의 죽음에 임하는 마음이 어떠한지 살펴보는 질문에서 한 가지
특징적인 현상은, 일본 비종교인의 경우, '별로 생각하지 않았다'와 '이
제 만날 수 없다는 생각에 하염없이 슬펐다'라고 응답한 사람들이 많은
것을 알 수 있다. 이것은 4장의 연령별 분포에서 살펴본 바와 같이 한국
인 응답자의 연령별 분포와는 달리 일본인 응답자가 주로 대학생들이
많아 한국인 응답자에 비하여 평균연령이 11.12세 낮은 것과 관계가
깊다고 추측된다.

또, 한 가지 특징적인 현상은, 한국인이든 일본인이든, 종교인이든
비종교인이든, 이성적으로 명료하게 저승의 유무를 따지기 전에 우리
의 전통적인 의식 속에 저승(사후세계)이라는 관념이 이미 자리 잡고 있
음을 알 수 있다. 따라서 저승이라는 죽음 이후의 세계에서 죽은 이가
편히 쉬기를 기원하고 있음을 그래프69)와 그래프70)을 통해서 알 수
있게 된다.

‖표76‖ 타자의 죽음에 임하는 마음

		별 생각 안함		환생 기원		저승 안락 기원		못한 일 완수 기원		저승 재회 기원		영원한 이별로 슬픔		종교세상 갔을 것	
한	종교인	21	5.4	14	3.6	88	22.1	18	4.7	10	2.6	51	12.9	52	13.1
국	비종교인	15	3.8	5	1.3	71	17.9	10	2.5	4	1.0	29	7.3	0	0
일	종교인	17	6.7	5	2.0	62	24.3	0	0	5	2.0	37	14.5	4	1.6
본	비종교인	37	14.5	2	0.8	41	16.1	0	0	3	1.2	33	12.9	0	0

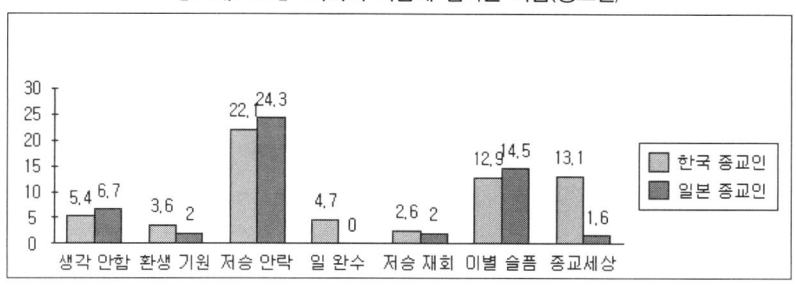

‖그래프69‖ 타자의 죽음에 임하는 마음(종교인)

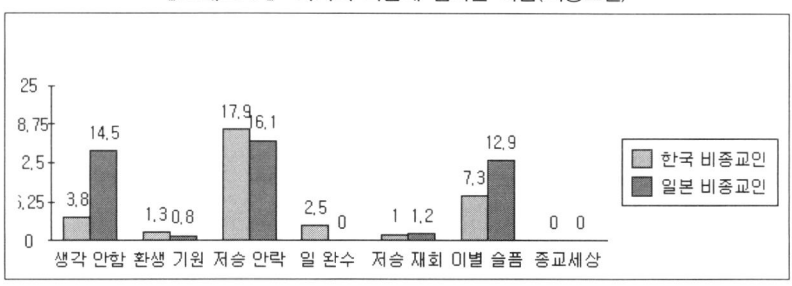

‖그래프70‖ 타자의 죽음에 임하는 마음(비종교인)

(3) 타자의 죽음으로 인한 나의 자세

표77)은 (14)의 연결 질문으로, (14-2)가족, 친지가 죽었을 때 나에 대해서는 어떠한 생각을 하셨습니까? 라는 질문의 결과로서, 타자의 죽음으로 인한 나의 자세를 나타낸 것이다.

종교인 응답자들 중, 한국인은 19.6%(n=78)가 '열심히 살아야겠다고 생각하였다'라고 응답하였고, 이어서 11.6%(n=46)가 '나도 언젠가는 죽을 것이라는 생각이 들어 두려웠다'와 '내가 믿고 있는 종교의 세상으로 갈 것이라 생각하였다'라고 각각 응답하였다. 각 종교별로는 불교 신자 11.3%(n=45, 44.1%)가 '열심히 살아야겠다고 생각하였다'라고 응답하였고, 개신교 신자 9.8%(n=39, 38.2%)는 '내가 믿고 있는 종교의 세상으로 갈 것이라 생각하였다'라고 응답한 것으로 나타났다. 일본인은 20.9%(n=53)가 '열심히 살아야겠다고 생각하였다'에 응답하였으며, 16.9%(n=43)가 '별로 생각하지 않았다'라고 응답하였다. 각 종교별로는 불교 신자 14.6%(n=37, 38.1%)는 '열심히 살아야겠다고 생각하였다'에 응답하였고, 불교 신자 13.0%(n=33, 34.0%)는 '별로 생각하지 않았다'라고 응답하였다.

비종교인 응답자들 중, 한국인 9.8%(n=39)는 '별로 생각하지 않았다'라고 응답하였고, 9.5%(n=38)는 '나도 언젠가는 죽을 것이라는 생각이 들어 두려웠다'라고 응답하였으며, 일본인 24.4%(n=62)는 '별로 생각하지 않았다'라고 응답하였고, 13.8%(n=35)는 '열심히 살아야겠다고 생각하였다'에 응답한 것으로 나타났다.

타자의 죽음으로 인한 나의 자세가 어떠한지를 알아보는 조사에서 특징적인 것은, 그래프71)과 그래프72)에 나타나 있듯이, 한국과 일본의 종교인들이 비종교인들보다 '열심히 살아야겠다고 생각하였다'라고 한 응답자들이 많았는데, 이것 또한 응답자들의 연령차로 인한 것이 아닐까 라고 추측된다. 또, 이 문항의 결과에서 알 수 있는 것은 종교를 믿는 행위도 적극적인 삶의 자세에서 비롯된 것이라는 사실을 깨닫게 한다.5)

---

5) 시마조노 스스무(島薗進) 外 엮음, 앞의 책, pp.193~199, - 에서 세리자와 슌스케(芹沢俊介)는 인간의 죽음을 1인칭 죽음, 2인칭의 죽음, 3인칭의 죽음으로 나누어서 설명하고 있는데, 죽음이 1인칭의 주관적인 영역이기 때문에 자신의 죽음에 대하여 불안이나 공포, 혐오라는 여러 가지 감정을 불러들이거나 사후에 대한 상상력을 불러일으키는 이유라고 한다.

▌표77▐ 타자의 죽음으로 인한 나의 자세

		별 생각 안함		죽음 두려움		따라죽고 싶다		열심히 살겠다		착한 일 하겠다		종교세상 갈 것이다		종교 믿겠다	
한	종교인	40	10.1	46	11.6	4	1.0	78	19.6	36	9.1	46	11.6	5	1.3
국	비종교인	39	9.8	38	9.5	4	1.0	37	9.3	10	2.5	1	0.3	0	0
일	종교인	43	16.9	20	7.9	1	0.4	53	20.9	8	3.2	3	1.2	0	0
본	비종교인	62	24.4	14	5.5	0	0	35	13.8	5	2.0	0	0	0	0

▌그래프71▐ 타자의 죽음으로 인한 나의 자세(종교인)

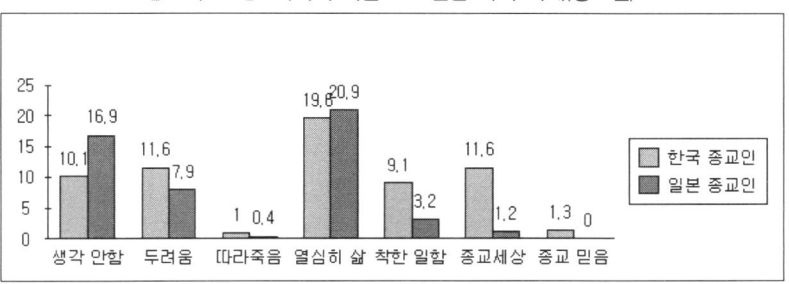

▌그래프72▐ 타자의 죽음으로 인한 나의 자세(비종교인)

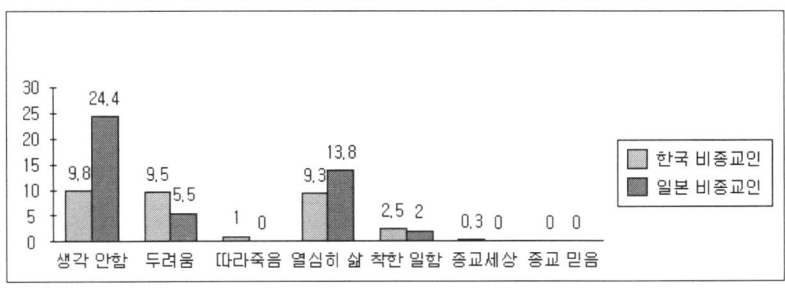

3) 죽음에 대한 개념

표78)은 (18)죽음이란 무엇이라 생각하십니까? 라는 질문의 결과로, 죽음에 대한 개념을 묻는 질문이다.

종교인 응답자들 중, 한국인 응답자의 19.8%(n=103)는 죽음은 '또 다른 삶의 연장선'이라고 응답하였으며, 그 다음이 17.8%(n=78)로 죽음은 '편안하고 깊은 잠을 영원히 자는 것'이라고 응답하였다. 각 종교별로는 개신교 신자 12.0%(n=52, 47.3%)가 죽음은 '또 다른 삶의 연장선'이라고 응답하였으며, 불교 신자 10.1%(n=44, 39.3%)는 '죽음은 편안하고 깊은 잠을 영원히 자는 것'이라고 응답하였다. 일본인 응답자의 21.5%(n=60)는 죽음이란 '모든 것이 끝나는 것'이라고 응답하였으며, 10.8%(n=30)는 죽음은 '편안하고 깊은 잠을 영원히 자는 것'이라고 응답하였다. 각 종교별로는 불교 신자 17.1%(n=48, 44.9%)는 '모든 것이 끝나는 것'이라고 응답하였고, 불교 신자 9.3%(n=26, 24.3%)는 '편안하고 깊은 잠을 영원히 자는 것'이라고 응답하였다.

비종교인 응답자들 중, 한국인은 12.9%(n=56)가 '모든 것이 끝나는 것', '편안하고 깊은 잠을 영원히 자는 것'이라고 각각 응답하였으며, 일본인은 24.2%(n=68)는 '죽음이란 모든 것이 끝나는 것'이라고 응답하였고, 7.8%(n=22)는 '편안하고 깊은 잠을 영원히 자는 것'이라고 응답하였다.

그래프73)과 그래프74)에서 알 수 있듯이, 죽음에 대한 개념을 묻는 질문의 결과로서 특징적인 것은 한국 종교인들의 경우, 죽음을 '또 다른 삶의 연장선'과 '죽음은 편안하고 깊은 잠을 영원히 자는 것'이라고 한 응답자들이 많았다. 일본인은 종교인이거나 비종교인이거나 죽음은 '모든 것이 끝나는 것'이라고 생각하는 응답자의 비율이 높게 나타난 반면, 한국의 응답자들은 죽음에 대한 개념을 '또 다른 삶의 연장선', '편안하고 깊은 잠을 영원히 자는 것'으로 응답한 비율이 높아 일본과는 달리 생각하고 있는 것으로 나타났다.

또, 한 가지 특징은, 죽음이라는 것이 과학적으로 심장이 정지된다는 것임을 모든 응답자들이 알고 있으면서도, 죽음이라는 것을 과학적으로 생각하지 않고 있다는 사실이다. 아직 삶과 죽음은 과학으로도 증명될 수 없는 무엇인가가 있다는 뜻일지도 모른다.

표78 죽음에 대한 개념

		모든 게 끝		삶의 연장		영혼 육체이탈		심장 정지		영원한 수면	
한국	종교인	61	14.0%	103	19.8%	35	8.1%	17	3.8%	78	17.8%
	비종교인	56	12.9%	17	3.9%	6	1.4%	13	3.0%	56	12.9%
일본	종교인	60	21.5%	19	6.8%	11	3.9%	16	5.8%	30	10.8%
	비종교인	68	24.2%	13	4.6%	6	2.1%	17	6.0%	22	7.8%

그래프73 죽음에 대한 개념(종교인)

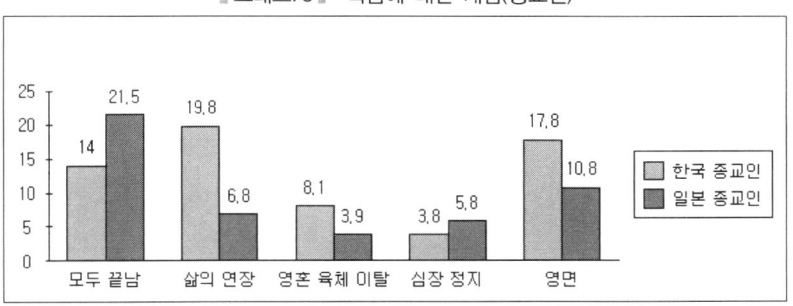

그래프74 죽음에 대한 개념(비종교인)

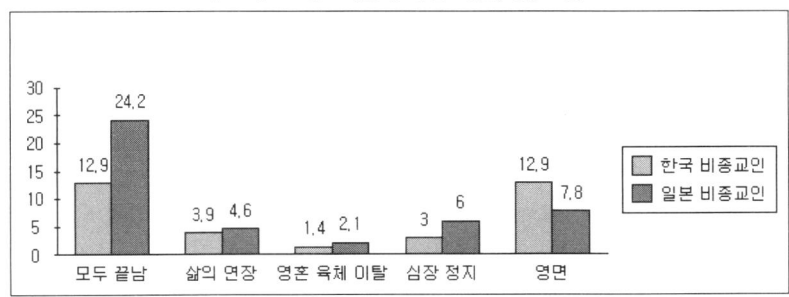

4) 선호하는 장례방법

표79)는 (20)자신이나 가족, 친지가 죽었을 때, 어떠한 장례방법이 좋다고 생각하십니까? 라는 질문의 결과로, 선호하는 장례방법이 무엇인지를 묻는 질문이다.

종교인 응답자들 중, 한국인 21.9%(n=97)는 '화장하여 납골당에 모신다'고 응답하였고, 14.9%(n=66)는 '유언에 따라' 행한다고 응답하였으며, 일본인은 35.5%(n=104)가 '화장하여 납골당에 모신다'고 응답하였다.

비종교인 응답자들 중, 한국인은 12.2%(n=54)가 '화장하여 납골당에 모신다'고 응답하였고, 9.7%(n=43)가 '유언에 따라' 행한다고 응답하였으며, 일본인은 22.5%(n=66)가 '화장하여 납골당에 모신다'고 응답하였고, 10.2%(n=30)가 '유언에 따라' 행한다고 응답하였다.

선호하는 장례방법을 묻는 질문의 결과로서 특징적인 것은, 그래프 75)와 그래프76)에서 알 수 있듯이, 일본인은 종교에 상관없이 '화장하여 납골당에 모신다'는 응답자가 대부분을 차지하였으며, 한국인은 '화장하여 납골당에 모신다'는 응답[6]과 종교인들의 '유언에 따라' 장례를 치른다는 응답이 많은 것으로 나타났음을 알 수 있었다. 또, 일본의 비종교인들 중에서 '유언에 따라' 행한다는 응답자들이 한국보다 약간 높게 나타났음이 눈에 띈다.

---

6) 한국장묘문화개혁범국민협의회가 여론조사기관인 현대리서치에 의뢰, 서울시에 거주하는 20대 이상의 남녀 1,031명을 대상으로 실시한 설문조사에 따르면 "화장, 납골 방식이 바람직하다"고 응답한 사람이 85.4%인 데 반해 "바람직하지 않다"는 대답은 8.9%에 불과했다. 화장, 납골 방식에 대한 찬성률은 1998년에 70.5%에서 99년에는 77.8%, 2000년에는 83%로 매년 꾸준히 증가되는 것을 볼 수 있다. 2006-06 http://k.daum.net/qna/view.html?category_id=QFK&qid=2feEc&q=%C에서 참조.

▌표79▐   선호하는 장례방법

		매장		화장 후 납골당		화장 후 산골		풍장		수목장		유언대로		무엇이든 상관 없음	
한국	종교인	29	6.6	97	21.9	40	9.0	0	0	20	4.5	66	14.9	26	5.9
	비종교인	13	2.9	54	12.2	19	4.3	1	0.2	8	1.8	43	9.7	14	3.2
일본	종교인	5	1.7	104	35.5	7	2.4	2	0.7	0	0	17	5.8	12	4.1
	비종교인	7	2.4	66	22.5	7	2.4	0	0	1	0.3	30	10.2	17	5.8

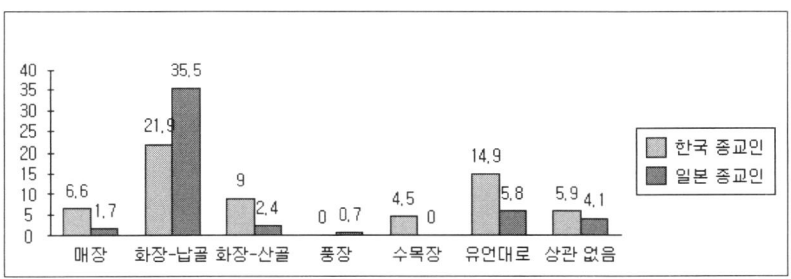

▌그래프75▐   선호하는 장례방법(종교인)

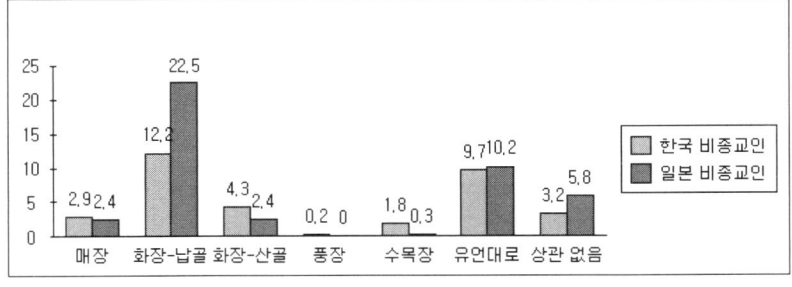

▌그래프76▐   선호하는 장례방법(비종교인)

2. 종교인과 비종교인의 사후세계에 대한 인식

5) 사후세계에 대한 인식

(1) 사후세계의 유무

표80)은 (21)사후세계는 있다고 생각하십니까? 라는 질문의 결과로, 사후세계에 대한 존재 여부를 묻는 질문이다. 종교인 응답자들 중, 한국인은 27.9%(n=121)가 '있다'고 응답하였고, 19.4%(n=85)가 '있는 것 같다'고 응답하였다. 각 종교별로는 개신교 신자의 16.8%(n=73, 67.0%)가 사후세계는 '있다'고 응답하고 있으며, 불교 신자 10.3%(n=45, 39.5%)는 사후세계가 '있는 것 같다'고 응답하였다. 일본인은 22.9%(n=65)가 '있는 것 같다'고 응답하였고, 11.9%(n=34)가 '있다'고 응답하였다. 각 종교별로는 불교 신자 17.2%(n=49, 44.5%)는 사후세계를 '있는 것 같다'라고 응답하였고, 불교 신자 7.0%(n=20, 18.2%)는 '있다'라고 응답하였다.

비종교인 응답자들 중, 한국인의 10.1%(n=44)가 '잘 모르겠다'고 응답하였고, 9.9%(n=43)가 '있는 것 같다'고 응답하였으며, 일본인은 20.4%(n=58)가 '있는 것 같다'고 응답하였다. 이것을 '있는 것 같다'를 '있다'에, '없는 것 같다'를 '없다'에 포함시켜보면, 사후세계를 '있다'고 생각하고 있는 응답자들이 많다는 것을 알 수 있다.

사후세계의 유무를 묻는 질문에 있어서 응답자의 특징은, 그래프77)과 그래프78)에 나타나 있듯이, 일본인은 종교인이거나 비종교인이거나를 막론하고 사후세계가 '있다'고 생각하는 응답자들이 많은 것이며, 한국의 응답자들은 종교인이 비종교인보다 33.5%(n=146)나 더 많은 사람들이 사후세계가 '있다'고 응답하여, 종교인과 비종교인 사이에 인식의 격차가 큰 것을 알 수 있었다.

∥ 표80 ∥ 사후세계의 유무

		있다		있는 것 같다		없다		없는 것 같다		잘 모르겠다	
한국	종교인	121	27.9%	85	19.4%	18	4.1%	19	4.4%	39	9.0%
	비종교인	17	3.9%	43	9.9%	26	6.0%	22	5.1%	44	10.1%
일본	종교인	34	11.9%	65	22.9%	4	1.4%	23	8.1%	25	8.9%
	비종교인	15	5.3%	58	20.4%	20	7.0%	20	7.0%	21	7.4%

		있다		없다		모르겠다	
한국	종교인	206	47.3%	37	8.5%	39	9.0%
	비종교인	60	13.8%	48	11.1%	44	10.1%
일본	종교인	99	34.8%	27	9.5%	25	8.9%
	비종교인	73	25.7%	40	14.0%	21	7.4%

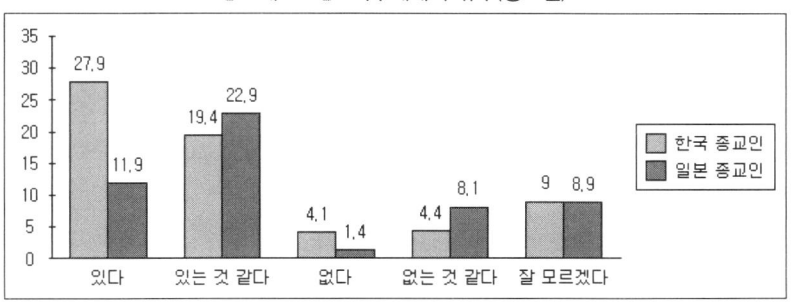

∥ 그래프77 ∥ 사후세계의 유무(종교인)

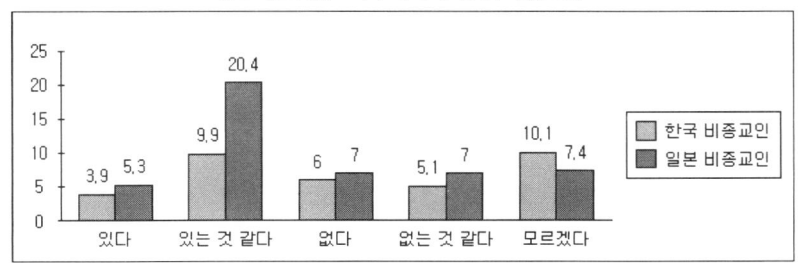

∥ 그래프78 ∥ 사후세계의 유무(비종교인)

(2) 사후세계에 대한 개념

표81)은 (21)의 연결 질문으로, (21-1) 사후세계가 있다면 사후세계는 어떠하다고 생각하십니까? 라는 질문이다. 종교인 응답자들 중, 한국인은 30.9%(n=93)가 '편안하고 좋은 세상이다'라고 응답하였고, 15.5%(n=47)가 '환생을 준비하는 곳이다'라고 응답하였다. 각 종교별로는 개신교 신자 19.3%(n=58, 61.1%)는 사후세계는 '편안하고 좋은 세상이다'라고 응답하였으며, 불교 신자 9.6%(n=29, 36.3%)는 '환생을 준비하는 곳이다'라고 응답하였다. 일본인은 24.1%(n=43)가 '편안하고 좋은 세상이다'라고 응답하였고, 16.4%(n=29)가 '환생을 준비하는 곳이다'라고 응답하였다. 각 종교별로는 불교 신자 19.1%(n=34, 50.0%)가 사후세계를 '편안하고 좋은 세상이다'라고 응답하였으며, 불교 신자 10.7%(n=19, 27.9%)는 '환생을 준비하는 곳이다'라고 응답하였다.

비종교인 응답자들 중, 한국인은 6.6%(n=20)가 '현실을 잊어버릴 수 있는 곳이다'라고 응답하였으며, 일본인은 19.7%(n=35)가 사후세계를 '편안하고 좋은 세상이다'라고 응답하였다.

사후세계의 개념에서 특징적인 것은, 그래프79)와 그래프80)에 나타나 있듯이, 일본인은 종교인이거나 비종교인이거나 사후세계를 '편안하고 좋은 세상이다'라고 생각하는 응답자들이 많은 반면, 한국인은 종교인들이 사후세계를 '편안하고 좋은 세상'으로 인식하고 있어, 이 또한 종교인과 비종교인 사이에 인식의 차이가 크다는 것을 알 수 있다.

		편안하고 좋은 세상		환생 준비 장소		현실 망각 장소		회귀 불가		영혼 방황		암흑세상		지옥과 같은 곳	
한	종교인	93	30.9	47	15.5	25	8.3	30	10.0	13	4.2	4	1.3	2	0.7
국	비종교인	17	5.6	15	5.0	20	6.6	11	3.7	4	1.3	3	1.0	0	0
일	종교인	43	24.1	29	16.4	9	5.0	4	2.3	5	2.8	2	1.2	1	0.6
본	비종교인	35	19.7	18	10.1	4	2.2	3	1.7	7	3.9	1	0.6	0	0

■그래프79■　사후세계에 대한 개념(종교인)

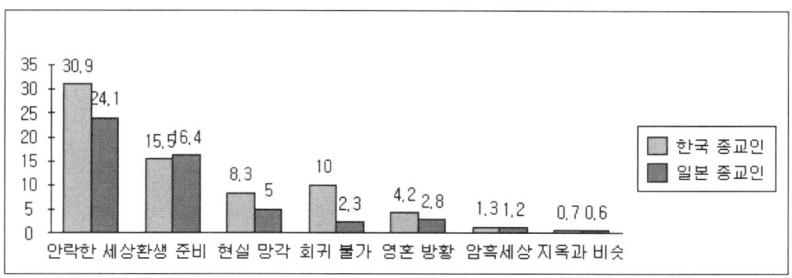

■그래프80■　사후세계에 대한 개념(비종교인)

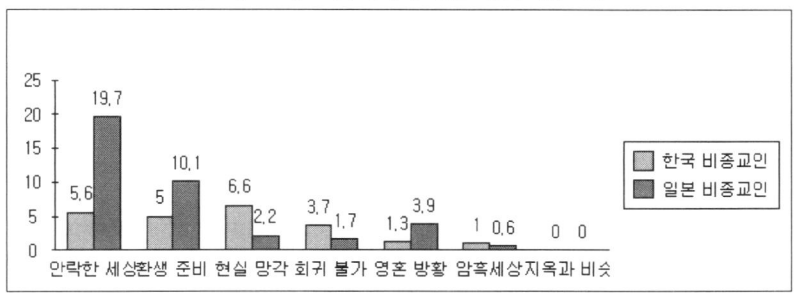

6) 영혼에 대한 인식

(1) 영혼의 유무

표82)는 (23)영혼은 있다고 생각하십니까? 라는 질문의 결과로, 종교

인 응답자들 중, 한국인은 35.7%(n=156)가 영혼은 '있다'라고 응답하였고, 14.6%(n=64)가 '있는 것 같다'고 응답하였다. 각 종교별로는 개신교 신자 19.5%(n=85, 77.3%)는 영혼은 '있다'고 확신하고 있으며, 불교 신자 8.5%(n=37, 32.5%)도 영혼이 '있다'고 확신하고 있다. 일본인은 26.6%(n=76)가 '있다'에, 15.2%(n=43)가 '있는 것 같다'에 응답하였다. 각 종교별로는 불교 신자 18.1%(n=51, 46.8%)가 영혼은 '있다'라고 응답하였고, 불교 신자 11.3%(n=32, 29.4%)는 '있는 것 같다'라고 응답하였다.

비종교인 응답자들 중, 한국인은 11.7%(n=51)가 '있는 것 같다'에, 9.2%(n=40)가 '잘 모르겠다'라고 응답하였으며, 일본인은 17.4%(n=49)가 '있는 것 같다'라고 응답하였고, 16.0%(n=45)가 '있다'라고 응답하였다.

이것을 다시 '있는 것 같다'를 '있다'에, '없는 것 같다'를 '없다'에 포함시켜 보면, 종교인 응답자들 중, 한국인은 49.8%(n=220)가 영혼이 '있다'라고 응답하였으며, 일본인은 40.6%(n=119)가 '있다'라고 응답하였다. 비종교인 응답자들 중, 한국인은 19.0%(n=84)가, 일본인은 32.1%(n=94)가 '있다'고 응답하였다. 영혼의 유무에 대해서는 한국이나 일본이나 영혼을 '있다'고 생각하는 응답자들이 많았음을 알 수 있다.

영혼의 유무에 관한 질문의 결과에서의 특징은, 그래프81)과 그래프82)에 나타나 있듯이, 한국에서는 종교인들이 영혼은 '있다'고 생각하는 응답자들이 많은 반면, 일본에서는 비종교인들도 영혼이 '있다'고 생각하는 응답자들의 비율이 높다는 것을 들 수 있다. 이것은 한국에서는 영혼 존재 유무와 종교와 관련성이 깊으나, 일본에서는 영혼의 존재 유무와 종교와의 관련성이 그리 높지 않다는 결과를 나타내는 것이라고 할 수 있다.

‖ 표82 ‖ 영혼의 유무

		있다		있는 것 같다		없다		없는 것 같다		잘 모르겠다	
한국	종교인	156	35.7%	64	14.6%	14	3.2%	11	2.5%	37	8.5%
	비종교인	33	7.6%	51	11.7%	15	3.4%	16	3.7%	40	9.2%
일본	종교인	76	26.6%	43	15.2%	4	1.4%	5	1.8%	21	7.5%
	비종교인	45	16.0%	49	17.4%	14	5.0%	12	4.3%	13	4.6%

		있다		없다		모르겠다	
한국	종교인	220	49.8%	25	5.7%	37	8.4%
	비종교인	84	19.0%	31	7.0%	40	9.0%
일본	종교인	119	40.6%	9	3.1%	21	7.2%
	비종교인	94	32.1%	26	8.9%	13	4.4%

‖ 그래프81 ‖ 영혼의 유무(종교인)

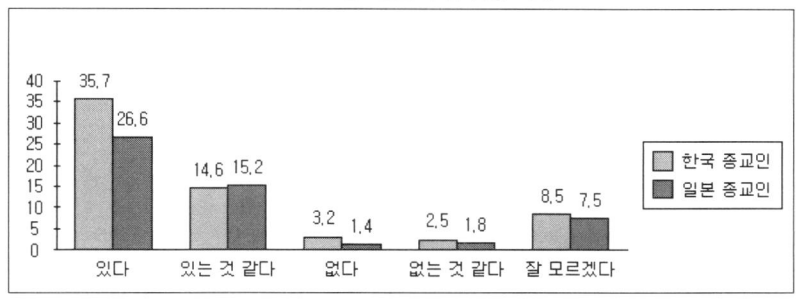

‖ 그래프82 ‖ 영혼의 유무(비종교인)

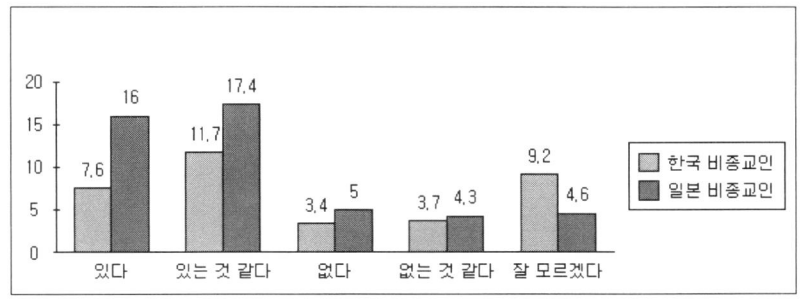

(2) 영혼과 후손의 만남 가능성

표83)은 (23)의 연결질문으로, (23-1)영혼이 있다면 후손과 영혼이 만날 수 있다고 생각하십니까? 라는 질문의 결과이다. (23)에서 영혼이 있다고 응답한 종교인 49.8%(n=220)와 비종교인 19.0%(n=84)인 68.8%(n=304)가 응답하여야 하는데, 81.4%(n=360)나 응답을 하여 12.7%(n=56)가 중복응답을 하였다. 또한, 일본에서도 종교인 40.6%(n=119)와 비종교인 32.1%(n=94)가 응답을 하여야 하는데, 80.5%(n=236)가 응답하여 7.8%(n=23)가 중복응답을 하였다.

종교인 응답자들 중, 한국인은 33.6%(n=121)가 '만날 수 있다'고 응답하였고, 23.1%(n=83)가 '잘 모르겠다'라고 응답하였다. 각 종교별로는 개신교 신자 14.2%(n=51, 49.0%)는 '만날 수 있다'고 응답하였고, 불교 신자 11.1%(n=40, 44.4%)는 '잘 모르겠다'라고 응답하였다. 일본인은 27.5%(n=65)가 '잘 모르겠다'라고 응답하였으며, 각 종교별로는 불교 신자 19.9%(n=47, 50.5%)가 '잘 모르겠다'라고 응답하였고, 불교 신자 11.9%(n=28, 30.1%)는 '만날 수 있다'라고 응답하였다.

비종교인 응답자들 중, 한국인은 15.8%(n=57)가 '잘 모르겠다'라고 응답하였고, 일본인은 25.8%(n=61)가 '잘 모르겠다'라고 응답하였다.

영혼과 후손의 만남 가능성에 대한 질문의 결과로서의 특징은, 그래프83)과 그래프84)에서 볼 수 있는 바와 같이, 한국의 종교인들은 영혼과 후손이 '만날 수 있다'라고 생각하는 응답자들이 많은 반면, 일본의 종교인들은 '잘 모르겠다'라고 한 응답자들이 많았다. 또한, 한국이나 일본이나 비종교인들이 '잘 모르겠다'라고 응답한 사람들이 많았음을 알 수 있다. 한국의 종교인들도 상당수가 '잘 모르겠다'라고 응답한 사람들이 많은 것을 보면, 영혼과 후손의 만남 가능성에 대한 확신은 좀 약한 듯하다.

┃표83┃ 영혼과 후손의 만남 가능성

		있다		없다		잘 모르겠다	
한국	종교인	121	33.6%	43	11.9%	83	23.1%
	비종교인	40	11.1%	16	4.4%	57	15.8%
일본	종교인	43	18.2%	21	8.9%	65	27.5%
	비종교인	34	14.4%	12	5.1%	61	25.8%

┃그래프83┃ 영혼과 후손의 만남 가능성(종교인)

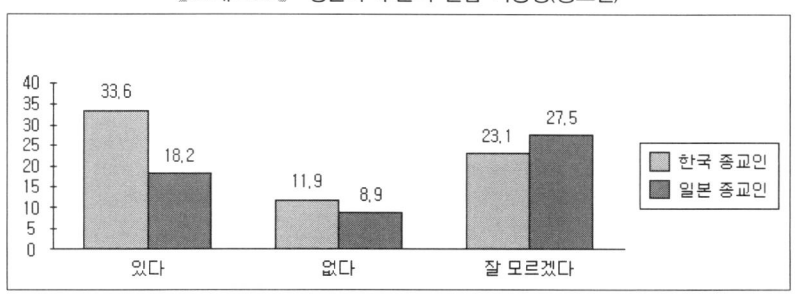

┃그래프84┃ 영혼과 후손의 만남 가능성(비종교인)

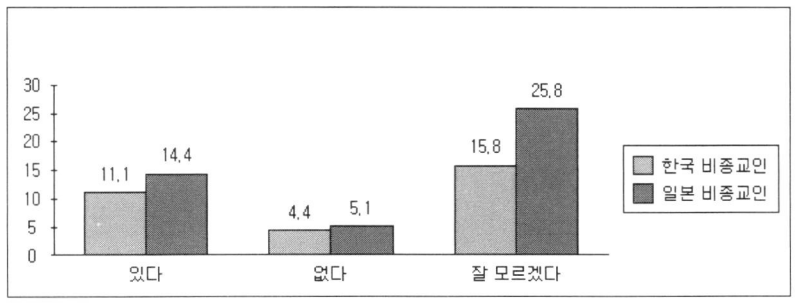

(3) 영혼과 후손의 만남 장소

표84)는 (23)의 연결 질문으로, (23-2)영혼과 후손이 만날 수 있다면 어디에서 만날 수 있다고 생각하십니까? 라는 질문에 대한 결과이다.

(23)에서 영혼이 '있다'고 응답한 한국의 종교인 49.8%(n=220)와 비종교인 19.0%(n=84)가 응답하여야 하는데, 한국측 응답자들은 12.0%(n=53)가 응답하지 않았다. 또, 영혼이 있다고 응답한 일본의 종교인 40.6%(n=119)와 비종교인 32.1%(n=94)가 응답하여야 하는데, 35.2%(n=103)가 응답을 하지 않았다.

종교인 응답자들 중, 한국인의 33.5%(n=84)가 '꿈속에서'라고 응답하였고, 일본인은 30.9%(n=34)가 '꿈속에서'라고 응답하였다. 비종교인 응답자들 중, 한국인 30.9%(n=34), 일본인 34.5%(n=34)가 '꿈속에서' 영혼과 후손이 만날 수 있다고 응답하였다.

영혼과 후손의 만남 장소에 대한 질문의 결과에서의 특징은, 그래프85)와 그래프86)에서 알 수 있듯이, 한국의 종교인들이 영혼과 후손이 '꿈속에서' 만날 수 있다고 한 응답자들이 많았다는 것이며, 일본인은 종교인이나 비종교인이나 '꿈속에서' 영혼과 후손이 만날 수 있다고 생각하는 응답자들이 많았음을 알 수 있다. 종교인의 비율이 높고, 제사를 지내는 사람들7)이 많은 한국8)에서 영혼과 후손과의 만남 장소가

---

7) 지난해 한국청소년정책연구원이 중·고생 2000여명을 대상으로 진행한 청소년 가치관 국제비교 조사에서 '제사를 지내야 한다.'고 응답한 비율은 65.5%로 전년과 비교해 1.5% 감소했다. 주변 국가와 비교해도 중국은 제사를 지내야 한다는 응답이 89.7%, 일본은 74.9%로 우리나라와 10%포인트 이상의 차이가 있었다. 아래 주8)에서 알 수 있듯이, 시간이 흐를수록 젊은이들의 제사나 차례에 대한 인식이 변화되고 있음을 알 수 있다. 2010.05.15 토[서울신문] http://www.seoul.co.kr/news/newsView.php?id=20090307021002에서 참조.

8) 경향신문이 인터넷 리서치 업체 폴에버와 함께 20, 30대 네티즌 2,225명을 대상으로 실시한 설문조사 결과는 이런 젊은 세대들의 성향을 그대로 보여준다. 응답자 10명 중 3명은 '차례나 제사를 지내지 않는다'고 밝혔다. 그러나 이번 추석에 차례를 지내겠다고 답한 비율은 전체 설문 참여자의 72.1%인 1,605명. 아직도 우리 사회에선 차례를 지내는 것이 대세임을 보여준다. '부모의 제사를 지낼 것'이라는 네티즌도 1,431명(64.3%)이나 됐다. '부모가 원하는 대로'

제사장소나 종교의식장소가 아닌 '꿈속에서' 만날 수 있다는 생각을 하고 있는 응답자들이 많은 것은 어떤 이유에서인지 앞으로 연구하여볼 과제라고 생각한다.

‖ 표84 ‖ 영혼과 후손의 만남 장소

영혼 만남장소		꿈속		종교의식장소		제사장소		기타	
한국	종교인	84	33.5%	34	13.5%	13	5.2%	47	18.7%
	비종교인	45	17.9%	12	4.8%	6	2.4%	10	4.0%
일본	종교인	34	30.9%	10	9.1%	9	8.2%	8	7.3%
	비종교인	38	34.5%	2	1.8%	4	3.6%	5	4.5%

‖ 그래프85 ‖ 영혼과 후손의 만남 장소(종교인)

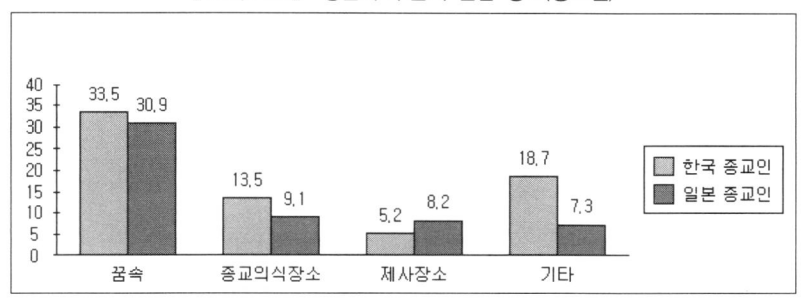

(25.1%)나 '지내지 않겠다'(10.6%)를 합친 것보다 훨씬 많은 대답이다. 언뜻 부모 세대와 별차이가 없어 보인다. 하지만 '제사를 지내는 이유'를 묻자 응답자의 60.1%(965명)가 '예전부터 해왔기 때문'에 제사를 지낸다고 답했다. 582명(36.3%)이 선택한 '제사가 꼭 필요한 전통이라고 생각하기 때문에'라는 대답에 비해 훨씬 높은 수치다. 제사를 지내더라도 효를 강조해온 부모세대와 달리 관습적으로 지낼 뿐이라는 해석이 가능하다. 2005.09.15 19:58 [경향신문 http://media.daum.net/society/others/view.html?cat

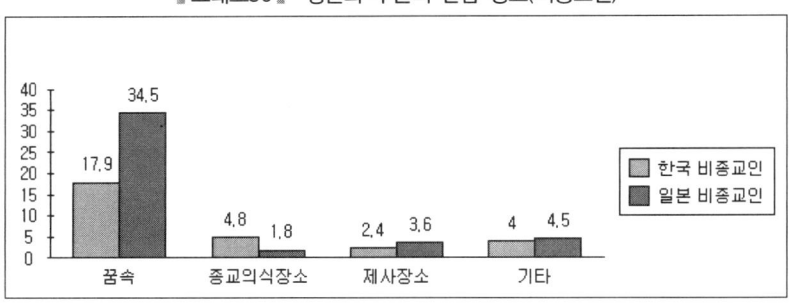

▌그래프86▌ 영혼과 후손의 만남 장소(비종교인)

7) 환생의 믿음 여부

표85)는 (24)환생을 믿으십니까? 라는 질문에 대한 결과로, 종교인
응답자들 중, 한국인은 24.2%(n=107)가 '믿지 않는다'라고 응답하였다.
각 종교별로는 개신교 신자 16.7%(n=72, 67.3%)는 환생을 '믿지 않는다'
라고 응답하였고, 불교 신자 11.2%(n=48, 42.5%)는 환생을 '믿는다'라고
응답한 것으로 나타났다.

일본인은 22.9%(n=67)가 '잘 모르겠다'라고 응답하였고, 각 종교별로
는 불교 신자 17.8%(n=50, 45.9%)가 '잘 모르겠다'라고 응답하였으며, 불
교 신자 8.2%(n=23, 21.1%)는 환생을 '믿는다'라고 응답하였다.

비종교인 응답자들 중, 한국인은 13.6%(n=60), 일본인은 19.1%(n=56)
가 '잘 모르겠다'라고 응답하였다. 따라서 그래프87)과 그래프88)에서
나타난 바와 같이, 환생의 믿음 여부에 관하여서는 한국이나 일본, 종교
인이나 비종교인이나 믿는 사람들보다 '믿지 않는다'라거나 '잘 모르겠
다'라고 응답한 사람들이 많은 것으로 나타나 환생에 관해서는 확실성
이 낮음을 알 수 있다. 특히, 한국의 종교인들 중에서 많은 차이는 아니

더라도 '믿지 않는다'라는 비율이 제일 높은 것을 보면, 환생에 관하여서는 믿음에 대한 확실성이 낮음을 알 수 있다.

‖ 표85 ‖   환생의 믿음 여부

		믿는다		믿지 않는다		잘 모르겠다	
한국	종교인	96	22.4%	107	24.8%	75	17.4%
	비종교인	38	8.8%	54	12.6%	60	14.0%
일본	종교인	35	11.9%	48	16.4%	67	22.9%
	비종교인	27	9.2%	48	16.4%	56	19.1%

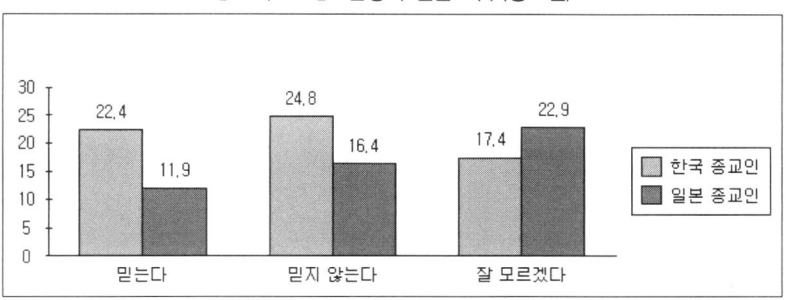

‖ 그래프87 ‖   환생의 믿음 여부(종교인)

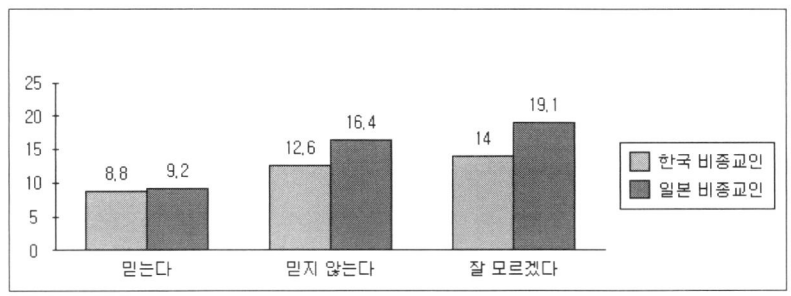

‖ 그래프88 ‖   환생의 믿음 여부(비종교인)

3. 종교인과 비종교인의 영적 존재에 대한 인식

(1) 절대자/신

표86)은 (25-1)절대자/신이 존재한다고 생각하십니까? 라는 질문에 대한 결과로, 종교인 응답자들 중, 한국인은 37.6%(n=166)가 '있다'고 응답하였다. 각 종교별로는 개신교 신자 21.6%(n=93, 86.9%)가 절대자/신의 존재를 '있다'고 응답하였고, 불교 신자 9.6%(n=41, 36.6%)도 '있다'라고 응답하였다. 일본인은 14.0%(n=61)가 '없다'고 응답하였으며, 각 종교별로는 불교 신자 13.8%(n=39, 35.5%)가 절대자/신의 존재를 '있다'라고 응답하였고, 불교 신자 13.1%(n=37, 33.6%)는 '잘 모르겠다'라고 응답한 것으로 나타났다.

비종교인 응답자들 중, 한국인은 14.0%(n=61)가 '없다'고 응답하였으며, 일본인은 18.8%(n=55)가 '없다'고 응답하였다.

이 질문의 결과에 있어서의 특징은, 그래프89)와 그래프90)에 나타나 있듯이, 한국인 종교인들은 절대자/신에 대하여 '있다'고 확신하는 응답자들이 많은 반면, 일본의 비종교인 응답자들은 '없다'고 확신하는 응답자들의 비율이 높다는 것을 알 수 있다.

∥표86∥ 절대자/신의 존재

		있다		없다		잘 모르겠다	
한국	종교인	166	37.6%	51	11.5%	60	13.6%
	비종교인	42	9.5%	61	14.0%	48	10.9%
일본	종교인	64	21.8%	37	12.6%	50	17.1%
	비종교인	39	13.3%	55	18.8%	37	12.6%

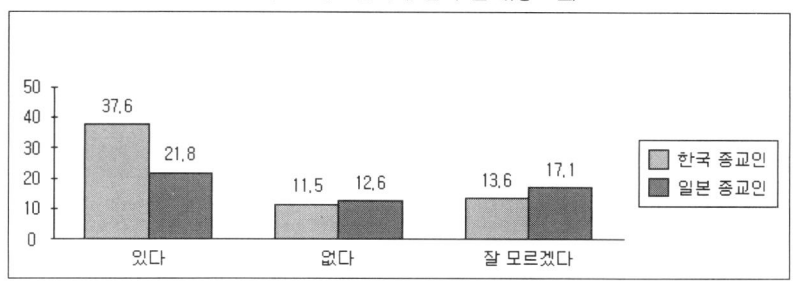

▌그래프89▐ 절대자/신의 존재(종교인)

한국 종교인
일본 종교인

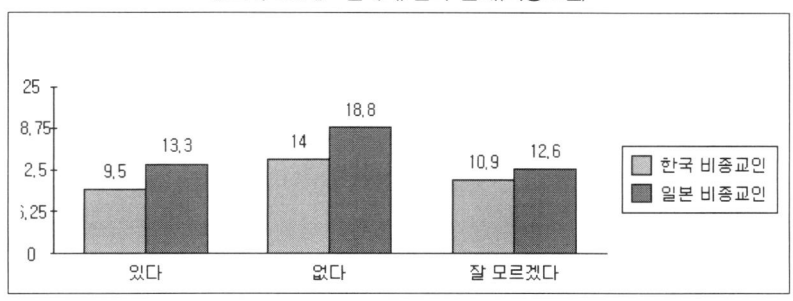

▌그래프90▐ 절대자/신의 존재(비종교인)

한국 비종교인
일본 비종교인

(2) 극락/천당

표87)은 (25-2)극락/천당이 존재한다고 생각하십니까? 라는 질문의 결과로, 종교인 응답자들 중, 한국인은 37.3%(n=165)가 극락/천당은 '있다'고 응답하고 있다. 각 종교별로는 개신교 신자 18.3%(n=78, 73.6%)는 극락/천당을 '있다'고 응답하였고, 불교 신자 11.7%(n=50, 45.9%)도 '있다'고 응답하였다. 일본인은 23.9%(n=70)가 '있다'고 응답하고 있으며, 각 종교별로는 불교 신자 17.0%(n=48, 43.6%)는 극락/천당을 '있다'고 믿으며, 불교 신자 12.1%(n=34, 30.9%)는 '잘 모르겠다'라고 응답하였다.

비종교인 응답자들 중, 한국인은 14.5%(n=64)가 '잘 모르겠다'라고 응답하였고, 일본인은 17.4%(n=51)가 '있다'고 응답하였다.

Ⅴ. 교차분석을 통한 한국과 일본에 있어서 종교인과 비종교인의 사생관 289

극락/천당의 존재 여부에 관한 질문의 결과에서의 특징은, 그래프91)과 그래프92)에서 알 수 있듯이, 한국의 종교인들은 극락/천당에 대하여 '있다'는 확신이 높게 나타났다. 또한, 일본의 종교인과 비종교인들도 극락/천당에 대하여 '있다'고 생각하는 응답자들이 한국의 비종교인에 비해서 더 많은 것으로 나타난 것이 특기할 만하다.

표87 극락/천당의 유무

		있다		없다		잘 모르겠다	
한국	종교인	165	37.3%	47	10.6%	61	13.8%
	비종교인	35	7.9%	54	12.2%	64	14.5%
일본	종교인	70	23.9%	33	11.3%	47	16.0%
	비종교인	51	17.4%	40	13.7%	40	13.7%

그래프91 극락/천당의 유무(종교인)

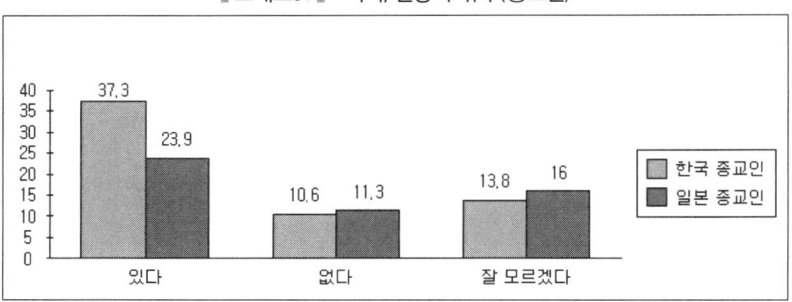

그래프92 극락/천당의 유무(비종교인)

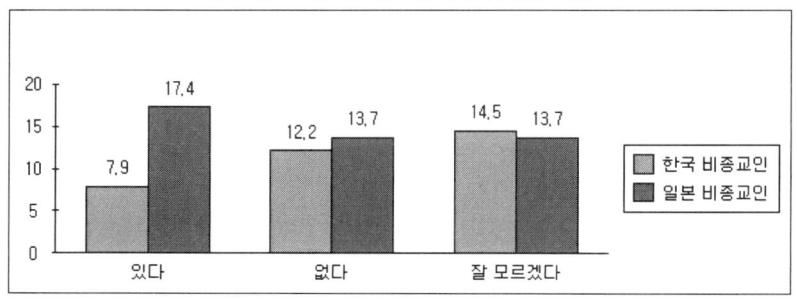

(3) 지옥/연옥

표88)은 (25-3)지옥/연옥이 존재한다고 생각하십니까? 라는 질문의 결과로, 종교인 응답자들 중, 한국인은 31.2%(n=138)가 '있다'고 응답하였다. 각 종교별로는 개신교 신자 17.2%(n=73, 69.5%)는 지옥/연옥을 '있다'고 응답하였고, 불교 신자 10.4%(n=44, 40.4%)는 '잘 모르겠다'라고 응답하였다. 일본인은 18.1%(n=53)가 '잘 모르겠다'고 응답하였다.

비종교인 응답자들 중, 한국인은 14.9%(n=66)가 '잘 모르겠다'고 응답하였으며, 일본인은 16.0%(n=47)가 '없다'고 응답하였다. 각 종교별로는 '없다'와 '잘 모르겠다'로 각각 응답한 불교 신자가 13.9%(n=39, 35.5%)이다.

지옥/연옥의 유무에 관한 질문의 결과에서도 특징적인 것은, 그래프93)과 그래프94)에 나타나 있듯이, 한국의 종교인들은 일본인들과 달리 지옥/연옥에 대한 존재를 믿고 있는 응답자들이 많아 한국의 종교인들은 지옥/연옥 등의 사후세계에 대하여 확신하고 있음을 알 수 있다. 또한, 일본인들은 종교인이나 비종교인이나 '없다'라고 응답하거나 '잘 모르겠다'라고 하는 응답자들이 많아 지옥/연옥의 유무에 대하여 확신하지 않고 있음을 알 수 있다.

┃표88┃ 지옥/연옥의 유무

		있다		없다		잘 모르겠다	
한국	종교인	138	**31.2%**	55	12.4%	79	17.9%
	비종교인	27	6.1%	59	13.3%	66	**14.9%**
일본	종교인	48	16.4%	49	16.7%	53	**18.1%**
	비종교인	38	13.0%	47	**16.0%**	46	15.7%

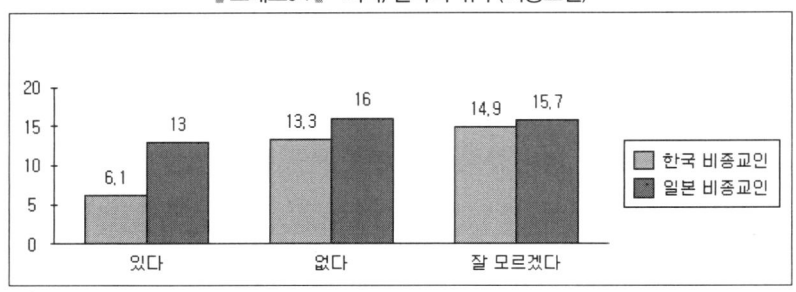

┃그래프94┃ 지옥/연옥의 유무(비종교인)

┃그래프93┃ 지옥/연옥의 유무(종교인)

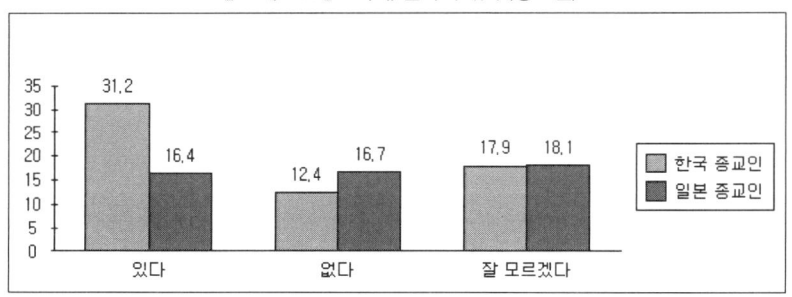

(4) 귀신/악마

표89)는 (25-4)귀신/악마가 존재한다고 생각하십니까? 라는 질문의 결과로, 종교인 응답자들 중, 한국인은 34.6%(n=153)가 '있다'고 응답하였다. 각 종교별로는 개신교 신자 18.4%(n=78, 75.0%)가 귀신/악마에 대하여 '있다'고 응답하였고, 불교 신자 10.6%(n=45, 41.3%)는 '잘 모르겠다'로, 9.7%(n=41, 37.6%)는 '있다'라고 응답한 것으로 나타났다. 일본인은 19.8%(n=58)가 '없다'고 응답하였으며, 각 종교별로는 16.0%(n=45, 40.9%)가 귀신/악마는 '없다'라고 응답하였고, 15.7%(n=44, 40.0%)가 '잘 모르겠다'라고 응답하였다.

비종교인 응답자들 중, 한국인은 14.9%(n=66)가 '잘 모르겠다'라고 응답하였으며, 일본인은 19.5%(n=57)가 '없다'라고 응답하였다.

귀신/악마의 유무를 묻는 질문의 결과에서도 특징적인 것은, 그래프95)와 그래프96)에 나타나 있듯이, 한국의 종교인들은 일본인들과 달리 귀신/악마에 대한 존재를 믿고 있는 응답자들이 많아 귀신/악마의 존재에 대하여 확신하고 있음을 알 수 있다. 또한, 지옥/연옥에서와 마찬가지로, 일본인들은 종교인이나 비종교인이나 '없다'라고 응답하거나 '잘 모르겠다'라고 한 응답자들이 많아 귀신/악마의 존재에 대하여 확신하지 않고 있음을 알 수 있다.

▌표89▐ 귀신/악마의 존재

		있다		없다		잘 모르겠다	
한국	종교인	153	34.6%	38	8.6%	80	18.1%
	비종교인	39	8.8%	47	10.6%	66	14.9%
일본	종교인	33	11.3%	58	19.8%	58	19.8%
	비종교인	26	8.9%	57	19.5%	48	16.4%

▌그래프95▐ 귀신/악마의 존재(종교인)

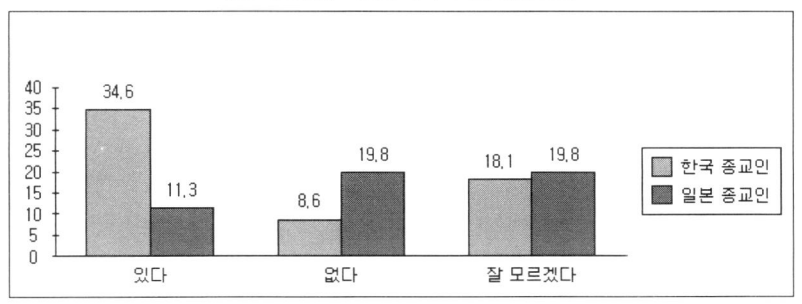

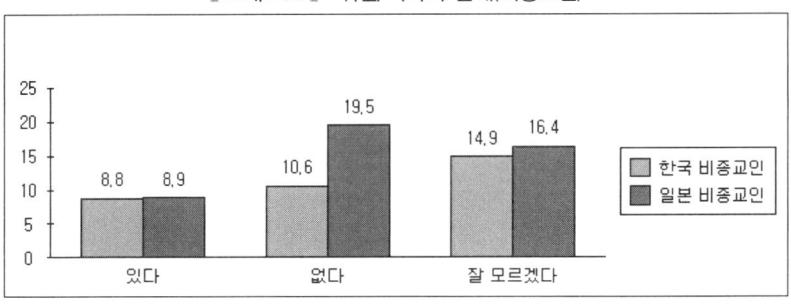

25
20   19.5
15   14.9 16.4
10 8.8 8.9 10.6
5

■ 한국 비종교인
■ 일본 비종교인

있다   없다   잘 모르겠다

8) 영적 존재에 대한 인식의 결과

위의 (1)(2)(3)(4)에서 절대자/신, 극락/천당, 지옥/연옥, 귀신/악마와 같은 영적 존재에 대한 존재 여부에 관하여 한국과 일본의 응답자들에게 조사한 결과를 살펴보았다. 이것을 그래프97), 그래프98), 그래프99), 그래프100)에서 결론적으로 살펴보면, 응답자들 중, 한국의 종교인들은 그래프97)과 그래프99)에 나타나 있듯이, 이러한 영적 존재에 대한 믿음의 비율이 일본인보다 훨씬 뚜렷한 차이를 보이고 있음을 알 수 있다. 또한, 그래프99)와 그래프100)에서 알 수 있듯이, 일본의 종교인들과 비종교인들은 이러한 영적 존재에 대하여 한국인들보다 대체로 '없다'고 생각하는 비율이 높다는 것을 알 수 있었다.

이러한 영적 존재에 대한 믿음은 자신이 믿고 있는 종교와도 깊은 관련이 있을 것이므로 한국인들은 종교성이 강하다고 할 수 있을 것이며, 일본인들은 종교성이 한국인보다는 약하다고 말할 수 있을 것이다.

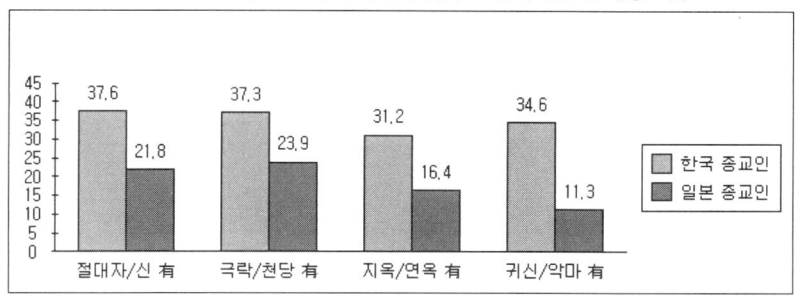

‖ 그래프97 ‖ 영적 존재에 관하여 있다고 생각하는 인식(종교인)

한국 종교인
일본 종교인

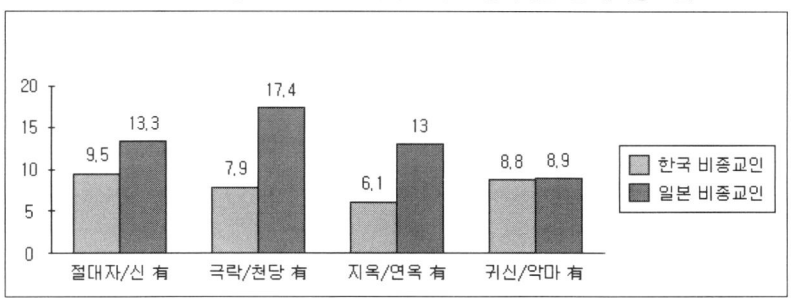

‖ 그래프98 ‖ 영적 존재에 관하여 있다고 생각하는 인식(비종교인)

한국 비종교인
일본 비종교인

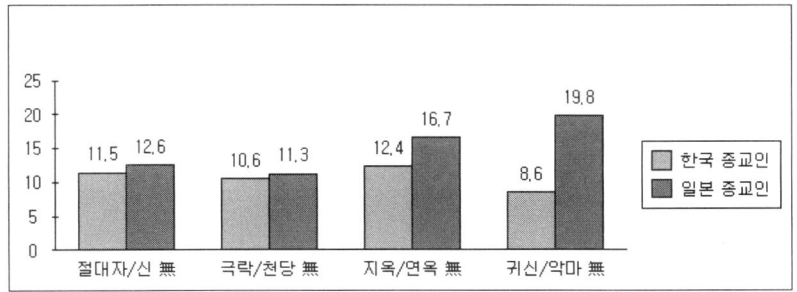

‖ 그래프99 ‖ 영적 존재에 관하여 없다고 생각하는 인식(종교인)

한국 종교인
일본 종교인

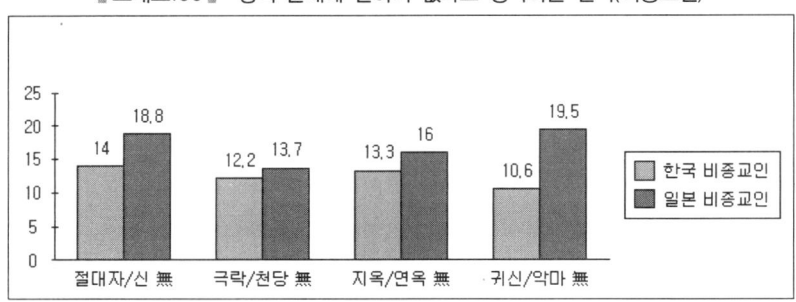

▌그래프100 ▌ 영적 존재에 관하여 없다고 생각하는 인식(비종교인)

VI

결론 및 과제

이상과 같이 한국인과 일본인의 사생관 비교연구를 위하여 유교, 신도, 불교를 바탕으로 한 역사적 고찰과 설문조사를 바탕으로 한 현상적 고찰을 통하여 전통적인 사생관과 현대인의 사생관을 살펴보았다.

유교(儒敎)사상은 한국 역사 발전에 기여하였다는 사실과 한국사 속에서 다시 재창조되어 역사발전과 함께 중국에서와는 달리 차별화되는 유교이념을 가지게 됨과 동시에, 그러한 유교이념이 한국의 철학, 문학, 역사학 분야에 영향을 끼쳤음은 물론, 한국인의 사생관 형성에도 많은 영향을 끼쳤다.

불교(仏敎)는 중국으로부터 집단의 통합을 강화하기 위하여 한국과 일본으로 전해졌는데, 한국에서는 호국불교로서 한국 민족의 정신적 지주 역할을 하였다. 불교는 토속신앙이나 유교에서 말하지 않던 내세(來世)에 대해 아주 소상하게 얘기해 주었으며, 이승밖에 모르던 사람들이 저승에 대해 많은 관심을 갖기 시작하였다. 그에 따라 극락·지옥·윤회·인과응보도 알게 되어 한국인에게 있어서 불교는 윤리적으로 사고(思考)의 큰 전환이 됨과 동시에 한국 사상사(思想史)에 큰 전기(転機)

를 마련해주었다.

일본에서의 불교는 6세기 중엽에 백제의 성명왕(聖明王)이 킨메이천황(欽明天皇)에게 석가상(釈迦像)과 경론(経論)을 전한 것이 일본에 불교가 공식적으로 전래된 것으로 587년 이후, 본격적으로 널리 전파하게된다. 일본에서의 불교는 최대의 종교세력으로 여러 종파가 있으며, 국민의 태반은 불교의 단(檀) 신도이지만, 불교의 각 종파는 전적으로 의례로 인해서 국민생활과 결부되어 있는데, 특히 장례식 의례는 대부분 불교식으로 행해지고 있다.

일본의 신도(神道)는 태곳적부터 존재하였으며, 외래종교와 대립 교섭하면서 변천 발달한 일본 고유의 종교로서 일본 사회와 문화의 여러측면에 침투해 있는 다양한 관습 · 의례 · 신앙을 가리키며, 무엇보다일본 고유의 어떤 것이라는 점이 강조된다.

이러한 역사적인 환경 속에서 한국인과 일본인의 의식 속에 널리 영향력을 끼쳐온 유교, 불교, 신도는 오랜 역사를 거치는 동안, 한국인과 일본인의 사생관 형성에도 깊은 영향을 끼쳤다고 할 수 있다.

따라서 그러한 역사적 영향 하에 형성된 한국인과 일본인의 사생관이 실제로 현대에 와서는 어떠한 변화 양상을 보이는지를 고찰하기 위하여 설문조사를 실시한 다음, 그 자료를 분석하여 제4장과 제5장에서상세하게 살펴보았다.

1. 설문조사 결과 요약

제6장에서는 그 분석 자료를 토대로 현대 한국인과 일본인의 사생관

이 종교인과 비종교인에게 있어서 어떤 공통점과 차이점이 있는지 그 결과를 요약하여본다.

한국과 일본의 응답자들을 종교인과 비종교인으로 나누어 ①죽음의 두려움에 대한 인식, ②타자의 죽음을 간접경험한 후의 마음과 자세, ③죽음에 대한 개념, ④선호하는 장례방법, ⑤사후세계에 대한 인식, ⑥영혼에 대한 인식, ⑦환생에 대한 인식, ⑧영적 존재에 대한 존재 여부 등의 8가지 항목에 대하여 분석결과를 요약하면 다음과 같다.

1) 죽음에 대한 두려움

한국의 종교인들은 일본의 종교인들보다 죽음을 '두렵지 않다'고 생각하는 사람들이 더 많았으며, 일본의 종교인들은 종교를 믿고 있음에도 불구하고, 한국의 종교인들보다 죽음을 '두렵다'고 생각하는 사람들이 훨씬 더 많았다. 일본의 비종교인들도 한국의 비종교인들에 비해서 '두렵다'고 생각하는 사람이 더 많음을 알 수 있다. 그렇다면 여기서 일본의 종교인들은 왜 종교를 믿고 있음에도 죽음에 대하여 더 두렵다고 생각하는가? 라는 문제가 제기되는데, 이것은 앞으로 연구하여볼 과제이다.

죽음이 두렵지 않은 이유를 묻는 질문의 결과로서 특징적인 것은, 한국의 종교인 응답자들 중, 19.0%(n=52)가 '내가 가진 종교 때문에' 죽음이 두렵지 않다고 응답하고 있다는 것이다. 일본보다 한국에서는 그래도 죽음의 두려움에 대한 극복으로서 종교의 기능적인 측면이 조금은 그 기능을 발휘하고 있는 듯하나, 일본에서는 종교 때문에 죽음이 두렵지 않다고 한 응답자는 겨우 2.9%(n=3)뿐인 것으로 나타났다.

또, 죽음이 '두렵지 않다'고 한 응답자들은 한국인이든 일본인이든, 종교인이든 비종교인이든 '사람은 누구나 모두 죽기 때문에' 죽음이 두렵지 않다고 그 이유를 말하고 있다. 응답자들 중, '사람은 누구나 모두 죽기 때문에' 라는 항목에의 응답자 수의 비율이 한국과 일본 모두 높게 나타났는데, 종교인 응답자들 중, 한국인은 31.6%(n=89)가, 일본인은 14.5%(n=40)가 죽음이 '두렵지 않다'고 응답하였다.

이러한 조사 결과를 보면, 죽음에 대하여서는 종교나 국적에 상관없이 자연 순리적이고 만인평등적인 안도감, 공동체적이고 보편적인 사고방식으로 죽음을 생각하고 있음을 알 수 있다. 어쩌면 죽음에 대하여서는 종교의 힘보다도 '나 개인'만 죽으면 억울하고 무섭고 힘들겠지만, '누구나 다 평등하게 죽으니까' 하는 평등주의적이고, 공동체적이며, 보편적인 사고방식이 오히려 죽음을 극복할 수 있는 것이 아닐까 라는 생각이 든다.[1]

2) 타자의 죽음에 대한 인식

타자의 죽음에 임하는 마음이 어떠한지 살펴보는 질문에서 특징적인

---

1) 시마조노 스스무(島薗進) 外 엮음, 앞의 책, pp.254~256. - 에서 이러한 죽음의 두려움에 대하여 오이 겐(大井玄)은 '원자(atom)적 자기'가 아니라 '유대(紐帶)적 자기'로부터 분리되므로 죽음에 대한 두려움이 생기는 것이라고 주장하고 있다. 그러나 필자의 견해는 다르다. 왜냐하면, 성숙한 죽음을 맞이하는 사람은 유대적 자기로부터의 분리에서 초월하여 생각하면, 오히려 그 반대로 죽음이 두려워지지 않게 된다. 사람은 '누구나 다 평등하게 죽기 때문에' 죽음이 두렵지 않다고 생각하는 이유는 이 유대적 자기에서 초월한 상태, 즉 공동체적인 사고방식을 하게 되어 오히려 죽음을 두렵지 않게 생각하게 된다고 판단하기 때문이다.

현상은, 일본 비종교인의 경우, '별로 생각하지 않았다'와 '이제 만날 수 없다는 생각에 하염없이 슬펐다'라고 응답한 사람들이 많았다. 이것은 제4장의 연령별 분포에서 살펴본 바와 같이 한국인 응답자의 연령별 분포와는 달리 일본인 응답자가 주로 대학생들이 많아 한국인 응답자에 비하여 평균연령이 11.12세 낮은 것과 관계가 있을 것이라고 추측된다.

또, 한 가지 특징적인 현상은, 한국인이든 일본인이든, 종교인이든 비종교인이든, 이성적으로 명료하게 저승의 유무를 따지기 전에 우리의 전통적이고 기본적인 의식 속에 저승(사후세계)이라는 관념이 이미 자리 잡고 있음을 알 수 있다. 따라서 저승이라는 죽음 이후의 세계에서 죽은 이가 편히 쉬기를 기원하고 있음을 알 수 있다.

타자의 죽음으로 인한 나에 대한 생각을 알아보는 조사에서 특징적인 것은, 한국과 일본의 종교인들이 비종교인들보다 '열심히 살아야겠다고 생각하였다'라고 한 응답자들이 많았는데, 이것 또한 응답자들의 연령차로 인한 것이라고 추측된다. 또한, 이 문항에서 알 수 있는 것은 종교를 믿는 행위도 적극적인 삶의 자세에서 비롯된 것이라는 사실을 깨닫게 한다.

3) 죽음에 대한 개념

죽음에 대한 개념을 묻는 질문의 결과로서 특징적인 것은, 한국 종교인들의 경우, 죽음을 '또 다른 삶의 연장선'과 '죽음은 편안하고 깊은 잠을 영원히 자는 것'이라고 한 응답자들이 많았다. 일본인은 종교인이거나 비종교인이거나 죽음은 '모든 것이 끝나는 것'이라고 생각하는 응답자의 비율이 높게 나타난 반면, 한국의 응답자들은 죽음에 대한 개념을 '또 다른 삶의 연장선', '편안하고 깊은 잠을 영원히 자는 것'으로 응답한 비율이 높아 일본과는 달리 생각하고 있는 것으로 나타났다.

또, 한 가지 특징은, 죽음이라는 것이 과학적으로 심장이 정지된다는 것임을 모든 응답자들이 알고 있으면서도 죽음이라는 것을 과학적으로 생각하지 않고 있다는 사실이다. (21)의 설문조사 결과에서 나타나 있듯이 잘 알지는 못하지만, 사후세계가 '있다'고 생각하는 관념이 지배적이며, 한국인과 일본인의 기본 의식 속에 사후의 세계(저승)라는 관념이 이미 자리 잡고 있음을 알 수 있다.

4) 선호하는 장례방법

선호하는 장례방법을 묻는 질문의 결과로서 특징적인 것은, 일본인은 종교에 상관없이 '화장하여 납골당에 모신다'는 응답자가 대부분을 차지하고 있었다. 한국인도 '화장하여 납골당에 모신다'는 응답이 많이 나타났으며, 한국 종교인들 중, '유언에 따라' 장례를 치른다는 응답을 많이 한 것으로 나타났다. 또, 일본의 비종교인들 중에서 '유언에 따라' 행한다는 응답자들이 한국보다 약간 높게 나타났음이 눈에 띈다. 한국인들에게도 이제 화장하여 납골당에 모신다는 사실을 보편적으로 받아들였음을 알 수 있었다.

5) 사후세계에 대한 인식

사후세계의 유무를 묻는 질문에 있어서 응답자의 특징은, 일본인은 종교인이거나 비종교인이거나를 막론하고 사후세계가 '있다'고 생각하

는 응답자들이 많은 것이며, 한국의 응답자들은 종교인이 비종교인보
다 33.5%(n=146)나 더 많은 사람들이 사후세계가 '있다'고 응답하였다.
사후세계는 한국인이나 일본인이나, 종교인이나 비종교인이나, '있다'
고 생각하는 사람이 많다는 것을 알 수 있다.

또, 사후세계의 개념을 묻는 질문의 결과에서 특징적인 것은 일본인
은 종교인이거나 비종교인이거나 사후세계를 '편안하고 좋은 세상이다'
라고 생각하는 응답자들이 많은 반면, 한국인은 종교인들이 사후세계
를 '편안하고 좋은 세상'으로 인식하고 있다는 것이다. 따라서 한국인과
일본인들은 사후세계에 대하여 아주 긍정적으로 생각하고 있음을 알
수 있다.

6) 영혼에 대한 인식

영혼의 유무에 관한 질문의 결과에서의 특징은, 한국에서는 종교인
들이 영혼은 '있다'고 생각하는 응답자들이 많은 반면, 일본에서는 비종
교인들도 영혼이 '있다'고 생각하는 응답자들의 비율이 높다는 것을 들
수 있다. 이것은 한국에서는 영혼 존재 유무와 종교와 관련성이 깊으나,
일본에서는 영혼의 존재 유무와 종교와의 관련성이 그리 높지 않다는
것을 알 수 있다. 현재 종교를 가지며 종교 활동을 하는 것보다도 일본
인의 기본 의식 속에 영혼에 대한 인식은 '있다'고 생각하는 것이 보편
적임을 엿보게 한다.

영혼과 후손의 만남 가능성에 대한 질문의 결과로서의 특징은, 한국
의 종교인들은 영혼과 후손이 만날 수 '있다'라고 생각하는 응답자들이
많은 반면, 일본의 종교인들은 '잘 모르겠다'라고 한 응답자들이 많았

다. 또한, 한국이나 일본이나 비종교인들이 '잘 모르겠다'라고 응답한 사람들이 많았음을 알 수 있다. 한국의 종교인들도 상당수가 '잘 모르겠다'라고 응답한 사람들이 많은 것을 보면, 영혼과 후손의 만남 가능성에 대한 확신은 좀 약한 듯하다.

여기에서 한 가지 특징적인 현상은, 일본인 응답자들 중, 많은 응답자들이 영혼은 있다고 인식하는 반면, 영혼은 후손과는 만나는지 안 만나는지는 분명하지 않다. 그렇다면, 영혼은 왜 존재한다고 생각하는 것일까? 라는 의문이 생긴다. 이것은 앞으로 연구하여볼 과제라고 생각한다.

영혼과 후손의 만남 장소에 대한 질문의 결과에서의 특징은, 한국 종교인들이 영혼과 후손이 '꿈속에서' 만날 수 있다고 한 응답자들이 많았다는 것이며, 일본인은 종교인이나 비종교인이나 '꿈속에서' 영혼과 후손이 만날 수 있다고 생각하는 응답자들이 많았음을 알 수 있다. 종교인의 비율이 높고, 제사를 지내는 사람들이 많은 한국에서, 영혼과 후손과의 만남 장소가 제사장소나 종교의식장소가 아닌 '꿈속에서' 만날 수 있다는 생각을 하고 있는 응답자들이 많은 것도 한 가지 특징적인 현상이라고 할 수 있을 것이다. 영혼은 있다고 생각하면서 영혼과 후손은 꿈속에서 만날 수 있다는 것은, 결국 영혼도 실재(実在)하는 것이 아니라 우리의 관념 속에서만 존재하는 것이기 때문은 아닐까 하는 의문이 생긴다. 이것 또한 앞으로 연구하여볼 과제라고 생각한다.

7) 환생의 믿음 여부

환생의 믿음 여부에 관하여서는 한국이나 일본, 종교인이나 비종교인이나 믿는 사람들보다 '믿지 않는다'라거나 '잘 모르겠다'라고 응답한 사람들이 많은 것으로 나타나 환생에 관하여서는 확신하는 정도가 낮음을 알 수 있다. 특히, 한국의 종교인들 중에서 많은 차이는 아니더라도 '믿지 않는다(25.9%, n=107)'라는 비율이 높은 것을 보면, 환생에 관하여서는 믿음에 대한 확실성이 상당히 낮다는 것을 알 수 있다.

8) 영적 존재에 대한 인식

절대자/신, 극락/천당, 지옥/연옥, 귀신/악마와 같은 영적 존재에 대한 존재 여부에 관하여 한국과 일본의 응답자들이 설문조사한 결과를 살펴보면, 응답자들 중, 한국의 종교인들은 4가지 영적 존재에 대하여 모두 확신을 가지고 '있다'고 한 응답자들이 많은 반면, 일본 종교인들은 '있다'고 생각하는 비율이 한국보다 훨씬 낮거나, 없다고 생각하는 비율이 한국보다 높게 나타났다. 따라서 이러한 영적 존재에 대한 믿음의 비율이 일본인보다 한국인이 뚜렷하게 높게 나타났다.[2] 또, 같은 한국인 중에서도 종교인과 비종교인에게 있어서 영적 존재에 대한 존재 여부는 현저한 차이를 보이고 있어 한국인에게 있어서 종교적인 성향이 높다고 말할 수 있겠다.

다시 말해, 한국인들은 영적 존재에 대하여 종교인들은 '있다'고 생각하는 확신이 높은 데 비하여, 일본인들은 종교의 유무에 관계없는 결과를 보여 영적 존재에 대한 확신이 낮은 것으로 해석할 수 있을 것이다.

이러한 영적 존재에 대한 믿음은 자신이 믿고 있는 종교와도 깊은 관련이 있을 것으로, 한국인들은 종교성이 강하다고 할 수 있을 것이며,

---

2) 그래프97)~그래프100) 참고.

일본인들은 종교성이 한국인보다는 약하다고 말할 수 있을 것이다.

2. 현대 한국인과 일본인의 사생관

이제까지 한국과 일본의 응답자들을 대상으로 빈도분석과 교차분석을 통하여 한국인과 일본인의 사생관에 대하여 어떠한 인식을 하고 있는지를 살펴보았는데, 이제 그 응답자들을 기준으로 한국의 응답자들은 한국인으로, 일본의 응답자들은 일본인으로 해석하여 사생관을 요약하여보고자 한다. 응답자들이 연령대나 남녀의 비율에 있어서, 학력이나 종교에 있어서 다소 편중되어 있다고는 하여도 연령대별 비교나 남녀의 의식 비교, 각 종교의 비교를 하는 것이 아니라, 종교인과 비종교인으로만 나누어서 전체적으로 한국인, 일본인이라고 해석하여도 큰 무리는 없을 것이라고 판단된다.[3] 따라서 ①죽음의 두려움에 대한 인식, ②타자의 죽음을 간접경험한 후의 마음과 자세, ③죽음에 대한 개념, ④선호하는 장례방법, ⑤사후세계에 대한 인식, ⑥영혼에 대한 인식, ⑦환생에 대한 인식, ⑧영적 존재에 대한 존재 여부 등에 관한 그들의 죽음에 대한 인식을 현대 한국인의 사생관, 일본인의 사생관으로 결론지어보고자 한다.

---

3) 그 이유는 지난 5월 1일, 동아시아일본학회에서 본 자료를 이용하여 10대에서 30대까지만 추출하여 현대 한일 청년층의 사생관을 비교하여 발표한 적이 있었는데, 그 내용과 결과적으로 거의 같은 결과가 나왔다. 따라서 연령별 편차가 있다고 하여도 같은 결과가 나왔으므로 한국인과 일본인으로 해석하여도 무방할 것이라 판단된다.

1) 현대 한국인의 사생관

1. 한국 종교인들은 죽음에 대하여 두렵다고 생각하는 것보다 두렵
   지 않다고 생각하는 비율이 높은 것으로 나타났다.

   많은 한국인들은 죽음을 두렵지 않게 생각하고 있으며, 그 이유
   를 '사람은 누구나 모두 죽기 때문에' 두렵지 않다고 생각하는 것으
   로 나타났다. 이는 한국인들이 죽음에 대하여 평등주의적 · 공동
   체적 · 보편적인 문제로 생각하고 있음을 알 수 있다. 특히, 개신교
   신자들은 '자신이 믿고 있는 종교 때문에' 죽음을 두렵지 않게 생각
   하고 있는 사람들이 많은 것으로 나타나 한국에서 개신교는 죽음
   의 두려움에 한하여서 종교의 기능적인 측면을 잘 이행하고 있는
   것으로 보인다.

   일부의 한국인들 중, 죽음을 두렵다고 생각하고 있는 사람들은
   그 이유를 '가족 · 친지와의 영원한 이별 때문에', 또, '죽음 자체가
   두려워서'라고 생각하는 사람들이 많이 있었다.

2. 가족, 친지 등이 죽었을 때, 한국인은 그 죽은 타자를 위하여 저승
   (사후세계)에서 편히 쉬도록 기원하는 것으로 나타났다.

   한국인의 의식 속에는 타자가 가는 저승(사후세계)이 일단 이승
   (현세)보다는 편안한 세상이라고 믿고 있으며, 또 이것은 이승이
   편안하지 않았다는 것을 보여주는 뜻으로 해석할 수 있을 것이다.
   다시 말해, 사후세계는 편안한 곳, 편히 쉬는 곳으로 한국인들은
   인식하고 있다고 유추 해석하여 볼 수도 있겠다.

3. 죽음의 개념에 대하여 한국인들은 '또 다른 삶의 연장선', '편안하고
   깊은 잠을 영원히 자는 것'으로 인식하고 있는 것으로 나타났다.

한국인은 죽음을 삶의 연장으로 생각하고 있으며, 삶의 세계와 죽음의 세계를 단절시켜 생각하지 않고 있음을 알 수 있다. 또한, 죽음을 나쁜 이미지보다는 잠을 자는 것처럼 편안한 것으로 인식하고 있음을 알 수 있다. 여기서 특기할만한 점은, 한국인은 죽음에 대하여 과학적 사고방식을 하지 않고 있다는 것을 들 수 있다. 그 이유는 '의학적으로 심장이 멈춘 것'이라는 사실이 죽음이라는 것을 알고 있음에도 불구하고, 대부분의 응답자들이 다른 문항에 응답하고 있기 때문이다.

4. 장례방법에 관하여서는 자신이나 가족·친지가 죽었을 때, 화장 후 납골당에 모신다는 한국인들이 대부분이다. 이것은 현대 한국에서 산지의 묘지화와 같은 환경문제로 이슈가 되어왔던 것으로, 여러 해 동안 정부의 시책으로 권장해오던 것이었는데, 결과적으로 현재 한국인들은 대부분 화장하여 납골당에 모셔야한다고 인식하고 있음을 알 수 있다.

5. 사후세계의 존재 여부에 관하여서는 대부분 '있다'고 생각하는 사람들이 많았다. 타자의 죽음에 대한 태도, 죽음에 대한 개념 등에서 알 수 있듯이 여러 가지 면에서 한국인의 의식 속에는 사후세계가 존재한다고 생각하고 있음을 알 수 있다. 그러나 이는 사후세계가 한국인의 관념 속에 존재하는 것인지 아니면 실재한다고 생각하는지가 확실치 않다. 이것 또한, 한국인에게 알맞은 상세한 사생관척도의 개발을 통하여 재조사하여야할 것이다.

6. 영혼의 존재 여부에 관하여서는 사후세계의 존재 여부와 마찬가지로 대부분 '있다'고 생각하는 사람들이 많았으나, 이것도 사후세계가 한국인의 관념 속에 존재하는 것인지, 아니면 실재한다고 생

각하는지가 확실치 않다. 왜냐하면, 영혼이 존재한다고 생각하면서도 영혼과 후손은 꿈속에서나 만날 수 있다고 생각하기 때문이다. 실재한다면 왜 후손과 실제로 만날 수 없는 것인지 등에 관하여서는 더 자세하고 확실한 사생관의 척도를 개발하여 연구할 필요가 있다고 생각한다.

7. 환생의 믿음에 대하여서는 '믿는다'와 '믿지 않는다'는 응답 사이에 큰 차가 없는 것으로 나타나 환생에 대한 확신을 그렇게 하지 않고 있는 것으로 나타났다. 그러나 개신교에서는 환생을 '믿지 않는다'고 응답한 사람과 '믿는다'고 응답한 사람 사이에 뚜렷한 차이를 보여 한국의 개신교 신자들은 믿지 않는 것으로 인식하여도 무방할 것이다.

8. 절대자/신, 극락/천당, 지옥/연옥, 귀신/악마 등의 영적 존재에 관하여서 한국 종교인들은 대체로 '있다'고 인식하는 사람들이 많은 반면, 비종교인들은 대체로 '없다'고 인식하는 사람들이 많았다. 이것은 한국인의 종교적 성향을 잘 나타내는 것으로 한국인의 종교성이 강하다고 말할 수 있겠다.

위의 내용을 정리하여 간단히 표로 나타내면 표90), 표91)과 같다.

‖ 표90 ‖ 한국인의 사생관

한국	종교인				비종교인
	불교	개신교	천주교	기타	무종교
죽음의 두려움	두렵지 않다	두렵지 않다	두렵다	두렵지 않다	두렵다= 두렵지 않다
두렵지 않은 이유	모두 죽기에	**종교 때문**	모두 죽기에	모두 죽기에	모두 죽기에

두려운 이유	가족 이별	죽음 자체가 두려워서	가족 이별, 죽음 두려워	가족 이별	죽음 자체가 두려워서
타자의 죽음에 대한 태도	저승 안락 기원	**종교세상**	저승 안락 기원	저승 안락 기원	저승 안락 기원
죽음에 대한 개념	영면	삶의 연장	영면	삶의 연장	끝남=영면
장례방법	화장후 납골	화장후 납골	**유언**	화장후 납골	화장후 납골
사후세계의 유무	있다	있다	있다	있다	있다>없다
영혼의 유무	있다	있다	있다	있다	있다
환생에의 믿음	믿음>모름	**안 믿는다**	믿음>모름	믿음>모름	불신<모름
영적 존재 유무 절대자/신	있다>모름	있다	있다	있다≒없다	없다
극락/천당	있다	있다	있다	있다>없다	없다<모름
지옥/연옥	있다<모름	있다	있다	있다	없다<모름
귀신/악마	있다<모름	있다	있다	있다	없다<모름

▌표91▌ 한국인의 사생관 결과 분석

한국	종교인	비종교인	결과
죽음의 두려움	두렵지 않다	두렵다=두렵지 않다	종교성이 강하다.
죽음이 두렵지 않은 이유	사람은 누구나 모두 죽기 때문에	사람은 누구나 모두 죽기 때문에	죽음을 보편적·평등주의적·공동체적 문제로 인식
죽음이 두려운 이유	가족·친지와의 영원한 이별 때문에>죽음 자체가 두려워서	죽음 자체가 두려워서	개체와 개체의 분리현상으로 생각. 죽음에 대한 경외감
타자의 죽음에 대한 태도	저승 안락 기원	저승 안락 기원	사후세계를 인정. 사후세계는 편하고 좋은 곳이라는 인식
죽음에 대한 개념	또 다른 삶의 연장선	편안하고 깊은 잠을 영원히 자는 것=모든 게 끝나는 것	삶과 죽음의 연결성 과학적 사고방식 부정

장례방법	화장후 납골	화장후 납골	지구환경적, 국토의 현실성 고려
사후세계·영혼	있다	있다	관념 속에 존재
영적 존재	있다	없다 < 모름	종교적, 민속적으로 존재한다고 생각 종교성이 강하다.

2) 현대 일본인의 사생관

1. 일본 종교인들은 종교를 믿고 있음에도 불구하고 죽음에 대하여 두렵다고 생각하는 비율이 높은 것으로 나타났다. 그 이유를 '가족·친지와의 영원한 이별 때문에'라고 응답하고 있는데, 이는 개체와 개체의 분리현상을 두려워하는 것[4]으로 조사대상자의 평균 연령대가 낮은 이유로도 해석할 수 있을 것이다. 또, 한국인과 달리 일본인의 종교성이 약한 것으로 해석할 수 있을 것이며, 종교의 기능[5]적인 면을 고려할 때, 종교의 존재 이유를 재고(再考)할 필

---

4) 시마조노 스스무(島薗進) 外 엮음, 앞의 책, pp.245~270.
5) 종교의 기능은 크게 본래적 기능과 수단적 기능 둘로 구분할 수 있다. 종교의 본래적 기능이란 종교 자체가 가지고 있는 고유한 기능을 말한다. 이를테면 자기 종교의 교리나 신앙을 통한 정신적 위안, 긴장 해소, 죽음에 대한 공포 극복 등이다. 종교는 본래 성스러운 세계에 대한 인간의 향수에서 비롯되었기 때문이다.
　한편, 종교의 수단적 기능이란 종교의 본래적 기능을 수행하기 위한 도구로서의 기능을 말한다. 이를테면 종교의 제의(祭儀)가 이에 해당될 것이다. 제의는 예배, 기도, 노래, 춤, 강설 등 다양한 행위로 나타난다. 특히 그 중에서 종교는 사회적 기제(機制)를 통한 표상으로 표출된다. 종교는 언제나 집단을 형성하여 움직인다. 그 때문에 때로는 종교권력과 국가권력 간에 대립하기도 하는 것이다.

요성도 있을 것이다.

그러면, 일본인들은 왜 종교에 관계없이 죽음을 두려운 것으로 인식하고 있는 것일까? 그 이유가 무엇인지 자세히 고찰해보아야 하겠지만, 몇 가지 그 이유를 열거하면 다음과 같다 첫째, 가장 기본적인 원인으로는 직접 경험할 수 없는 인간의 죽음에 대한 경외감에서 비롯된 것이라고 할 수 있다. 둘째, 이번 조사대상자들의 연령대별 분포에서 대학생이 많아 평균연령이 낮기 때문일 것이다. 셋째, 일본의 자연적인 환경에서 연유하는 것으로 지진이나 화산과 같은 천재지변이 많아 늘 죽음에 노출되어 있기 때문에 그 영향을 받은 것이라고 추측된다.

일본의 비종교인들도 대부분 죽음에 대하여 두렵다고 생각하고 있었는데, 그 이유는 '죽음 자체가 두려워서'라고 생각하는 사람들이 많이 있었다.

일부의 일본인들은 죽음을 '두렵지 않다'고 생각하고 있는 사람들이 있었는데, 그 이유는 '사람은 누구나 모두 죽기 때문에' 두렵지 않다고 생각하는 것으로 나타났다. 이는 한국인들과 마찬가지로 죽음에 대하여 평등주의적·공동체적·보편적인 문제로 생각하고 있음을 알 수 있다.

2. 가족, 친지 등이 죽었을 때, 그 죽은 타자를 위하여 저승(사후세계)에서 편히 쉬도록 기원하는 것으로 나타났다.

일본인의 의식 속에도 한국인과 마찬가지로 타자가 가는 저승(사후세계)이 일단 이승보다는 편안한 세상이라고 믿고 있으며, 또

---

http://cafe.daum.net/hwagyepogyosa/1pwo/130?docid=xN2r11pwo1130120091118142036&q=%에서 참조.

이것은 이승이 편안하지 않았다는 것을 보여주는 뜻으로 해석할 수 있을 것이다. 이것 또한, 일본인들의 의식 속에 사후세계는 편안한 곳, 편히 쉬는 곳으로 인식하고 있다고 유추해석해볼 수도 있을 것이다.

3. 죽음의 개념에 대하여 일본인들은 '모든 것이 끝나는 것'으로 생각하는 사람들이 많았는데, 이것은 한국인의 죽음에 대한 개념인 '또 다른 삶의 연장선', '편안하고 깊은 잠을 영원히 자는 것'으로 인식하고 있는 것과는 다른 개념으로 나타났다.

여기서 특기할 점은, 한국인과 마찬가지로 일본인들도 죽음에 대하여 과학적 사고방식을 하지 않고 있다는 것이다. 대부분의 응답자들이 '의학적으로 심장이 멈춘 것'이라는 사실이 죽음이라는 것을 알고 있음에도 불구하고, 이 문항이 아닌 다른 문항에 응답을 하고 있기 때문이다. 또 한 가지 특기할만한 점은, 죽음은 '모든 것이 끝나는 것'이라고 생각하는 일본인들이 타자의 죽음에 대하여서는 저승에서 편안히 쉬기를 기원한다는 사실이다. 과학적인 사고방식의 팽배로 죽음을 과학적이고 실재적으로 생각하면서도 일본인의 의식 속에서는 전통적이고 민속적인 사고방식으로 죽음을 생각하고 있다는 것이다.

4. 장례방법에 관하여서는 자신이나 가족·친지가 죽었을 때, 대부분의 일본인들은 '화장 후 납골당에 모신다'라고 응답하였다. 이것은 일본의 전통적인 상장의례에 기인하는 것으로 현대 일본에서의 상장의례는 불교 신자가 아니더라도 대부분의 사람들이 불교적인 의례로 행하고 있기 때문이다.

5. 사후세계의 존재 여부에 관하여서는 대부분 '있다'고 생각하는 사

람들이 많았다. 타자의 죽음에 대한 태도에서는 저승에서 편안하기를 기원한 것을 보면, 일본인의 의식 속에도 사후세계가 존재한다고 생각하고 있음을 알 수 있다. 그러나 이것 또한 한국인과 마찬가지로 사후세계가 일본인의 관념 속에 존재하는 것인지 아니면 실재한다고 생각하는지가 확실치 않다.

6. 영혼의 존재 여부에 관하여서도 사후세계의 존재 여부와 마찬가지로 대부분 '있다'고 생각하는 사람들이 많았다. 이 또한 한국인과 마찬가지로 사후세계나 영혼이 일본인의 관념 속에 존재하는 것인지 아니면 실재한다고 생각하는지가 확실치 않다. 왜냐하면, 영혼이 존재한다고 생각하면서도 영혼과 후손은 꿈속에서나 만날 수 있다고 생각하기 때문이다.

7. 환생의 믿음에 대하여서는 일본인은 확연하게 '믿지 않는다'와 '잘 모르겠다'라는 응답자가 많은 것으로 나타났다. 따라서 환생에 대한 확신을 그렇게 하지 않고 있는 것으로 나타났다. 이것은 과학적인 사고방식에 기인한 것으로 해석됨과 동시에, 한국의 불교 신자가 응답자의 25.8%인데 비해, 일본 응답자들의 불교 신자의 비율이 37.5%임을 감안하면, 불교의 교리에 상반되는 응답으로 이것은 불교가 일본에서 종교의 본래적인 기능의 역할이 아니라 의례적인 역할을 담당하고 있기 때문일 것이라 판단된다.

8. 절대자/신, 극락/천당, 지옥/연옥, 귀신/악마 등의 영적 존재에 관하여서 일본인들은 대체로 '없다'고 응답하거나 '잘 모르겠다'라고 응답한 사람들이 많다는 결과가 나왔다. 특히, 비종교인들은 대체로 '없다'고 인식하는 사람들이 많았다. 이것은 일본인의 종교적 성향을 나타내는 것으로 한국인과 뚜렷하게 상반되는 입장이다.

따라서 일본인은 전체적으로 한국인에 비하여 종교성이 약하다고 말할 수 있겠다. 그러나 극락/천당은 '있다'고 생각하는 일본인들이 많았는데, 그것은 오랜 불교적 죽음의례의 영향에 기인한 것이라고 할 수 있을 것이다.

이를 간단히 표로 나타내면 표92), 표93)과 같다.

┃ 표92 ┃ 일본인의 사생관[6]

일본		종교인		비종교인
		불교	기타	무종교
죽음의 두려움		두렵다	두렵다	두렵다
두려운 이유		가족 이별	가족 이별	죽음 자체 두려워서
두렵지 않은 이유		모두 죽기에	모두 죽기에	모두 죽기에
타자의 죽음에 대한 태도		저승 안락 기원	저승 안락 기원	저승 안락 기원
죽음에 대한 개념		모두 끝남	모두 끝남	끝남
장례방법		화장후 납골	화장후 납골	화장후 납골
사후세계의 유무		있다	있다	있다
영혼의 유무		있다	있다	있다
환생에의 믿음		불신＜모름	모름	불신＜모름
영적 존재 유무	절대자/신	유늑무늑모름	있다＞모름	없다
	극락/천당	있다	있다＞모름	**있다**
	지옥/연옥	**없다＝모름**	**모름**	없다＞모름
	귀신/악마	**없다＞모름**	**없다＝모름**	없다＞모름

---

6) 현대 일본인의 사생관을 요약하기 전에 특기할 사항은 한국과는 달리, 일본에서는 기독교(개신교, 카톨릭)의 비율이 너무 낮아 불교와 기타, 비종교인(무종교)에 관해서만 비교하였음을 밝힌다.

┃표93┃ 일본인의 사생관 결과 분석

일본	종교인	비종교인	결과
죽음의 두려움	**두렵다**	두렵다	종교성이 약함.
죽음이 두려운 이유	가족 · 친지와의 영원한 이별 때문에	죽음 자체가 두려워서	개체와 개체의 분리 현상으로 생각. 죽음에 대한 경외감
죽음이 두렵지 않은 이유	사람은 누구나 모두 죽기 때문에	사람은 누구나 모두 죽기 때문에	죽음을 보편적 · 평등주의적 문제로 인식
타자의 죽음에 대한 태도	저승 안락 기원	저승 안락 기원) 별로 생각 안함	사후세계 인정. 사후세계는 편하고 좋은 곳이라는 인식
죽음에 대한 개념	모든 것이 끝나는 것	모든 것이 끝나는 것	삶과 죽음의 단절성
장례방법	화장후 납골	화장후 납골	오랜 불교적 관습
사후세계 · 영혼	있다	있다	관념 속에 존재
영적 존재	모름 or 없다	없다	종교성이 약함.

3) 결론 – 종교와 사생관의 관계

결론적으로 다음의 그림2)과 같이 한국인과 일본인에게 있어서 사생관의 관계를 나타내볼 수 있다. 한국의 종교인들은 종교성이 강하고, 비종교인과 죽음에 대한 인식에 있어서 그 차이가 크다. 반면, 일본인들은 종교인과 비종교인의 죽음에 대한 인식의 차가 그다지 크지 않으며, 종교성도 강하지 않다고 할 수 있다. 즉, 일본인에게는 종교에 대하여 유연성이 있다고 할 수 있을 것이다. 여기서 종교성이란 이미 설문조사에서 살펴보았듯이 한국인과 일본인이 가지는 종교적 성정(性情), 또는 종교적인 마음으로 표현할 수 있을 것이다.

▌그림2▐ 사생관과 종교성의 관계

3. 앞으로의 과제

제6장은 결론으로서 이상과 같이 한국인과 일본인의 사생관이 어떠한지 종교인과 비종교인을 구별하여 8가지 사항을 중심으로 비교분석을 해보았는데, 현대 한국인과 일본인의 사생관 비교연구를 하면서 앞으로 좀 더 연구해야할 필요성이 있는 내용들을 다음과 같이 정리하여 보았다.

1. 일본인들은 많은 사람들이 종교를 믿고 있고, 종교적인 의식에도 참가하면서 죽음에 대하여 왜 두렵다고 생각하고 있는가? 몇 가지 그이유를 열거하면, 첫째, 가장 기본적인 원인으로는 직접 경험할 수없는 인간의 죽음에 대한 경외감에서 비롯된 것이라고 할 수 있다. 둘째, 이번 조사대상자들의 연령대별 분포에서 대학생이 많아 평균

연령이 낮기 때문일 것이다. 셋째, 일본의 자연적인 환경에서 연유하는 것으로 지진이나 화산과 같은 천재지변이 많아 늘 죽음에 노출되어 있기 때문에 그 영향을 받은 것이라고 추측된다. 그러나 확실한 이유가 무엇인지 자세히 조사해보아야 할 것이다.

2. 한국과 일본의 대부분의 응답자들이 사후세계와 영혼은 있다고 인식하는 반면, 영혼과 후손이 만날 가능성에 대하여서는 확신이 없다. 또, 영혼이 후손과 만나는 곳은 대부분 꿈속이라고 생각하고 있다. 실제로 만날 수 없다면 왜 영혼이 존재한다고 생각하는 것일까? 영혼 존재의 실체는 과연 무엇일까? 영혼과 후손이 꿈속에서만 만날 수 있다는 것은 결국 영혼도 실재(實在)하는 것이 아니라 인간의 관념 속에서만 존재하는 것이기 때문은 아닐까? 이러한 것들에 관하여서는 확실한 조사를 위하여 더 자세하고 세분화된 사생관 조사의 척도를 개발하여 연구할 필요가 있을 것이다.

3. 죽음이 모든 것이 끝나는 것이라고 응답한 많은 일본인들의 경우, 과학적인 사고방식의 팽배로 죽음을 과학적이고 실재적으로 생각하면서도 의식 속에서는 종교적이고 민속적인 사고방식으로 죽음을 생각하고 있다는 것이다. 예를 들면, 타자의 죽음에 대한 태도를 알아보는 문항에서 많은 사람들이 타자가 죽었을 때, 저승에서 편히 쉬기를 기원하였다고 응답한 것을 보면, 이미 일본인의 의식 속에 사후세계가 존재하고 있음을 알 수 있다. 그러나 이것 또한 한국인과 마찬가지로 사후세계가 일본인의 관념 속에 존재하는 것인지 아니면 실재한다고 생각하는지가 확실치 않다.

4. 가족, 친지가 죽었을 때 어떠한 마음으로 보내셨습니까? 라는 질문에서 저승에서 편히 쉬도록 기원하였다고 응답한 사람들이 많았다.

이것은 타자의 죽음에 임하는 태도를 알아보는 질문의 응답으로 이러한 응답을 한 이유는 응답자들의 기본 의식 속에 저승(사후세계)이 편히 쉴 수 있는 곳으로 인식되어 있기 때문이다. 저승이 왜 편히 쉴 수 있는 곳이라고 인식되어 있는 것일까?

지금까지 앞으로 더 연구하여야할 과제에 대하여 살펴보았는데, 사후세계/영혼, 절대자/신, 극락/천당, 지옥/연옥, 귀신/악마 등의 영적 존재는 인간의 관념 속에서 존재하는 것인지, 실제로 존재한다고 생각하는지 혼돈되는 것들이다. 또한, 죽음의 두려움에 대한 극복을 위하여 육체적으로는 첨단과학의 발전에 대한 기대감도 있으면서 정신적으로는 종교적인 위안을 받으려고 한다.

최근 발발한 신흥종교(컬트종교)에 입회하는 엘리트들은 영혼의 목마름을 치유하기 위해서, 자신이 소유하는 재산을 모두 그 교단에 헌납하고 출가(出家)의 몸이 된다. 컬트종교를 조직하는 교조는 그들에게 기성종교가 주지 않았던 자신의 존재감을 부여하였던 것이다.

따라서, 현대의 종교가들은 20세기의 급속한 기계문명에 대응할 수 없는 불안한 사람들의 영혼의 구제를 어떻게 이루어야 하는가를 알아내기 위하여 애써야 할 것이다. 왜냐하면, 현대 종교는 어떻게 죽는가가 아니라, 어떻게 살아가는가를 역설(力說)하고만 있어 죽음을 망각한 종교가 되었기 때문이다. 일상의 도덕, 직업윤리, 삶의 목표, 사명감, 세계평화 등을 열심히 설파하는 것만으로는 고독하게 고뇌하는 영혼의 구제는 이룰 수 없다. 저 세상이 아니라 이 세상의 일만을 설교하는 기성종교의 존재는 현세 쾌락지향을 만들어낼 뿐이다.[7]

---

7) 마루야마 쿠미코(丸山久美子), 앞의 논문, p.203.

이러한 측면을 고려할 때, 현대인은 영적 존재에 대한 관념과 실재의 혼돈 상태, 과학에 대한 기대와 종교의 허(虛)와 실(実)에 대한 이중적 기대감과 불안 상태에 놓여 있다고 할 수 있다. 미래에의 불안은 현대의 한국인과 일본인들에게 사생관의 새로운 구축과 신앙심의 확립을 요청하고 있다.8) 이러한 것들이 해결되고 종교가 종교로서의 역할을 하기 위해서는 종교인들이 올바른 종교관을 가져야할 것이며, 종교인들의 올바른 종교관을 바탕으로 한 종교의 역할 또한 참된 종교로서 그 역할을 다해야할 것이다.

또한, 현대 사회는 사생관의 공동화(空洞化) 상태에 빠져 어떻게 죽고 싶다는 생각을 가지고 있는 사람은 그리 많지 않다고 한다.9) 성직자는 현대인이 잃어버리고 있는 이러한 죽음의 이미지를 상기시키면서, 현재의 生을 충실한 것으로 하는 상상력을 배양하는 場을 제공하여, 인간은 미완(未完)의 인생을 끝내는 존재라는 인식을 하고, 정신적 불모로부터 탈각, 막연한 죽음에의 공포나 불안을 치유하고, 저 세상에 대한 상상을 가능하게 하기 위한 지혜를 부여하여야 할 것이다.10)

인간이 동물과 다른 점이 여러 가지 있겠지만, 그 중 가장 중요한 한 가지는 자신이 언젠가는 죽는다는 것을 인식하고 있다는 사실일 것이다.

따라서, 지금까지 살펴보았듯이, 죽음에 관한 것이 하나의 의례나 인생의 절차가 아니라, 올바른 사생관 형성을 위하여 한국이나 일본에서 모두 하나의 학문으로서의 위치에 서는 일이 시급하다는 것을 밝히면

---

8) 시미즈 토쿠조(清水德蔵), 앞의 논문, p.18.
9) 시마조노 스스무(島薗進) 外 엮음, 앞의 책, pp.169~191. - 에서 히로이 요시노리(広井良典)가 주장함.
10) 마루야마 쿠미코(丸山久美子), 앞의 논문, p.204..

서 '죽어가는' 사람들로부터 배울 수 있는 가장 큰 교훈은 지금 이 순간을 열심히 살라고 하는 것이라는 것을 다시 한 번 깨닫게 된다.

인생에서 가장 큰 상실은 우리가 살아있는 동안, 우리 안에서 어떤 것이 죽어버리는 것일 것이다. 우리가 언젠가는, 누구든 맞이해야 하는 죽음의 가장 큰 교훈은 바로 '삶'일 것이다.

삶은 탄생에서 죽음에 이르는 수업과 같아서 삶이 우리에게 사랑하고, 일하고, 놀이를 하고, 별들을 바라볼 기회를 주었으니까……11)

---

11) 엘리자베스 퀴블러 로스·데이비드 케슬러 저, 류시화 옮김,『인생수업』, 이레, pp.10~11, p.20. 2007년.

참고문헌

■ 국문 ■

• 저서

[1] 광덕, 바라밀총서 I , 『생의 의문에서 그 해결까지』, 불광출판부, 2002년 12월.

[2] 김경일, 『공자가 죽어야 나라가 산다』, 바다출판사, 1999년 10월.

[3] 김병진, 『조사방법론』, 三英社, 2005년.

[4] 김열규·김석수·박선경·허용호 공저, 『한국인의 죽음과 삶』, 철학과현실사, pp.11~49, pp.73~115, pp.131~152, 2001년.

[5] 데미언 키온, 허남결 옮김, 『불교와 생명윤리학』, 불교시대사, 2000년 8월.

[6] 리처드 도킨스(Richard Dawkins), 이한음 옮김, 『만들어진 신(The God Delusi-on)』, 김영사, 2009년 9월.

[7] 무라오카 츠네츠구(村岡典嗣), 박규태 옮김, 『일본 신도사』, 예문서원, 1998년 11월.

[8] 무라카미 시게요시(村上重良) 外, 최길성 편역, 『일본의 종교』, 예전, 1993년 3월.

[9] 無盡藏 編譯, 『佛敎의 基礎知識』, 弘法院, 1986년 7월.

[10] 부위훈(傅偉勳), 전병술 옮김, 『죽음, 그 마지막 성장』, 청계, pp.25~28, pp.133~225, 2001년.

[11] 사이토 아케미(齊藤明美), 『다른 듯 같은 듯 —언어와 문화의 한·일 비교—』, 小花, 2006년 7월.

[12] 석법성(釋法性), 『사망학』, 운주사, pp.6~9, pp.25~26, 2004년.

[13] 성균관대학교 동아시아 유교문화권 교육・연구단 편, 『동아시아 유교문화의 새로운 지향』, 청어람미디어, 2004년 2월.

[14] 세키네 히데유키(關根英行), 『韓國人과 日本人의 에토스의 淵源에 관한 硏究』, 제이엔씨, 2001년 2월.

[15] _____, 『韓國人과 日本人의 靈魂觀의 淵源 硏究』, 동의대학교 출판부, 2004년.

[16] 소걀 린포체, 오진탁 옮김, 『삶과 죽음을 바라보는 티베트의 지혜』, 민음사, 2004년 4월.

[17] 시마조노 스스무(島薗進)・타케우치 세이치(竹內整一) 엮음, 안도 야스노리(安藤泰至)・오타니 이즈미(大谷いづみ)・칼 베커(Carl Becker)・그레니스 하워즈(Glennys Howarth)・히로이 요시노리((廣井良典)・세리자와 슌스케(芹澤俊介)・타구치 랜디(田口ランディ)・오이 겐(大井玄) 지음, 정효운(鄭孝雲) 옮김, 『사생학이란 무엇인가』, 한울, 2010년 4월.

[18] 야마 토시마로(阿滿利麿), 정형 옮김, 『일본인은 왜 종교가 없다고 말하는가』, 예문서원, 2001년 6월.

[19] 엘리자베스 퀴블러 로스・데이비드 케슬러(Elisabeth Kübler-Ross・David Kessler) 저, 김소향 옮김, 『상실수업』, 이레, 2007년.

[20] _____, 류시화 옮김, 『인생수업』, 이레, 2007년.

[21] 오강남, 『세계 종교 둘러보기』, 현암사, 2003년 6월.

[22] 우수명, 『마우스로 잡는 SPSS 12.0』, 인간과복지, 1994년.

[23] 이노우에 노부타카(井上順孝), 『제4회 한일 학생 종교의식 조사보고』, 2008년.

[24] 이노우에 하루요(井上治代) 저, 이성환・이미애 옮김, 『현대 일본인의 삶과 죽음』, 중문, 2004년.

[25] 이동희 저, 『儒敎思想硏究』, 한국유교학회, 1992년.

[26] 이병욱, 『고려시대의 불교사상』, 혜안, 2002년 11월.

[27] _____, 『인도철학사』, 운주사, 2004년 8월.

[28] 이은봉,『한국인의 죽음관』, 서울대학교 출판부, pp.170~213, pp.237~269, 2000년.

[29] 이재운,『인간의 사후세계1』, 얼과얼, 2001년.

[30] 全二昌,『죽음의 길을 어떻게 잘 다녀올까』, 솔리, 1995년 12월

[31] 정동호 外,『철학, 죽음을 말하다』, 산해, 2004년 5월.

[32] 정형,『일본, 일본인, 일본문화』, 다락원, pp.47~48, 2004년 8월.

[33] 지자경,『업』제1권, 瑞音出版社, 1992년 1월.

[34] 차용준,『효사상과 조상 숭배』, 新亞出版社, 1999년.

[35] 최재인,『인생문제 해결을 위한 비교종교학』, 미래문화사, 2004년 5월.

[36] 칼융(Jung, Carl Gustav), 이은봉 옮김,『심리학과 종교』, 窓, 2001년 9월.

[37] 한국갤럽,『韓國人의 宗敎와 宗敎意識』, 책공방, 2004년.

[38] 한국외국어대학교 일본연구소 편,『일본사회와 문화』, 제이앤씨, 2006년 2월.

[39] 한국종교사회연구소 편,『1945년 이후 한국 종교의 성찰과 전망』, 민족문화사, 1998년

[40] 한국종교학회 편,『해방 후 50년 한국종교연구사』, 窓, pp.5~9, pp.135~155, pp.257~292, 1997년.

[41] _____ 편,『죽음이란 무엇인가 —여러 종교에서 본 죽음의 문제—』, 窓, 2001년.

[42] 한국철학사상연구회 지음,『삶과 철학』, 동녘, 1994년.

[43] 한림대학교 한림과학원,『죽음준비교육, 왜 실시해야 하는가?』, 세계의 죽음준비교육에 관한 국제세미나, 2004년 2월.

[44] 한정섭 편저,『한국인의 민속신앙』, 불교대학 교재편찬위원회, pp.123~139, 1996년.

[45] 히구치 카즈히코(樋口和彦) 엮음, 이원호 옮김,『죽음에의 대비교육』, 教育學研究43, 1995년.

• 논문

[1] 강성경,「청소년의 죽음관 조사연구」, 동국대학교 불교대학원 장례문화학과

장례문화전공 석사학위논문, 2002년.

[2] 高錦子, 「濟州道內 一部 大學生들의 죽음에 관한 態度 調査」, 『濟州한라
　　　　 대학 論文集』Vol..6, 濟州한라대학, pp.179~204, 1980년.

[3] 고영철, 「러시아에서의 죽음학과 죽음대비교육」, 세계의 죽음준비교육에 관한
　　　　 국제세미나, pp.39~58, 2004년 2월

[4] 구본술, 「불교의 '生有 緣起'에 관한 연구」, 동국대학교 박사논문, 2002년

[5] 권오문, 「죽음에 대한 새로운 시각」, 『統一世界』Vol.-No.8,
　　　　 세계기독교통일신령협회, 2004년.

[6] 金命嬉, 「高等學生, 教師 및 社會指導者의 죽음에 對한 態度」, 『대구보건대학
　　　　 논문집』Vol.13, pp.1239~1262, 1992년.

[7] 金粉淑, 「日本人の死生観について」, 『人文科學研究』Vol.-No2, 東亜大学校
　　　　 人文科学大学 人文科学研究所, pp.149~158, 1995년.

[8] _____, 「일본인의 죽음에 대한 의식구조」, 『人文科學研究』Vol.-, 동아대학교
　　　　 인문과학대학 인문과학연구소, pp.179~195, 1996년.

[9] 金秀英, 「죽음의 槪念 形成에 關한 研究 ―晋州地域 幼兒를 中心으로―」,
　　　　 『晋州女子專門大學 論文集』Vol.7, 진주여자전문대학, pp.21~37,
　　　　 1985년.

[10] 김수청, 「유교의 靈魂觀에 대한 분석적 고찰 ―성리학을 중심으로―」,
　　　　 『한국민족문화』Vol.25, 부산대학교 韓國民族文化研究所, pp.269~291,
　　　　 2005년.

[11] 김승혜, 「죽음에 대한 종교학적 이해」, 『죽음이란 무엇인가』, 한국종교학회
　　　　 편, 窓, pp.5~9, 2001년.

[12] 김영돈(金永敦), 「佛教의 生死觀 研究」, 東國大學校 佛教大學院,
　　　　 碩士學位論文, pp.1~20, 2007년 봄.

[13] 김영미, 「불교의 죽음관」, 『전주사학』7권, 전주대학교 역사문화연구소,
　　　　 1999년.

[14] 김용운, 「儒家의 生死觀 一瞥」, 『石堂論叢』第34輯, 東亞大學校
　　　　 石堂傳統文化研究院, pp.35~49, 2004년.

[15] 김인숙・유애광・최영아, 「노인의 죽음에 대한 인식과 태도」, 『김천과학대학

논문집』Vol.29, 김천과학대학, pp.5~9, 2003년.

[16] 金仁子, 「죽음 意識에 關한 比較文化圈的 調査研究 ―韓國과 美國 大學生을 中心으로―」, 『人間理解』Vol.2, 西江大學校 生活相談室, pp.1~37, 1980년.

[17] 김인호, 「옛 중국인들의 죽음 극복현상 연구」, 『人文科學研究』, 2002년.

[18] 김정희·한종숙, 「지역사회 노인의 죽음태도 및 관련요인」, 『노인간호학회지』, 제4권 제1호, pp.93~103, 2002년.

[19] 김창호, 「한국 巫의 타계관 연구」, 한양대학교 대학원 문화인류학과 종교민속전공 석사학위논문, 2001년 12월.

[20] 김태련, 「삶과 죽음에 대한 태도」, 『韓國文化研究院 論叢』, Vol.60 No.3, pp.116~117, 1992년.

[21] 김태현·한은주, 「장묘문화의식과 죽음에 대한 태도」, 『生活文化研究』Vol.17, 誠信女子大學校 生活文化研究所, pp.1~15, 2003년.

[22] 김태훈, 「죽음관을 통해본 시왕신앙 ―불교와 도교를 중심으로―」, 『한국종교』Vol.33, 원광대학교 종교문제연구소, pp.85~125, 2009년.

[23] _____, 「地藏信仰의 한국적 변용에 관한 연구」, 원광대학교 박사논문, 2010년.

[24] 김현수, 「한국에 있어서의 죽음의 대비교육 ―초등학교의 죽음대비교육의 개척을 중심으로―」, 세계의 죽음준비교육에 관한 국제세미나, pp.85~104, 2004년 2월

[25] 김형철·최길순·정영, 「죽음 준비교육이 일 노인복지관 노인들의 죽음불안, 태도 및 생활만족도에 미치는 영향」, 『조선의대 논문집』제30권 제3호, pp.75~84, 2005년.

[26] 남춘모, 「한국의 세계구세교 신자들의 인구학적 속성과 信行 形態」, 『韓國宗敎史研究』第13輯, pp.460~470, 2005년.

[27] 류성민, 「현대 한국 기독교의 죽음관 ―장례 의식을 중심으로―」, 『전주사학』, 권7호, 전주대학교 역사문화연구소, 1999년.

[28] 柳仁熙, 「인간적 문화에서의 영생 ―유가철학―」, 『죽음이란 무엇인가』, 한국종교학회 편, 窓, pp.135~155, 2001년.

[29] 朴文鉉, 「〈海東 續小學〉과 유교 윤리의 재정립」, 『인문연구논집』제2집, 동의대학교 인문과학연구소, pp.5~31, 1997년 3월.

[30] _____, 「중국인의 죽음에 대한 사유 ─先秦 儒·道·墨을 중심으로─」, 『인문연구논집』7권, 동의대학교 인문과학연구소, 2002년.

[31] _____, 「한국인의 죽음관과 장묘문화 개선방안」, 『문화콘텐츠연구』제12집, 동의대학교, pp.229~251, 2006년 12월.

[32] 박성철, 「유식학적(唯識學的) 관점에서의 불교 생사관(生死觀) ─이제(二諦), 삼성(三性), 그 분리와 통합을 중심으로─」, 『地域開發論叢』, 경주대학교 지역개발연구소, pp.77~91, 2006년.

[33] 박영신, 「고등학생의 죽음에 대한 태도에 관한 연구」, 『教育硏究』第7號, 公州大學 教育硏究所, pp.93~115, 1990년 12월.

[34] 박지연, 「기독교와 이슬람교의 내세관에 관한 비교연구 ─성경과 꾸란을 중심으로─」, 명지대학교 대학원 아랍지역학과 문학석사 학위논문, 2007년.

[35] 박지인, 「이슬람교와 통일교의 내세관 비교 고찰」, 『神學大學 論文集』, 선문대학교 신학대학, pp.1~29, 2001년.

[36] 서혜경, 「성별에 따른 죽음에 대한 태도 연구 ─남·녀 노인들의 임종과 죽음에 대한 불안도 측정을 중심으로─」, 『韓國保健教育學會誌』第7卷 2號, pp.89~102, 1990년 12월.

[37] 성숙경·김초강, 「청소년의 생활 만족도와 가치관이 죽음에 대한 태도에 미치는 영향」, 『韓國保健教育學會誌』第8卷 2號, pp.61~73, 1991년 12월.

[38] 세키네 히데유키(關根英行), 「고대 종교적 공간관의 한일 비교 ─타계관을 중심으로─」, 『인문연구논집』제4집, 동의대학교 인문과학연구소, pp.207~238, 1999년.

[39] 안경아, 「농촌 노인의 죽음에 대한 태도 및 준비에 대한연구」, 『호스피스교육연구소지』제6권, 강남대학교 대학원 사회사업학 석사학위 논문, pp.39~52, 2001년 2월.

[40] 애정희, 「죽음 인식에 관한 조사연구」, 『杏堂醫烽』Vol.-No.2, 한양대학교

의과대학 학생회, p.36~39, 1981년.

[41] 양한빛, 「한국인의 죽음관 고찰 ―무속을 중심으로―」, 강남대학교 일반대학원 문화비평학과 석사학위논문, 2004년.

[42] 오진탁, 「죽음, 성장의 마지막 단계」, 세계의 죽음준비교육에 관한 국제세미나, pp.107~118, 2004년 2월

[43] 오출세, 「佛敎儀禮의 土着化와 民間文藝의 交涉樣相 ―한국인의 生死觀을 中心으로―」, 『동국어문론집』제8집, 동국대학교 인문과학대학 국어국문학과, pp.366~388, 1999년.

[44] 유경원・박상하・김혜숙・정경인, 「노인의 성격과 죽음태도에 관한 탐색적 연구」, 『醫大論文集』, 朝鮮大學校 附設 醫學硏究所, Vol.30 No.1, pp.64~72, 2005년.

[45] 유교대사전편찬위원회 편, 「한국의 유교」, 『유교대사전』, 박영사, 1990년.

[46] 유명종, 「유교 및 도교의 생명관」, 『石堂論叢』第33輯, 동아대학교 출판부, p.5~17, 2003년.

[47] 윤영호, 「말기환자 관리의 현황 및 윤리」, 세계의 죽음준비교육에 관한 국제세미나, pp.121~130, 2004년 2월.

[48] 윤종갑, 「한국 고대 불교의 생명관 ―신라불교를 중심으로―」, 『한국민족문화』Vol.24, 부산대학교 한국민족문화연구소, 2004년.

[49] 이경주・황경혜・라정란・홍정아・박재순, 「좋은 죽음의 개념 분석」, 『호스피스논집』Vol.10, 가톨릭대학교 간호대학 호스피스교육연구소, pp.23~39, 2006년.

[50] 이누미야 요시유키(犬宮義行), 「사생관 척도 개발 및 그 하위요인간의 관계에 대한 연구 ―내세관, 죽음에 대한 태도 및 생명존중의지를 중심으로―」, 『日本硏究』제10집, pp.123~145, 2002년.

[51] 이누미야 요시유키(犬宮義行)・한성열, 「사생관 척도의 개발」, 『한국심리학회지』Vol.10, pp.31~82, 2004년.

[52] 李範稷, 「儒敎思想의 傳來와 定立에 관한 연구」, 『韓國史論』28輯, 韓國史硏究의 回顧와 展望 Ⅵ, 건국대학교 사학과, 2002년 12월.

[53] 이상목, 「한국인의 신체관・영혼관・죽음관에 관한 인식 연구」, 『石堂論

叢』Vol.34, 東亞大學校 石堂傳統文化研究院, pp.127~180, 2004년.

[54] 이연숙, 「한일의 죽음관과 상례의 비교 연구」, 『문화콘텐츠연구』제9집, Vol.-No.9, 동의대학교, pp.359~381, 2004년 2월.

[55] 李元範・南椿模, 「韓國に進出している日本系宗教の宗教的位置と信者の屬性 ―天理敎, 生長の家, 世界救世敎の比較分析―」, 『日語日文學』第26輯, pp.291~305. 2005年.

[56] 李仁福, 「韓國 女性의 生死觀과 純潔意識 ―韓戊淑의 短篇小說을 中心으로 하여―」, 『아시아여성연구』, 淑明女子大學校 亞細亞女性問題研究所, pp.285~306, 1978년.

[57] 이재영, 「청소년들의 죽음에 대한 의식과 종교교육」, 『종교교육학연구』제19권, 한국종교교육학회, 2004년 12월.

[58] 이재운, 「한국인의 죽음관에 대한 설문조사 보고」, 『전주사학』, 전주대학교 역사문화연구소, 1999년 1월.

[59] 李鍾殷・薛盛璟・鄭珉・尹柱弼・朴永浩・金應煥, 「韓國文學에 나타난 韓國人의 宇宙觀과 死生觀 研究」, 『韓國學論集』第30輯, 한양대학교 한국학연구소, pp.7~246, 1997년.

[60] 이종희, 「佛敎의 生死觀」, 『韓國宗敎』第29輯, 원광대학교 종교문제연구소, pp.257~291, 2005년.

[61] 임순록, 「한일 사상관 비교 ―유교와 신도를 중심으로―」, 『日本近代學研究』제19집, pp.241~251, 2008년.

[62] _____, 「한일 사상관 연구의 현황과 과제 ―인터넷 검색자료의 조사・분석을 통하여―」, 『日本近代學研究』제20집, pp.193~213, 2008년.

[63] _____, 「한일 사상관 비교 ―불교를 중심으로―」, 『日本文化研究』第32輯, pp.417~433, 2009년.

[64] 장인성, 「初期 道敎의 생사관 ―『太平經』을 중심으로―」, 『忠南史學』第13輯, 忠南大學校 史學會, pp.37~58, 2001년.

[65] 鄭景淑, 「兒童의 죽음意識에 關한 調査研究」, 『대구산업정보대학 논문집』Vol.6, pp.389~408, 대구산업정보대학, 1992년.

[66] 정동호, 「죽음에 대한 철학적 성찰」, 『철학, 죽음을 말하다』, 산해, pp.17~69,

2004년.

[67] 정병조, 「佛敎의 生死觀」, 『生命研究』Vol.1, 서강대학교 생명문화연구원, pp.225~242, 1993년.

[68] 정상봉, 「儒家, 죽음은 도덕 생명의 마감이다」, 『철학, 죽음을 말하다』, 산해, pp.315~338, 2004년.

[69] 정승석, 「죽음은 곧 삶이요 열반」, 『죽음이란 무엇인가』, 한국종교학회 편, 窓, pp.75~99, 2001년.

[70] 鄭英吉, 「金東里 小說에 나타난 죽음의식의 연구 ―『等身佛』의 佛敎的 死生觀을 중심으로―」, 『國語國文學研究』Vol.19, pp.877~898, 1997년.

[71] 丁銀美, 「종교와 죽음경험 유무에 따른 유아의 죽음개념 연구」, 成均館大學校 敎育大學院 교육학과 유아교육전공 석사학위논문, 1999년.

[72] 조남국, 「한국 전통윤리사상의 이해」, 한국국민윤리학회, 2002년 12월.

[73] 조명옥, 「한국인의 죽음의식에 관한 연구」, 『基督科學研究 論文集』Vol.7, 동의대학교 기초과학연구소, pp.322~342, 1997년.

[74] 曹喜武, 「孔子 價値觀의 現代的 意味」, 『社會科學研究』Vol.20 N0.3, 조선대학교 사회과학연구소, 1999년.

[75] 奏元日, 「生死觀에 對한 小考」, 『國文學報』Vol.7, 제주대학 국어국문학회, pp.11~28, 1975년.

[76] 지봉환, 「청소년의 죽음의식 연구」, 『도덕윤리과교육연구』Vol.-No.25, 한국도덕윤리과교육학회, 2007년

[77] 차용구, 「필립 아리에스의 죽음관에 대한 연구 ―죽음에 대한 중세인의 태도를 중심으로―」, 『西洋中世史研究』Vol.23, pp.149~174, 2009년.

[78] 최두식·최영호, 「한국인의 죽음관」, 『石堂論叢』Vol.29, 東亞大学校 石堂傳統文化研究院, 2000년 11월.

[79] 최준식, 「한국인의 생사관 ―전통적 해석과 새로운 이해―」, 2006년 1월. http://www.kathana.or.kr/sub3_1.htm?table=info1&st=view&page=1&id=6&

[80] 칼 베커(Carl Becker), 「미국에서의 죽음준비교육 - 이유, 단계, 내용」, 세계의 죽음준비교육에 관한 국제세미나, pp.7~35, 2004년 2월.

[81] 토쿠마루 사다코(得丸定子), 「일본에 있어서의 Death Education에 대해서」,

세계의 죽음준비교육에 관한 국제세미나, pp.61~82, 2004년 2월

[82] 하현명(何顯明), 「죽음 앞에서 곡한 공자와 노래하는 장자」, 『동양문화산책』7, 예문서원, 1999년.

[83] 慧度(金貞銑), 「韓國人의 죽음에 대한 意識調査 研究 ―서울 시민을 중심으로―」, 『中央僧家大學 論文集』Vol.5, 중앙승가대학교, pp.207~240, 1996년.

[84] _____, 「불교와 터미널 케어에 대하여」, 『僧伽』Vol.11 No.-, 중앙승가대학교, 1994년.

[85] 홍주연, 「정상아·만성병아·자살 적인아의 삶과 죽음에 대한 태도」, 『心理研究』Vol.- No.23, 이화여자대학교 사범대학 교육심리학과, pp.51~56, 1985년.

[86] 黃弼昊, 「죽음에 대한 현대 서양철학의 네 가지 접근과 한국인의 접근」, 『죽음이란 무엇인가』, 한국종교학회 편, 窓, pp.257~292, 2001년.

▌日文 ▌

• 著書

[1] 國際宗教研究所 編, 『現代宗教2004 ―死の現在―』, 東京堂出版, 2004年 4月.

[2] 國學院大學日本文化研究所 編, 『神道事典』, 弘文堂, 1999年.

[3] 니시다 토모미(西田知己), 『「血」の思想 ―江戸時代の死生觀―』, 研成社, 1995年 9月.

[4] 佛教大學總合研究所 編, 『東西の死生觀』, 法藏館, 1995年 12月.

[5] 佛教民俗學大系 編輯委員會 編, 佛教民俗學大系1 『佛教民俗學の諸問題』, 名著出版, 1993年 3月.

[6] 佛教民俗學會 編著, 『佛教民俗辭典』, 新人物往來社, 1986年 8月.

[7] 사가라 토오루(相良亨), 『日本人死生觀』, ペリカン社, 1984年.

[8] 死生學研究編集委員會 編, 『死生學研究』2003年 秋號, 東京大學 大學院 人文社會系 研究科, pp.8~34, pp.181~184, 2003年 11月.

[9] _____ 編, 『死生學研究』2005年 春號, 東京大學 大學院 人文社會系 研究科, 2005年 5月.

[10] 사토 히로오(佐藤弘夫), 『死者のゆくえ』, 岩田書院, 2008年 3月.

[11] 세키네 세이조(關根清三), 『死生觀と生命倫理』, 東京大學出版會, 1999年 8月.

[12] 시마구치 요시아키(嶋口儀秋), 佛教民俗大系Ⅰ, 『佛教民俗學諸問題』, 名著出版, 1993年 3月.

[13] 시부카와 케이오(澁川敬應), 『日本的生死觀』, 1942年

[14] 아소야 마사히코(安蘇谷正彦), 『神道の生死觀』, ぺりかん社, pp.201~242, pp.291~312, 1989年.

[15] _____, 『現代の諸問題と神道』, ペリカン社, 2001年.

[16] 야마오리 테츠오(山折哲雄), 『死の民俗学 ―日本人の死生観と葬送儀礼―』, 岩波書店, 2003年 4月.

[17] エソテリか辞典シリーズ, 『日本の宗教の事典』, 学習研究社, 2000年 2月.

[18] 요시노 히로코(吉野裕子), 『日本人の死生觀 ―蛇, 轉生する祖先神―』 人文書院, 2003年 11月

[19] 요시다 히사카즈(吉田久一), 『近現代佛教の歷史』, 筑摩書房, 1997年 5月.

[20] 우메하라 신타로(梅原伸太郎), 『「他界」論 ―死生観の比較宗教学―』, 春秋社, 1995年 5月.

[21] 우메하라 타케시(梅原猛), 『日本人の魂 ―あの世を觀る―』, 光文社, 1992年 2月.

[22] 이노우에 노부타카(井上順孝), 『第4回日韓學生宗教意識調査報告』, 2008年 2月.

[23] 이시이 켄지(石井研士), 『現代日本人の宗教』, 新曜社, 2002年 9月.

[24] 이케다 히데토시(池田英俊), 『明治の新佛教運動』日本宗教史研究叢書, 吉川弘文館, 1976年 9月.

[25] 이토 유이신(伊藤唯真), 伊藤唯真著作集Ⅲ, 『仏教民俗の研究』, 法藏館,

1995年 10月.

[26] 카지 노부유키(加地伸行),『儒教とは何か』, 中公新書, 1990年

[27] 카지무라 노보루(梶村昇), 「日本人の宗教意識と佛教」,『現代日本と佛教 : 生死觀と佛教』平凡社, p.29~30, 2000년.

[28] 카라사와 토미타로(唐澤富太郎),『日本人の死生観』, 玉川大學出版部, 1991年 10月.

[29] 코마츠 나미코(小松奈美子),『生命倫理の扉 ―生と死を考える―』, 北樹出版, 2004年 4月.

[30] 콜모스(コルモス: 現代における宗教の役割研究会)・오타니 코신(大谷光真)・나카가와 히데야스(中川秀恭) 編, 『現代における宗教の役割』, 東京堂出版, 2002年 12月.

[31] 키시네 토시유키(岸根敏幸),『日本の宗教 ―その諸様相―』, 晃洋書房, 2004年 4月.

[32] 타니가와 켄이치(谷川健一),『民俗の思想 ―常民の世界觀と死生觀―』, 岩波書店, 1996年10月

[33] 타카사키 지키도(高崎直道)・키무라 키요타카(木村清孝), 東アジアの仏教思想Ⅱ『新仏教の興隆』, 春秋社, 1997年 4月.

[34] 타케미츠 마코토(武光誠),『日本人なら知っておきたい神道』, 河出書房新社, 2004年.

[35] 타테야마 타츠히코(立山龍彦),『自己決定權と死ぬ權利』, 東海大學出版會, 2005年 8月.

[36] 토요타 아리츠네(豊田有恒),『神道と日本人』, ネスコ(日本映像出版株式會社), 1988年

[37] 하타야마 히로시(畑山博),『美しき死の日のために ―宮澤賢治の死生觀―』, 學習研究社, 1995年 12月.

[38] 후루타 쇼킨(古田紹欽) 外 監修, 現代日本と仏教第Ⅰ卷,『生死観と仏教 ―人の死とは何か』, 平凡社, 2000年 2月.

[39] 후지모토 키요히코(藤本淨彦) 編, 佛教大學四條センター叢書2, 『死生の課題』, 人文書院, 1996年 3月.

[40] 후지타 쇼이치(藤田庄市), 『民俗佛敎の旅』, 靑弓社, 1992年 6月.

[41] 히로 사치야(ひろさちや), 『仏敎と神道 ―どう違うか50のQ&A―』,
　　　新潮選書, 1993年 3月.

[42] 히로이 요시노리(廣井良典), 『死生観を問いなおす』, ちくま親書, 2001年
　　　11月.

● 論文

[1] 나카무라 이쿠오(中村生雄), 「死生観研究の現代的課題と＜供養の文化＞
　　　論の可能性」, 『宗敎研究』81(4), pp.945~946, 2008年 3月.

[2] 南椿模, 「近代化と儒敎倫理 ―日本と韓国の近代化と生活倫理としての儒
　　　敎―」, 1996年.

[3] 마루야마 쿠미코(丸山久美子), 「死生観の心理学的考察」, 『聖学院大学論叢』
　　　16(2), 2004年 3月.

[4] 미야사카 이치코(宮坂いち子), 「古代日本人の死生観」, 『聖徳大学研究紀要
　　　人文学部』第8号, pp.7~14, 1997年.

[5] 사와이 요시츠구(澤井義次), 「新たな生命倫理への宗敎学的視座」,
　　　『宗敎研究』80(2), pp.247~266, 2006年 9月.

[6] 사이토 에이코(齊藤英子)·하야시 카오리(林かおり)·후지노 후미요(藤野
　　　文代), 「大学生の死のイメージに関する研究 ―身近な人の死の経験
　　　による分析―」, 『群馬保健学紀要』23, 2003年 3月.

[7] 스기모토 레이코(杉本玲子), 「子どもの死生観と宗敎心」, 『靑山学院女子短
　　　期大学総合文化研究所年報』4, 1996年 12月.

[8] 시마조노 스스무(島薗進), 「死生學試論(2) 카토 토츠도(加藤咄堂)と死生観
　　　の論述」, 『死生學研究』秋號, 東京大學 大學院 人文社會系 研究科,
　　　2003年.

[9] ＿＿＿＿＿＿＿＿＿＿＿, 「現代宗敎と宗敎研究 ―ポスト樞軸文明の「宗
　　　敎」概念―」, 『宗敎研究』77(4), pp.858~870, 2004年 3月.

[10] ＿＿＿＿＿＿＿＿＿＿, 「宗敎學の成立と宗敎批判 ―富永仲基·ヒュ

ーム・ニーチェ―」,『宗教研究』82(2), pp.223~244, 2008年 9月.

[11] 시미즈 토쿠조(清水德藏), 「日中の死生観比較考 ―異文化への日中の対応比較(3)―」,『アジア研究所紀要』17, 1990年.

[12] 아마누마 카오루(天沼香), 「日本精神史としての＜死生観＞研究序説」,『東海女子大学紀要』22, pp.1~11, 2003年 3月.

[13] 아소야 마사히코(安蘇谷正彦), 「神道の生死観 ―本居宣長の生死観を通して―」,『現代の諸問題と神道』, ぺりかん社, pp.204~215, 2001年.

[14] 아오야마 미도리(青山みどり)・니시카타 츠요시(西方毅), 「現代社会における日本人の死生観」,『日本教育心理学会総会発表論文集(38)』18, 1996年 11月.

[15] 야마다 요코(山田洋子)・카토 요시노부(加藤義信), 「「あの世」と「この世」の関係イメージ （1） ― ２つの世界の空間配置―」, 日本教育心理学会総会発表論文集, pp.13, 1996年 11月.

[16] _____, 「「あの世」と「この世」の関係イメージ （2） ― ２つの世界を分ける標識―」, 日本教育心理学会総会発表論文集, p.14, 1996年 11月.

[17] _____, 「「あの世」と「この世」の関係イメージ （5） ―質問紙調査にみるフランスの大学生の他界観―」, 日本教育心理学会総会発表論文集, p.51, 1997年 9月.

[18] _____, 「「あの世」と「この世」の関係イメージ （8） ―質問紙調査にみる日仏大学生の他界観比較―」, 日本教育心理学会総会発表論文集, p.51, 1998年 7月.

[19] _____, 와타나베 미카코(渡邊ミカコ), 「「あの世」と「この世」の関係イメージ （11） ―フランスの大学生の宗教的背景別にみた「たましい」イメージ―」, 日本教育心理学会総会発表論文集, p.700, 1999年 7月.

[20] _____, 토다 유이치(戸田有一), 이토 테츠지(伊藤哲司), 「「あの世」と「この世」の関係イメージ （19） ―日越仏英データにみる信念項目群内の順序性構造の表現―」,

日本教育心理学会総会発表論文集, p.312, 2001年 7月.

[21] 오바타 소(小幡壮), 「ダジャワンのアニミズム世界 —この世とあの世を一体視する世界観—」, 静岡県立大学 国際関係学部, 『国際関係・比較文化研究』1(2), pp.201~218. 2003年 3月.

[22] 오카무라 타츠야(岡村達也), 「「死に對する態度」の研究」—青年と成人との比較—』『東京大學教育學部紀要』第23巻, pp.331~343, 1983年

[23] 오키나가 타카코(沖永隆子), 「死生観教育と生命倫理」, 『宗教研究』82(4), pp.408~409, 2009年 3月.

[24] 요시다 키쿠코(吉田喜久子), 「神道の死生観をめぐって —『古事記』の死後観は心情的ニヒリズムか—」, 『藝』4, pp.17~28, 2007年 3月.

[25] 이시노 마나부(石野學)・코야마 히데유키(小山秀之)・시마다 오사무(島田修), 「教育の質的差異における宗教性と死生観の関係」, 『日本教育心理学会総会発表論文集』(49), p.195, 2007年 8月.

[26] 李元範, 「日本の近代化と民衆宗教 —近代天理教運動の社会史的考察—」, 東京大學 博士學位論文, 1995年.

[27] 이토 마사유키(伊藤雅之), 「若者の死生観 —日本人大学生が抱く死と死後のイメージ—」, 『愛知学院大学文学部紀要』第37号, pp.95~100, 2007年.

[28] 이토시마 요코(糸島陽子), 「死生観形成に関する調査 —看護学生と大学生の比較—」, 『京都市立看護短期大学紀要』第30号, pp.141~147, 2005年 9月.

[29] 카네코 사토루(金兒曉嗣), 「現代家族の孤独と死生観」, 『社会心理学研究』第8巻 第3号, pp.159~169, 1993年.

[30] 카와시마 다이스케(川島大輔), 「老年期にある淨土眞宗門信徒の死への態度と宗教性」, 『京都大學大學院教育學研究科紀要』第52號, pp.266~279, 2006年 3月.

[31] 카지무라 노보루(梶村昇), 「日本人の宗教意識と佛敎」, 『現代日本と佛敎 : 生死觀と佛敎』 平凡社, 2000年.

[32] 카지 노부유키(加地伸行), 「日本人の死生観」, 『日本外科学会雑誌』99(臨

時增刊), p.173. 1998年 3月.

[33] 칼 베커(Carl Becker), 「Death Education in America Reasons, Levels, Contents」, 世界の死の準備敎育に關する國際Seminar, 2004年 2月.

[34] 코니시 요시로(小西吉呂), 「大学生の死生観・来世観」, 『沖繩大学紀要』第 9号, pp.130~148, 1992年.

[35] 코이즈미 신이치(小泉晋一), 「大学生の信仰する宗教と死生観との関連」, 日本性格心理学会大会発表論文集(9), pp.64~65, 2000年 8月.

[36] 쿠도 마유미(工藤眞由美), 「死生観生成過程に見る人間の成熟について」, 『日本教育學會大會研究發表要項』53. pp.36~37, 1994年 8月.

[37] 쿠마베 치사라(隈部知更), 「死への態度と性格特性の關係」, 『日本性格心理學會 大會發表論文集』(8), pp.20~21, 2003年 3月.

[38] 쿠마자와 카즈에(熊澤一衛), 「現代フランス人の死生観 —多様な現象に則して—」, 『名古屋外国語大学外国語学部紀要』29, pp.13~31, 2005年 2月.

[39] _____, 「現代日本人の死生観の形成 —仏教の役割と提言—」, 『名古屋外国語大学外国語学部紀要』37, pp.1~23, 2009年 8月.

[40] 키다 모모카(木田百香), 「大學生の過去の經驗と死に對する, 態度に關す る考察」, 『臨床教育心理學研究』Vol.34, p.24, 2008年 3月.

[41] 키무라 타케시(木村崇), 「文学作品にもとづく日露の死生観比較」, 『日本スラヴ・東欧学会』28, pp.79~113, 2008年 3月.

[42] 타나구라 마사히로(棚倉昌洋), 「男女における死生観と性格の関連性について」, 『臨床教育心理学研究』Vol.31.No.1 p.26, 2005年 3月.

[43] 타시로 타카요시(田代隆良)・이데타 쥰코(出田順子)・나가타 카나데(永田奏)・안도 에츠코(安藤悦子)・최동혁(崔鎔赫)・백명화(白明和), 「日韓看護学生の死生観の比較」, 『保健学研究』19(1), pp.49~54, 2006年.

[44] 타케다 미키오(武田未來雄), 「親鸞における死生観 —後世観を中心として—」, 『印度學佛教學研究』56(2), pp.546~551, 2008年 3月.

[45] 타케미츠 마코토(武光誠), 「神道の死生觀と神葬祭」, 『日本人なら知って

おきたい神道』, 河出書房新社, 2004年.

[46] 탄게 치카코(丹下智香子), 「死生観の展開」, 『名古屋大学教育学部紀要, 教育心理学科』42, pp.149~156, 1995年 12月.

[47] ＿＿＿＿＿＿＿＿＿＿＿, 「青年期における死生觀と心理的發達」, 『名古屋大学教育学部紀要, 教育心理学科』42, pp.219~220, 1995年 12月.

[48] ＿＿＿＿＿＿＿＿＿＿＿, 「中・高校生とその家族の死に対する態度」, 『日本敎育心理學會 總合發表論文集』(39), p.140, 1997年 9月.

[49] ＿＿＿＿＿＿＿＿＿＿＿, 「「死」からの連想語のKJ法による分類 ―死生觀の構造の検討―」, 『名古屋大學大學院教育發達科學研究科 紀要 心理發達科學』49, pp.157~168, 2002年 12月.

[50] ＿＿＿＿＿＿＿＿＿＿＿, 「宗教性と死に対する態度」, 『名古屋大學大學院教育發達科學研究科紀要 心理發達科學』51, pp.35~49, 2004年 12月.

[51] 토요타 아리츠네(豊田有恒), 「死後の世界はない」, 『神道と日本人』, ネスコ(日本映像出版株式會社), 1988年.

[52] 토쿠마루 사다코(得丸定子), 「日本における Death Educationについて ―世界の死の準備教育に關する國際Seminar―」, 2004年.

[53] 하야시 카즈에(林和枝), 「母親の死生観および死別体験か子どもへのいのちの教育に及ぼす影響について」, 『愛知学院大学文学部紀要』34, p.208, 2004年.

[54] 호리에 노리치카(堀江宗正), 「心理學的死生觀の展開」, 『宗教研究』80(4), pp.197~198, 2007年 3月.

[55] 후지이 마사오(藤井正雄), 「死者と生者の接点 ―日本文化と仏教の聖地観―」, 『宗教研究』80(4), pp.23~39, 2007年 3月.

■ 사이트 ■

[1] http://cat2.riss4u.net/search/re_a_list.jsp

[2] http://cat2.riss4u.net/search/re_ubib_list.jsp

[3] http://ci.nii.ac.jp/search/servlet/Kensaku

[4] http://webcatplus-equal.nii.ac.jp/libportal/EqualFromForm

[5] http://211.43.209/pages/data/1675/D2674871.html 일본인들의 특별한 사생관 -
신쥬

[6] http://211.234.105.88/pages/data/1851/D2850236.html 일본의 사생관

[7] http://ucc.media.daum.net/uccmix/news/foreign/asia 日 초중교생 22%, '죽은
사람 살아난다' 생각, 2004년 12월 12일 연합뉴스

[8] 권오문, 「영계 탐구, 사후세계는 어떤 곳인가」, 세계일보, (1)누구도 피할 수
없는 죽음; 2003년 7월 23일 (2)일상사로 다가온 죽음, 죽음학의 등장;
2003년 8월 6일 (4)죽음에 대한 한국인의 상념; 2003년 8월 21일
(6)기독교의 영생관; 2003년 9월 7일 (7)불교는 죽음을 어떻게 보는가;
2003년 9월 15일 (8)죽음 앞에서 뭇한 공자 (10)한국의 무속신앙과 죽음;
2003년 10월 8일, 세계일보, 2003년 8월.

[9] 차미례, 차미례의 세기말 문화탐사⑨, 「죽음이 뜬다 — 죽음, 음산한 종말을
넘어 '삶의 동반자'로」http://www.donga.com/docs/magazine/news_plus,

[10] 고양곤, 「죽음과 이 죽어감을 어떻게 할꼬」http://www.komericanjournal.com

[11] http://cafe.daum.net/dbsfl/4sZv/1?docid=PrpA│4sZv│1│20021221 한국의 전
통 윤리사상

[12] 디지털한국학(http://www.koreandb.net)

[13] http://kin.naver.com/open100/db_detail.php?d1id=11&dir_id=11010&eid

[14] http://100.nate.com/dicsearch/pentry.html?i=254193, 『한국민족문화대백과』

부록

부록1

사생관(死生観) 조사

안녕하십니까?

저는 사생관(死生観)에 대하여 비교연구를 하고 있는 동서대학교 대학원 일본지역연구과 박사과정 수료생인 임순록이라고 합니다. 바쁘시겠지만, 여러분의 협조를 구하고자 합니다. 이 조사가 저의 개인적인 연구뿐만 아니라, 앞으로 사회나 국가에 기여할 수 있도록 최선의 노력을 기울이도록 하겠습니다.

답변 내용은 연구 데이터 이외의 용도로 사용하지 않겠습니다.

감사합니다.

- 조사자 : 동서대학교 대학원 일본지역연구과 박사과정 수료 임순록
  E-Mail : roga8109@hanmail.net
- 조사일 : 2009년 (   )월 (   )일   (일련번호:)

〈인적 사항에 관한 질문〉 9문항

1. 국적은 어디입니까?

   ①한국 ②일본 ③중국 ④제3국 (국명:)

2. 성별은?   ①남성 ②여성

3. 결혼은 하셨습니까?

   ①미혼 ②기혼 ③이혼/별거 ④사별 ⑤기타(   )

4. 실례지만, 연세는 어떻게 되십니까?   (만   세)

5. 실례지만, 학교를 어디까지 마치셨습니까?(재학·졸업 포함)

  ①중학교   ②고등학교   ③대학교   ④대학원(석사·박사과정) 이상

  ⑤기타(   )

6. 현재의 종교는 무엇입니까?

  ①불교   ②기독교   ③천주교   ④기타(   )   ⑤종교 없음

7. 가족 종교가 있습니까? 항목에 따라 표시하여 주십시오.(형제·자식은 중복표시

  가능하며, 기타인 경우는 종교명을 적어주십시오.)

  1) 부친   ①불교   ②기독교   ③천주교   ④기타(   )   ⑤종교 없음

  2) 모친   ①불교   ②기독교   ③천주교   ④기타(   )   ⑤종교 없음

  3) 형제   ①불교   ②기독교   ③천주교   ④기타(   )   ⑤종교 없음

  4) 배우자 ①불교   ②기독교   ③천주교   ④기타(   )   ⑤종교 없음

  5) 자식   ①불교   ②기독교   ③천주교   ④기타(   )   ⑤종교 없음

8. 주거지는 어디입니까?

  ①시·구(군)까지 적어 주십시오. (시   구(군)

  ②국적은 (   )이지만, 현재 외국에 살고 있음.

    (국   시   구(군)

9. 어떤 직업에 종사하고 계십니까?

  ①자영업(업종:)   ②농·어·축산업   ③학생

  ④서비스업(숙식, 유통, 알선, 중개, 운전, 부동산, 금융)

  ⑤전문직(의료계·법조계·교육계·요양보호)   ⑥일반 공무원   ⑦전업주부

⑧사무·행정직   ⑨생산직(공장근로자, 노무자, 기능공)

⑩무직   ⑪파트타임   ⑫종교직   ⑬예술가   ⑭기타 (   )

〈죽음에 대한 일반적인 질문〉 22문항

10. 평소 죽음에 대하여 생각하십니까?

①깊이 생각하고 있다.   ②가끔 생각한다   ③생각하지 않는다

11. 죽음이 두렵다고 생각하십니까?

①많이 두렵다 → 11-1 대답   ②두렵다 → 11-1 대답

③별로 두렵지 않다 → 11-2 대답   ④전혀 두렵지 않다 → 11-2 대답

11-1. (두렵다면) 왜 그렇게 생각하십니까?

①가족·친지와의 영원한 이별 때문에   ②사후세계가 있는지 없는지 몰라서

③죽음 자체가 두려워서   ④잘 모르겠다   ⑤기타(   )

11-2. (두렵지 않다면) 왜 그렇게 생각하십니까?

①내가 가진 종교 때문에   ②사람은 누구나 모두 죽기 때문에

③다시 태어날 것이므로   ④어떤 세상이든 존재하고 있을 것이므로

⑤잘 모르겠다   ⑥기타(   )

12. 죽고 싶다는 생각을 해본 적이 있습니까?

①자주 있다 → 12-1 대답   ②있다 → 12-1 대답   ③없다

12-1. (있다면) 어떤 경우에 죽고 싶다고 생각하셨습니까?(가장 중요한 것 1개만 표시)

①사업부진과 실패 때문에　②질병 때문에　③인간관계(갈등, 실연, 왕따 등) 때문에

④가족이나 부부의 갈등 때문에　⑤명예의 실추로 인하여　⑥가난 때문에

⑦종교적인 세상으로 들어가기 위해서　⑧기타(　　　　　　　　　　　)

13. 죽음을 위하여 대비해둔 것이 있습니까?

①있다 →　**13-1 대답**　②없다

13-1. (있다면) 어떠한 것입니까?(모두 표시)

①재산분배 등 유언장 작성　②장지 확보　③생명보험 가입　④기타 (　　　　　)

14. 가족, 친지 등의 죽음을 몇 번이나 경험하셨습니까?(경험하신 분만 **14-1, 14-2 대답**)

①없다　②1번　③2번　④3번　⑤4번 이상

14-1. 가족, 친지가 죽었을 때 어떠한 마음으로 보내셨습니까?

①별로 생각하지 않았다　②환생하기를 기원하였다

③저승에서 편히 쉬도록 기원하였다.

④이승에서 못 다한 일을 저승에서 완수할 수 있도록 기원하였다.

⑤저승에서 다시 만나기를 기원하였다

⑥이제 만날 수 없다는 생각에 하염없이 슬펐다.

⑦내가 믿고 있는 종교의 세상으로 갔다고 생각하였다

⑧기타(　　　　　　　　　)

14-2. 가족, 친지가 죽었을 때 나에 대해서는 어떠한 생각을 하셨습니까?

①별로 생각하지 않았다　②나도 언젠가는 죽을 것이라는 생각이 들어 두려웠다.

③살아서 무엇하나 하는 생각이 들어 나도 따라 죽고 싶었다.

④열심히 살아야겠다고 생각하였다 ⑤착한 일을 많이 해야겠다는 생각을 하였다

⑥내가 믿고 있는 종교의 세상으로 갈 것이라 생각하였다

⑦종교를 믿어야겠다는 생각을 하였다 ⑧기타(   )

15. 유년기(1~10세)의 종교는 무엇이었습니까?

①불교 ②기독교 ③천주교 ④기타(   ) ⑤종교 없음

15-1. 유년기의 직접 양육자는 누구였습니까?

①父母 ②父 ③母 ④조부모 ⑤외조부모 ⑥기타(   )

15-2. 직접 양육자의 종교는 무엇이었습니까?

①불교 ②기독교 ③천주교 ④기타(   ) ⑤종교 없음

16. 유년기, 장례 의례를 본 적이 있습니까?

①있다 → 16-1 대답 ②없다

16-1. (있다면) 장례 의례를 보고 어떠한 생각을 하셨습니까?

①별로 생각하지 않았다   ②죽음이 두려웠다

③죽음에 대하여 생각하게 되었다 ④의례 현장 자체가 무서웠다

⑤사후세계가 있을 거라고 생각하였다 ⑥기타(   )

17. 유년기를 지낸 곳은 어디입니까?

①도시 ②농촌 ③어촌 ④산촌

⑤도시지만, 자연과 자주 접하였다 ⑥기타(   )

18. 죽음이란 무엇이라 생각하십니까?

  ①모든 것이 끝나는 것   ②또 다른 삶의 연장선

  ③영혼이 육체에서 이탈하는 현상   ④의학적으로 심장이 멈춘 것

  ⑤편안하고 깊은 잠을 영원히 자는 것   ⑥기타(   )

19. 죽음을 긍정적으로 받아들이기 위한, 죽음에 대한 준비교육이 필요하다고 생각하

  십니까?

  ①필요하다 → **(19-1, 19-2 대답)**   ②필요 없다   ③잘 모르겠다

19-1. (필요하다면) 언제부터가 좋다고 생각하십니까?

  ①유치원생   ②초등학생   ③중학생   ④고등학생   ⑤대학생   ⑥사회인

  ⑦기타(   )

19-2. (필요하다면) 죽음 준비교육을 어떻게 하면 좋다고 생각하십니까?

  ①교육기관에서 제도적·체계적으로 한다

  ②복지·후생기관에서 한다   ③종교기관에서 한다

  ④가정생활 속에서 자연스럽게 한다   ⑥기타(   )

20. 자신이나 가족, 친지가 죽었을 때, 어떠한 장례방법이 좋다고 생각하십니까?

  ①매장(埋葬)   ②화장(火葬)하여 납골당에 모신다

  ③화장하여 산이나 강에 뿌린다   ④풍장(風葬)   ⑤수목장(樹木葬)

  ⑥유언에 따라   ⑦무엇이든 관계없다   ⑧기타(   )

〈사후세계에 대한 질문〉 13문항

21. 사후 세계는 있다고 생각하십니까?

　①있다 → (21-1, 21-2 대답)　②있는 것 같다 → (21-1, 21-2, 대답)

　③없다 → (21-4 대답)　④없는 것 같다 → (21-4 대답)　⑤모르겠다

21-1. (있다면) 사후세계는 어떠하다고 생각하십니까?

　①편안하고 좋은 세상이다　②환생을 준비하는 곳이다

　③현실을 잊어버릴 수 있는 곳이다　④다시는 이 세상으로 못 올 어떤 곳이다

　⑤영혼인 채로 이승의 각지를 떠돌아다닌다　⑥암흑의 세상이다

　⑦지옥·연옥처럼 아주 무서운 세상이다

　⑧기타(　　　　　　　　　　　　　　)

21-2. (있다면) 사후세계는 좋은 세상과 나쁜 세상으로 구별되어 있다고 생각하십니까?

　①구별된다 → (21-3 대답)　②구별되지 않는다　③잘 모르겠다

21-3. (구별된다면) 어떤 사람이 죽어서 좋은 세상으로 간다고 생각하십니까?

　①착한 일을 많이 한 사람　②종교를 믿는 사람

　③선악·종교에 관계없이 모두 좋은 세상에 간다

　④선악·종교에 관계없이 모두 나쁜 세상에 간다

　⑤기타 (　　　　　　　　　　　　　)

21-4. (사후세계가 없다면) 왜 그렇게 생각하십니까?

　①이 세상 속에 천당(기쁨)·지옥(생노병사, 갈등, 사고, 괴로움)이 다 있기 때문에

　②사후세계가 있다면 죽음에 대한 공포는 존재하지 않아야 하기 때문에

　③영혼이나 사후세계를 과학적으로 입증할 수 없기 때문에　④기타(　　　　　　　　)

22. 이 세상에 생노병사, 공포, 괴로움 등이 있는 이유는 무엇이라고 생각하십니까?

　①전생의 업보이기 때문에　②인생 자체가 고통이라서

　③인과응보로 벌을 받고 있어서　④산과 바다가 있듯이 삶 속에 그냥 있는 것이다

　⑤모르겠다　⑥기타(　　　　　　　　　　)

23. 영혼은 있다고 생각하십니까?

　①있다 → **23-1 대답**　②있는 것 같다 → **23-1 대답**

　③없다　④없는 것 같다　⑤잘 모르겠다

23-1. (영혼이 있다면) 후손과 영혼이 만날 수 있다고 생각하십니까?

　①있다 → **23-2 대답**　②없다　③잘 모르겠다

23-2. (만날 수 있다면) 어디에서 만날 수 있다고 생각하십니까?

　①꿈속에서　②기도나 굿하는 곳, 종교 의식 중에서

　③제사 장소에서　④기타(　　　　　　　　　)

24. 환생을 믿으십니까?

　①믿는다 → **24-1 대답**　②믿지 않는다 → **24-2 대답**　③잘 모르겠다

24-1. (환생을 믿는다면) 무엇으로 태어나고 싶습니까?

　①사람　②동물　③꽃·나무　④새　⑤나비　⑥기타(　　　　　　)

24-2. (환생을 믿지는 않지만, 만약 환생할 수 있다면) 무엇으로 태어나고 싶습니까?

　①사람　②동물　③꽃·나무　④새　⑤나비

　⑥기타(　　　　　)　⑦태어나고 싶지 않다

25. 종교에 관계없이 다음의 것이 존재한다고 생각하십니까?

	있다	없다	모르겠다
1) 절대자 / 신	①	②	③
2) 극락 / 천당	①	②	③
3) 지옥 / 연옥	①	②	③
4) 귀신 / 악마	①	②	③

수고 많이 하셨습니다. 감사합니다.

死生観の調査

　　私は死生観に対して比較研究を行っている東西大学校国際教育センター講師のリム・スンロク(林・順禄)と申します。
　　お忙しいところ申しありませんが、皆様の誠意あるご回答をお願いできればと思います。この調査は私の個人的な研究ではありますが、今後の社会や国に寄与するよう最善の努力をいたします。なお、回答の内容は研究データ以外の用途には使用いたしません。

- 調査者 ： 韓国釜山東西大学校大学院日本地域研究科修了　リム・スンロク
　E-Mail ： roga8109@hotmail.com
- 調査日 ： 2009年　(　　　)月 (　　　)日　　　　　　　回答番号(　　　　　　　　)

〈個人の属性に関する質問〉9項目

1. 国籍をお答えください。

　①韓国　②日本　③中国　④その他　(国名：　　　　　　　　　)

2. 性別をお答えください。　　　①男性　②女性

3. 現在、結婚をしていますか?

　①結婚　②未婚　③離婚・別居　④死別　⑤その他

4. 年齢をお答えください。　　　(満　　　　歳)

5. 最終学歴をお答えください。(在学・卒業含む)

　①中学校　②高校　③大学　④大学院(修士・博士過程)　⑤その他(　　　　　)

6. 現在の宗教をお答えください。

　①仏教　②プロテスタント　③カトリック　④その他(　　)　⑤無宗教(信じない)

7. 家族の宗教をお答えください。該当する項目に印を付けてください(兄弟・子ど
　　もは重複表示可能)。

　1) 父　　①仏教　②プロテスタント　③カトリック　④その他(　　)　⑤無宗教

　2) 母　　①仏教　②プロテスタント　③カトリック　④その他(　　)　⑤無宗教

　3) 兄弟　①仏教　②プロテスタント　③カトリック　④その他(　　)　⑤無宗教

　4) 配偶者①仏教　②プロテスタント　③カトリック　④その他(　　)　⑤無宗教

　5) 子ども①仏教　②プロテスタント　③カトリック　④その他(　　)　⑤無宗教

8. お住まいをお答えください。

　①県市区(町・村)までお書きください。　(　　　　　県　　　　　市)

9. 職業をお答えください。

　①自営業(業種:　　　　　　　)　②農業・漁業・畜産業　③学生

　④サービス業(ホテル・流通・観光・不動産屋・運輸)

　⑤専門職(医療系・法曹界・教育系・マスコミ・介護福祉)

　⑥一般公務員　⑦専業主婦　⑧事務・行政職　⑨生産職(労働者・技能工)

　⑩無職　⑪パートタイム　⑫宗教職　⑬芸術家　⑭その他(　　　　　　　　)

10. 普段死について考えてみた事がありますか?

　①深く考えたことがある　②ある　③あまりない　④ない

11. 死が恐ろしいと思いますか?

　①とても恐ろしい → (11-1へ)　②恐ろしい → (11-1へ)

　③あまり恐ろしくない → (11-2へ)　④全く恐ろしくない → (11-2へ)

11-1. (恐ろしいなら)どうしてそう思いますか?

　①家族・親戚との永遠の別れであるため

　②死後の世界があるかないか分からないため

　③死自体が恐ろしいため　④よく分からない　⑤その他 (　　　　　　　　)

11-2. (恐ろしくないなら)どうしてそう思いますか?

　①自分が信じている宗教のため　②人間は誰もが皆死ぬため

　③生まれ変われるから　④あの世でも存在できるから

　⑤よく分からない　⑥その他(　　　　　　　　)

12. 死にたいという考えを持った事がありますか?

　①よくある → (12-1へ)　②ある → (12-1へ)　③ない

12-1.　(あるなら)どんな時に死にたいと思いましたか?(最も重要なもの一つを選ん

　　で下さい)

　①事業不振と失敗のため　②疾病のため　③人間関係(葛藤・失恋・いじめ等)のため

　④家族や夫婦の葛藤のため　⑤名誉の失墜のため　⑥貧乏のため

13. 死というもののために何か備えていることがありますか?

　①ある → 〔13−1へ〕 ②ない

13−1. (あるなら)どういうものですか?

　①財産分配など遺言の作成　②墓地の確保　③生命保への加入　④その他(　　　　)

14. 家族や親戚などの死を何回ぐらい経験しましたか?(経験した方だけ 14−1、14−2へ)

　①ない　②1回　③2回　④3回　⑤4回以上

14−1. 家族や親戚が亡くなった時どのような気持で送りましたか?

　①あまり考えてなかった　②生まれ変わることを祈った　③あの世での安息を祈った

　④現世で成し遂げなれなかった事が死後の世界で果せるように祈った

　⑤死後の世界でまた会えるように祈った

　⑥これからは絶対に会えないと思い悲しかった

　⑦自分が信じている宗教の世界へ行ったと考えた　⑧その他(　　　　)

14−2. 家族や親戚などが亡くなった時自分に対してはどのように思いましたか?

　①あまり考えてなかった　②自分もいつか死ぬからと思って恐ろしかった

　③自分だけ生き残っては仕方がないので自分も早く死にたいと思った

　④一生懸命生きていこうと思った　⑤良い事をたくさんしようと思った

　⑥自分が信じている宗教の世界へ行くべきだと思った

　⑦宗教を信じて見ようと思った　⑧その他(　　　　)

15. 幼年期(1〜10歳)の宗教をお答えください。

　①仏教　②プロテスタント　③カトリック　④その他(　　　　) ⑤無宗教(信じない)

15-1. 幼年期に直接育ててくれた方は?

①父母　②父　③母　④父方の祖父母　⑤母方の祖父母　⑥その他(　　　　　)

15-2. 15-1で選んだ方の宗教をお答えください。

①仏教　②プロテスタント　③カトリック　④その他(　　　　　)　⑤無宗教(信じない)

16. 幼年期、葬儀を見たことがありますか?　　①ある → 16-1へ　②ない

16-1.(あるなら)葬儀を見てどう思いましたか?

①あまり考えなかった　②死というものが恐ろしいと思った

③死について考えるようになった　④葬儀の現場自体が恐ろしいと思った

⑤死後の世界があると思った　⑥その他(　　　　)

17. 幼年期を過ごした所はどこですか?

①都市　②農村　③漁村　④山村　⑤都市だが自然とよく接した

⑥その他(　　　　)

18. 死とはどのようなものだと思いますか?

①全てが終わるということ　②もう一つの生への延長線

③霊魂が肉体から離脱する現象　④医学的に心臓が止まるということ

⑤平安で深い眠りにつくこと　⑥その他(　　　　　)

19. 死というものを肯定的に受け入れるため、死に対する準備教育が必要だと思いますか?

①必要だ → 19-1、19-2へ　②要らない　③良く分からない

19-1. (必要なら)いつから始めると良いと思いますか?

①幼稚園　②小学校　③中学校　④高校　⑤大学　⑥社会人　⑦その他(　　　　　)

19-2. (必要なら)死に対する準備教育をどのようにしたら良いと思いますか?

①教育機関で制度的・体系的に行う　②福祉・厚生機関で行う

③宗教機関で行う　④家庭生活で自然にする　⑤その他(　　　　　　)

20. 自身や家族・親戚がなくなった場合、どういう葬礼方法がいいと思いますか?

①埋葬　②火葬して納骨する　③火葬して山や川に巻く　④風葬

⑤樹木葬　⑥遺言による　⑦何でも構わない　⑧その他(　　　　　　)

〈「死後の世界」に関する質問〉13項目

21. 死後の世界はあると思いますか?

①ある → (21-1、21-2へ)　②ありそうだ → (21-1、21-2へ)

③ない → (21-4へ)　④なさそうだ → (21-4へ)　⑤分からない

21-1. (あるなら)死後の世界はどのようなものだと思いますか?

①平安で良い世界　②生まれ変わりの準備をする所　③現実が忘れられる所

④再びこの世へ戻れない所　⑤霊魂のままこの世の各地をさまよう　⑥暗黒の世界

⑦地獄・煉獄のようなとても恐ろしい所　⑧その他(　　　　　　　)

21-2. 死後の世界が良い世界と悪い世界に区別されていると思いますか?

①区別されている → (21-3へ)　②区別されていない　③よく分からない

21-3. (区別されているなら)どのような人が死んでから良い世界に行くと思います
    か?
    ①良いことをたくさんした人　②宗教を信じている人
    ③善悪・宗教に構わず全ての人が良い世界に行く
    ④善悪・宗教に構わず全ての人が悪い世界に行く　⑤その他(　　　　)

21-4. (死後の世界がないなら)なぜそう思いましたか?
    ①この世に天国(嬉しさ)・地獄(生老病死, 葛藤, 事故, 苦しみ)があるから
    ②死後の世界があるなら死に対する恐怖は存在しないから
    ③霊魂や死後の世界を科学的に立証出来ないから　④その他(　　　　)

22. この世の生老病死、恐怖、苦しみなどがある理由は何だと思いますか?
    ①前生の業のため　②人生自体が苦痛であるため　③因果応報で罰せられるため
    ④楽しみも苦しみもあるのがこの世であるため　⑤分からない　⑥その他(　　　)

23. 魂というものがあると思いますか?
    ①ある　→　【23-1へ】　②ありそう　→　【23-1へ】　③ない　④なさそうだ
    ⑤分からない

23-1. (魂があるなら)子孫と会えると思いますか?
    ①ある　→　【23-2へ】　②ない　③分からない

23-2. (会えるなら)どこで会えると思いますか?
    ①夢の中　②祈祷や霊媒など、宗教儀式の中で　③祭祀を行う所で
    ④その他(　　　)

24. 生まれ変わって子孫と会えると思いますか?

①思う → 24-1へ　②思わない → 24-2へ　③よく分からない

24-1. (生まれ変わることを信じるなら)どのようなものに生まれ変わりたいですか?

①人　②動物　③花・木　④鳥　⑤蝶　⑥その他(　　　　　　　　　　)

24-2. (生まれ変わることを信じてはいないが、もし生まれ変わるなら)どういう物に生まれ変わりたいですか?

①人　②動物　③花・木　④鳥　⑤蝶　⑥その他(　　　　　　　)　⑦生まれたくない

25. 宗教と関係なく次のものが存在すると思いますか?

	ある	ない	分からない
1) 絶対者 / 神	①	②	③
2) 極樂 / 天国	①	②	③
3) 地獄 / 煉獄	①	②	③
4) 鬼 / 悪魔	①	②	③

お忙しい中、
アンケートにご協力いただきありがとうございました。

빈도분석표(한국)

성별

		빈도	퍼센트	유효 퍼센트	누적퍼센트
유효	남성	211	40.3	47.8	47.8
	여성	230	44.0	52.2	100.0
	합계	441	84.3	100.0	
결측	시스템 결측값	82	15.7		
합계		523	100.0		

통계량

연세

N	유효	441
	결측	82
평균		34.2313
표준편차		12.8575
최소값		12.00
최대값		78.00

결혼 여부

		빈도	퍼센트	유효 퍼센트	누적퍼센트
유효	미혼	190	36.3	43.3	43.3
	기혼	235	44.9	53.5	96.8
	이혼/별거	5	1.0	1.1	97.9
	사별	7	1.3	1.6	99.5
	기타	2	.4	.5	100.0
	합계	439	83.9	100.0	
결측	시스템 결측값	84	16.1		
합계		523	100.0		

연령

		빈도	퍼센트	유효 퍼센트	누적퍼센트
유효	12.00	1	.2	.2	.2
	13.00	1	.2	.2	.5
	14.00	1	.2	.2	.7
	15.00	6	1.1	1.4	2.0
	16.00	20	3.8	4.5	6.6
	17.00	5	1.0	1.1	7.7
	18.00	6	1.1	1.4	9.1
	19.00	16	3.1	3.6	12.7
	20.00	17	3.3	3.9	16.6
	21.00	12	2.3	2.7	19.3
	22.00	17	3.3	3.9	23.1
	23.00	13	2.5	2.9	26.1
	24.00	17	3.3	3.9	29.9
	25.00	10	1.9	2.3	32.2
	26.00	7	1.3	1.6	33.8
	27.00	13	2.5	2.9	36.7
	28.00	13	2.5	2.9	39.7
	29.00	9	1.7	2.0	41.7
	30.00	14	2.7	3.2	44.9
	31.00	9	1.7	2.0	46.9
	32.00	11	2.1	2.5	49.4
	33.00	8	1.5	1.8	51.2
	34.00	13	2.5	2.9	54.2
	35.00	5	1.0	1.1	55.3
	36.00	4	.8	.9	56.2
	37.00	12	2.3	2.7	59.0
	38.00	11	2.1	2.5	61.5
	39.00	10	1.9	2.3	63.7
	40.00	13	2.5	2.9	66.7
	41.00	13	2.5	2.9	69.6
	42.00	7	1.3	1.6	71.2
	43.00	18	3.4	4.1	75.3
	44.00	8	1.5	1.8	77.1
	45.00	12	2.3	2.7	79.8
	46.00	6	1.1	1.4	81.2
	47.00	7	1.3	1.6	82.8
	48.00	8	1.5	1.8	84.6
	49.00	9	1.7	2.0	86.6
	50.00	6	1.1	1.4	88.0
	51.00	4	.8	.9	88.9
	52.00	14	2.7	3.2	92.1
	53.00	7	1.3	1.6	93.7
	54.00	3	.6	.7	94.3
	55.00	7	1.3	1.6	95.9
	56.00	1	.2	.2	96.1
	57.00	1	.2	.2	96.4
	58.00	3	.6	.7	97.1
	59.00	2	.4	.5	97.5
	62.00	3	.6	.7	98.2
	64.00	3	.6	.7	98.9
	70.00	1	.2	.2	99.1
	72.00	2	.4	.5	99.5
	73.00	1	.2	.2	99.8
	78.00	1	.2	.2	100.0
	합계	441	84.3	100.0	
결측	시스템 결측값	82	15.7		
합계		523	100.0		

학력

		빈도	퍼센트	유효 퍼센트	누적퍼센트
유효	중학	15	2.9	3.4	3.4
	고교	124	23.7	28.2	31.7
	대학	261	49.9	59.5	91.1
	대학원	33	6.3	7.5	98.6
	기타	6	1.1	1.4	100.0
	합계	439	83.9	100.0	
결측	시스템 결측값	84	16.1		
합계		523	100.0		

종교

		빈도	퍼센트	유효 퍼센트	누적퍼센트
유효	불교	114	21.8	26.0	26.0
	개신교	110	21.0	25.1	51.0
	천주교	32	6.1	7.3	58.3
	기타	27	5.2	6.2	64.5
	무종교	156	29.8	35.5	100.0
	합계	439	83.9	100.0	
결측	시스템 결측값	84	16.1		
합계		523	100.0		

부친종교

		빈도	퍼센트	유효 퍼센트	누적퍼센트
유효	불교	124	23.7	36.4	36.4
	개신교	50	9.6	14.7	51.0
	천주교	23	4.4	6.7	57.8
	기타	7	1.3	2.1	59.8
	무종교	137	26.2	40.2	100.0
	합계	341	65.2	100.0	
결측	시스템 결측값	182	34.8		
합계		523	100.0		

모친종교

		빈도	퍼센트	유효 퍼센트	누적퍼센트
유효	불교	175	33.5	46.1	46.1
	개신교	71	13.6	18.7	64.7
	천주교	36	6.9	9.5	74.2
	기타	10	1.9	2.6	76.8
	무종교	88	16.8	23.2	100.0
	합계	380	72.7	100.0	
결측	시스템 결측값	143	27.3		
합계		523	100.0		

형제종교

		빈도	퍼센트	유효 퍼센트	누적퍼센트
유효	불교	91	17.4	27.0	27.0
	개신교	74	14.1	22.0	49.0
	천주교	26	5.0	7.7	56.7
	기타	12	2.3	3.6	60.2
	무종교	134	25.6	39.8	100.0
	합계	337	64.4	100.0	
결측	시스템 결측값	186	35.6		
합계		523	100.0		

자식종교

		빈도	퍼센트	유효 퍼센트	누적퍼센트
유효	불교	28	5.4	17.9	17.9
	개신교	36	6.9	23.1	41.0
	천주교	10	1.9	6.4	47.4
	기타	20	3.8	12.8	60.3
	무종교	62	11.9	39.7	100.0
	합계	156	29.8	100.0	
결측	시스템 결측값	367	70.2		
합계		523	100.0		

배우자종교

		빈도	퍼센트	유효 퍼센트	누적퍼센트
유효	불교	47	9.0	25.5	25.5
	개신교	41	7.8	22.3	47.8
	천주교	14	2.7	7.6	55.4
	기타	25	4.8	13.6	69.0
	무종교	57	10.9	31.0	100.0
	합계	184	35.2	100.0	
결측	시스템 결측값	339	64.8		
합계		523	100.0		

주거지

		빈도	퍼센트	유효 퍼센트	누적퍼센트
유효	강원도	3	.6	.7	.7
	경기도	54	10.3	12.2	12.9
	경상도	89	17.0	20.2	33.1
	부산	171	32.7	38.8	71.9
	서울	75	14.3	17.0	88.9
	전라도	13	2.5	2.9	91.8
	충청도	1	.2	.2	92.1

		빈도	퍼센트	유효 퍼센트	누적퍼센트
	기타	3	.6	.7	92.7
	9.00	32	6.1	7.3	100.0
	합계	441	84.3	100.0	
결측	시스템 결측값	82	15.7		
합계		523	100.0		

직업

		빈도	퍼센트	유효 퍼센트	누적퍼센트
유효	자영업	48	9.2	10.9	10.9
	농어축	5	1.0	1.1	12.0
	학생	134	25.6	30.5	42.5
	서비스	58	11.1	13.2	55.7
	전문직	40	7.6	9.1	64.8
	공무원	14	2.7	3.2	68.0
	주부	51	9.8	11.6	79.5
	사무직	40	7.6	9.1	88.6
	생산직	11	2.1	2.5	91.1
	무직	11	2.1	2.5	93.6
	파트	10	1.9	2.3	95.9
	기타	18	3.4	4.1	100.0
	합계	440	84.1	100.0	
결측	시스템 결측값	83	15.9		
합계		523	100.0		

죽음에 대한 생각

		빈도	퍼센트	유효 퍼센트	누적퍼센트
유효	깊이 생각	49	9.4	11.1	11.1
	가끔 생각	290	55.4	65.9	77.0
	생각 안함	95	18.2	21.6	98.6
	4.00	6	1.1	1.4	100.0
	합계	440	84.1	100.0	
결측	시스템 결측값	83	15.9		
합계		523	100.0		

죽음의 두려움

		빈도	퍼센트	유효 퍼센트	누적퍼센트
유효	많이 두렵다	43	8.2	9.8	9.8
	두렵다	141	27.0	32.2	42.0
	별로	187	35.8	42.7	84.7
	전혀	67	12.8	15.3	100.0
	합계	438	83.7	100.0	
결측	시스템 결측값	85	16.3		
합계		523	100.0		

두려운 이유

유효		빈도	퍼센트	유효 퍼센트	누적퍼센트
유효	가족친지와의 이별	69	13.2	30.9	30.9
	사후세계유무를 몰라서	25	4.8	11.2	42.2
	죽음 자체가 두려워	78	14.9	35.0	77.1
	잘 모름	36	6.9	16.1	93.3
	기타	14	2.7	6.3	99.6
	11.00	1	.2	.4	100.0
	합계	223	42.6	100.0	
결측	시스템 결측값	300	57.4		
합계		523	100.0		

두렵지 않은 이유

유효		빈도	퍼센트	유효 퍼센트	누적퍼센트
유효	종교 때문	52	9.9	18.8	18.8
	사람은 모두 죽는다	152	29.1	54.9	73.6
	환생	8	1.5	2.9	76.5
	다른 세상에 계속 존재	24	4.6	8.7	85.2
	잘 모름	31	5.9	11.2	96.4
	기타	10	1.9	3.6	100.0
	합계	277	53.0	100.0	
결측	시스템 결측값	246	47.0		
합계		523	100.0		

자살 생각 여부

유효		빈도	퍼센트	유효 퍼센트	누적퍼센트
유효	자주 있다	14	2.7	3.2	3.2
	있다	191	36.5	43.5	46.7
	없다	234	44.7	53.3	100.0
	합계	439	83.9	100.0	
결측	시스템 결측값	84	16.1		
합계		523	100.0		

죽고싶은 이유

유효		빈도	퍼센트	유효 퍼센트	누적퍼센트
유효	사업부진	39	7.5	17.5	17.5
	질병	12	2.3	5.4	22.9
	인간관계	54	10.3	24.2	47.1
	가족 갈등	36	6.9	16.1	63.2
	명예 실추	8	1.5	3.6	66.8
	가난	11	2.1	4.9	71.7
	종교적 세상	9	1.7	4.0	75.8
	기타	54	10.3	24.2	100.0
	합계	223	42.6	100.0	

		빈도	퍼센트	유효 퍼센트	누적퍼센트
결측	시스템 결측값	300	57.4		
합계		523	100.0		

죽음의 대비

		빈도	퍼센트	유효 퍼센트	누적퍼센트
유효	있다	116	22.2	26.8	26.8
	없다	317	60.6	73.2	100.0
	합계	433	82.8	100.0	
결측	시스템 결측값	90	17.2		
합계		523	100.0		

죽음대비 내용

		빈도	퍼센트	유효 퍼센트	누적퍼센트
유효	재산분배	18	3.4	12.9	12.9
	장지 확보	5	1.0	3.6	16.4
	생명보험	84	16.1	60.0	76.4
	기타	33	6.3	23.6	100.0
	합계	140	26.8	100.0	
결측	시스템 결측값	383	73.2		
합계		523	100.0		

친족의 죽음 경험

		빈도	퍼센트	유효 퍼센트	누적퍼센트
유효	없다	53	10.1	12.2	12.2
	1회	63	12.0	14.4	26.6
	2회	122	23.3	28.0	54.6
	3회	75	14.3	17.2	71.8
	4회 이상	123	23.5	28.2	100.0
	합계	436	83.4	100.0	
결측	시스템 결측값	87	16.6		
합계		523	100.0		

친족 죽음 느낌

		빈도	퍼센트	유효 퍼센트	누적퍼센트
유효	별로 생각 안 함	37	7.1	9.3	9.3
	환생 기원	19	3.6	4.8	14.0
	저승 안락 기원	159	30.4	39.8	53.9
	저승 완수 기원	28	5.4	7.0	60.9
	저승 재회 기원	14	2.7	3.5	64.4
	영원이별의 슬픔	81	15.5	20.3	84.7
	종교세상	52	9.9	13.0	97.7
	기타	9	1.7	2.3	100.0
	합계	399	76.3	100.0	

결측	시스템 결측값	124	23.7		
합계		523	100.0		

친족죽음에 대한 나의 생각

		빈도	퍼센트	유효 퍼센트	누적퍼센트
유효	별로 생각 안 함	79	15.1	19.7	19.7
	나의 죽음에 대한 두려움	84	16.1	20.9	40.5
	따라 죽고 싶다	8	1.5	2.0	42.5
	열심히 살겠다	116	22.2	28.9	71.4
	착한 일	47	9.0	11.7	83.1
	종교세상	47	9.0	11.7	94.8
	종교 귀의	5	1.0	1.2	96.0
	기타	16	3.1	4.0	100.0
	합계	402	76.9	100.0	
결측	시스템 결측값	121	23.1		
합계		523	100.0		

유년기 종교

		빈도	퍼센트	유효 퍼센트	누적퍼센트
유효	불교	96	18.4	21.8	21.8
	개신교	103	19.7	23.4	45.1
	천주교	38	7.3	8.6	53.7
	기타	9	1.7	2.0	55.8
	무종교	195	37.3	44.2	100.0
	합계	441	84.3	100.0	
결측	시스템 결측값	82	15.7		
합계		523	100.0		

유년기 직접 양육자

		빈도	퍼센트	유효 퍼센트	누적퍼센트
유효	부모	352	67.3	80.4	80.4
	부	21	4.0	4.8	85.2
	모	40	7.6	9.1	94.3
	조부모	17	3.3	3.9	98.2
	외조부모	4	.8	.9	99.1
	기타	4	.8	.9	100.0
	합계	438	83.7	100.0	
결측	시스템 결측값	85	16.3		
합계		523	100.0		

양육자의 종교

		빈도	퍼센트	유효 퍼센트	누적퍼센트
유효	불교	197	37.7	45.8	45.8
	개신교	65	12.4	15.1	60.9
	천주교	39	7.5	9.1	70.0
	기타	15	2.9	3.5	73.5
	무종교	114	21.8	26.5	100.0
	합계	430	82.2	100.0	
결측	시스템 결측값	93	17.8		
합계		523	100.0		

유년기 장례의례경험유무

		빈도	퍼센트	유효 퍼센트	누적퍼센트
유효	있다	220	42.1	50.5	50.5
	없다	215	41.1	49.3	99.8
	3.00	1	.2	.2	100.0
	합계	436	83.4	100.0	
결측	시스템 결측값	87	16.6		
합계		523	100.0		

장례 경험 생각

		빈도	퍼센트	유효 퍼센트	누적퍼센트
유효	별로 생각 안 함	106	20.3	41.9	41.9
	죽음이 두려움	34	6.5	13.4	55.3
	죽음 생각	70	13.4	27.7	83.0
	의례현장의 무서움	19	3.6	7.5	90.5
	사후세계 생각	18	3.4	7.1	97.6
	기타	6	1.1	2.4	100.0
	합계	253	48.4	100.0	
결측	시스템 결측값	270	51.6		
합계		523	100.0		

유년기를 지낸 곳

		빈도	퍼센트	유효 퍼센트	누적퍼센트
유효	도시	216	41.3	49.0	49.0
	농촌	140	26.8	31.7	80.7
	어촌	10	1.9	2.3	83.0
	산촌	6	1.1	1.4	84.4
	도시지만 자연접촉	66	12.6	15.0	99.3
	기타	3	.6	.7	100.0
	합계	441	84.3	100.0	
결측	시스템 결측값	82	15.7		
합계		523	100.0		

죽음이란 무엇인가

		빈도	퍼센트	유효 퍼센트	누적퍼센트
유효	모든 것 끝남	118	22.6	26.9	26.9
	삶의 연장	103	19.7	23.5	50.5
	영혼의 육체 이탈	41	7.8	9.4	59.8
	심장 정지	30	5.7	6.8	66.7
	영면	136	26.0	31.1	97.7
	기타	10	1.9	2.3	100.0
	합계	438	83.7	100.0	
결측	시스템 결측값	85	16.3		
합계		523	100.0		

죽음에 대한 준비교육필요성

		빈도	퍼센트	유효 퍼센트	누적퍼센트
유효	필요	228	43.6	51.7	51.7
	필요없음	83	15.9	18.8	70.5
	잘 모름	130	24.9	29.5	100.0
	합계	441	84.3	100.0	
결측	시스템 결측값	82	15.7		
합계		523	100.0		

교육의 적절한 시기

		빈도	퍼센트	유효 퍼센트	누적퍼센트
유효	유치원	32	6.1	11.9	11.9
	초등	24	4.6	8.9	20.8
	중등	42	8.0	15.6	36.4
	고등	28	5.4	10.4	46.8
	대학	46	8.8	17.1	63.9
	사회인	80	15.3	29.7	93.7
	기타	17	3.3	6.3	100.0
	합계	269	51.4	100.0	
결측	시스템 결측값	254	48.6		
합계		523	100.0		

교육의 적절한 방법

		빈도	퍼센트	유효 퍼센트	누적퍼센트
유효	교육기관	71	13.6	25.1	25.1
	복지기관	39	7.5	13.8	38.9
	종교기관	52	9.9	18.4	57.2
	가정	110	21.0	38.9	96.1
	기타	2	.4	.7	96.8
	6.00	9	1.7	3.2	100.0
	합계	283	54.1	100.0	

		빈도	퍼센트	유효 퍼센트	누적퍼센트
결측	시스템 결측값	240	45.9		
합계		523	100.0		

장례방법

		빈도	퍼센트	유효 퍼센트	누적퍼센트
유효	매장	42	8.0	9.7	9.7
	화장후 납골	151	28.9	34.7	44.4
	화장후 산골	61	11.7	14.0	58.4
	풍장	1	.2	.2	58.6
	수목장	28	5.4	6.4	65.1
	유언	110	21.0	25.3	90.3
	관계없음	40	7.6	9.2	99.5
	기타	2	.4	.5	100.0
	합계	435	83.2	100.0	
결측	시스템 결측값	88	16.8		
합계		523	100.0		

사후세계 유무

		빈도	퍼센트	유효 퍼센트	누적퍼센트
유효	있다	138	26.4	31.5	31.5
	있는 것 같다	129	24.7	29.5	61.0
	없다	44	8.4	10.0	71.0
	없는 것 같다	43	8.2	9.8	80.8
	모르겠다	83	15.9	18.9	99.8
	33.00	1	.2	.2	100.0
	합계	438	83.7	100.0	
결측	시스템 결측값	85	16.3		
합계		523	100.0		

사후세계는 어떠한가

		빈도	퍼센트	유효 퍼센트	누적퍼센트
유효	편안	111	21.2	36.6	36.6
	환생 준비	62	11.9	20.5	57.1
	현실 망각	45	8.6	14.9	71.9
	회귀 불가	41	7.8	13.5	85.5
	영혼 방황	17	3.3	5.6	91.1
	암흑세계	7	1.3	2.3	93.4
	지옥	3	.6	1.0	94.4
	기타	17	3.3	5.6	100.0
	합계	303	57.9	100.0	
결측	시스템 결측값	220	42.1		
합계		523	100.0		

사후세계 구별

		빈도	퍼센트	유효 퍼센트	누적퍼센트
유효	구별된다	161	30.8	48.9	48.9
	구별 안 된다	51	9.8	15.5	64.4
	잘 모름	117	22.4	35.6	100.0
	합계	329	62.9	100.0	
결측	시스템 결측값	194	37.1		
합계		523	100.0		

좋은 세상에 가는 사람은?

		빈도	퍼센트	유효 퍼센트	누적퍼센트
유효	착한 사람	149	28.5	58.2	58.2
	종교인	57	10.9	22.3	80.5
	모두 간다	20	3.8	7.8	88.3
	모두 못 간다	6	1.1	2.3	90.6
	기타	24	4.6	9.4	100.0
	합계	256	48.9	100.0	
결측	시스템 결측값	267	51.1		
합계		523	100.0		

사후세계가 없는 이유

		빈도	퍼센트	유효 퍼센트	누적퍼센트
유효	세상 속에 있다	50	9.6	24.6	24.6
	죽음에 대한 공포	41	7.8	20.2	44.8
	과학적 입증 불가	93	17.8	45.8	90.6
	기타	19	3.6	9.4	100.0
	합계	203	38.8	100.0	
결측	시스템 결측값	320	61.2		
합계		523	100.0		

번뇌가 존재하는 이유

		빈도	퍼센트	유효 퍼센트	누적퍼센트
유효	전생업보	37	7.1	8.6	8.6
	인생 자체가 고통	73	14.0	17.0	25.6
	인과응보	40	7.6	9.3	34.9
	삶 속에 그냥 있다	207	39.6	48.1	83.0
	모르겠다	52	9.9	12.1	95.1
	기타	21	4.0	4.9	100.0
	합계	430	82.2	100.0	
결측	시스템 결측값	93	17.8		
합계		523	100.0		

영혼의 유무

		빈도	퍼센트	유효 퍼센트	누적퍼센트
유효	있다	189	36.1	43.0	43.0
	있는 것 같다	115	22.0	26.1	69.1
	없다	30	5.7	6.8	75.9
	없는 것 같다	28	5.4	6.4	82.3
	잘 모름	78	14.9	17.7	100.0
	합계	440	84.1	100.0	
결측	시스템 결측값	83	15.9		
합계		523	100.0		

후손과 만날 수 있나

		빈도	퍼센트	유효 퍼센트	누적퍼센트
유효	있다	161	30.8	44.7	44.7
	없다	59	11.3	16.4	61.1
	잘 모름	140	26.8	38.9	100.0
	합계	360	68.8	100.0	
결측	시스템 결측값	163	31.2		
합계		523	100.0		

후손과 만나는 장소는

		빈도	퍼센트	유효 퍼센트	누적퍼센트
유효	꿈속	129	24.7	51.4	51.4
	종교의식	46	8.8	18.3	69.7
	제사장소	19	3.6	7.6	77.3
	기타	57	10.9	22.7	100.0
	합계	251	48.0	100.0	
결측	시스템 결측값	272	52.0		
합계		523	100.0		

환생을 믿는가

		빈도	퍼센트	유효 퍼센트	누적퍼센트
유효	믿는다	135	25.8	31.2	31.2
	안 믿음	162	31.0	37.4	68.6
	잘 모름	136	26.0	31.4	100.0
	합계	433	82.8	100.0	
결측	시스템 결측값	90	17.2		
합계		523	100.0		

무엇으로 태어나고 싶나

		빈도	퍼센트	유효 퍼센트	누적퍼센트
유효	사람	145	27.7	68.4	68.4
	동물	5	1.0	2.4	70.8
	꽃, 나무	16	3.1	7.5	78.3
	새	24	4.6	11.3	89.6
	나비	3	.6	1.4	91.0
	기타	19	3.6	9.0	100.0
	합계	212	40.5	100.0	
결측	시스템 결측값	311	59.5		
합계		523	100.0		

무엇으로 태어나고 싶나1

		빈도	퍼센트	유효 퍼센트	누적퍼센트
유효	사람	151	28.9	59.0	59.0
	동물	8	1.5	3.1	62.1
	꽃, 나무	19	3.6	7.4	69.5
	새	24	4.6	9.4	78.9
	나비	9	1.7	3.5	82.4
	기타	13	2.5	5.1	87.5
	태어나고 싶지 않다	32	6.1	12.5	100.0
	합계	256	48.9	100.0	
결측	시스템 결측값	267	51.1		
합계		523	100.0		

절대자 존재의 유무

		빈도	퍼센트	유효 퍼센트	누적퍼센트
유효	있다	208	39.8	48.3	48.3
	없다	113	21.6	26.2	74.5
	모르겠다	110	21.0	25.5	100.0
	합계	431	82.4	100.0	
결측	시스템 결측값	92	17.6		
합계		523	100.0		

극락 유무

		빈도	퍼센트	유효 퍼센트	누적퍼센트
유효	있다	201	38.4	46.9	46.9
	없다	102	19.5	23.8	70.6
	모르겠다	126	24.1	29.4	100.0
	합계	429	82.0	100.0	
결측	시스템 결측값	94	18.0		
합계		523	100.0		

지옥 유무

		빈도	퍼센트	유효 퍼센트	누적퍼센트
유효	있다	166	31.7	38.9	38.9
	없다	115	22.0	26.9	65.8
	모르겠다	146	27.9	34.2	100.0
	합계	427	81.6	100.0	
결측	시스템 결측값	96	18.4		
합계		523	100.0		

귀신 유무

		빈도	퍼센트	유효 퍼센트	누적퍼센트
유효	있다	193	36.9	45.3	45.3
	없다	85	16.3	20.0	65.3
	모르겠다	148	28.3	34.7	100.0
	합계	426	81.5	100.0	
결측	시스템 결측값	97	18.5		
합계		523	100.0		

빈도분석표(일본)

성별

		빈도	퍼센트	유효 퍼센트	누적퍼센트
유효	남성	116	29.1	39.7	39.7
	여성	176	44.2	60.3	100.0
	합계	292	73.4	100.0	
결측	시스템 결측값	106	26.6		
합계		398	100.0		

통계량

연세

N	유효	292
	결측	106
평균		23.1096
표준편차		8.4854
최소값		18.00
최대값		75.00

결혼 여부

		빈도	퍼센트	유효 퍼센트	누적퍼센트
유효	미혼	20	5.0	6.9	6.9
	기혼	263	66.1	90.4	97.3
	이혼/별거	6	1.5	2.1	99.3
	사별	1	.3	.3	99.7
	기타	1	.3	.3	100.0
	합계	291	73.1	100.0	
결측	시스템 결측값	107	26.9		
합계		398	100.0		

유효		빈도	퍼센트	유효 퍼센트	누적퍼센트
유효	18.00	23	5.8	7.9	7.9
	19.00	68	17.1	23.3	31.2
	20.00	60	15.1	20.5	51.7
	21.00	58	14.6	19.9	71.6
	22.00	23	5.8	7.9	79.5
	23.00	8	2.0	2.7	82.2
	24.00	6	1.5	2.1	84.2
	25.00	3	.8	1.0	85.3
	26.00	1	.3	.3	85.6
	27.00	2	.5	.7	86.3
	28.00	5	1.3	1.7	88.0
	29.00	1	.3	.3	88.4
	30.00	4	1.0	1.4	89.7
	31.00	2	.5	.7	90.4
	33.00	4	1.0	1.4	91.8
	35.00	2	.5	.7	92.5
	36.00	2	.5	.7	93.2
	39.00	3	.8	1.0	94.2
	40.00	2	.5	.7	94.9
	42.00	1	.3	.3	95.2
	46.00	3	.8	1.0	96.2
	48.00	1	.3	.3	96.6
	52.00	2	.5	.7	97.3
	54.00	1	.3	.3	97.6
	55.00	1	.3	.3	97.9
	57.00	1	.3	.3	98.3
	59.00	2	.5	.7	99.0
	60.00	1	.3	.3	99.3
	62.00	1	.3	.3	99.7
	75.00	1	.3	.3	100.0
	합계	292	73.4	100.0	
결측	시스템 결측값	106	26.6		
합계		398	100.0		

		빈도	퍼센트	유효 퍼센트	누적퍼센트
유효	중학	3	.8	1.0	1.0
	고교	16	4.0	5.5	6.5
	대학	247	62.1	84.3	90.8
	대학원	25	6.3	8.5	99.3
	기타	2	.5	.7	100.0
	합계	293	73.6	100.0	
결측	시스템 결측값	105	26.4		
합계		398	100.0		

종교

		빈도	퍼센트	유효 퍼센트	누적퍼센트
유효	불교	110	27.6	38.5	38.5
	개신교	5	1.3	1.7	40.2
	천주교	5	1.3	1.7	42.0
	기타	31	7.8	10.8	52.8
	무종교	135	33.9	47.2	100.0
	합계	286	71.9	100.0	
결측	시스템 결측값	112	28.1		
합계		398	100.0		

부친종교

		빈도	퍼센트	유효 퍼센트	누적퍼센트
유효	불교	141	35.4	52.4	52.4
	개신교	4	1.0	1.5	53.9
	천주교	2	.5	.7	54.6
	기타	23	5.8	8.6	63.2
	무종교	99	24.9	36.8	100.0
	합계	269	67.6	100.0	
결측	시스템 결측값	129	32.4		
합계		398	100.0		

모친종교

		빈도	퍼센트	유효 퍼센트	누적퍼센트
유효	불교	131	32.9	48.2	48.2
	개신교	8	2.0	2.9	51.1
	천주교	4	1.0	1.5	52.6
	기타	28	7.0	10.3	62.9
	무종교	101	25.4	37.1	100.0
	합계	272	68.3	100.0	
결측	시스템 결측값	126	31.7		
합계		398	100.0		

형제종교

		빈도	퍼센트	유효 퍼센트	누적퍼센트
유효	불교	108	27.1	43.7	43.7
	개신교	3	.8	1.2	44.9
	천주교	5	1.3	2.0	47.0
	기타	21	5.3	8.5	55.5
	무종교	110	27.6	44.5	100.0
	합계	247	62.1	100.0	
결측	시스템 결측값	151	37.9		
합계		398	100.0		

배우자종교

		빈도	퍼센트	유효 퍼센트	누적퍼센트
유효	불교	9	2.3	52.9	52.9
	개신교	2	.5	11.8	64.7
	기타	3	.8	17.6	82.4
	무종교	3	.8	17.6	100.0
	합계	17	4.3	100.0	
결측	시스템 결측값	381	95.7		
합계		398	100.0		

자식종교

		빈도	퍼센트	유효 퍼센트	누적퍼센트
유효	불교	3	.8	27.3	27.3
	개신교	1	.3	9.1	36.4
	기타	2	.5	18.2	54.5
	무종교	5	1.3	45.5	100.0
	합계	11	2.8	100.0	
결측	시스템 결측값	387	97.2		
합계		398	100.0		

주거지

			일본(주거지)
유효	서울	유효	奈良県(나라현)
	부산		大阪府(오사카부)
	3.00		三重県(미에현)
	4.00		兵庫県(효고현)
	5.00		和歌山県(와카야마현)
	6.00		広島県(히로시마현)
	7.00		京都府쿄토부
	8.00		長野県나가노현
	9.00		東京都토쿄도
	10.00		千葉県치바현
	11.00		神奈川県(카나가와현)
	12.00		愛知県아이치현
	13.00		滋賀県시가현
	14.00		岩手県이와테현
	15.00		新潟県니가타현
	16.00		기타(외국)
	17.00		北海道홋카이도
	18.00		島根県시마네현
	19.00		沖縄県(오키나와현)
	20.00		埼玉県(사이타마현_
	21.00		山形県(야마가타현)

	22.00					福島県(후쿠시마현)		
	23.00					宮城県(미야기현)		
	24.00					秋田県(아키타현)		
	25.00					栃木県(토치기현)		
	합계					합계		
결측	시스템 결측값				결측	시스템결측값		
합계					합계			

직업

		빈도	퍼센트	유효 퍼센트	누적퍼센트
유효	자영업	4	1.0	1.4	1.4
	농어축	1	.3	.3	1.7
	학생	251	63.1	86.0	87.7
	서비스	5	1.3	1.7	89.4
	전문직	16	4.0	5.5	94.9
	공무원	2	.5	.7	95.5
	주부	2	.5	.7	96.2
	사무직	2	.5	.7	96.9
	생산직	1	.3	.3	97.3
	무직	3	.8	1.0	98.3
	파트	3	.8	1.0	99.3
	기타	2	.5	.7	100.0
	합계	292	73.4	100.0	
결측	시스템 결측값	106	26.6		
합계		398	100.0		

죽음에 대한 생각

		빈도	퍼센트	유효 퍼센트	누적퍼센트
유효	깊이 생각	44	11.1	15.2	15.2
	가끔 생각	133	33.4	45.9	61.0
	생각 안함	88	22.1	30.3	91.4
	4.00	25	6.3	8.6	100.0
	합계	290	72.9	100.0	
결측	시스템 결측값	108	27.1		
합계		398	100.0		

죽음의 두려움

		빈도	퍼센트	유효 퍼센트	누적퍼센트
유효	많이 두렵다	35	8.8	12.2	12.2
	두렵다	156	39.2	54.4	66.6
	별로	87	21.9	30.3	96.9
	전혀	9	2.3	3.1	100.0
	합계	287	72.1	100.0	
결측	시스템 결측값	111	27.9		
합계		398	100.0		

두려운 이유

		빈도	퍼센트	유효 퍼센트	누적퍼센트
유효	가족친지와의 이별	87	21.9	43.5	43.5
	사후세계유무를 몰라서	21	5.3	10.5	54.0
	죽음 자체가 두려워	64	16.1	32.0	86.0
	잘 모름	19	4.8	9.5	95.5
	기타	9	2.3	4.5	100.0
	합계	200	50.3	100.0	
결측	시스템 결측값	198	49.7		
합계		398	100.0		

두렵지 않은 이유

		빈도	퍼센트	유효 퍼센트	누적퍼센트
유효	종교 때문	3	.8	2.9	2.9
	사람은 모두 죽는다	63	15.8	60.6	63.5
	환생	1	.3	1.0	64.4
	다른 세상에 계속 존재	5	1.3	4.8	69.2
	잘 모름	20	5.0	19.2	88.5
	기타	12	3.0	11.5	100.0
	합계	104	26.1	100.0	
결측	시스템 결측값	294	73.9		
합계		398	100.0		

자살 생각 여부

		빈도	퍼센트	유효 퍼센트	누적퍼센트
유효	자주 있다	8	2.0	2.8	2.8
	있다	105	26.4	36.2	39.0
	없다	177	44.5	61.0	100.0
	합계	290	72.9	100.0	
결측	시스템 결측값	108	27.1		
합계		398	100.0		

죽고싶은 이유

		빈도	퍼센트	유효 퍼센트	누적퍼센트
유효	사업부진	7	1.8	6.3	6.3
	질병	4	1.0	3.6	9.8
	인간관계	86	21.6	76.8	86.6
	가족 갈등	8	2.0	7.1	93.8
	명예 실추	3	.8	2.7	96.4
	종교적 세상	2	.5	1.8	98.2
	기타	2	.5	1.8	100.0
	합계	112	28.1	100.0	
결측	시스템 결측값	286	71.9		
합계		398	100.0		

죽음의 대비

유효		빈도	퍼센트	유효 퍼센트	누적퍼센트
유효	있다	21	5.3	7.3	7.3
	없다	266	66.8	92.7	100.0
	합계	287	72.1	100.0	
결측	시스템 결측값	111	27.9		
합계		398	100.0		

죽음대비 내용

유효		빈도	퍼센트	유효 퍼센트	누적퍼센트
유효	재산분배	3	.8	11.1	11.1
	장지 확보	2	.5	7.4	18.5
	생명보험	13	3.3	48.1	66.7
	기타	9	2.3	33.3	100.0
	합계	27	6.8	100.0	
결측	시스템 결측값	371	93.2		
합계		398	100.0		

친족의 죽음 경험

유효		빈도	퍼센트	유효 퍼센트	누적퍼센트
유효	없다	34	8.5	11.6	11.6
	1회	80	20.1	27.4	39.0
	2회	81	20.4	27.7	66.8
	3회	45	11.3	15.4	82.2
	4회 이상	52	13.1	17.8	100.0
	합계	292	73.4	100.0	
결측	시스템 결측값	106	26.6		
합계		398	100.0		

친족 죽음 느낌

유효		빈도	퍼센트	유효 퍼센트	누적퍼센트
유효	별로 생각 안 함	55	13.8	21.1	21.1
	환생 기원	7	1.8	2.7	23.8
	저승 안락 기원	106	26.6	40.6	64.4
	저승 완수 기원	1	.3	.4	64.8
	저승 재회 기원	8	2.0	3.1	67.8
	영원이별의 슬픔	71	17.8	27.2	95.0
	종교세상	4	1.0	1.5	96.6
	기타	9	2.3	3.4	100.0
	합계	261	65.6	100.0	
결측	시스템 결측값	137	34.4		
합계		398	100.0		

친족죽음에 대한 나의 생각

		빈도	퍼센트	유효 퍼센트	누적퍼센트
유효	별로 생각 안 함	106	26.6	40.8	40.8
	나의 죽음에 대한 두려움	36	9.0	13.8	54.6
	따라 죽고 싶다	2	.5	.8	55.4
	열심히 살겠다	89	22.4	34.2	89.6
	착한 일	14	3.5	5.4	95.0
	종교세상	3	.8	1.2	96.2
	기타	10	2.5	3.8	100.0
	합계	260	65.3	100.0	
결측	시스템 결측값	138	34.7		
합계		398	100.0		

유년기 종교

		빈도	퍼센트	유효 퍼센트	누적퍼센트
유효	불교	110	27.6	38.3	38.3
	개신교	6	1.5	2.1	40.4
	천주교	8	2.0	2.8	43.2
	기타	23	5.8	8.0	51.2
	무종교	140	35.2	48.8	100.0
	합계	287	72.1	100.0	
결측	시스템 결측값	111	27.9		
합계		398	100.0		

유년기 직접 양육자

		빈도	퍼센트	유효 퍼센트	누적퍼센트
유효	부모	239	60.1	82.4	82.4
	부	3	.8	1.0	83.4
	모	28	7.0	9.7	93.1
	조부모	9	2.3	3.1	96.2
	외조부모	10	2.5	3.4	99.7
	기타	1	.3	.3	100.0
	합계	290	72.9	100.0	
결측	시스템 결측값	108	27.1		
합계		398	100.0		

양육자의 종교

		빈도	퍼센트	유효 퍼센트	누적퍼센트
유효	불교	131	32.9	48.9	48.9
	개신교	8	2.0	3.0	51.9
	천주교	6	1.5	2.2	54.1
	기타	27	6.8	10.1	64.2
	무종교	96	24.1	35.8	100.0
	합계	268	67.3	100.0	
결측	시스템 결측값	130	32.7		
합계		398	100.0		

유년기 장례의례경험유무

		빈도	퍼센트	유효 퍼센트	누적퍼센트
유효	있다	168	42.2	60.0	60.0
	없다	112	28.1	40.0	100.0
	합계	280	70.4	100.0	
결측	시스템 결측값	118	29.6		
합계		398	100.0		

장례 경험 생각

		빈도	퍼센트	유효 퍼센트	누적퍼센트
유효	별로 생각 안 함	116	29.1	63.7	63.7
	죽음이 두려움	25	6.3	13.7	77.5
	죽음 생각	13	3.3	7.1	84.6
	의례현장의 무서움	12	3.0	6.6	91.2
	사후세계 생각	5	1.3	2.7	94.0
	기타	11	2.8	6.0	100.0
	합계	182	45.7	100.0	
결측	시스템 결측값	216	54.3		
합계		398	100.0		

유년기를 지낸 곳

		빈도	퍼센트	유효 퍼센트	누적퍼센트
유효	도시	123	30.9	42.6	42.6
	농촌	37	9.3	12.8	55.4
	어촌	8	2.0	2.8	58.1
	산촌	22	5.5	7.6	65.7
	도시지만 자연접촉	92	23.1	31.8	97.6
	기타	7	1.8	2.4	100.0
	합계	289	72.6	100.0	
결측	시스템 결측값	109	27.4		
합계		398	100.0		

죽음이란 무엇인가

		빈도	퍼센트	유효 퍼센트	누적퍼센트
유효	모든 것 끝남	132	33.2	46.0	46.0
	삶의 연장	33	8.3	11.5	57.5
	영혼의 육체 이탈	17	4.3	5.9	63.4
	심장 정지	34	8.5	11.8	75.3
	영면	52	13.1	18.1	93.4
	기타	19	4.8	6.6	100.0
	합계	287	72.1	100.0	
결측	시스템 결측값	111	27.9		
합계		398	100.0		

죽음에 대한 준비교육필요성

		빈도	퍼센트	유효 퍼센트	누적퍼센트
유효	필요	72	18.1	24.7	24.7
	필요없음	61	15.3	21.0	45.7
	잘 모름	158	39.7	54.3	100.0
	합계	291	73.1	100.0	
결측	시스템 결측값	107	26.9		
합계		398	100.0		

교육의 적절한 시기

		빈도	퍼센트	유효 퍼센트	누적퍼센트
유효	유치원	21	5.3	21.2	21.2
	초등	28	7.0	28.3	49.5
	중등	25	6.3	25.3	74.7
	고등	12	3.0	12.1	86.9
	대학	3	.8	3.0	89.9
	사회인	6	1.5	6.1	96.0
	기타	4	1.0	4.0	100.0
	합계	99	24.9	100.0	
결측	시스템 결측값	299	75.1		
합계		398	100.0		

교육의 적절한 방법

		빈도	퍼센트	유효 퍼센트	누적퍼센트
유효	교육기관	47	11.8	45.2	45.2
	복지기관	8	2.0	7.7	52.9
	종교기관	1	.3	1.0	53.8
	가정	44	11.1	42.3	96.2
	기타	4	1.0	3.8	100.0
	합계	104	26.1	100.0	
결측	시스템 결측값	294	73.9		
합계		398	100.0		

장례방법

		빈도	퍼센트	유효 퍼센트	누적퍼센트
유효	매장	13	3.3	4.5	4.5
	화장후 납골	174	43.7	60.4	64.9
	화장후 산골	14	3.5	4.9	69.8
	풍장	2	.5	.7	70.5
	수목장	1	.3	.3	70.8
	유언	47	11.8	16.3	87.2
	관계없음	29	7.3	10.1	97.2
	기타	8	2.0	2.8	100.0
	합계	288	72.4	100.0	
결측	시스템 결측값	110	27.6		
합계		398	100.0		

사후세계 유무

		빈도	퍼센트	유효 퍼센트	누적퍼센트
유효	있다	50	12.6	17.2	17.2
	있는 것 같다	127	31.9	43.6	60.8
	없다	25	6.3	8.6	69.4
	없는 것 같다	43	10.8	14.8	84.2
	모르겠다	46	11.6	15.8	100.0
	합계	291	73.1	100.0	
결측	시스템 결측값	107	26.9		
합계		398	100.0		

사후세계는 어떠한가

		빈도	퍼센트	유효 퍼센트	누적퍼센트
유효	편안	80	20.1	43.7	43.7
	환생 준비	48	12.1	26.2	69.9
	현실 망각	15	3.8	8.2	78.1
	회귀 불가	7	1.8	3.8	82.0
	영혼 방황	12	3.0	6.6	88.5
	암흑세계	3	.8	1.6	90.2
	지옥	1	.3	.5	90.7
	기타	17	4.3	9.3	100.0
	합계	183	46.0	100.0	
결측	시스템 결측값	215	54.0		
합계		398	100.0		

사후세계 구별

		빈도	퍼센트	유효 퍼센트	누적퍼센트
유효	구별된다	60	15.1	29.4	29.4
	구별 안 된다	62	15.6	30.4	59.8
	잘 모름	82	20.6	40.2	100.0
	합계	204	51.3	100.0	
결측	시스템 결측값	194	48.7		
합계		398	100.0		

좋은 세상에 가는 사람은?

		빈도	퍼센트	유효 퍼센트	누적퍼센트
유효	착한 사람	64	16.1	71.9	71.9
	종교인	3	.8	3.4	75.3
	모두 간다	9	2.3	10.1	85.4
	모두 못 간다	7	1.8	7.9	93.3
	기타	6	1.5	6.7	100.0
	합계	89	22.4	100.0	
결측	시스템 결측값	309	77.6		
합계		398	100.0		

사후세계가 없는 이유

		빈도	퍼센트	유효 퍼센트	누적퍼센트
유효	세상 속에 있다	21	5.3	19.3	19.3
	죽음에 대한 공포	28	7.0	25.7	45.0
	과학적 입증 불가	47	11.8	43.1	88.1
	기타	13	3.3	11.9	100.0
	합계	109	27.4	100.0	
결측	시스템 결측값	289	72.6		
합계		398	100.0		

번뇌가 존재하는 이유

		빈도	퍼센트	유효 퍼센트	누적퍼센트
유효	전생업보	18	4.5	6.3	6.3
	인생 자체가 고통	16	4.0	5.6	11.8
	인과응보	8	2.0	2.8	14.6
	삶 속에 그냥 있다	173	43.5	60.3	74.9
	모르겠다	59	14.8	20.6	95.5
	기타	13	3.3	4.5	100.0
	합계	287	72.1	100.0	
결측	시스템 결측값	111	27.9		
합계		398	100.0		

영혼의 유무

		빈도	퍼센트	유효 퍼센트	누적퍼센트
유효	있다	123	30.9	42.6	42.6
	있는 것 같다	95	23.9	32.9	75.4
	없다	19	4.8	6.6	82.0
	없는 것 같다	18	4.5	6.2	88.2
	잘 모름	34	8.5	11.8	100.0
	합계	289	72.6	100.0	
결측	시스템 결측값	109	27.4		
합계		398	100.0		

후손과 만날 수 있나

		빈도	퍼센트	유효 퍼센트	누적퍼센트
유효	있다	80	20.1	32.9	32.9
	없다	35	8.8	14.4	47.3
	잘 모름	128	32.2	52.7	100.0
	합계	243	61.1	100.0	
결측	시스템 결측값	155	38.9		
합계		398	100.0		

후손과 만나는 장소는

		빈도	퍼센트	유효 퍼센트	누적퍼센트
유효	꿈속	75	18.8	64.7	64.7
	종교의식	14	3.5	12.1	76.7
	제사장소	14	3.5	12.1	88.8
	기타	13	3.3	11.2	100.0
	합계	116	29.1	100.0	
결측	시스템 결측값	282	70.9		
합계		398	100.0		

환생을 믿는가

		빈도	퍼센트	유효 퍼센트	누적퍼센트
유효	믿는다	63	15.8	21.9	21.9
	안 믿음	101	25.4	35.1	56.9
	잘 모름	124	31.2	43.1	100.0
	합계	288	72.4	100.0	
결측	시스템 결측값	110	27.6		
합계		398	100.0		

무엇으로 태어나고 싶나

		빈도	퍼센트	유효 퍼센트	누적퍼센트
유효	사람	95	23.9	70.4	70.4
	동물	16	4.0	11.9	82.2
	꽃, 나무	9	2.3	6.7	88.9
	새	6	1.5	4.4	93.3
	나비	2	.5	1.5	94.8
	기타	7	1.8	5.2	100.0
	합계	135	33.9	100.0	
결측	시스템 결측값	263	66.1		
합계		398	100.0		

무엇으로 태어나고 싶나1

		빈도	퍼센트	유효 퍼센트	누적퍼센트
유효	사람	97	24.4	65.1	65.1
	동물	13	3.3	8.7	73.8
	꽃, 나무	11	2.8	7.4	81.2
	새	6	1.5	4.0	85.2
	나비	2	.5	1.3	86.6
	기타	13	3.3	8.7	95.3
	태어나고 싶지 않다	7	1.8	4.7	100.0
	합계	149	37.4	100.0	
결측	시스템 결측값	249	62.6		
합계		398	100.0		

절대자 존재의 유무

		빈도	퍼센트	유효 퍼센트	누적퍼센트
유효	있다	106	26.6	36.9	36.9
	없다	94	23.6	32.8	69.7
	모르겠다	87	21.9	30.3	100.0
	합계	287	72.1	100.0	
결측	시스템 결측값	111	27.9		
합계		398	100.0		

극락 유무

		빈도	퍼센트	유효 퍼센트	누적퍼센트
유효	있다	125	31.4	43.6	43.6
	없다	74	18.6	25.8	69.3
	모르겠다	87	21.9	30.3	99.7
	11.00	1	.3	.3	100.0
	합계	287	72.1	100.0	
결측	시스템 결측값	111	27.9		
합계		398	100.0		

지옥 유무

		빈도	퍼센트	유효 퍼센트	누적퍼센트
유효	있다	89	22.4	31.1	31.1
	없다	97	24.4	33.9	65.0
	모르겠다	100	25.1	35.0	100.0
	합계	286	71.9	100.0	
결측	시스템 결측값	112	28.1		
합계		398	100.0		

귀신 유무

		빈도	퍼센트	유효 퍼센트	누적퍼센트
유효	있다	61	15.3	21.3	21.3
	없다	117	29.4	40.9	62.2
	모르겠다	107	26.9	37.4	99.7
	4.00	1	.3	.3	100.0
	합계	286	71.9	100.0	
결측	시스템 결측값	112	28.1		
합계		398	100.0		

부록5

교차분석(한국)

종교

		빈도	퍼센트	유효 퍼센트	누적퍼센트
유효	불교	114	21.8	26.0	26.0
	개신교	110	21.0	25.1	51.0
	천주교	32	6.1	7.3	58.3
	기타	27	5.2	6.2	64.5
	무종교	156	29.8	35.5	100.0
	합계	439	83.9	100.0	
결측	시스템 결측값	84	16.1		
합계		523	100.0		

종교*죽음에 대한 생각 교차표

빈도

		죽음에 대한 생각				전체
		깊이 생각	가끔 생각	생각 안함	4.00	
종교	불교	8	78	27	1	114
	개신교	23	70	16	1	110
	천주교	5	22	3	2	32
	기타	3	16	7		26
	무종교	10	102	41	2	155
전체		49	288	94	6	437

종교*죽음에 대한 두려움 교차표

빈도

		죽음의 두려움				전체
		많이 두렵다	두렵다	별로	전혀	
종교	불교	10	38	55	10	113
	개신교	7	29	48	26	110
	천주교	4	14	12	1	31
	기타	2	3	10	12	27
	무종교	20	57	60	17	154
전체		43	141	185	66	435

종교*죽음의 두려움 교차표

			죽음의 두려움				전체
			많이 두렵다	두렵다	별로	전혀	
종교	불교	빈도	10	38	55	10	113
		종교의 %	8.8%	33.6%	48.7%	8.8%	100.0%
		죽음의 두려움의 %	23.3%	27.0%	29.7%	15.2%	26.0%
		전체 %	2.3%	8.7%	12.6%	2.3%	26.0%
	개신교	빈도	7	29	48	26	110
		종교의 %	6.4%	26.4%	43.6%	23.6%	100.0%
		죽음의 두려움의 %	16.3%	20.6%	25.9%	39.4%	25.3%
		전체 %	1.6%	6.7%	11.0%	6.0%	25.3%
	천주교	빈도	4	14	12	1	31
		종교의 %	12.9%	45.2%	38.7%	3.2%	100.0%
		죽음의 두려움의 %	9.3%	9.9%	6.5%	1.5%	7.1%
		전체 %	.9%	3.2%	2.8%	.2%	7.1%
	기타	빈도	2	3	10	12	27
		종교의 %	7.4%	11.1%	37.0%	44.4%	100.0%
		죽음의 두려움의 %	4.7%	2.1%	5.4%	18.2%	6.2%
		전체 %	.5%	.7%	2.3%	2.8%	6.2%
	무종교	빈도	20	57	60	17	154
		종교의 %	13.0%	37.0%	39.0%	11.0%	100.0%
		죽음의 두려움의 %	46.5%	40.4%	32.4%	25.8%	35.4%
		전체 %	4.6%	13.1%	13.8%	3.9%	35.4%
전체		빈도	43	141	185	66	435
		종교의 %	9.9%	32.4%	42.5%	15.2%	100.0%
		죽음의 두려움의 %	100.0%	100.0%	100.0%	100.0%	100.0%
		전체 %	9.9%	32.4%	42.5%	15.2%	100.0%

종교*두려운 이유 교차표

빈도

			두려운 이유					전체
		가족친지와의 이별	사후세계유무를 몰라서	죽음 자체가 두려워	잘 모름	기타	11.00	
종교	불교	21	9	16	12			58
	개신교	10	7	16	6	7		46
	천주교	8	2	8	3	1		22
	기타	5		1	2			8
	무종교	25	7	37	13	6	1	89
전체		69	25	78	36	14	1	223

종교*두려운 이유 교차표

			두려운 이유						전체
			가족친지와의 이별	사후세계유무를 몰라서	죽음 자체가 두려워	잘 모름	기타	11.00	
종교	불교	빈도	21	9	16	12			58
		종교의 %	36.2%	15.5%	27.6%	20.7%			100.0%
		두려운 이유의 %	30.4%	36.0%	20.5%	33.3%			26.0%
		전체 %	9.4%	4.0%	7.2%	5.4%			26.0%
	개신교	빈도	10	7	16	6	7		46
		종교의 %	21.7%	15.2%	34.8%	13.0%	15.2%		100.0%
		두려운 이유의 %	14.5%	28.0%	20.5%	16.7%	50.0%		20.6%
		전체 %	4.5%	3.1%	7.2%	2.7%	3.1%		20.6%
	천주교	빈도	8	2	8	3	1		22
		종교의 %	36.4%	9.1%	36.4%	13.6%	4.5%		100.0%
		두려운 이유의 %	11.6%	8.0%	10.3%	8.3%	7.1%		9.9%
		전체 %	3.6%	.9%	3.6%	1.3%	.4%		9.9%

기타	빈도	5		1	2			8
	종교의 %	62.5%		12.5%	25.0%			100.0%
	두려운 이유의 %	7.2%		1.3%	5.6%			3.6%
	전체 %	2.2%		.4%	.9%			3.6%
무종교	빈도	25	7	37	13	6	1	89
	종교의 %	28.1%	7.9%	41.6%	14.6%	6.7%	1.1%	100.0%
	두려운 이유의 %	36.2%	28.0%	47.4%	36.1%	42.9%	100.0%	39.9%
	전체 %	11.2%	3.1%	16.6%	5.8%	2.7%	.4%	39.9%
전체	빈도	69	25	78	36	14	1	223
	종교의 %	30.9%	11.2%	35.0%	16.1%	6.3%	.4%	100.0%
	두려운 이유의 %	100.0%	100.0%	100.0%	100.0%	100.0%	100.0%	100.0%
	전체 %	30.9%	11.2%	35.0%	16.1%	6.3%	.4%	100.0%

종교*두렵지 않은 이유 교차표

빈도

		두렵지 않은 이유						전체
		종교 때문	사람은 모두 죽는다	환생	다른 세상에 계속 존재	잘 모름	기타	
종교	불교	1	55	1	7	10	1	75
	개신교	42	20	1	9	4	3	79
	천주교	3	8		1		1	13
	기타	6	7	4	3	1	1	22
	무종교		60	2	4	15	4	85
전체		52	150	8	24	30	10	274

종교*두렵지 않은 이유 교차표

			두렵지 않은 이유						전체
			종교 때문	사람은 모두 죽는다	환생	다른 세상에 계속 존재	잘 모름	기타	
종교	불교	빈도	1	55	1	7	10	1	75
		종교의 %	1.3%	73.3%	1.3%	9.3%	13.3%	1.3%	100.0%
		두렵지 않은 이유의 %	1.9%	36.7%	12.5%	29.2%	33.3%	10.0%	27.4%
		전체 %	.4%	20.1%	.4%	2.6%	3.6%	.4%	27.4%
	개신교	빈도	42	20	1	9	4	3	79
		종교의 %	53.2%	25.3%	1.3%	11.4%	5.1%	3.8%	100.0%
		두렵지 않은 이유의 %	80.8%	13.3%	12.5%	37.5%	13.3%	30.0%	28.8%
		전체 %	15.3%	7.3%	.4%	3.3%	1.5%	1.1%	28.8%
	천주교	빈도	3	8		1		1	13
		종교의 %	23.1%	61.5%		7.7%		7.7%	100.0%
		두렵지 않은 이유의 %	5.8%	5.3%		4.2%		10.0%	4.7%
		전체 %	1.1%	2.9%		.4%		.4%	4.7%
	기타	빈도	6	7	4	3	1	1	22
		종교의 %	27.3%	31.8%	18.2%	13.6%	4.5%	4.5%	100.0%
		두렵지 않은 이유의 %	11.5%	4.7%	50.0%	12.5%	3.3%	10.0%	8.0%
		전체 %	2.2%	2.6%	1.5%	1.1%	.4%	.4%	8.0%
	무종교	빈도		60	2	4	15	4	85
		종교의 %		70.6%	2.4%	4.7%	17.6%	4.7%	100.0%
		두렵지 않은 이유의 %		40.0%	25.0%	16.7%	50.0%	40.0%	31.0%
		전체 %		21.9%	.7%	1.5%	5.5%	1.5%	31.0%
전체		빈도	52	150	8	24	30	10	274
		종교의 %	19.0%	54.7%	2.9%	8.8%	10.9%	3.6%	100.0%
		두렵지 않은 이유의 %	100.0%	100.0%	100.0%	100.0%	100.0%	100.0%	100.0%
		전체 %	19.0%	54.7%	2.9%	8.8%	10.9%	3.6%	100.0%

종교*자살 생각 여부 교차표

빈도

		자살 생각 여부			전체
		자주 있다	있다	없다	
종교	불교	2	51	61	114
	개신교	3	49	58	110
	천주교	2	21	9	32
	기타	1	10	16	27
	무종교	6	60	87	153
전체		14	191	231	436

종교*자살 생각 여부 교차표

			자살 생각 여부			전체
			자주 있다	있다	없다	
종교	불교	빈도	2	51	61	114
		종교의 %	1.8%	44.7%	53.5%	100.0%
		자살 생각 여부의 %	14.3%	26.7%	26.4%	26.1%
		전체 %	.5%	11.7%	14.0%	26.1%
	개신교	빈도	3	49	58	110
		종교의 %	2.7%	44.5%	52.7%	100.0%
		자살 생각 여부의 %	21.4%	25.7%	25.1%	25.2%
		전체 %	.7%	11.2%	13.3%	25.2%
	천주교	빈도	2	21	9	32
		종교의 %	6.3%	65.6%	28.1%	100.0%
		자살 생각 여부의 %	14.3%	11.0%	3.9%	7.3%
		전체 %	.5%	4.8%	2.1%	7.3%
	기타	빈도	1	10	16	27
		종교의 %	3.7%	37.0%	59.3%	100.0%
		자살 생각 여부의 %	7.1%	5.2%	6.9%	6.2%
		전체 %	.2%	2.3%	3.7%	6.2%
	무종교	빈도	6	60	87	153
		종교의 %	3.9%	39.2%	56.9%	100.0%
		자살 생각 여부의 %	42.9%	31.4%	37.7%	35.1%
		전체 %	1.4%	13.8%	20.0%	35.1%
전체		빈도	14	191	231	436
		종교의 %	3.2%	43.8%	53.0%	100.0%
		자살 생각 여부의 %	100.0%	100.0%	100.0%	100.0%
		전체 %	3.2%	43.8%	53.0%	100.0%

종교*죽고싶은 이유 교차표

빈도

		죽고싶은 이유								전체
		사업부진	질병	인간관계	가족 갈등	명예 실추	가난	종교적 세상	기타	
종교	불교	9	4	12	16	1	4	1	10	57
	개신교	9	2	17	6	1	3	4	15	57
	천주교	3		9	1	1	1	3	5	23
	기타	5	1	2	2	1			3	14
	무종교	13	5	14	11	4	3	1	21	72
전체		39	12	54	36	8	11	9	54	223

종교*죽고싶은 이유 교차표

			죽고싶은 이유								전체
			사업부진	질병	인간관계	가족 갈등	명예 실추	가난	종교적 세상	기타	
종교	불교	빈도	9	4	12	16	1	4	1	10	57
		종교의 %	15.8%	7.0%	21.1%	28.1%	1.8%	7.0%	1.8%	17.5%	100.0%
		죽고싶은 이유의 %	23.1%	33.3%	22.2%	44.4%	12.5%	36.4%	11.1%	18.5%	25.6%
		전체 %	4.0%	1.8%	5.4%	7.2%	.4%	1.8%	.4%	4.5%	25.6%
	개신교	빈도	9	2	17	6	1	3	4	15	57
		종교의 %	15.8%	3.5%	29.8%	10.5%	1.8%	5.3%	7.0%	26.3%	100.0%
		죽고싶은 이유의 %	23.1%	16.7%	31.5%	16.7%	12.5%	27.3%	44.4%	27.8%	25.6%
		전체 %	4.0%	.9%	7.6%	2.7%	.4%	1.3%	1.8%	6.7%	25.6%
	천주교	빈도	3		9	1	1	1	3	5	23
		종교의 %	13.0%		39.1%	4.3%	4.3%	4.3%	13.0%	21.7%	100.0%
		죽고싶은 이유의 %	7.7%		16.7%	2.8%	12.5%	9.1%	33.3%	9.3%	10.3%
		전체 %	1.3%		4.0%	.4%	.4%	.4%	1.3%	2.2%	10.3%
	기타	빈도	5	1	2	2	1			3	14
		종교의 %	35.7%	7.1%	14.3%	14.3%	7.1%			21.4%	100.0%
		죽고싶은 이유의 %	12.8%	8.3%	3.7%	5.6%	12.5%			5.6%	6.3%
		전체 %	2.2%	.4%	.9%	.9%	.4%			1.3%	6.3%
	무종교	빈도	13	5	14	11	4	3	1	21	72
		종교의 %	18.1%	6.9%	19.4%	15.3%	5.6%	4.2%	1.4%	29.2%	100.0%
		죽고싶은 이유의 %	33.3%	41.7%	25.9%	30.6%	50.0%	27.3%	11.1%	38.9%	32.3%
		전체 %	5.8%	2.2%	6.3%	4.9%	1.8%	1.3%	.4%	9.4%	32.3%
전체		빈도	39	12	54	36	8	11	9	54	223
		종교의 %	17.5%	5.4%	24.2%	16.1%	3.6%	4.9%	4.0%	24.2%	100.0%
		죽고싶은 이유의 %	100.0%	100.0%	100.0%	100.0%	100.0%	100.0%	100.0%	100.0%	100.0%
		전체 %	17.5%	5.4%	24.2%	16.1%	3.6%	4.9%	4.0%	24.2%	100.0%

종교*친족의 죽음 경험 교차표

빈도

		친족의 죽음 경험					전체
		없다	1회	2회	3회	4회 이상	
종교	불교	13	15	28	18	37	111
	개신교	13	17	34	15	30	109
	천주교	1	5	7	11	8	32
	기타	1	1	4	3	18	27
	무종교	24	23	49	28	30	154
전체		52	61	122	75	123	433

종교*친족 죽음 느낌 교차표

빈도

		친족 죽음 느낌								전체
		별로 생각 안 함	환생 기원	저승 안락 기원	저승 완수 기원	저승 재회 기원	영원이별의 슬픔	종교세상	기타	
종교	불교	9	6	45	11	2	28	1		102
	개신교	8	3	18	3	5	15	45	5	102
	천주교	3	1	15	3	2	5	2		31
	기타	1	4	10	1	1	3	4	1	25
	무종교	15	5	71	10	4	29		3	137
전체		36	19	159	28	14	80	52	9	397

종교*친족 죽음 느낌 교차표

			친족 죽음 느낌								전체
			별로 생각 안 함	환생 기원	저승 안락 기원	저승 완수 기원	저승 재회 기원	영원이별의 슬픔	종교세상	기타	
종교	불교	빈도	9	6	45	11	2	28	1		102
		종교의 %	8.8%	5.9%	44.1%	10.8%	2.0%	27.5%	1.0%		100.0%
		친족 죽음 느낌의 %	25.0%	31.6%	28.3%	39.3%	14.3%	35.0%	1.9%		25.7%
		전체 %	2.3%	1.5%	11.3%	2.8%	.5%	7.1%	.3%		25.7%
	개신교	빈도	8	3	18	3	5	15	45	5	102
		종교의 %	7.8%	2.9%	17.6%	2.9%	4.9%	14.7%	44.1%	4.9%	100.0%
		친족 죽음 느낌의 %	22.2%	15.8%	11.3%	10.7%	35.7%	18.8%	86.5%	55.6%	25.7%
		전체 %	2.0%	.8%	4.5%	.8%	1.3%	3.8%	11.3%	1.3%	25.7%
	천주교	빈도	3	1	15	3	2	5	2		31
		종교의 %	9.7%	3.2%	48.4%	9.7%	6.5%	16.1%	6.5%		100.0%
		친족 죽음 느낌의 %	8.3%	5.3%	9.4%	10.7%	14.3%	6.3%	3.8%		7.8%
		전체 %	.8%	.3%	3.8%	.8%	.5%	1.3%	.5%		7.8%
	기타	빈도	1	4	10	1	1	3	4	1	25
		종교의 %	4.0%	16.0%	40.0%	4.0%	4.0%	12.0%	16.0%	4.0%	100.0%
		친족 죽음 느낌의 %	2.8%	21.1%	6.3%	3.6%	7.1%	3.8%	7.7%	11.1%	6.3%
		전체 %	.3%	1.0%	2.5%	.3%	.3%	.8%	1.0%	.3%	6.3%
	무종교	빈도	15	5	71	10	4	29		3	137
		종교의 %	10.9%	3.6%	51.8%	7.3%	2.9%	21.2%		2.2%	100.0%
		친족 죽음 느낌의 %	41.7%	26.3%	44.7%	35.7%	28.6%	36.3%		33.3%	34.5%
		전체 %	3.8%	1.3%	17.9%	2.5%	1.0%	7.3%		.8%	34.5%
전체		빈도	36	19	159	28	14	80	52	9	397
		종교의 %	9.1%	4.8%	40.1%	7.1%	3.5%	20.2%	13.1%	2.3%	100.0%
		친족 죽음 느낌의 %	100.0%	100.0%	100.0%	100.0%	100.0%	100.0%	100.0%	100.0%	100.0%
		전체 %	9.1%	4.8%	40.1%	7.1%	3.5%	20.2%	13.1%	2.3%	100.0%

종교*친족죽음에 대한 나의 생각 교차표

빈도

		친족죽음에 대한 나의생각								전체
		별로 생각 안 함	나의 죽음에 대한 두려움	따라 죽고 싶다	열심히 살겠다	착한 일	종교세상	종교 귀의	기타	
종교	불교	14	21	1	45	15	3		3	102
	개신교	17	15		18	6	39	4	3	102
	천주교	6	8	2	4	7	2	1	1	31
	기타	3	2	1	11	8	2			27
	무종교	39	38	4	37	10	1		9	138
전체		79	84	8	115	46	47	5	16	400

종교*친족죽음에 대한 나의 생각 교차표

			친족죽음에 대한 나의생각								전체
			별로 생각 안 함	나의 죽음에 대한 두려움	따라 죽고 싶다	열심히 살겠다	착한 일	종교세상	종교 귀의	기타	
종교	불교	빈도	14	21	1	45	15	3		3	102
		종교의 %	13.7%	20.6%	1.0%	44.1%	14.7%	2.9%		2.9%	100.0%
		친족죽음에 대한 나의생각의 %	17.7%	25.0%	12.5%	39.1%	32.6%	6.4%		18.8%	25.5%
		전체 %	3.5%	5.3%	.3%	11.3%	3.8%	.8%		.8%	25.5%
	개신교	빈도	17	15		18	6	39	4	3	102
		종교의 %	16.7%	14.7%		17.6%	5.9%	38.2%	3.9%	2.9%	100.0%
		친족죽음에 대한 나의생각의 %	21.5%	17.9%		15.7%	13.0%	83.0%	80.0%	18.8%	25.5%
		전체 %	4.3%	3.8%		4.5%	1.5%	9.8%	1.0%	.8%	25.5%
	천주교	빈도	6	8	2	4	7	2	1	1	31
		종교의 %	19.4%	25.8%	6.5%	12.9%	22.6%	6.5%	3.2%	3.2%	100.0%
		친족죽음에 대한 나의생각의 %	7.6%	9.5%	25.0%	3.5%	15.2%	4.3%	20.0%	6.3%	7.8%
		전체 %	1.5%	2.0%	.5%	1.0%	1.8%	.5%	.3%	.3%	7.8%
	기타	빈도	3	2	1	11	8	2			27
		종교의 %	11.1%	7.4%	3.7%	40.7%	29.6%	7.4%			100.0%
		친족죽음에 대한 나의생각의 %	3.8%	2.4%	12.5%	9.6%	17.4%	4.3%			6.8%
		전체 %	.8%	.5%	.3%	2.8%	2.0%	.5%			6.8%
	무종교	빈도	39	38	4	37	10	1		9	138
		종교의 %	28.3%	27.5%	2.9%	26.8%	7.2%	.7%		6.5%	100.0%
		친족죽음에 대한 나의생각의 %	49.4%	45.2%	50.0%	32.2%	21.7%	2.1%		56.3%	34.5%
		전체 %	9.8%	9.5%	1.0%	9.3%	2.5%	.3%		2.3%	34.5%

전체	빈도		79	84	8	115	46	47	5	16	400
	종교의 %		19.8%	21.0%	2.0%	28.8%	11.5%	11.8%	1.3%	4.0%	100.0%
	친족죽음에 대한 나의생각의 %		100.0%	100.0%	100.0%	100.0%	100.0%	100.0%	100.0%	100.0%	100.0%
	전체 %		19.8%	21.0%	2.0%	28.8%	11.5%	11.8%	1.3%	4.0%	100.0%

종교*양육자의 종교 교차표

빈도

		양육자의 종교					전체
		불교	개신교	천주교	기타	무종교	
종교	불교	96	2	2	3	9	112
	개신교	30	54	3	2	20	109
	천주교	3	2	23		4	32
	기타	15	1		8	3	27
	무종교	52	6	11	2	77	148
전체		196	65	39	15	113	428

종교*양육자의 종교 교차표

			양육자의 종교					전체
			불교	개신교	천주교	기타	무종교	
종교	불교	빈도	96	2	2	3	9	112
		종교의 %	85.7%	1.8%	1.8%	2.7%	8.0%	100.0%
		양육자의 종교의 %	49.0%	3.1%	5.1%	20.0%	8.0%	26.2%
		전체 %	22.4%	.5%	.5%	.7%	2.1%	26.2%
	개신교	빈도	30	54	3	2	20	109
		종교의 %	27.5%	49.5%	2.8%	1.8%	18.3%	100.0%
		양육자의 종교의 %	15.3%	83.1%	7.7%	13.3%	17.7%	25.5%
		전체 %	7.0%	12.6%	.7%	.5%	4.7%	25.5%
	천주교	빈도	3	2	23		4	32
		종교의 %	9.4%	6.3%	71.9%		12.5%	100.0%
		양육자의 종교의 %	1.5%	3.1%	59.0%		3.5%	7.5%
		전체 %	.7%	.5%	5.4%		.9%	7.5%
	기타	빈도	15	1		8	3	27
		종교의 %	55.6%	3.7%		29.6%	11.1%	100.0%
		양육자의 종교의 %	7.7%	1.5%		53.3%	2.7%	6.3%
		전체 %	3.5%	.2%		1.9%	.7%	6.3%
	무종교	빈도	52	6	11	2	77	148
		종교의 %	35.1%	4.1%	7.4%	1.4%	52.0%	100.0%
		양육자의 종교의 %	26.5%	9.2%	28.2%	13.3%	68.1%	34.6%
		전체 %	12.1%	1.4%	2.6%	.5%	18.0%	34.6%
전체		빈도	196	65	39	15	113	428
		종교의 %	45.8%	15.2%	9.1%	3.5%	26.4%	100.0%
		양육자의 종교의 %	100.0%	100.0%	100.0%	100.0%	100.0%	100.0%
		전체 %	45.8%	15.2%	9.1%	3.5%	26.4%	100.0%

종교*죽음이란 무엇인가 교차표

빈도

		죽음이란 무엇인가						전체
		모든 것 끝남	삶의 연장	영혼의 육체 이탈	심장 정지	영면	기타	
종교	불교	37	19	2	10	44		112
	개신교	13	52	23	5	15	2	110
	천주교	8	4	8	1	11		32
	기타	3	11	2	1	8	1	26
	무종교	56	17	6	13	56	7	155
전체		117	103	41	30	134	10	435

종교*죽음이란 무엇인가 교차표

종교			\죽음이란 무엇인가						전체
			모든 것 끝남	삶의 연장	영혼의 육체 이탈	심장 정지	영면	기타	
종교	불교	빈도	37	19	2	10	44		112
		종교의 %	33.0%	17.0%	1.8%	8.9%	39.3%		100.0%
		죽음이란 무엇인가의 %	31.6%	18.4%	4.9%	33.3%	32.8%		25.7%
		전체 %	8.5%	4.4%	.5%	2.3%	10.1%		25.7%
	개신교	빈도	13	52	23	5	15	2	110
		종교의 %	11.8%	47.3%	20.9%	4.5%	13.6%	1.8%	100.0%
		죽음이란 무엇인가의 %	11.1%	50.5%	56.1%	16.7%	11.2%	20.0%	25.3%
		전체 %	3.0%	12.0%	5.3%	1.1%	3.4%	.5%	25.3%
	천주교	빈도	8	4	8	1	11		32
		종교의 %	25.0%	12.5%	25.0%	3.1%	34.4%		100.0%
		죽음이란 무엇인가의 %	6.8%	3.9%	19.5%	3.3%	8.2%		7.4%
		전체 %	1.8%	.9%	1.8%	.2%	2.5%		7.4%
	기타	빈도	3	11	2	1	8	1	26
		종교의 %	11.5%	42.3%	7.7%	3.8%	30.8%	3.8%	100.0%
		죽음이란 무엇인가의 %	2.6%	10.7%	4.9%	3.3%	6.0%	10.0%	6.0%
		전체 %	.7%	2.5%	.5%	.2%	1.8%	.2%	6.0%
	무종교	빈도	56	17	6	13	56	7	155
		종교의 %	36.1%	11.0%	3.9%	8.4%	36.1%	4.5%	100.0%
		죽음이란 무엇인가의 %	47.9%	16.5%	14.6%	43.3%	41.8%	70.0%	35.6%
		전체 %	12.9%	3.9%	1.4%	3.0%	12.9%	1.6%	35.6%
전체		빈도	117	103	41	30	134	10	435
		종교의 %	26.9%	23.7%	9.4%	6.9%	30.8%	2.3%	100.0%
		죽음이란 무엇인가의 %	100.0%	100.0%	100.0%	100.0%	100.0%	100.0%	100.0%
		전체 %	26.9%	23.7%	9.4%	6.9%	30.8%	2.3%	100.0%

종교*죽음에 대한 준비교육필요성 교차표

빈도

종교		죽음에 대한 준비교육필요성			전체
		필요	필요없음	잘 모름	
종교	불교	52	18	43	113
	개신교	83	11	16	110
	천주교	19	5	8	32
	기타	17	5	5	27
	무종교	56	44	56	156
전체		227	83	128	438

종교*교육의 적절한 시기 교차표

빈도

종교		교육의 적절한 시기							전체
		유치원	초등	중등	고등	대학	사회인	기타	
종교	불교	2	5	13	4	15	27	4	70
	개신교	24	11	15	6	13	14	6	89
	천주교	2	2	2	3	3	6	2	20
	기타			1	3	1	12	2	19
	무종교	4	6	11	12	14	20	3	70
전체		32	24	42	28	46	79	17	268

종교*교육의 적절한 방법 교차표

빈도

종교		교육의 적절한 방법						전체
		교육기관	복지기관	종교기관	가정	기타	6.00	
종교	불교	23	10	9	28		5	75
	개신교	16	7	34	32			89

천주교	5	4	3	8				20
기타	2	5	4	10				21
무종교	25	13	2	31	2		4	77
전체	71	39	52	109	2		9	282

종교*장례방법 교차표

빈도

		장례방법								전체
		매장	화장후 납골	화장후 산골	풍장	수목장	유언	관계없음	기타	
종교	불교	15	39	18		9	25	7		113
	개신교	11	37	11		7	26	15	1	108
	천주교	1	8	5		3	11	3		31
	기타	2	13	6		1	4	1		27
	무종교	13	54	19	1	8	43	14	1	153
전체		42	151	59	1	28	109	40	2	432

종교*사후세계 유무 교차표

빈도

		사후세계 유무						전체
		있다	있는 것 같다	없다	없는 것 같다	모르겠다	33.00	
종교	불교	22	45	9	14	24		114
	개신교	73	18	5	3	10		109
	천주교	10	17	3		2		32
	기타	16	5	1	2	3		27
	무종교	17	43	26	22	44	1	153
전체		138	128	44	41	83	1	435

종교*사후세계 유무 교차표

			사후세계 유무						전체
			있다	있는 것 같다	없다	없는 것 같다	모르겠다	33.00	
종교	불교	빈도	22	45	9	14	24		114
		종교의 %	19.3%	39.5%	7.9%	12.3%	21.1%		100.0%
		사후세계 유무의 %	15.9%	35.2%	20.5%	34.1%	28.9%		26.2%
		전체 %	5.1%	10.3%	2.1%	3.2%	5.5%		26.2%
	개신교	빈도	73	18	5	3	10		109
		종교의 %	67.0%	16.5%	4.6%	2.8%	9.2%		100.0%
		사후세계 유무의 %	52.9%	14.1%	11.4%	7.3%	12.0%		25.1%
		전체 %	16.8%	4.1%	1.1%	.7%	2.3%		25.1%
	천주교	빈도	10	17	3		2		32
		종교의 %	31.3%	53.1%	9.4%		6.3%		100.0%
		사후세계 유무의 %	7.2%	13.3%	6.8%		2.4%		7.4%
		전체 %	2.3%	3.9%	.7%		.5%		7.4%
	기타	빈도	16	5	1	2	3		27
		종교의 %	59.3%	18.5%	3.7%	7.4%	11.1%		100.0%
		사후세계 유무의 %	11.6%	3.9%	2.3%	4.9%	3.6%		6.2%
		전체 %	3.7%	1.1%	.2%	.5%	.7%		6.2%
	무종교	빈도	17	43	26	22	44	1	153
		종교의 %	11.1%	28.1%	17.0%	14.4%	28.8%	.7%	100.0%
		사후세계 유무의 %	12.3%	33.6%	59.1%	53.7%	53.0%	100.0%	35.2%
		전체 %	3.9%	9.9%	6.0%	5.1%	10.1%	.2%	35.2%
전체		빈도	138	128	44	41	83	1	435
		종교의 %	31.7%	29.4%	10.1%	9.4%	19.1%	.2%	100.0%
		사후세계 유무의 %	100.0%	100.0%	100.0%	100.0%	100.0%	100.0%	100.0%
		전체 %	31.7%	29.4%	10.1%	9.4%	19.1%	.2%	100.0%

종교*사후세계는 어떠한가 교차표

빈도

		사후세계는 어떠한가								전체
		편안	환생 준비	현실 망각	회귀 불가	영혼 방황	암흑세계	지옥	기타	
종교	불교	20	29	12	9	7	2		1	80
	개신교	58	4	8	14	1		2	8	95
	천주교	12	1	4	6	4	1			28
	기타	3	13	1	1	1	1		1	21
	무종교	17	15	20	11	4	3		7	77
전체		110	62	45	41	17	7	2	17	301

종교*사후세계는 어떠한가 교차표

			사후세계는 어떠한가								전체
			편안	환생 준비	현실 망각	회귀 불가	영혼 방황	암흑세계	지옥	기타	
종교	불교	빈도	20	29	12	9	7	2		1	80
		종교의 %	25.0%	36.3%	15.0%	11.3%	8.8%	2.5%		1.3%	100.0%
		사후세계는 어떠한가의 %	18.2%	46.8%	26.7%	22.0%	41.2%	28.6%		5.9%	26.6%
		전체 %	6.6%	9.6%	4.0%	3.0%	2.3%	.7%		.3%	26.6%
	개신교	빈도	58	4	8	14	1		2	8	95
		종교의 %	61.1%	4.2%	8.4%	14.7%	1.1%		2.1%	8.4%	100.0%
		사후세계는 어떠한가의 %	52.7%	6.5%	17.8%	34.1%	5.9%		100.0%	47.1%	31.6%
		전체 %	19.3%	1.3%	2.7%	4.7%	.3%		.7%	2.7%	31.6%
	천주교	빈도	12	1	4	6	4	1			28
		종교의 %	42.9%	3.6%	14.3%	21.4%	14.3%	3.6%			100.0%
		사후세계는 어떠한가의 %	10.9%	1.6%	8.9%	14.6%	23.5%	14.3%			9.3%
		전체 %	4.0%	.3%	1.3%	2.0%	1.3%	.3%			9.3%
	기타	빈도	3	13	1	1	1	1		1	21
		종교의 %	14.3%	61.9%	4.8%	4.8%	4.8%	4.8%		4.8%	100.0%
		사후세계는 어떠한가의 %	2.7%	21.0%	2.2%	2.4%	5.9%	14.3%		5.9%	7.0%
		전체 %	1.0%	4.3%	.3%	.3%	.3%	.3%		.3%	7.0%
	무종교	빈도	17	15	20	11	4	3		7	77
		종교의 %	22.1%	19.5%	26.0%	14.3%	5.2%	3.9%		9.1%	100.0%
		사후세계는 어떠한가의 %	15.5%	24.2%	44.4%	26.8%	23.5%	42.9%		41.2%	25.6%
		전체 %	5.6%	5.0%	6.6%	3.7%	1.3%	1.0%		2.3%	25.6%
전체		빈도	110	62	45	41	17	7	2	17	301
		종교의 %	36.5%	20.6%	15.0%	13.6%	5.6%	2.3%	.7%	5.6%	100.0%
		사후세계는 어떠한가의 %	100.0%	100.0%	100.0%	100.0%	100.0%	100.0%	100.0%	100.0%	100.0%
		전체 %	36.5%	20.6%	15.0%	13.6%	5.6%	2.3%	.7%	5.6%	100.0%

종교*사후세계 구별 교차표

빈도

		사후세계 구별			전체
		구별된다	구별 안 된다	잘 모름	
종교	불교	35	17	37	89
	개신교	80	6	14	100
	천주교	11	3	15	29
	기타	14	3	6	23
	무종교	20	22	44	86
전체		160	51	116	327

종교*사후세계 구별 교차표

			사후세계 구별			전체
			구별된다	구별 안 된다	잘 모름	
종교	불교	빈도	35	17	37	89
		종교의 %	39.3%	19.1%	41.6%	100.0%
		사후세계 구별의 %	21.9%	33.3%	31.9%	27.2%
		전체 %	10.7%	5.2%	11.3%	27.2%

개신교	빈도	80	6	14	100
	종교의 %	80.0%	6.0%	14.0%	100.0%
	사후세계 구별의 %	50.0%	11.8%	12.1%	30.6%
	전체 %	24.5%	1.8%	4.3%	30.6%
천주교	빈도	11	3	15	29
	종교의 %	37.9%	10.3%	51.7%	100.0%
	사후세계 구별의 %	6.9%	5.9%	12.9%	8.9%
	전체 %	3.4%	.9%	4.6%	8.9%
기타	빈도	14	3	6	23
	종교의 %	60.9%	13.0%	26.1%	100.0%
	사후세계 구별의 %	8.8%	5.9%	5.2%	7.0%
	전체 %	4.3%	.9%	1.8%	7.0%
무종교	빈도	20	22	44	86
	종교의 %	23.3%	25.6%	51.2%	100.0%
	사후세계 구별의 %	12.5%	43.1%	37.9%	26.3%
	전체 %	6.1%	6.7%	13.5%	26.3%
전체	빈도	160	51	116	327
	종교의 %	48.9%	15.6%	35.5%	100.0%
	사후세계 구별의 %	100.0%	100.0%	100.0%	100.0%
	전체 %	48.9%	15.6%	35.5%	100.0%

종교*좋은 세상에 가는 사람은? 교차표

빈도

		좋은 세상에 가는 사람은?					전체
		착한 사람	종교인	모두 간다	모두 못 간다	기타	
종교	불교	56	3	5	3	3	70
	개신교	32	46	3	1	9	91
	천주교	12	2	3		2	19
	기타	12	5	3		1	21
	무종교	35	1	6	2	9	53
전체		147	57	20	6	24	254

종교*좋은 세상에 가는 사람은? 교차표

			좋은 세상에 가는 사람은?					전체
			착한 사람	종교인	모두 간다	모두 못 간다	기타	
종교	불교	빈도	56	3	5	3	3	70
		종교의 %	80.0%	4.3%	7.1%	4.3%	4.3%	100.0%
		좋은 세상에 가는 사람은?의 %	38.1%	5.3%	25.0%	50.0%	12.5%	27.6%
		전체 %	22.0%	1.2%	2.0%	1.2%	1.2%	27.6%
	개신교	빈도	32	46	3	1	9	91
		종교의 %	35.2%	50.5%	3.3%	1.1%	9.9%	100.0%
		좋은 세상에 가는 사람은?의 %	21.8%	80.7%	15.0%	16.7%	37.5%	35.8%
		전체 %	12.6%	18.1%	1.2%	.4%	3.5%	35.8%
	천주교	빈도	12	2	3		2	19
		종교의 %	63.2%	10.5%	15.8%		10.5%	100.0%
		좋은 세상에 가는 사람은?의 %	8.2%	3.5%	15.0%		8.3%	7.5%
		전체 %	4.7%	.8%	1.2%		.8%	7.5%
	기타	빈도	12	5	3		1	21
		종교의 %	57.1%	23.8%	14.3%		4.8%	100.0%
		좋은 세상에 가는 사람은?의 %	8.2%	8.8%	15.0%		4.2%	8.3%
		전체 %	4.7%	2.0%	1.2%		.4%	8.3%
	무종교	빈도	35	1	6	2	9	53
		종교의 %	66.0%	1.9%	11.3%	3.8%	17.0%	100.0%
		좋은 세상에 가는 사람은?의 %	23.8%	1.8%	30.0%	33.3%	37.5%	20.9%
		전체 %	13.8%	.4%	2.4%	.8%	3.5%	20.9%
전체		빈도	147	57	20	6	24	254
		종교의 %	57.9%	22.4%	7.9%	2.4%	9.4%	100.0%
		좋은 세상에 가는 사람은?의 %	100.0%	100.0%	100.0%	100.0%	100.0%	100.0%
		전체 %	57.9%	22.4%	7.9%	2.4%	9.4%	100.0%

종교*사후세계가 없는 이유 교차표

빈도

종교		사후세계가 없는 이유				전체
		세상 속에 있다	죽음에 대한 공포	과학적 입증 불가	기타	
종교	불교	23	11	26	2	62
	개신교	7	5	13	7	32
	천주교	3	2	7		12
	기타	2	6	5		13
	무종교	15	15	42	10	82
전체		50	39	93	19	201

종교*사후세계가 없는 이유 교차표

종교			사후세계가 없는 이유				전체
			세상 속에 있다	죽음에 대한 공포	과학적 입증 불가	기타	
종교	불교	빈도	23	11	26	2	62
		종교의 %	37.1%	17.7%	41.9%	3.2%	100.0%
		사후세계가 없는 이유의 %	46.0%	28.2%	28.0%	10.5%	30.8%
		전체 %	11.4%	5.5%	12.9%	1.0%	30.8%
	개신교	빈도	7	5	13	7	32
		종교의 %	21.9%	15.6%	40.6%	21.9%	100.0%
		사후세계가 없는 이유의 %	14.0%	12.8%	14.0%	36.8%	15.9%
		전체 %	3.5%	2.5%	6.5%	3.5%	15.9%
	천주교	빈도	3	2	7		12
		종교의 %	25.0%	16.7%	58.3%		100.0%
		사후세계가 없는 이유의 %	6.0%	5.1%	7.5%		6.0%
		전체 %	1.5%	1.0%	3.5%		6.0%
	기타	빈도	2	6	5		13
		종교의 %	15.4%	46.2%	38.5%		100.0%
		사후세계가 없는 이유의 %	4.0%	15.4%	5.4%		6.5%
		전체 %	1.0%	3.0%	2.5%		6.5%
	무종교	빈도	15	15	42	10	82
		종교의 %	18.3%	18.3%	51.2%	12.2%	100.0%
		사후세계가 없는 이유의 %	30.0%	38.5%	45.2%	52.6%	40.8%
		전체 %	7.5%	7.5%	20.9%	5.0%	40.8%
전체		빈도	50	39	93	19	201
		종교의 %	24.9%	19.4%	46.3%	9.5%	100.0%
		사후세계가 없는 이유의 %	100.0%	100.0%	100.0%	100.0%	100.0%
		전체 %	24.9%	19.4%	46.3%	9.5%	100.0%

종교*번뇌가 존재하는 이유 교차표

빈도

종교		번뇌가 존재하는 이유						전체
		전생업보	인생 자체가 고통	인과응보	삶 속에 그냥 있다	모르겠다	기타	
종교	불교	17	22	9	54	10	1	113
	개신교	2	21	14	40	9	14	100
	천주교	2	5	2	17	4	1	31
	기타	13	2	5	5	1	1	27
	무종교	3	22	10	90	27	4	156
전체		37	72	40	206	51	21	427

종교*영혼의 유무 교차표

빈도

종교		영혼의 유무					전체
		있다	있는 것 같다	없다	없는 것 같다	잘 모름	
종교	불교	37	36	8	6	27	114
	개신교	85	13	1	3	8	110
	천주교	15	11	2	1	2	31
	기타	19	4	3	1		27
	무종교	33	51	15	16	40	155
전체		189	115	29	27	77	437

종교*영혼의 유무 교차표

종교			영혼의 유무					전체
			있다	있는 것 같다	없다	없는 것 같다	잘 모름	
종교	불교	빈도	37	36	8	6	27	114
		종교의 %	32.5%	31.6%	7.0%	5.3%	23.7%	100.0%
		영혼의 유무의 %	19.6%	31.3%	27.6%	22.2%	35.1%	26.1%
		전체 %	8.5%	8.2%	1.8%	1.4%	6.2%	26.1%
	개신교	빈도	85	13	1	3	8	110
		종교의 %	77.3%	11.8%	.9%	2.7%	7.3%	100.0%
		영혼의 유무의 %	45.0%	11.3%	3.4%	11.1%	10.4%	25.2%
		전체 %	19.5%	3.0%	.2%	.7%	1.8%	25.2%
	천주교	빈도	15	11	2	1	2	31
		종교의 %	48.4%	35.5%	6.5%	3.2%	6.5%	100.0%
		영혼의 유무의 %	7.9%	9.6%	6.9%	3.7%	2.6%	7.1%
		전체 %	3.4%	2.5%	.5%	.2%	.5%	7.1%
	기타	빈도	19	4	3	1		27
		종교의 %	70.4%	14.8%	11.1%	3.7%		100.0%
		영혼의 유무의 %	10.1%	3.5%	10.3%	3.7%		6.2%
		전체 %	4.3%	.9%	.7%	.2%		6.2%
	무종교	빈도	33	51	15	16	40	155
		종교의 %	21.3%	32.9%	9.7%	10.3%	25.8%	100.0%
		영혼의 유무의 %	17.5%	44.3%	51.7%	59.3%	51.9%	35.5%
		전체 %	7.6%	11.7%	3.4%	3.7%	9.2%	35.5%
전체		빈도	189	115	29	27	77	437
		종교의 %	43.2%	26.3%	6.6%	6.2%	17.6%	100.0%
		영혼의 유무의 %	100.0%	100.0%	100.0%	100.0%	100.0%	100.0%
		전체 %	43.2%	26.3%	6.6%	6.2%	17.6%	100.0%

종교*후손과 만날 수 있나 교차표

빈도

종교		후손과 만날 수 있나			전체
		있다	없다	잘 모름	
종교	불교	38	12	40	90
	개신교	51	24	29	104
	천주교	16	3	10	29
	기타	16	4	4	24
	무종교	40	16	57	113
전체		161	59	140	360

종교*후손과 만날 수 있나 교차표

			후손과 만날 수 있나			전체
			있다	없다	잘 모름	
종교	불교	빈도	38	12	40	90
		종교의 %	42.2%	13.3%	44.4%	100.0%
		후손과 만날 수 있나의 %	23.6%	20.3%	28.6%	25.0%
		전체 %	10.6%	3.3%	11.1%	25.0%
	개신교	빈도	51	24	29	104
		종교의 %	49.0%	23.1%	27.9%	100.0%
		후손과 만날 수 있나의 %	31.7%	40.7%	20.7%	28.9%
		전체 %	14.2%	6.7%	8.1%	28.9%
	천주교	빈도	16	3	10	29
		종교의 %	55.2%	10.3%	34.5%	100.0%
		후손과 만날 수 있나의 %	9.9%	5.1%	7.1%	8.1%
		전체 %	4.4%	.8%	2.8%	8.1%
	기타	빈도	16	4	4	24
		종교의 %	66.7%	16.7%	16.7%	100.0%
		후손과 만날 수 있나의 %	9.9%	6.8%	2.9%	6.7%
		전체 %	4.4%	1.1%	1.1%	6.7%
	무종교	빈도	40	16	57	113
		종교의 %	35.4%	14.2%	50.4%	100.0%
		후손과 만날 수 있나의 %	24.8%	27.1%	40.7%	31.4%
		전체 %	11.1%	4.4%	15.8%	31.4%
전체		빈도	161	59	140	360
		종교의 %	44.7%	16.4%	38.9%	100.0%
		후손과 만날 수 있나의 %	100.0%	100.0%	100.0%	100.0%
		전체 %	44.7%	16.4%	38.9%	100.0%

종교*후손과 만나는 장소는 교차표

빈도

		후손과 만나는 장소는				전체
		꿈속	종교의식	제사장소	기타	
종교	불교	33	13	7	15	68
	개신교	24	17	1	25	67
	천주교	12	3	3	4	22
	기타	15	1	2	3	21
	무종교	45	12	6	10	73
전체		129	46	19	57	251

종교*환생을 믿는가 교차표

빈도

		환생을 믿는가			전체
		믿는다	안 믿음	잘 모름	
종교	불교	48	24	41	113
	개신교	15	72	20	107
	천주교	14	7	10	31
	기타	19	4	4	27
	무종교	38	54	60	152
전체		134	161	135	430

종교*환생을 믿는가 교차표

			환생을 믿는가			전체
			믿는다	안 믿음	잘 모름	
종교	불교	빈도	48	24	41	113
		종교의 %	42.5%	21.2%	36.3%	100.0%
		환생을 믿는가의 %	35.8%	14.9%	30.4%	26.3%
		전체 %	11.2%	5.6%	9.5%	26.3%
	개신교	빈도	15	72	20	107
		종교의 %	14.0%	67.3%	18.7%	100.0%
		환생을 믿는가의 %	11.2%	44.7%	14.8%	24.9%
		전체 %	3.5%	16.7%	4.7%	24.9%
	천주교	빈도	14	7	10	31
		종교의 %	45.2%	22.6%	32.3%	100.0%
		환생을 믿는가의 %	10.4%	4.3%	7.4%	7.2%
		전체 %	3.3%	1.6%	2.3%	7.2%
	기타	빈도	19	4	4	27
		종교의 %	70.4%	14.8%	14.8%	100.0%
		환생을 믿는가의 %	14.2%	2.5%	3.0%	6.3%
		전체 %	4.4%	.9%	.9%	6.3%
	무종교	빈도	38	54	60	152
		종교의 %	25.0%	35.5%	39.5%	100.0%
		환생을 믿는가의 %	28.4%	33.5%	44.4%	35.3%
		전체 %	8.8%	12.6%	14.0%	35.3%
전체		빈도	134	161	135	430
		종교의 %	31.2%	37.4%	31.4%	100.0%
		환생을 믿는가의 %	100.0%	100.0%	100.0%	100.0%
		전체 %	31.2%	37.4%	31.4%	100.0%

종교*무엇으로 태어나고 싶나 교차표

빈도

		무엇으로 태어나고 싶나						전체
		사람	동물	꽃, 나무	새	나비	기타	
종교	불교	46		7	11	3	7	74
	개신교	20		3	3		2	28
	천주교	12	2		3		1	18
	기타	17		1	1		2	21
	무종교	49	3	5	6		7	70
전체		144	5	16	24	3	19	211

종교*무엇으로 태어나고 싶나 교차표

			무엇으로 태어나고 싶나						전체
			사람	동물	꽃, 나무	새	나비	기타	
종교	불교	빈도	46		7	11	3	7	74
		종교의 %	62.2%		9.5%	14.9%	4.1%	9.5%	100.0%
		무엇으로 태어나고 싶나의 %	31.9%		43.8%	45.8%	100.0%	36.8%	35.1%
		전체 %	21.8%		3.3%	5.2%	1.4%	3.3%	35.1%
	개신교	빈도	20		3	3		2	28
		종교의 %	71.4%		10.7%	10.7%		7.1%	100.0%
		무엇으로 태어나고 싶나의 %	13.9%		18.8%	12.5%		10.5%	13.3%
		전체 %	9.5%		1.4%	1.4%		.9%	13.3%
	천주교	빈도	12	2		3		1	18
		종교의 %	66.7%	11.1%		16.7%		5.6%	100.0%
		무엇으로 태어나고 싶나의 %	8.3%	40.0%		12.5%		5.3%	8.5%
		전체 %	5.7%	.9%		1.4%		.5%	8.5%
	기타	빈도	17		1	1		2	21
		종교의 %	81.0%		4.8%	4.8%		9.5%	100.0%
		무엇으로 태어나고 싶나의 %	11.8%		6.3%	4.2%		10.5%	10.0%
		전체 %	8.1%		.5%	.5%		.9%	10.0%

무종교	빈도	49	3	5	6		7	70
	종교의 %	70.0%	4.3%	7.1%	8.6%		10.0%	100.0%
	무엇으로 태어 나고 싶나의 %	34.0%	60.0%	31.3%	25.0%		36.8%	33.2%
	전체 %	23.2%	1.4%	2.4%	2.8%		3.3%	33.2%
전체	빈도	144	5	16	24	3	19	211
	종교의 %	68.2%	2.4%	7.6%	11.4%	1.4%	9.0%	100.0%
	무엇으로 태어 나고 싶나의 %	100.0%	100.0%	100.0%	100.0%	100.0%	100.0%	100.0%
	전체 %	68.2%	2.4%	7.6%	11.4%	1.4%	9.0%	100.0%

종교＊절대자 존재의 유무 교차표

빈도

		절대자 존재의 유무			전체
		있다	없다	모르겠다	
종교	불교	41	32	39	112
	개신교	93	5	9	107
	천주교	22 가)	4	5	31
	기타	10	10	7	27
	무종교	42	61	48	151
전체		208	112	108	428

종교＊절대자 존재의 유무 교차표

			절대자 존재의 유무			전체
			있다	없다	모르겠다	
종교	불교	빈도	39	34	37	110
		종교의 %	35.5%	30.9%	33.6%	100.0%
		절대자 존재의 유무의 %	37.9%	37.0%	42.5%	39.0%
		전체 %	13.8%	12.1%	13.1%	39.0%
	개신교	빈도	3	1	1	5
		종교의 %	60.0%	20.0%	20.0%	100.0%
		절대자 존재의 유무의 %	2.9%	1.1%	1.1%	1.8%
		전체 %	1.1%	.4%	.4%	1.8%
	천주교	빈도	5			5
		종교의 %	100.0%			100.0%
		절대자 존재의 유무의 %	4.9%			1.8%
		전체 %	1.8%			1.8%
	기타	빈도	17	2	12	31
		종교의 %	54.8%	6.5%	38.7%	100.0%
		절대자 존재의 유무의 %	16.5%	2.2%	13.8%	11.0%
		전체 %	6.0%	.7%	4.3%	11.0%
	무종교	빈도	39	55	37	131
		종교의 %	29.8%	42.0%	28.2%	100.0%
		절대자 존재의 유무의 %	37.9%	59.8%	42.5%	46.5%
		전체 %	13.8%	19.5%	13.1%	46.5%
전체		빈도	103	92	87	282
		종교의 %	36.5%	32.6%	30.9%	100.0%
		절대자 존재의 유무의 %	100.0%	100.0%	100.0%	100.0%
		전체 %	36.5%	32.6%	30.9%	100.0%

종교*극락 유무 교차표

빈도

		극락 유무			전체
		있다	없다	모르겠다	
종교	불교	50	26	33	109
	개신교	78	9	19	106
	천주교	24	3	4	31
	기타	13	9	5	27
	무종교	35	54	64	153
전체		200	101	125	426

종교*극락 유무 교차표

			극락 유무			전체
			있다	없다	모르겠다	
종교	불교	빈도	50	26	33	109
		종교의 %	45.9%	23.9%	30.3%	100.0%
		극락 유무의 %	25.0%	25.7%	26.4%	25.6%
		전체 %	11.7%	6.1%	7.7%	25.6%
	개신교	빈도	78	9	19	106
		종교의 %	73.6%	8.5%	17.9%	100.0%
		극락 유무의 %	39.0%	8.9%	15.2%	24.9%
		전체 %	18.3%	2.1%	4.5%	24.9%
	천주교	빈도	24	3	4	31
		종교의 %	77.4%	9.7%	12.9%	100.0%
		극락 유무의 %	12.0%	3.0%	3.2%	7.3%
		전체 %	5.6%	.7%	.9%	7.3%
	기타	빈도	13	9	5	27
		종교의 %	48.1%	33.3%	18.5%	100.0%
		극락 유무의 %	6.5%	8.9%	4.0%	6.3%
		전체 %	3.1%	2.1%	1.2%	6.3%
	무종교	빈도	35	54	64	153
		종교의 %	22.9%	35.3%	41.8%	100.0%
		극락 유무의 %	17.5%	53.5%	51.2%	35.9%
		전체 %	8.2%	12.7%	15.0%	35.9%
전체		빈도	200	101	125	426
		종교의 %	46.9%	23.7%	29.3%	100.0%
		극락 유무의 %	100.0%	100.0%	100.0%	100.0%
		전체 %	46.9%	23.7%	29.3%	100.0%

종교*지옥 유무 교차표

빈도

		지옥 유무			전체
		있다	없다	모르겠다	
종교	불교	35	30	44	109
	개신교	73	12	20	105
	천주교	15	4	12	31
	기타	15	9	3	27
	무종교	27	59	66	152
전체		165	114	145	424

종교*지옥 유무 교차표

			지옥 유무			전체
			있다	없다	모르겠다	
종교	불교	빈도	35	30	44	109
		종교의 %	32.1%	27.5%	40.4%	100.0%
		지옥 유무의 %	21.2%	26.3%	30.3%	25.7%
		전체 %	8.3%	7.1%	10.4%	25.7%
	개신교	빈도	73	12	20	105
		종교의 %	69.5%	11.4%	19.0%	100.0%
		지옥 유무의 %	44.2%	10.5%	13.8%	24.8%
		전체 %	17.2%	2.8%	4.7%	24.8%
	천주교	빈도	15	4	12	31
		종교의 %	48.4%	12.9%	38.7%	100.0%
		지옥 유무의 %	9.1%	3.5%	8.3%	7.3%
		전체 %	3.5%	.9%	2.8%	7.3%
	기타	빈도	15	9	3	27
		종교의 %	55.6%	33.3%	11.1%	100.0%
		지옥 유무의 %	9.1%	7.9%	2.1%	6.4%
		전체 %	3.5%	2.1%	.7%	6.4%
	무종교	빈도	27	59	66	152
		종교의 %	17.8%	38.8%	43.4%	100.0%
		지옥 유무의 %	16.4%	51.8%	45.5%	35.8%
		전체 %	6.4%	13.9%	15.6%	35.8%
전체		빈도	165	114	145	424
		종교의 %	38.9%	26.9%	34.2%	100.0%
		지옥 유무의 %	100.0%	100.0%	100.0%	100.0%
		전체 %	38.9%	26.9%	34.2%	100.0%

종교*귀신 유무 교차표

빈도

		귀신 유무			전체
		있다	없다	모르겠다	
종교	불교	41	23	45	109
	개신교	78	5	21	104
	천주교	17	5	9	31
	기타	17	5	5	27
	무종교	39	47	66	152
전체		192	85	146	423

종교*귀신 유무 교차표

종교			귀신 유무			전체
			있다	없다	모르겠다	
종교	불교	빈도	41	23	45	109
		종교의 %	37.6%	21.1%	41.3%	100.0%
		귀신 유무의 %	21.4%	27.1%	30.8%	25.8%
		전체 %	9.7%	5.4%	10.6%	25.8%
	개신교	빈도	78	5	21	104
		종교의 %	75.0%	4.8%	20.2%	100.0%
		귀신 유무의 %	40.6%	5.9%	14.4%	24.6%
		전체 %	18.4%	1.2%	5.0%	24.6%
	천주교	빈도	17	5	9	31
		종교의 %	54.8%	16.1%	29.0%	100.0%
		귀신 유무의 %	8.9%	5.9%	6.2%	7.3%
		전체 %	4.0%	1.2%	2.1%	7.3%
	기타	빈도	17	5	5	27
		종교의 %	63.0%	18.5%	18.5%	100.0%
		귀신 유무의 %	8.9%	5.9%	3.4%	6.4%
		전체 %	4.0%	1.2%	1.2%	6.4%
	무종교	빈도	39	47	66	152
		종교의 %	25.7%	30.9%	43.4%	100.0%
		귀신 유무의 %	20.3%	55.3%	45.2%	35.9%
		전체 %	9.2%	11.1%	15.6%	35.9%
전체		빈도	192	85	146	423
		종교의 %	45.4%	20.1%	34.5%	100.0%
		귀신 유무의 %	100.0%	100.0%	100.0%	100.0%
		전체 %	45.4%	20.1%	34.5%	100.0%

부록6

교차분석표(일본)

종교

		빈도	퍼센트	유효 퍼센트	누적퍼센트
유효	불교	110	27.6	38.5	38.5
	개신교	5	1.3	1.7	40.2
	천주교	5	1.3	1.7	42.0
	기타	31	7.8	10.8	52.8
	무종교	135	33.9	47.2	100.0
	합계	286	71.9	100.0	
결측	시스템 결측값	112	28.1		
합계		398	100.0		

종교*죽음에 대한 생각 교차표

빈도

		죽음에 대한 생각				전체
		깊이 생각	가끔 생각	생각 안함	4.00	
종교	불교	12	57	35	5	109
	개신교		1	1	3	5
	천주교	1	3	1		5
	기타	12	11	7	1	31
	무종교	19	59	42	14	134
전체		44	131	86	23	284

종교*죽음의 두려움 교차표

빈도

		죽음의 두려움				전체
		많이 두렵다	두렵다	별로	전혀	
종교	불교	12	68	27	2	109
	개신교	1	1	2	1	5
	천주교		3	2		5
	기타	5	15	9	1	30
	무종교	14	66	47	5	132
전체		32	153	87	9	281

종교*죽음의 두려움 교차표

			죽음의 두려움				전체
			많이 두렵다	두렵다	별로	전혀	
종교	불교	빈도	12	68	27	2	109
		종교의 %	11.0%	62.4%	24.8%	1.8%	100.0%
		죽음의 두려움의 %	37.5%	44.4%	31.0%	22.2%	38.8%
		전체 %	4.3%	24.2%	9.6%	.7%	38.8%
	개신교	빈도	1	1	2	1	5
		종교의 %	20.0%	20.0%	40.0%	20.0%	100.0%
		죽음의 두려움의 %	3.1%	.7%	2.3%	11.1%	1.8%
		전체 %	.4%	.4%	.7%	.4%	1.8%
	천주교	빈도		3	2		5
		종교의 %		60.0%	40.0%		100.0%
		죽음의 두려움의 %		2.0%	2.3%		1.8%
		전체 %		1.1%	.7%		1.8%
	기타	빈도	5	15	9	1	30
		종교의 %	16.7%	50.0%	30.0%	3.3%	100.0%
		죽음의 두려움의 %	15.6%	9.8%	10.3%	11.1%	10.7%
		전체 %	1.8%	5.3%	3.2%	.4%	10.7%
	무종교	빈도	14	66	47	5	132
		종교의 %	10.6%	50.0%	35.6%	3.8%	100.0%
		죽음의 두려움의 %	43.8%	43.1%	54.0%	55.6%	47.0%
		전체 %	5.0%	23.5%	16.7%	1.8%	47.0%
전체		빈도	32	153	87	9	281
		종교의 %	11.4%	54.4%	31.0%	3.2%	100.0%
		죽음의 두려움의 %	100.0%	100.0%	100.0%	100.0%	100.0%
		전체 %	11.4%	54.4%	31.0%	3.2%	100.0%

종교*두려운 이유 교차표

빈도

		두려운 이유					전체
		가족친지 와의 이별	사후세계유 무를 몰라서	죽음 자체 가 두려워	잘 모름	기타	
종교	불교	46	8	19	5	2	80
	개신교	1		1	1		3
	천주교		1	3			4
	기타	8	2	5	4	1	20
	무종교	30	9	33	9	6	87
전체		85	20	61	19	9	194

종교*두려운 이유 교차표

			두려운 이유					전체
			가족친지 와의 이별	사후세계유 무를 몰라서	죽음 자체 가 두려워	잘 모름	기타	
종교	불교	빈도	46	8	19	5	2	80
		종교의 %	57.5%	10.0%	23.8%	6.3%	2.5%	100.0%
		두려운 이유의 %	54.1%	40.0%	31.1%	26.3%	22.2%	41.2%
		전체 %	23.7%	4.1%	9.8%	2.6%	1.0%	41.2%
	개신교	빈도	1		1	1		3
		종교의 %	33.3%		33.3%	33.3%		100.0%
		두려운 이유의 %	1.2%		1.6%	5.3%		1.5%
		전체 %	.5%		.5%	.5%		1.5%
	천주교	빈도		1	3			4
		종교의 %		25.0%	75.0%			100.0%
		두려운 이유의 %		5.0%	4.9%			2.1%
		전체 %		.5%	1.5%			2.1%

기타	빈도	8	2	5	4	1	20
	종교의 %	40.0%	10.0%	25.0%	20.0%	5.0%	100.0%
	두려운 이유의 %	9.4%	10.0%	8.2%	21.1%	11.1%	10.3%
	전체 %	4.1%	1.0%	2.6%	2.1%	.5%	10.3%
무종교	빈도	30	9	33	9	6	87
	종교의 %	34.5%	10.3%	37.9%	10.3%	6.9%	100.0%
	두려운 이유의 %	35.3%	45.0%	54.1%	47.4%	66.7%	44.8%
	전체 %	15.5%	4.6%	17.0%	4.6%	3.1%	44.8%
전체	빈도	85	20	61	19	9	194
	종교의 %	43.8%	10.3%	31.4%	9.8%	4.6%	100.0%
	두려운 이유의 %	100.0%	100.0%	100.0%	100.0%	100.0%	100.0%
	전체 %	43.8%	10.3%	31.4%	9.8%	4.6%	100.0%

종교*두렵지 않은 이유 교차표

빈도

		두렵지 않은 이유						전체
		종교 때문	사람은 모두 죽는다	환생	다른 세상에 계속 존재	잘 모름	기타	
종교	불교		19		2	10	1	32
	개신교		2			1		3
	천주교	2			1			3
	기타	1	5			1	5	12
	무종교		36	1	2	8	6	53
전체		3	62	1	5	20	12	103

종교*두렵지 않은 이유 교차표

			두렵지 않은 이유						전체
			종교 때문	사람은 모두 죽는다	환생	다른 세상에 계속 존재	잘 모름	기타	
종교	불교	빈도		19		2	10	1	32
		종교의 %		59.4%		6.3%	31.3%	3.1%	100.0%
		두렵지 않은 이유의 %		30.6%		40.0%	50.0%	8.3%	31.1%
		전체 %		18.4%		1.9%	9.7%	1.0%	31.1%
	개신교	빈도		2			1		3
		종교의 %		66.7%			33.3%		100.0%
		두렵지 않은 이유의 %		3.2%			5.0%		2.9%
		전체 %		1.9%			1.0%		2.9%
	천주교	빈도	2			1			3
		종교의 %	66.7%			33.3%			100.0%
		두렵지 않은 이유의 %	66.7%			20.0%			2.9%
		전체 %	1.9%			1.0%			2.9%
	기타	빈도	1	5			1	5	12
		종교의 %	8.3%	41.7%			8.3%	41.7%	100.0%
		두렵지 않은 이유의 %	33.3%	8.1%			5.0%	41.7%	11.7%
		전체 %	1.0%	4.9%			1.0%	4.9%	11.7%
	무종교	빈도		36	1	2	8	6	53
		종교의 %		67.9%	1.9%	3.8%	15.1%	11.3%	100.0%
		두렵지 않은 이유의 %		58.1%	100.0%	40.0%	40.0%	50.0%	51.5%
		전체 %		35.0%	1.0%	1.9%	7.8%	5.8%	51.5%
전체		빈도	3	62	1	5	20	12	103
		종교의 %	2.9%	60.2%	1.0%	4.9%	19.4%	11.7%	100.0%
		두렵지 않은 이유의 %	100.0%	100.0%	100.0%	100.0%	100.0%	100.0%	100.0%
		전체 %	2.9%	60.2%	1.0%	4.9%	19.4%	11.7%	100.0%

종교*자살 생각 여부 교차표

빈도

		자살 생각 여부			전체
		자주 있다	있다	없다	
종교	불교		41	68	109
	개신교	1	1	3	5

			자주 있다	있다	없다	전체
	천주교		1	4		5
	기타			13	17	30
	무종교		5	45	85	135
전체			7	104	173	284

종교*자살 생각 여부 교차표

			자살 생각 여부			전체
			자주 있다	있다	없다	
종교	불교	빈도		41	68	109
		종교의 %		37.6%	62.4%	100.0%
		자살 생각 여부의 %		39.4%	39.3%	38.4%
		전체 %		14.4%	23.9%	38.4%
	개신교	빈도	1	1	3	5
		종교의 %	20.0%	20.0%	60.0%	100.0%
		자살 생각 여부의 %	14.3%	1.0%	1.7%	1.8%
		전체 %	.4%	.4%	1.1%	1.8%
	천주교	빈도	1	4		5
		종교의 %	20.0%	80.0%		100.0%
		자살 생각 여부의 %	14.3%	3.8%		1.8%
		전체 %	.4%	1.4%		1.8%
	기타	빈도		13	17	30
		종교의 %		43.3%	56.7%	100.0%
		자살 생각 여부의 %		12.5%	9.8%	10.6%
		전체 %		4.6%	6.0%	10.6%
	무종교	빈도	5	45	85	135
		종교의 %	3.7%	33.3%	63.0%	100.0%
		자살 생각 여부의 %	71.4%	43.3%	49.1%	47.5%
		전체 %	1.8%	15.8%	29.9%	47.5%
전체		빈도	7	104	173	284
		종교의 %	2.5%	36.6%	60.9%	100.0%
		자살 생각 여부의 %	100.0%	100.0%	100.0%	100.0%
		전체 %	2.5%	36.6%	60.9%	100.0%

종교*죽고싶은 이유 교차표

빈도

		죽고싶은 이유							전체
		사업부진	질병	인간관계	가족 갈등	명예 실추	종교적 세상	기타	
종교	불교	2	1	37		1			41
	개신교			1	1				2
	천주교		1	3	1				5
	기타	1	1	8		2			12
	무종교	4	1	36	5		2	2	50
전체		7	4	85	7	3	2	2	110

종교*죽고싶은 이유 교차표

			죽고싶은 이유							전체
			사업부진	질병	인간관계	가족 갈등	명예 실추	종교적 세상	기타	
종교	불교	빈도	2	1	37		1			41
		종교의 %	4.9%	2.4%	90.2%		2.4%			100.0%
		죽고싶은 이유의 %	28.6%	25.0%	43.5%		33.3%			37.3%
		전체 %	1.8%	.9%	33.6%		.9%			37.3%
	개신교	빈도			1	1				2
		종교의 %			50.0%	50.0%				100.0%
		죽고싶은 이유의 %			1.2%	14.3%				1.8%
		전체 %			.9%	.9%				1.8%

종교			1	2	3	4	5	6	7	전체
	천주교	빈도	1		3	1				5
		종교의 %	20.0%		60.0%	20.0%				100.0%
		죽고싶은 이유의 %	25.0%		3.5%	14.3%				4.5%
		전체 %	.9%		2.7%	.9%				4.5%
	기타	빈도	1	1	8		2			12
		종교의 %	8.3%	8.3%	66.7%		16.7%			100.0%
		죽고싶은 이유의 %	14.3%	25.0%	9.4%		66.7%			10.9%
		전체 %	.9%	.9%	7.3%		1.8%			10.9%
	무종교	빈도	4	1	36	5		2	2	50
		종교의 %	8.0%	2.0%	72.0%	10.0%		4.0%	4.0%	100.0%
		죽고싶은 이유의 %	57.1%	25.0%	42.4%	71.4%		100.0%	100.0%	45.5%
		전체 %	3.6%	.9%	32.7%	4.5%		1.8%	1.8%	45.5%
전체		빈도	7	4	85	7	3	2	2	110
		종교의 %	6.4%	3.6%	77.3%	6.4%	2.7%	1.8%	1.8%	100.0%
		죽고싶은 이유의 %	100.0%	100.0%	100.0%	100.0%	100.0%	100.0%	100.0%	100.0%
		전체 %	6.4%	3.6%	77.3%	6.4%	2.7%	1.8%	1.8%	100.0%

종교*친족의 죽음 경험 교차표

빈도

		친족의 죽음 경험					전체
		없다	1회	2회	3회	4회 이상	
종교	불교	14	26	32	18	20	110
	개신교				2	3	5
	천주교	2		1	1	1	5
	기타		8	11	5	7	31
	무종교	18	45	32	19	21	135
전체		34	79	76	45	52	286

종교*친족 죽음 느낌 교차표

빈도

		친족 죽음 느낌							전체
		별로 생각 안 함	환생 기원	저승 안락 기원	저승 재회 기원	영원이별의 슬픔	종교세상	기타	
종교	불교	15	1	45	3	27	1	5	97
	개신교		1	1		2	1		5
	천주교			2			1		3
	기타	2	3	14	2	8	1	1	31
	무종교	37	2	41	3	33		3	119
전체		54	7	103	8	70	4	9	255

종교*친족 죽음 느낌 교차표

			친족 죽음 느낌							전체
			별로 생각 안 함	환생 기원	저승 안락 기원	저승 재회 기원	영원이별의 슬픔	종교세상	기타	
종교	불교	빈도	15	1	45	3	27	1	5	97
		종교의 %	15.5%	1.0%	46.4%	3.1%	27.8%	1.0%	5.2%	100.0%
		친족 죽음 느낌의 %	27.8%	14.3%	43.7%	37.5%	38.6%	25.0%	55.6%	38.0%
		전체 %	5.9%	.4%	17.6%	1.2%	10.6%	.4%	2.0%	38.0%
	개신교	빈도		1	1		2	1		5
		종교의 %		20.0%	20.0%		40.0%	20.0%		100.0%
		친족 죽음 느낌의 %		14.3%	1.0%		2.9%	25.0%		2.0%
		전체 %		.4%	.4%		.8%	.4%		2.0%
	천주교	빈도			2			1		3
		종교의 %			66.7%			33.3%		100.0%
		친족 죽음 느낌의 %			1.9%			25.0%		1.2%
		전체 %			.8%			.4%		1.2%
	기타	빈도	2	3	14	2	8	1	1	31
		종교의 %	6.5%	9.7%	45.2%	6.5%	25.8%	3.2%	3.2%	100.0%
		친족 죽음 느낌의 %	3.7%	42.9%	13.6%	25.0%	11.4%	25.0%	11.1%	12.2%
		전체 %	.8%	1.2%	5.5%	.8%	3.1%	.4%	.4%	12.2%
	무종교	빈도	37	2	41	3	33		3	119
		종교의 %	31.1%	1.7%	34.5%	2.5%	27.7%		2.5%	100.0%
		친족 죽음 느낌의 %	68.5%	28.6%	39.8%	37.5%	47.1%		33.3%	46.7%
		전체 %	14.5%	.8%	16.1%	1.2%	12.9%		1.2%	46.7%
전체		빈도	54	7	103	8	70	4	9	255
		종교의 %	21.2%	2.7%	40.4%	3.1%	27.5%	1.6%	3.5%	100.0%
		친족 죽음 느낌의 %	100.0%	100.0%	100.0%	100.0%	100.0%	100.0%	100.0%	100.0%
		전체 %	21.2%	2.7%	40.4%	3.1%	27.5%	1.6%	3.5%	100.0%

종교*친족죽음에 대한 나의 생각 교차표

빈도

		친족죽음에 대한 나의생각							전체
		별로 생각 안 함	나의 죽음에 대한 두려움	따라 죽고 싶다	열심히 살겠다	착한 일	종교세상	기타	
종교	불교	33	16		37	7		4	97
	개신교	1			3		1		5
	천주교			1	1		1		3
	기타	9	4		12	1	1	4	31
	무종교	62	14		35	5		2	118
전체		105	34	1	88	13	3	10	254

종교*친족죽음에 대한 나의 생각 교차표

			친족죽음에 대한 나의생각							전체
			별로 생각 안 함	나의 죽음에 대한 두려움	따라 죽고 싶다	열심히 살겠다	착한 일	종교세상	기타	
종교	불교	빈도	33	16		37	7		4	97
		종교의 %	34.0%	16.5%		38.1%	7.2%		4.1%	100.0%
		친족죽음에 대한 나의생각의 %	31.4%	47.1%		42.0%	53.8%		40.0%	38.2%
		전체 %	13.0%	6.3%		14.6%	2.8%		1.6%	38.2%
	개신교	빈도	1			3		1		5
		종교의 %	20.0%			60.0%		20.0%		100.0%
		친족죽음에 대한 나의생각의 %	1.0%			3.4%		33.3%		2.0%
		전체 %	.4%			1.2%		.4%		2.0%
	천주교	빈도			1	1		1		3
		종교의 %			33.3%	33.3%		33.3%		100.0%
		친족죽음에 대한 나의생각의 %			100.0%	1.1%		33.3%		1.2%
		전체 %			.4%	.4%		.4%		1.2%
	기타	빈도	9	4		12	1	1	4	31
		종교의 %	29.0%	12.9%		38.7%	3.2%	3.2%	12.9%	100.0%
		친족죽음에 대한 나의생각의 %	8.6%	11.8%		13.6%	7.7%	33.3%	40.0%	12.2%
		전체 %	3.5%	1.6%		4.7%	.4%	.4%	1.6%	12.2%
	무종교	빈도	62	14		35	5		2	118
		종교의 %	52.5%	11.9%		29.7%	4.2%		1.7%	100.0%
		친족죽음에 대한 나의생각의 %	59.0%	41.2%		39.8%	38.5%		20.0%	46.5%
		전체 %	24.4%	5.5%		13.8%	2.0%		.8%	46.5%
전체		빈도	105	34	1	88	13	3	10	254
		종교의 %	41.3%	13.4%	.4%	34.6%	5.1%	1.2%	3.9%	100.0%
		친족죽음에 대한 나의생각의 %	100.0%	100.0%	100.0%	100.0%	100.0%	100.0%	100.0%	100.0%
		전체 %	41.3%	13.4%	.4%	34.6%	5.1%	1.2%	3.9%	100.0%

종교*양육자의 종교 교차표

빈도

		양육자의 종교					전체
		불교	개신교	천주교	기타	무종교	
종교	불교	107	1			1	109
	개신교		4				4
	천주교	3	1	1			5
	기타	2	1	2	21	3	29
	무종교	17	1	2	6	92	118
전체		129	8	5	27	96	265

종교*양육자의 종교 교차표

			양육자의 종교					전체
			불교	개신교	천주교	기타	무종교	
종교	불교	빈도	107	1			1	109
		종교의 %	98.2%	.9%			.9%	100.0%
		양육자의 종교의 %	82.9%	12.5%			1.0%	41.1%
		전체 %	40.4%	.4%			.4%	41.1%

개신교	빈도		4				4
	종교의 %		100.0%				100.0%
	양육자의 종교의 %		50.0%				1.5%
	전체 %		1.5%				1.5%
천주교	빈도	3	1	1			5
	종교의 %	60.0%	20.0%	20.0%			100.0%
	양육자의 종교의 %	2.3%	12.5%	20.0%			1.9%
	전체 %	1.1%	.4%	.4%			1.9%
기타	빈도	2	1	2	21	3	29
	종교의 %	6.9%	3.4%	6.9%	72.4%	10.3%	100.0%
	양육자의 종교의 %	1.6%	12.5%	40.0%	77.8%	3.1%	10.9%
	전체 %	.8%	.4%	.8%	7.9%	1.1%	10.9%
무종교	빈도	17	1	2	6	92	118
	종교의 %	14.4%	.8%	1.7%	5.1%	78.0%	100.0%
	양육자의 종교의 %	13.2%	12.5%	40.0%	22.2%	95.8%	44.5%
	전체 %	6.4%	.4%	.8%	2.3%	34.7%	44.5%
전체	빈도	129	8	5	27	96	265
	종교의 %	48.7%	3.0%	1.9%	10.2%	36.2%	100.0%
	양육자의 종교의 %	100.0%	100.0%	100.0%	100.0%	100.0%	100.0%
	전체 %	48.7%	3.0%	1.9%	10.2%	36.2%	100.0%

종교*죽음이란 무엇인가 교차표

빈도

		죽음이란 무엇인가						전체
		모든 것 끝남	삶의 연장	영혼의 육체 이탈	심장 정지	영면	기타	
종교	불교	48	9	8	12	26	4	107
	개신교	1	1		1	2		5
	천주교	1	2	1		1		5
	기타	10	7	2	3	1	6	29
	무종교	68	13	6	17	22	9	135
전체		128	32	17	33	52	19	281

종교*죽음이란 무엇인가 교차표

			죽음이란 무엇인가						전체
			모든 것 끝남	삶의 연장	영혼의 육체 이탈	심장 정지	영면	기타	
종교	불교	빈도	48	9	8	12	26	4	107
		종교의 %	44.9%	8.4%	7.5%	11.2%	24.3%	3.7%	100.0%
		죽음이란 무엇인가의 %	37.5%	28.1%	47.1%	36.4%	50.0%	21.1%	38.1%
		전체 %	17.1%	3.2%	2.8%	4.3%	9.3%	1.4%	38.1%
	개신교	빈도	1	1		1	2		5
		종교의 %	20.0%	20.0%		20.0%	40.0%		100.0%
		죽음이란 무엇인가의 %	.8%	3.1%		3.0%	3.8%		1.8%
		전체 %	.4%	.4%		.4%	.7%		1.8%
	천주교	빈도	1	2	1		1		5
		종교의 %	20.0%	40.0%	20.0%		20.0%		100.0%
		죽음이란 무엇인가의 %	.8%	6.3%	5.9%		1.9%		1.8%
		전체 %	.4%	.7%	.4%		.4%		1.8%
	기타	빈도	10	7	2	3	1	6	29
		종교의 %	34.5%	24.1%	6.9%	10.3%	3.4%	20.7%	100.0%
		죽음이란 무엇인가의 %	7.8%	21.9%	11.8%	9.1%	1.9%	31.6%	10.3%
		전체 %	3.6%	2.5%	.7%	1.1%	.4%	2.1%	10.3%
	무종교	빈도	68	13	6	17	22	9	135
		종교의 %	50.4%	9.6%	4.4%	12.6%	16.3%	6.7%	100.0%
		죽음이란 무엇인가의 %	53.1%	40.6%	35.3%	51.5%	42.3%	47.4%	48.0%
		전체 %	24.2%	4.6%	2.1%	6.0%	7.8%	3.2%	48.0%
전체		빈도	128	32	17	33	52	19	281
		종교의 %	45.6%	11.4%	6.0%	11.7%	18.5%	6.8%	100.0%
		죽음이란 무엇인가의 %	100.0%	100.0%	100.0%	100.0%	100.0%	100.0%	100.0%
		전체 %	45.6%	11.4%	6.0%	11.7%	18.5%	6.8%	100.0%

종교*죽음에 대한 준비교육필요성 교차표

빈도

		죽음에 대한 준비교육필요성			전체
		필요	필요없음	잘 모름	
종교	불교	27	18	65	110
	개신교	1	3	1	5
	천주교		2	3	5
	기타	16	3	12	31
	무종교	26	34	74	134
전체		70	60	155	285

종교*교육의 적절한 시기 교차표

빈도

		교육의 적절한 시기							전체
		유치원	초등	중등	고등	대학	사회인	기타	
종교	불교	7	10	5	6	2	2		32
	개신교	1			1				2
	천주교		1		1				2
	기타	6	5	5		1			17
	무종교	7	12	13	3		4	4	43
전체		21	28	23	11	3	6	4	96

종교*교육의 적절한 방법 교차표

빈도

		교육의 적절한 방법					전체
		교육기관	복지기관	종교기관	가정	기타	
종교	불교	15	2		15	1	33
	개신교	1			1		2
	천주교		1	1			2
	기타	7	2		9	1	19
	무종교	23	3		17	1	44
전체		46	8	1	42	3	100

종교*장례방법 교차표

빈도

		장례방법								전체
		매장	화장후 납골	화장후 산골	풍장	수목장	유언	관계없음	기타	
종교	불교	2	83	2	1		14	6	2	110
	개신교	1	2		1		1			5
	천주교			3			1		1	5
	기타	2	19	2			1	6	1	31
	무종교	7	66	7		1	30	17	4	132
전체		12	170	14	2	1	47	29	8	283

종교*사후세계 유무 교차표

빈도

		사후세계 유무					전체
		있다	있는 것 같다	없다	없는 것 같다	모르겠다	
종교	불교	20	49	4	18	19	110
	개신교	2	1		1	1	5
	천주교	4	1				5
	기타	8	14		4	5	31
	무종교	15	58	20	20	21	134
전체		49	123	24	43	46	285

종교*사후세계 유무 교차표

			사후세계 유무					전체
			있다	있는 것 같다	없다	없는 것 같다	모르겠다	
종교	불교	빈도	20	49	4	18	19	110
		종교의 %	18.2%	44.5%	3.6%	16.4%	17.3%	100.0%
		사후세계 유무의 %	40.8%	39.8%	16.7%	41.9%	41.3%	38.6%
		전체 %	7.0%	17.2%	1.4%	6.3%	6.7%	38.6%
	개신교	빈도	2	1		1	1	5
		종교의 %	40.0%	20.0%		20.0%	20.0%	100.0%
		사후세계 유무의 %	4.1%	.8%		2.3%	2.2%	1.8%
		전체 %	.7%	.4%		.4%	.4%	1.8%
	천주교	빈도	4	1				5
		종교의 %	80.0%	20.0%				100.0%
		사후세계 유무의 %	8.2%	.8%				1.8%
		전체 %	1.4%	.4%				1.8%
	기타	빈도	8	14		4	5	31
		종교의 %	25.8%	45.2%		12.9%	16.1%	100.0%
		사후세계 유무의 %	16.3%	11.4%		9.3%	10.9%	10.9%
		전체 %	2.8%	4.9%		1.4%	1.8%	10.9%
	무종교	빈도	15	58	20	20	21	134
		종교의 %	11.2%	43.3%	14.9%	14.9%	15.7%	100.0%
		사후세계 유무의 %	30.6%	47.2%	83.3%	46.5%	45.7%	47.0%
		전체 %	5.3%	20.4%	7.0%	7.0%	7.4%	47.0%
전체		빈도	49	123	24	43	46	285
		종교의 %	17.2%	43.2%	8.4%	15.1%	16.1%	100.0%
		사후세계 유무의 %	100.0%	100.0%	100.0%	100.0%	100.0%	100.0%
		전체 %	17.2%	43.2%	8.4%	15.1%	16.1%	100.0%

종교*사후세계는 어떠한가 교차표

빈도

		사후세계는 어떠한가								전체
		편안	환생 준비	현실 망각	회귀 불가	영혼 방황	암흑세계	지옥	기타	
종교	불교	34	19	7	3	3	1		1	68
	개신교	3								3
	천주교	2	1				1	1		5
	기타	4	9	2	1	2			5	23
	무종교	35	18	4	3	7	1		11	79
전체		78	47	13	7	12	3	1	17	178

종교*사후세계는 어떠한가 교차표

			사후세계는 어떠한가								전체
			편안	환생 준비	현실 망각	회귀 불가	영혼 방황	암흑세계	지옥	기타	
종교	불교	빈도	34	19	7	3	3	1		1	68
		종교의 %	50.0%	27.9%	10.3%	4.4%	4.4%	1.5%		1.5%	100.0%
		사후세계는 어떠한가의 %	43.6%	40.4%	53.8%	42.9%	25.0%	33.3%		5.9%	38.2%
		전체 %	19.1%	10.7%	3.9%	1.7%	1.7%	.6%		.6%	38.2%
	개신교	빈도	3								3
		종교의 %	100.0%								100.0%
		사후세계는 어떠한가의 %	3.8%								1.7%
		전체 %	1.7%								1.7%
	천주교	빈도	2	1				1	1		5
		종교의 %	40.0%	20.0%				20.0%	20.0%		100.0%
		사후세계는 어떠한가의 %	2.6%	2.1%				33.3%	100.0%		2.8%
		전체 %	1.1%	.6%				.6%	.6%		2.8%
	기타	빈도	4	9	2	1	2			5	23
		종교의 %	17.4%	39.1%	8.7%	4.3%	8.7%			21.7%	100.0%
		사후세계는 어떠한가의 %	5.1%	19.1%	15.4%	14.3%	16.7%			29.4%	12.9%
		전체 %	2.2%	5.1%	1.1%	.6%	1.1%			2.8%	12.9%
	무종교	빈도	35	18	4	3	7	1		11	79
		종교의 %	44.3%	22.8%	5.1%	3.8%	8.9%	1.3%		13.9%	100.0%
		사후세계는 어떠한가의 %	44.9%	38.3%	30.8%	42.9%	58.3%	33.3%		64.7%	44.4%
		전체 %	19.7%	10.1%	2.2%	1.7%	3.9%	.6%		6.2%	44.4%

전체	빈도	78	47	13	7	12	3	1	17	178
	종교의 %	43.8%	26.4%	7.3%	3.9%	6.7%	1.7%	.6%	9.6%	100.0%
	사후세계는 어떠한가의 %	100.0%	100.0%	100.0%	100.0%	100.0%	100.0%	100.0%	100.0%	100.0%
	전체 %	43.8%	26.4%	7.3%	3.9%	6.7%	1.7%	.6%	9.6%	100.0%

종교*사후세계 구별 교차표

빈도

		사후세계 구별			전체
		구별된다	구별 안 된다	잘 모름	
종교	불교	24	20	34	78
	개신교		1	1	2
	천주교	1	2	2	5
	기타	5	11	8	24
	무종교	27	27	34	88
전체		57	61	79	197

종교*사후세계 구별 교차표

			사후세계 구별			전체
			구별된다	구별 안 된다	잘 모름	
종교	불교	빈도	24	20	34	78
		종교의 %	30.8%	25.6%	43.6%	100.0%
		사후세계 구별의 %	42.1%	32.8%	43.0%	39.6%
		전체 %	12.2%	10.2%	17.3%	39.6%
	개신교	빈도		1	1	2
		종교의 %		50.0%	50.0%	100.0%
		사후세계 구별의 %		1.6%	1.3%	1.0%
		전체 %		.5%	.5%	1.0%
	천주교	빈도	1	2	2	5
		종교의 %	20.0%	40.0%	40.0%	100.0%
		사후세계 구별의 %	1.8%	3.3%	2.5%	2.5%
		전체 %	.5%	1.0%	1.0%	2.5%
	기타	빈도	5	11	8	24
		종교의 %	20.8%	45.8%	33.3%	100.0%
		사후세계 구별의 %	8.8%	18.0%	10.1%	12.2%
		전체 %	2.5%	5.6%	4.1%	12.2%
	무종교	빈도	27	27	34	88
		종교의 %	30.7%	30.7%	38.6%	100.0%
		사후세계 구별의 %	47.4%	44.3%	43.0%	44.7%
		전체 %	13.7%	13.7%	17.3%	44.7%
전체		빈도	57	61	79	197
		종교의 %	28.9%	31.0%	40.1%	100.0%
		사후세계 구별의 %	100.0%	100.0%	100.0%	100.0%
		전체 %	28.9%	31.0%	40.1%	100.0%

종교*좋은 세상에 가는 사람은? 교차표

빈도

		좋은 세상에 가는 사람은?					전체
		착한 사람	종교인	모두 간다	모두 못 간다	기타	
종교	불교	23		5	3	1	32
	개신교		1				1
	천주교		1		1		2
	기타	6		1			7
	무종교	31		3	1	5	40
전체		60	2	9	5	6	82

종교*좋은 세상에 가는 사람은? 교차표

종교			_좋은 세상에 가는 사람은? 착한 사람	종교인	모두 간다	모두 못 간다	기타	전체
종교	불교	빈도	23		5	3	1	32
		종교의 %	71.9%		15.6%	9.4%	3.1%	100.0%
		좋은 세상에 가는 사람은?의 %	38.3%		55.6%	60.0%	16.7%	39.0%
		전체 %	28.0%		6.1%	3.7%	1.2%	39.0%
	개신교	빈도		1				1
		종교의 %		100.0%				100.0%
		좋은 세상에 가는 사람은?의 %		50.0%				1.2%
		전체 %		1.2%				1.2%
	천주교	빈도		1		1		2
		종교의 %		50.0%		50.0%		100.0%
		좋은 세상에 가는 사람은?의 %		50.0%		20.0%		2.4%
		전체 %		1.2%		1.2%		2.4%
	기타	빈도	6		1			7
		종교의 %	85.7%		14.3%			100.0%
		좋은 세상에 가는 사람은?의 %	10.0%		11.1%			8.5%
		전체 %	7.3%		1.2%			8.5%
	무종교	빈도	31		3	1	5	40
		종교의 %	77.5%		7.5%	2.5%	12.5%	100.0%
		좋은 세상에 가는 사람은?의 %	51.7%		33.3%	20.0%	83.3%	48.8%
		전체 %	37.8%		3.7%	1.2%	6.1%	48.8%
전체		빈도	60	2	9	5	6	82
		종교의 %	73.2%	2.4%	11.0%	6.1%	7.3%	100.0%
		좋은 세상에 가는 사람은?의 %	100.0%	100.0%	100.0%	100.0%	100.0%	100.0%
		전체 %	73.2%	2.4%	11.0%	6.1%	7.3%	100.0%

종교*사후세계가 없는 이유 교차표

빈도

종교		사후세계가 없는 이유 세상 속에 있다	죽음에 대한 공포	과학적 입증 불가	기타	전체
종교	불교	8	10	12	1	31
	개신교	1			1	2
	천주교		2	1	1	4
	기타	2	3	3	1	9
	무종교	8	13	29	8	58
전체		19	28	45	12	104

종교*사후세계가 없는 이유 교차표

종교			사후세계가 없는 이유 세상 속에 있다	죽음에 대한 공포	과학적 입증 불가	기타	전체
종교	불교	빈도	8	10	12	1	31
		종교의 %	25.8%	32.3%	38.7%	3.2%	100.0%
		사후세계가 없는 이유의 %	42.1%	35.7%	26.7%	8.3%	29.8%
		전체 %	7.7%	9.6%	11.5%	1.0%	29.8%
	개신교	빈도	1			1	2
		종교의 %	50.0%			50.0%	100.0%
		사후세계가 없는 이유의 %	5.3%			8.3%	1.9%
		전체 %	1.0%			1.0%	1.9%
	천주교	빈도		2	1	1	4
		종교의 %		50.0%	25.0%	25.0%	100.0%
		사후세계가 없는 이유의 %		7.1%	2.2%	8.3%	3.8%
		전체 %		1.9%	1.0%	1.0%	3.8%

							전체
천주교	빈도		2	1	1		4
	종교의 %		50.0%	25.0%	25.0%		100.0%
	사후세계가 없는 이유의 %		7.1%	2.2%	8.3%		3.8%
	전체 %		1.9%	1.0%	1.0%		3.8%
기타	빈도	2	3	3	1		9
	종교의 %	22.2%	33.3%	33.3%	11.1%		100.0%
	사후세계가 없는 이유의 %	10.5%	10.7%	6.7%	8.3%		8.7%
	전체 %	1.9%	2.9%	2.9%	1.0%		8.7%
무종교	빈도	8	13	29	8		58
	종교의 %	13.8%	22.4%	50.0%	13.8%		100.0%
	사후세계가 없는 이유의 %	42.1%	46.4%	64.4%	66.7%		55.8%
	전체 %	7.7%	12.5%	27.9%	7.7%		55.8%
전체	빈도	19	28	45	12		104
	종교의 %	18.3%	26.9%	43.3%	11.5%		100.0%
	사후세계가 없는 이유의 %	100.0%	100.0%	100.0%	100.0%		100.0%
	전체 %	18.3%	26.9%	43.3%	11.5%		100.0%

종교*번뇌가 존재하는 이유 교차표

빈도

		번뇌가 존재하는 이유						전체
		전생업보	인생 자체가 고통	인과응보	삶 속에 그냥 있다	모르겠다	기타	
종교	불교	5	6	3	77	17	1	109
	개신교				3	1		5
	천주교		1		4			5
	기타	3	2		16	5	3	29
	무종교	8	6	4	71	34	9	132
전체		16	15	8	171	57	13	280

종교*영혼의 유무 교차표

빈도

		영혼의 유무					전체
		있다	있는 것 같다	없다	없는 것 같다	잘 모름	
종교	불교	51	32	4	3	19	109
	개신교	3	1				4
	천주교	4				1	5
	기타	18	10		2	1	31
	무종교	45	49	14	12	13	133
전체		121	92	18	17	34	282

종교*영혼의 유무 교차표

			영혼의 유무					전체
			있다	있는 것 같다	없다	없는 것 같다	잘 모름	
종교	불교	빈도	51	32	4	3	19	109
		종교의 %	46.8%	29.4%	3.7%	2.8%	17.4%	100.0%
		영혼의 유무의 %	42.1%	34.8%	22.2%	17.6%	55.9%	38.7%
		전체 %	18.1%	11.3%	1.4%	1.1%	6.7%	38.7%
	개신교	빈도	3	1				4
		종교의 %	75.0%	25.0%				100.0%
		영혼의 유무의 %	2.5%	1.1%				1.4%
		전체 %	1.1%	.4%				1.4%
	천주교	빈도	4				1	5
		종교의 %	80.0%				20.0%	100.0%
		영혼의 유무의 %	3.3%				2.9%	1.8%
		전체 %	1.4%				.4%	1.8%

기타	빈도	18	10			2	1	31
	종교의 %	58.1%	32.3%			6.5%	3.2%	100.0%
	영혼의 유무의 %	14.9%	10.9%			11.8%	2.9%	11.0%
	전체 %	6.4%	3.5%			.7%	.4%	11.0%
무종교	빈도	45	49	14		12	13	133
	종교의 %	33.8%	36.8%	10.5%		9.0%	9.8%	100.0%
	영혼의 유무의 %	37.2%	53.3%	77.8%		70.6%	38.2%	47.2%
	전체 %	16.0%	17.4%	5.0%		4.3%	4.6%	47.2%
전체	빈도	121	92	18		17	34	282
	종교의 %	42.9%	32.6%	6.4%		6.0%	12.1%	100.0%
	영혼의 유무의 %	100.0%	100.0%	100.0%		100.0%	100.0%	100.0%
	전체 %	42.9%	32.6%	6.4%		6.0%	12.1%	100.0%

종교*후손과 만날 수 있나 교차표

빈도

		후손과 만날 수 있나			전체
		있다	없다	잘 모름	
종교	불교	28	18	47	93
	개신교	2		2	4
	천주교	3		1	4
	기타	10	3	15	28
	무종교	34	12	61	107
전체		77	33	126	236

종교*후손과 만날 수 있나 교차표

			후손과 만날 수 있나			전체
			있다	없다	잘 모름	
종교	불교	빈도	28	18	47	93
		종교의 %	30.1%	19.4%	50.5%	100.0%
		후손과 만날 수 있나의 %	36.4%	54.5%	37.3%	39.4%
		전체 %	11.9%	7.6%	19.9%	39.4%
	개신교	빈도	2		2	4
		종교의 %	50.0%		50.0%	100.0%
		후손과 만날 수 있나의 %	2.6%		1.6%	1.7%
		전체 %	.8%		.8%	1.7%
	천주교	빈도	3		1	4
		종교의 %	75.0%		25.0%	100.0%
		후손과 만날 수 있나의 %	3.9%		.8%	1.7%
		전체 %	1.3%		.4%	1.7%
	기타	빈도	10	3	15	28
		종교의 %	35.7%	10.7%	53.6%	100.0%
		후손과 만날 수 있나의 %	13.0%	9.1%	11.9%	11.9%
		전체 %	4.2%	1.3%	6.4%	11.9%
	무종교	빈도	34	12	61	107
		종교의 %	31.8%	11.2%	57.0%	100.0%
		후손과 만날 수 있나의 %	44.2%	36.4%	48.4%	45.3%
		전체 %	14.4%	5.1%	25.8%	45.3%
전체		빈도	77	33	126	236
		종교의 %	32.6%	14.0%	53.4%	100.0%
		후손과 만날 수 있나의 %	100.0%	100.0%	100.0%	100.0%
		전체 %	32.6%	14.0%	53.4%	100.0%

종교*후손과 만나는 장소는 교차표

		후손과 만나는 장소는				전체
		꿈속	종교의식	제사장소	기타	
종교	불교	24	5	8	4	41
	개신교	2	1			3
	천주교	3			2	5
	기타	5	4	1	2	12
	무종교	38	2	4	5	49
전체		72	12	13	13	110

종교*환생을 믿는가 교차표

빈도

		환생을 믿는가			전체
		믿는다	안 믿음	잘 모름	
종교	불교	23	36	50	109
	개신교	1	2	2	5
	천주교	3	1	1	5
	기타	8	9	14	31
	무종교	27	48	56	131
전체		62	96	123	281

종교*환생을 믿는가 교차표

			환생을 믿는가			전체
			믿는다	안 믿음	잘 모름	
종교	불교	빈도	23	36	50	109
		종교의 %	21.1%	33.0%	45.9%	100.0%
		환생을 믿는가의 %	37.1%	37.5%	40.7%	38.8%
		전체 %	8.2%	12.8%	17.8%	38.8%
	개신교	빈도	1	2	2	5
		종교의 %	20.0%	40.0%	40.0%	100.0%
		환생을 믿는가의 %	1.6%	2.1%	1.6%	1.8%
		전체 %	.4%	.7%	.7%	1.8%
	천주교	빈도	3	1	1	5
		종교의 %	60.0%	20.0%	20.0%	100.0%
		환생을 믿는가의 %	4.8%	1.0%	.8%	1.8%
		전체 %	1.1%	.4%	.4%	1.8%
	기타	빈도	8	9	14	31
		종교의 %	25.8%	29.0%	45.2%	100.0%
		환생을 믿는가의 %	12.9%	9.4%	11.4%	11.0%
		전체 %	2.8%	3.2%	5.0%	11.0%
	무종교	빈도	27	48	56	131
		종교의 %	20.6%	36.6%	42.7%	100.0%
		환생을 믿는가의 %	43.5%	50.0%	45.5%	46.6%
		전체 %	9.6%	17.1%	19.9%	46.6%
전체		빈도	62	96	123	281
		종교의 %	22.1%	34.2%	43.8%	100.0%
		환생을 믿는가의 %	100.0%	100.0%	100.0%	100.0%
		전체 %	22.1%	34.2%	43.8%	100.0%

종교*무엇으로 태어나고 싶나 교차표

빈도

		무엇으로 태어나고 싶나						전체
		사람	동물	꽃, 나무	새	나비	기타	
종교	불교	38	5	4		1	1	49
	개신교	2		1				3
	천주교	3				1		4
	기타	7	2	1	2		1	13
	무종교	43	8	2	3		5	61
전체		93	15	8	5	2	7	130

종교*무엇으로 태어나고 싶나 교차표

			무엇으로 태어나고 싶나						전체
			사람	동물	꽃, 나무	새	나비	기타	
종교	불교	빈도	38	5	4		1	1	49
		종교의 %	77.6%	10.2%	8.2%		2.0%	2.0%	100.0%
		무엇으로 태어나고 싶나의 %	40.9%	33.3%	50.0%		50.0%	14.3%	37.7%
		전체 %	29.2%	3.8%	3.1%		.8%	.8%	37.7%
	개신교	빈도	2		1				3
		종교의 %	66.7%		33.3%				100.0%
		무엇으로 태어나고 싶나의 %	2.2%		12.5%				2.3%
		전체 %	1.5%		.8%				2.3%
	천주교	빈도	3				1		4
		종교의 %	75.0%				25.0%		100.0%
		무엇으로 태어나고 싶나의 %	3.2%				50.0%		3.1%
		전체 %	2.3%				.8%		3.1%
	기타	빈도	7	2	1	2		1	13
		종교의 %	53.8%	15.4%	7.7%	15.4%		7.7%	100.0%
		무엇으로 태어나고 싶나의 %	7.5%	13.3%	12.5%	40.0%		14.3%	10.0%
		전체 %	5.4%	1.5%	.8%	1.5%		.8%	10.0%
	무종교	빈도	43	8	2	3		5	61
		종교의 %	70.5%	13.1%	3.3%	4.9%		8.2%	100.0%
		무엇으로 태어나고 싶나의 %	46.2%	53.3%	25.0%	60.0%		71.4%	46.9%
		전체 %	33.1%	6.2%	1.5%	2.3%		3.8%	46.9%
전체		빈도	93	15	8	5	2	7	130
		종교의 %	71.5%	11.5%	6.2%	3.8%	1.5%	5.4%	100.0%
		무엇으로 태어나고 싶나의 %	100.0%	100.0%	100.0%	100.0%	100.0%	100.0%	100.0%
		전체 %	71.5%	11.5%	6.2%	3.8%	1.5%	5.4%	100.0%

종교*절대자 존재의 유무 교차표

빈도

		절대자 존재의 유무			전체
		있다	없다	모르겠다	
종교	불교	39	34	37	110
	개신교	3	1	1	5
	천주교	5			5
	기타	17	2	12	31
	무종교	39	55	37	131
전체		103	92	87	282

종교*절대자 존재의 유무 교차표

			절대자 존재의 유무			전체
			있다	없다	모르겠다	
종교	불교	빈도	39	34	37	110
		종교의 %	35.5%	30.9%	33.6%	100.0%
		절대자 존재의 유무의 %	37.9%	37.0%	42.5%	39.0%
		전체 %	13.8%	12.1%	13.1%	39.0%

						전체
개신교	빈도	3	1	1		5
	종교의 %	60.0%	20.0%	20.0%		100.0%
	절대자 존재의 유무의 %	2.9%	1.1%	1.1%		1.8%
	전체 %	1.1%	.4%	.4%		1.8%
천주교	빈도	5				5
	종교의 %	100.0%				100.0%
	절대자 존재의 유무의 %	4.9%				1.8%
	전체 %	1.8%				1.8%
기타	빈도	17	2	12		31
	종교의 %	54.8%	6.5%	38.7%		100.0%
	절대자 존재의 유무의 %	16.5%	2.2%	13.8%		11.0%
	전체 %	6.0%	.7%	4.3%		11.0%
무종교	빈도	39	55	37		131
	종교의 %	29.8%	42.0%	28.2%		100.0%
	절대자 존재의 유무의 %	37.9%	59.8%	42.5%		46.5%
	전체 %	13.8%	19.5%	13.1%		46.5%
전체	빈도	103	92	87		282
	종교의 %	36.5%	32.6%	30.9%		100.0%
	절대자 존재의 유무의 %	100.0%	100.0%	100.0%		100.0%
	전체 %	36.5%	32.6%	30.9%		100.0%

종교*극락 유무 교차표

빈도

		극락 유무				전체
		있다	없다	모르겠다	11.00	
종교	불교	48	27	34	1	110
	개신교	4		1		5
	천주교	5				5
	기타	13	6	12		31
	무종교	51	40	40		131
전체		121	73	87	1	282

종교*극락 유무 교차표

			극락 유무				전체
			있다	없다	모르겠다	11.00	
종교	불교	빈도	48	27	34	1	110
		종교의 %	43.6%	24.5%	30.9%	.9%	100.0%
		극락 유무의 %	39.7%	37.0%	39.1%	100.0%	39.0%
		전체 %	17.0%	9.6%	12.1%	.4%	39.0%
	개신교	빈도	4		1		5
		종교의 %	80.0%		20.0%		100.0%
		극락 유무의 %	3.3%		1.1%		1.8%
		전체 %	1.4%		.4%		1.8%
	천주교	빈도	5				5
		종교의 %	100.0%				100.0%
		극락 유무의 %	4.1%				1.8%
		전체 %	1.8%				1.8%
	기타	빈도	13	6	12		31
		종교의 %	41.9%	19.4%	38.7%		100.0%
		극락 유무의 %	10.7%	8.2%	13.8%		11.0%
		전체 %	4.6%	2.1%	4.3%		11.0%
	무종교	빈도	51	40	40		131
		종교의 %	38.9%	30.5%	30.5%		100.0%
		극락 유무의 %	42.1%	54.8%	46.0%		46.5%
		전체 %	18.1%	14.2%	14.2%		46.5%

전체	빈도	121	73	87	1	282
	종교의 %	42.9%	25.9%	30.9%	.4%	100.0%
	극락 유무의 %	100.0%	100.0%	100.0%	100.0%	100.0%
	전체 %	42.9%	25.9%	30.9%	.4%	100.0%

종교*지옥 유무 교차표

빈도

		지옥 유무			전체
		있다	없다	모르겠다	
종교	불교	32	39	39	110
	개신교	3	1	1	5
	천주교	4		1	5
	기타	9	9	12	30
	무종교	38	47	46	131
전체		86	96	99	281

종교*지옥 유무 교차표

			지옥 유무			전체
			있다	없다	모르겠다	
종교	불교	빈도	32	39	39	110
		종교의 %	29.1%	35.5%	35.5%	100.0%
		지옥 유무의 %	37.2%	40.6%	39.4%	39.1%
		전체 %	11.4%	13.9%	13.9%	39.1%
	개신교	빈도	3	1	1	5
		종교의 %	60.0%	20.0%	20.0%	100.0%
		지옥 유무의 %	3.5%	1.0%	1.0%	1.8%
		전체 %	1.1%	.4%	.4%	1.8%
	천주교	빈도	4		1	5
		종교의 %	80.0%		20.0%	100.0%
		지옥 유무의 %	4.7%		1.0%	1.8%
		전체 %	1.4%		.4%	1.8%
	기타	빈도	9	9	12	30
		종교의 %	30.0%	30.0%	40.0%	100.0%
		지옥 유무의 %	10.5%	9.4%	12.1%	10.7%
		전체 %	3.2%	3.2%	4.3%	10.7%
	무종교	빈도	38	47	46	131
		종교의 %	29.0%	35.9%	35.1%	100.0%
		지옥 유무의 %	44.2%	49.0%	46.5%	46.6%
		전체 %	13.5%	16.7%	16.4%	46.6%
전체		빈도	86	96	99	281
		종교의 %	30.6%	34.2%	35.2%	100.0%
		지옥 유무의 %	100.0%	100.0%	100.0%	100.0%
		전체 %	30.6%	34.2%	35.2%	100.0%

종교*귀신 유무 교차표

빈도

		귀신 유무				전체
		있다	없다	모르겠다	4.00	
종교	불교	21	45	44		110
	개신교	3		1	1	5
	천주교	3	1	1		5
	기타	6	12	12		30
	무종교	26	57	48		131
전체		59	115	106	1	281

종교*귀신 유무 교차표

			귀신 유무				전체
			있다	없다	모르겠다	4.00	
종교	불교	빈도	21	45	44		110
		종교의 %	19.1%	40.9%	40.0%		100.0%
		귀신 유무의 %	35.6%	39.1%	41.5%		39.1%
		전체 %	7.5%	16.0%	15.7%		39.1%
	개신교	빈도	3		1	1	5
		종교의 %	60.0%		20.0%	20.0%	100.0%
		귀신 유무의 %	5.1%		.9%	100.0%	1.8%
		전체 %	1.1%		.4%	.4%	1.8%
	천주교	빈도	3	1	1		5
		종교의 %	60.0%	20.0%	20.0%		100.0%
		귀신 유무의 %	5.1%	.9%	.9%		1.8%
		전체 %	1.1%	.4%	.4%		1.8%
	기타	빈도	6	12	12		30
		종교의 %	20.0%	40.0%	40.0%		100.0%
		귀신 유무의 %	10.2%	10.4%	11.3%		10.7%
		전체 %	2.1%	4.3%	4.3%		10.7%
	무종교	빈도	26	57	48		131
		종교의 %	19.8%	43.5%	36.6%		100.0%
		귀신 유무의 %	44.1%	49.6%	45.3%		46.6%
		전체 %	9.3%	20.3%	17.1%		46.6%
전체		빈도	59	115	106	1	281
		종교의 %	21.0%	40.9%	37.7%	.4%	100.0%
		귀신 유무의 %	100.0%	100.0%	100.0%	100.0%	100.0%
		전체 %	21.0%	40.9%	37.7%	.4%	100.0%

찾아보기

• 표목차

저자약력 ● ● ●

임순록

동서대학교 대학원 일본지역연구과 박사과정 수료
동명대, 동서대, 동의대, 부산대 강사 역임
현 부산대학교 대학원 일어일문학과 박사과정
현 부산대학교 입학정책실 위촉입학사정관

연구실적

「近代 日本 神道에 대한 - 考察 -國家神道의 制度化過程을 中心으로-」, 석사학위
　　논문, 2003.2.15
선혜진・임순록, 「한국과 일본의 국제광고활동에 관한 연구」, 『日本近代學硏究』
　　17집, 2007.8.15
「한・일 사생관(死生觀) 비교 -한국의 유교(儒敎)와 일본의 신도(神道)를 중심으
　　로-」, 『日本近代學硏究』 19집, 2008.2.15
「한・일 사생관 연구의 현황과 과제 -인터넷 검색자료의 조사・분을 통하여-」,
　　『日本近代學硏究』 20집, 2008.5.15
「한・일 사생관 비교 -불교를 중심으로-」, 『日本文化硏究』 32집, 2009.10.15
「한・일 사생관 비교 -종교의 유무에 따른 현대 청년층의 사생관을 중심으로-」,
　　『日語日文學』 48집, 2010.11.15
「창의적 체험활동의 '독서활동'에 대한 再考 -'총합적 독서활동' 기록의 場으로-」,
　　부산대학교 입학사정관 양성과정 1기 『우수사례연구집』, 2010.12.11

발표논문

「신문으로 살펴본 反日感情 - 조선일보・한겨레신문을 中心으로 -」, 동아시아일
　　본학회, 2006.5.20
「한・일 사생관(死生觀) 비교 -天道敎와 신도(神道)를 중심으로-」, 한국일본근대
　　학회, 2007.11.17
임순록・이응진, 「치유(癒し)의 관점에서 본 한・일 종교관광의 최근 동향」, 한국
　　일본근대학회, 2008.
「사회과학적 고찰로 살펴본 한・일 사생관 비교 -종교적 환경을 중심으로-」, 대한
　　일어일문학회, 2010.4.17

현대 한국인과 일본인의 사생관

- 종교인과 비종교인의 죽음에 대한 인식의 차이를 중심으로 -

초판인쇄 2011년 10월 1일
초판발행 2011년 10월 11일

저   자 임순록
발 행 인 윤석현
발 행 처 제이앤씨
등록번호 제7-220호
책임편집 박채린, 정지혜, 이신

우편주소 132-702 서울시 도봉구 창동 624-1 북한산현대홈시티 102-1206
대표전화 (02) 992-3253(대)
전   송 (02) 991-1285
홈페이지 www.jncbms.co.kr
전자우편 jncbook@hanmail.net

ISBN 978-89-5668-872-5 93150   **정가** 26,000원